职业教育应用型人才培养“互联网+”新形态立体化教材

汽车保险与理赔
理实一体化教程

（活页式）

主　编　张艺华　王媛媛
副主编　皮代军　罗修超
主　审　庞念念
参　编　倪伟航　姬云华　陈一

西南交通大学出版社
· 成都 ·

图书在版编目（CIP）数据

汽车保险与理赔理实一体化教程：活页式 / 张艺华，王媛媛主编. --成都：西南交通大学出版社，2024.1

ISBN 978-7-5643-9508-7

Ⅰ. ①汽… Ⅱ. ①张… ②王… Ⅲ. ①汽车保险 – 理赔 – 中国 – 高等职业教育 – 教材 Ⅳ. ①F842.634

中国国家版本馆 CIP 数据核字（2023）第 191980 号

Qiche Baoxian yu Lipei Lishi Yitihua Jiaocheng（Huoye Shi）

汽车保险与理赔理实一体化教程（活页式）

主编 张艺华 王媛媛

责任编辑	周媛媛
封面设计	GT 工作室
出版发行	西南交通大学出版社 （四川省成都市金牛区二环路北一段 111 号 西南交通大学创新大厦 21 楼）
邮政编码	610031
营销部电话	028-87600564 028-87600533
网址	http://www.xnjdcbs.com
印刷	四川玖艺呈现印刷有限公司
成品尺寸	185 mm × 260 mm
印张	20
字数	462 千
版次	2024 年 1 月第 1 版
印次	2024 年 1 月第 1 次
定价	52.00 元
书号	ISBN 978-7-5643-9508-7

课件咨询电话：028-81435775

前言

中国汽车产业快速发展，根据中国汽车工业协会统计数据显示，2022 年我国汽车产销量分别实现 2702.06 万辆和 2686.37 万辆，已连续 14 年稳居全球第一。与此同时，中国汽车保有量也呈快速增长趋势。据公安部统计，截至 2022 年底，全国机动车保有量达 4.17 亿辆。汽车保有量的增加导致交通事故也频频增多，中国统计局发表的数据显示，全国每年要发生几十万起交通事故，其中 2021 年我国发生 273 098 起交通事故，导致 281 447 人受伤、62 218 人死亡，损失财产 145 035.8 万元。因此，汽车保险显得尤为重要，车险市场不断发展，随之而来汽车保险行业人才的需求也与日俱增。

中国保险行业不断发展，车险条款、费率及管理也日益完善。2020 年，汽车保险进行了大幅度改革，推出《中国保险行业协会机动车商业保险示范条款（2020 版）》。2021 年 12 月 14 日，中国保险行业协会发布《新能源汽车商业保险专属条款（试行）》的通知，进一步完善了车险品种及条款。

本书以职业需求为导向，以实践能力培养为重点，紧密结合汽车保险行业的发展，遵循职业教育发展规律，以产教融合为途径，按照汽车保险与理赔工作过程理实一体组织学习过程。本书适应《中国保险行业协会机动车商业保险示范条款（2020 版）》，以《中华人民共和国保险法》《中华人民共和国民法典》等法律法规为基础，结合编者多年教学经验编写车险推介、投保承保、查勘定损、索赔理赔等内容。本书具有以下特点：

一是以任务为驱动，采用模块化教学。分析汽车保险与理赔岗位典型工作任务，提炼为行动领域，再将其转化为学习领域，融合岗位核心能力、职业素养等，归纳汽车保险与理赔岗位核心教学内容。教材按照汽车保险与理赔岗位工作流程设置 8 个任务，每个任务配套任务工单，遵循学生认知规律设置任务环节，融合理论知识与实践操作，形成“教、学、做、评”一体化教学模式，突出“以学生为主”的教育思想，可操作性强。

二是践行新时代职业教育高质量发展新要求，打造岗课赛证综合育人体系。教材内容对接 1+X 汽车运用与维修职业技能等级标准中汽车营销评估与金融保险服务技术职业技能标准，同时全面覆盖全国职业技能比赛汽车营销赛项——汽车保险查勘与理赔作业模块“接报案与事故查勘调度”“事故现场查勘与立案”“事故车辆定损与核损”“单证收集与理赔结案”等内容。

三是落实立德树人育人理念，将知识传授、能力培养与价值引领相统一。教材以社会主义核心价值观为主线，结合汽车保险与理赔岗位的职业素养，融合当代大学生全面发展核心素养，将思政教育贯穿始终。从教学目标的设定、任务实施到考核评价思政育人要素贯穿始终，旨在培养理论知识扎实、专业技能精湛、职业素养极高的新时代汽车市场服务的技术技能型人才。

本书在编写过程中参考了大量资料，汽车企业、保险公司及 4S 店等同行给予了支持与帮助，在此表示感谢！

由于编者水平有限，书中难免有错漏之处，欢迎广大读者批评指正！

作者

2023 年 9 月

二维码目录

目　录

模块一

车险推介与承保

任务一　车险推介

【学习目标】

◆知识目标

（1）了解风险与保险、汽车保险的发展历史；
（2）理解汽车保险合同的法律性规定及汽车保险的原则；
（3）掌握汽车保险险种、费率及条款内容。

◆技能目标

（1）能叙述风险与保险的关系、汽车保险发展历史；
（2）能够说明保险合同的法律规定；
（3）能够灵活运用汽车保险原则；
（4）能够为客户介绍汽车保险险种；
（5）能够为客户解释汽车保险条款。

◆素养目标

（1）养成严谨细致的工作作风；
（2）具有爱国主义情怀；
（3）具备完成工作任务的团队协作及沟通能力；
（4）养成保险推介过程中诚实守信、实事求是以及热情服务的态度；
（5）形成遵守《中华人民共和国保险法》（后简称《保险法》）《中华人民共和国民法典》（后简称《民法典》）等的法治意识。

【情景引入】

宋伟先生是一名IT公司技术员，昨天刚拿到驾照，今天他买了一辆本田CR-V 2021款 240TURBO CVT四驱豪华版，价格为20万，主要用于上班代步，以及每个月和朋友一起自驾游。买车之后他马上面临给爱车上保险的问题，而他之前没有买过车，对于汽车保险一无所知，于是他向保险公司销售人员小王咨询，希望小王能解答他的疑问并为他推荐保险，作为销售人员的小王应当如何帮助宋先生？要想全面介绍保险，小王应当具备哪些知识呢？

【相关知识】

子任务一　风险与汽车保险

一、风险与保险

风险与保险

（一）风险的含义

风险是保险产生和发展的基础，保险是人类社会处理风险的一种手段。正是因为风险与保险具有这样的内在联系，要了解保险就要先认识风险。

广义的风险：指人们在从事某项活动或决策的过程中，未来结果的不确定性。只要某一事件的发生结果与预期的不同，就存在风险。风险的不确定性体现为某一事件的发生可能导致三种结果，即损害、无损害或收益。

狭义的风险：保险领域研究的风险，通常是指客观存在的、未来损害发生及其程度的不确定性，其结果只有损害或无损害。

在保险领域中，风险是指保险标的损失发生的不确定性。风险的不确定性包括风险是否发生不确定、何时发生不确定和产生的结果不确定。

（二）风险的要素

风险的要素由风险因素、风险事故及损失构成，它们相互作用，共同决定了风险的存在、发展和变化。

1. 风险因素

风险因素是指促使某一特定风险事故发生、增加损失概率或加重损失程度的原因或条件。它是风险事故发生的潜在原因，是造成损失的内在或间接原因。例如，随地扔烟头、老化的电线是导致火灾的原因，酒驾、汽车制动失灵是导致车祸的原因等。风险因素通常有实质风险因素、道德风险因素和心理风险因素 3 种类型，其中，后两者与人的行为密不可分，因而统称为人为风险因素。

实质风险因素：也称物质风险因素，是指有形的并能直接影响事件的物理功能的风险因素。例如，汽车的制动系统、转向系统、汽车零件的质量等，都是实质风险因素。

道德风险因素：指与人的品行修养有关的无形因素，侧重于人的恶意行为或故意行为。例如，欺诈、投毒、故意撞车等，都是道德风险因素。保险领域中，道德风险更为显著。

心理风险因素：指与人的心理状态有关的无形因素，侧重于人的疏忽或过失行为。例如，因人的疏忽导致的火灾，因驾驶员的过失判断导致车祸，都是心理风险因素。

2. 风险事故

风险事故，又称风险事件，是指造成生命财产损害的偶发事件，是导致损失的直接的、外在的原因，即风险事故的发生使潜在的危险转化为现实的损失。例如火灾、汽车碰撞、盗窃、爆炸等都是风险事故。

3. 损失

损失是指非故意的、非计划的和非预期的经济价值的降低。该定义包含两个主要的要素：一个是非故意的、非计划和非预期的；另外一个是经济价值，即损失必须能以货币来衡量，两者缺一不可。例如折旧、报废虽然有经济价值的降低，但是不符合第一个要素，就不能称为损失。

在保险实务中，损失包括直接损失和间接损失。直接损失是指由风险事故导致的财产本身的损失和人身伤害；间接损失是指由直接损失引起的额外费用损失、收益损失和责任损失等。多数情况下，间接损失的金额很大，有时甚至超过直接损失。

4. 风险要素之间的关系

风险是由风险因素、风险事故与损失三者构成的有机统一体。即风险因素引发风险事故，而风险事故导致损失，风险各要素之间的关系如图 1-1-1 所示。

风险因素 —增加/产生→ 风险事故 —引起→ 损失

图 1-1-1 风险各要素之间的关系

小组讨论

假如你刚刚拿到驾照，然后购买了一辆新车，那么你面临的风险因素有哪些？可能导致的风险事故有哪些？最后引起的损失又可能有哪些？

（三）风险的特征

1. 客观性

风险不以人的意志为转移，是独立于人的意识之外的客观存在。人们只能在一定的时间和空间内改变风险存在和发生的条件，降低风险发生的频率和损失幅度。但是，从总体上说，风险是不可能彻底消除的，如自然界的地震、台风、瘟疫、洪水，社会领域的战争、冲突、恐怖活动、意外事故等。正是风险的客观存在，决定了保险的必要性。

2. 普遍性

自从人类出现后，就面临着各种各样的风险。风险渗入社会、企业、个人生活的方方面面，风险无处不在，无时不有。正是由于这些普遍存在的对人类社会生产和人们的生活构成威胁的风险，才有了保险存在的必要和发展的可能。

3. 社会性

风险与人类社会的利益密切相关，即无论风险源于自然现象、社会现象，还是源于生理现象，它必须是相对于人身及其财产的危害而言的。就自然现象本身，无所谓风险，如地震对大自然来说只是其自身运动的表现形式，也可能是自然界自我平衡的必要条件。只是由于地震会对人们的生命和财产造成危害或损失，所以才对人类形成一种风险。因此，风险是一个社会范畴。没有人类及人类社会，就无风险可言。

4. 不确定性

风险及其所造成的损失在总体上具有必然性，是可知的；但在个体上却是偶然的、不可知的，具有不确定性。这种不确定性主要表现在空间上的不确定性、时间上的不确定性和结果上的不确定性。正是风险的这种总体上的必然性与个体上的偶然性的统一，构成了风险的不确定性，构成了保险的风险，从而形成了经济单位与个人对保险的需求。如交通事故在全世界普遍存在，但是不可事先预知何时何地发生何种程度的损失。

5. 可测定性

个别风险的发生是偶然的、不可预知的。但通过对大量风险事故的观察会发现，风险往往呈现出明显的规律性。运用统计方法去处理大量相互的偶发风险事故，其结果可以比较准确地反映风险的规律性。根据以往的资料，利用概率论和数理统计的方法可测算出风险事故发生的概率及损失程度，并且可建立损失分布的数理模型，成为风险估测的基础。

6. 发展性

风险会因时间、空间因素的发展变化而变化，人类社会在自身进步和发展的同时，也创造和发展了风险，如随着信息技术的进步，现代社会人们面临电信诈骗的新风险。

（四）风险的分类

1. 按照风险产生的原因分类

按照风险产生的原因分类，可将风险分为自然风险、社会风险、政治风险、经济风险和技术风险。

自然风险：指因自然力的不规则变化引起的种种现象所导致的对人们的经济生活、物质生产和生命安全等所产生威胁的风险。

社会风险：指由于个人或团体的行为（包括过失行为、不当行为及故意行为）或不行为使社会生产及人们生活遭受损失的风险。

政治风险：又称为国家风险，它是指在对外投资和贸易过程中，因政治原因或订约双方所不能控制的原因，使债权人可能遭受损失的风险。

经济风险：指在生产和销售等经营活动中由于受各种市场供求关系、经济贸易条件等因素变化的影响或经营者决策失误，对前景预期出现偏差等，导致经营失败的风险。

技术风险：指伴随着科学技术的发展、生产方式的改变而威胁人们的生产与生活的风险。

2. 按照风险的损失对象分类

按照风险的损失对象分类，可将风险分为财产风险、人身风险、责任风险和信用风险。

财产风险是指导致一切有形财产的损毁、灭失或贬值的风险。财产损失通常包括财产的直接损失和间接损失两个方面。

人身风险：指导致人的伤残、死亡、丧失劳动能力以及增加费用支出的风险。人身风险所致的损失一般有两种：一种是收入能力损失，一种是额外费用损失。

责任风险：指个人或团体的疏忽或过失行为，造成他人财产损失或人身伤亡，依照法律、契约或道义应负法律责任或契约责任的风险。

信用风险：指在经济交往中，权利人与义务人之间，由于一方违约或违法致使对方遭受经济损失的风险。

3. 按照风险的性质分类

按照风险的性质分类，可将风险分为纯粹风险和投机风险。

纯粹风险：指只有损失机会而无获利可能的风险。例如，一个人购买汽车后，就面临汽车遭受损失和给他人人身、财产带来损害的可能性，结果只能是发生或不发生，只要发生，就是损失。

投机风险：投机风险是相对于纯粹风险而言的，它是指既有损失机会又有获利可能的风险。例如，购买股票，可能获利也可能赔钱。

一般情况下，纯粹风险具有可保性，是保险学研究主要风险类型，而投机风险不可保。金融风险主要是投机风险，保险公司承保的往往是纯粹风险。

4. 按照风险产生的环境分类

按照风险产生的环境分类，可将风险分为静态风险和动态风险。

静态风险：期望损失相对稳定，或者说在经济条件或自然环境不变的情况下，期望损失不变，损失波动特点不变，服从大数定理或中心极限定理。纯粹风险一般是静态风险。

动态风险：损失期望或收益期望值随经济环境变化而变化，随时间而改变。大数定理无法刻画其特点和规律。投机风险一般是动态风险。

（五）风险的管理

1. 风险管理的概念

风险管理是指个人或社会团体通过对风险进行识别与度量，选择合理的经济与技术手段主动地、有目的地、有计划地对风险加以处理，以最小成本去争取最大的安全保障和经济利益的行为。该概念指出风险管理的主体是个人或社会团体等经济单位，强调风险管理是通过对风险的认识、衡量与分析，从而选择最有效的方式，以最佳的风险管理技术主动对风险进行处理，明确风险管理的目标是以最小的成本获取最大的安全保障。

2. 风险管理的主要内容

风险管理的主要内容包括风险识别、风险估算、风险评价、风险处理方式等。

风险识别是风险管理工作的基础，包括感知风险与分析风险两方面的内容。感知风险是通过对风险的调查、了解，对可能存在的风险做出判断；分析风险是通过对风险的分类、归纳，找出风险产生的原因和条件，确定风险的类别与性质，为进行风险估算与评价提供帮助。

风险估算（即风险的衡量）是指对某特定风险的发生概率和损失程度进行估算，用以评价风险对预定目标的不利影响及其程度。其内容包括估计潜在的风险事件发生的频数和损失程度。风险频数是指在一定时期内风险可能发生的次数；损失程度指每次风险发生可能带来的经济损失大小。风险估算使风险分析定量化，为风险管理者进行风险决策与选择最佳的风险处理方式提供了科学依据。

风险评价是指根据风险发生的概率和损失程度以及处理风险的经济投入进行的综合分析与比较。风险评价的主要目的是测算处理风险所需人力、物力与财力等各方面的投入，并与可能出现的风险损失相比较，以确定风险是否需要处理，在经济上是否合算，如何处理效果最佳。

风险处理方式是人们在同各种自然灾害、风险事故的抗争中，在不断总结经验教训的基础上，创造出的预防与处理风险的方法，总结起来包括规避风险、预防风险、分散风险和转移风险四种方法。

（1）规避风险：指在决策中直接设法避免风险事件的发生。通常，采用规避的方法处理风险虽然有效，但却容易给人们的生活与工作带来新的不便或困难。因此，规避的方法是消极和有局限性的。

（2）预防风险：指尽可能地采取各种控制风险发生的措施，以使风险发生的频率及其损失程度降到最低。预防风险通常分为防损和减损两类。防损是指通过对风险因素的分析，采取预防措施，以防止损失的发生；减损则是尽量减小风险造成的损失，并控制损失的扩大。防损的目的在于努力减少发生损失的可能性，而减损的目的则在于尽量减轻损失的程度。

（3）分散风险：指联合存在同类风险的众多单位，建立风险分摊机制。当风险损失发生时，由众人共同承担，实现分散风险、分摊损失的目的。

（4）转移风险：指通过一定方式，将风险由一个主体转移给另一个主体。通过转移风险而得到保障，是应用范围最广、最有效的风险管理手段。

现代保险公司组织众多的单位或个人投保，将这些单位或个人的风险转移给保险公司，保险公司收取保险费，进行损失补偿，通过分摊损失达到分散风险的目的。实践证明，保险是风险处理方法中最有效的管理手段之一。

小组讨论

转移风险与规避风险都是处理风险的方式，那么转移风险与规避风险有什么区别？

（六）保险

1. 保险的定义

法理在线

《中华人民共和国保险法》第二条规定：“本法所称保险是指投保人根据合同约定，向保险人支付保险费，保险人对于合同约定的可能发生的事故因其发生所造成的财产损失承担赔偿保险金责任，或者当被保险人死亡、伤残、疾病或者达到合同约定的年龄、期限等条件时承担给付保险金责任的商业保险行为。”

因此，保险的定义应从如下角度理解：

（1）从经济角度看，保险是一种经济补偿制度，是分摊意外事故的一种财务安排。

（2）从法律角度看，保险是一种合同行为，通过订立保险合同体现双方的权利和义务关系。

（3）从社会角度看，保险是社会生产和人民生活的“稳定器”，由于保险的补偿和参与社会管理的职能，对构建和谐社会起到了积极作用。

（4）从风险管理角度看，保险是企业或个人转移风险的一种方式，企业或个人有计划、有目的地安排资金用于保险费支出。

2. 保险的要素

保险的要素指保险得以成立的基本条件，包括以下 5 个方面：

（1）可保风险的存在。

风险是保险成立发展的基础，无风险无保险，但是并非任何风险都可以向保险公司转嫁，符合保险人承保条件的特定风险称为可保风险，成为可保风险需要满足以下条件：

①风险必须是大量的、同质的。大量的、同质的风险要求大量性质相近、价值相近的保险标的面临同样的风险，保险公司可以根据保险统计数据，运用概率论和大数法则预测损失的概率，准确厘定保险费率。

②风险发生具有不确定性。风险的不确定性指的是被保险人不知道何时何地会发生风险，更不知道风险发生后会造成多大程度的损失。如果风险是确定会发生的，其造成的损失也是确定的，则不能成为可保风险。

③风险不能使大量同类标的同时遭受损失。若大量同类标的同时发生损失，则损失幅度过于巨大，将使保险公司无力承受，保险损失分摊的职能也就无法履行。

④风险必须具有可预测性。这是保险公司合理、准确厘定费率的基础。

（2）大量同质风险的集合与分散。

保险风险的集合与分散应具备以下两个前提条件：

①大量风险的集合。一方面是基于风险分散的技术要求；另一方面是概率论和大数法则在保险经营中得以运用的前提。

②同质风险的集合。同质风险是指在种类、品质、性能、价值等方面大体相近的风险单位。只有大量同质的风险，才能真正发挥保险的互助性。如果风险不同质，风

险损失发生的概率就不相同，风险就无法进行集合与分散，而如果将不同质风险进行集合与分散，则会影响保险公司的稳健运营。

（3）保险费率的厘定。

保险人收取的保险费不是凭主观意愿随意收取的，而是根据损失概率和损失程度确定的保险费率计收的。保险费率是保险人计算保险费的依据，它是保险人向被保险人收取的每单位保险金额的保险费，通常用百分率和千分率来表示。保险人依据历史的损失统计资料，运用大数法则，比较精确地预测损失发生的概率和损失程度，从而确定损失的大小。这种科学的方法能使保险人收取的保费与承担的赔偿责任相一致，体现保险费的公平合理。为了防止各保险公司间保险费率的恶性竞争，一些国家规定由保险同业会厘定保险费率，或者由国家保险监管机构审定保险费率。

（4）保险基金的建立。

保险人将收取的保险费集合起来，建立保险基金，并加以妥善地管理和运用，为保险人履行赔偿或给付义务做准备。保险基金是保险赔偿和给付的基础，也是保险公司财务稳定性的经济基础。

小知识：保险基金

保险基金指专门从事风险经营的保险机构，根据法律或合同规定，以收取保险费的办法建立的、专门用于保险事故所致经济损失的补偿或人身伤亡的给付的一项专用基金，是保险人履行保险义务的条件。广义上的保险基金是指整个社会的后备基金体系。从狭义上来讲，保险基金是指由保险机构集中起来的后备基金，由保险机构根据大数法则，经过科学的测算，订出各种不同的保险费率。

（5）保险合同的订立。

保险是投保人与保险人之间的商品交换关系，这种经济关系需要有关法律关系对其进行保护和约束，即通过订立保险合同明确双方的权利和义务，并按照合同的规定履行各自的权利和义务，否则保险的经济关系难以成立。因此，保险合同是保险得以成立的基本要素，是使保险成立的法律保证。

3. 保险基本术语

（1）保险标的：保险标的是保险保障的目标和实体，它是指保险合同双方当事人权利和义务所指向的对象。汽车保险的保险标的是汽车本身及其相关利益。

（2）保险人：保险人又称承保人，是经营保险业务收取保险费和在保险事故发生后负责给付保险金的人。保险人以法人经营为主，通常称为保险公司。

（3）投保人：投保人是对保险标的具有可保利益，与保险人订立合同并交付保费的人。投保人可以是自然人，也可以是法人。当投保人为自己的利益投保，且保险人接受其投保时，投保人就变成了被保险人。

（4）被保险人：被保险人是受保险合同保障的人，以其财产、生命或身体为保险标的，在保险事故发生后，被保险人享有索赔权。被保险人与投保人是否为同一人要视保险的具体情况而定。

（5）保险中介人：保险中介人是指介于保险经营机构之间或保险经营机构与投保

人之间，专门从事保险业务咨询与销售、风险管理与安排、价值衡量与评估、损失鉴定与理算等中介服务，并从中依法获取佣金或手续费的单位或个人。保险中介人主要包括保险代理人、保险经纪人、保险公估人。

保险代理人是指根据汽车保险人的委托，在保险人授权的范围内代位办理保险业务的单位或个人。通常分为专业保险代理人、兼业保险代理人和个人保险代理人。

保险经纪人是指基于投保人的利益，为投保人与保险人订立保险合同提供中介服务，并依法收取佣金的单位或个人。在我国保险经纪人的组织形式限于有限责任公司。

保险公估人是指接受保险人、投保人或被保险人的委托，办理汽车保险标的的勘察、鉴定、估损以及赔款的理算，并向委托人收取佣金的单位或个人，一般是指有限责任制的保险公估公司。

（6）保险金额：保险金额是指保险公司承担赔偿或给付保险金责任的最高限额，即投保人对保险标的的实际投保金额；同时又是保险公司收取保险费的计算基础。

（7）保险费率：保险费率是保险人按保险金额向投保人或被保险人收取保险费的比例，通常用“‰”或“%”表示。

（8）保险费：保险费是投保人为转移风险支付给保险人的与保险责任相应的费用。一般情况下，保险费按保险金额与保险费率的乘积来计收，也可按固定金额收取。

4. 保险的分类

（1）根据保险的实施方式分类：根据保险的实施方式，可分为强制保险和自愿保险。

强制保险也称法定保险，是指投保人与保险人根据国家法律或行政命令的要求必须建立保险关系，否则属于违法行为，如汽车保险中的交强险。

自愿保险也称任意保险，是指投保人与保险人在平等自愿的基础上建立的保险关系，如商业汽车保险。

（2）根据保险的性质分类：根据保险的性质不同，保险可以分为商业保险、社会保险和政策保险。

商业保险是指投保人根据合同约定，向保险人支付保险费，保险人对于合同约定的可能发生的事故因其发生所造成的财产损失承担赔偿保险金的责任，或者当被保险人死亡、伤残、疾病或者达到合同约定的年龄、期限时承担给付保险金责任的保险。

社会保险是指国家通过立法对社会劳动者暂时或永久丧失劳动能力或失业时提供一定的物质帮助以保障其基本生活的一种社会保障制度。当劳动者遭遇生育、年老、疾病、死亡、伤残和失业等危险时，国家以法律的形式为其提供基本的生活保障，将某些社会危险损失转移于政府或者某一社会组织。

政策保险是指政府机构在一定时期和一定范围，为了促进有关产业的发展，以政策或财政补贴等手段对某些领域给予保护或者扶持的特殊形态的保险业务。如农业保险、出口信用保险等。

（3）根据保险标的进行分类：根据保险标的的不同进行分类，如图 1-1-2 所示。

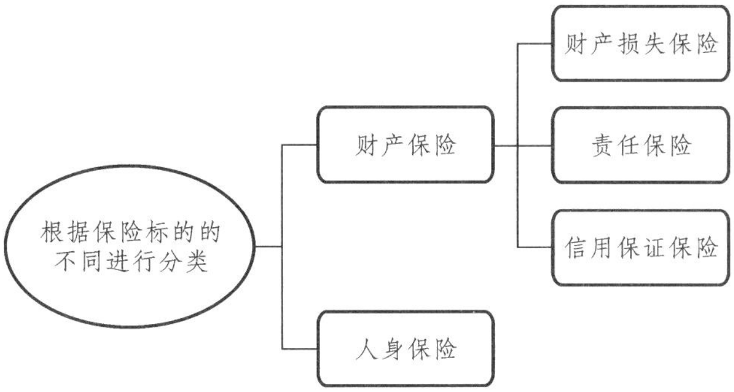

图 1-1-2 根据保险标的不同分类

财产保险是指以财产及其相关利益为保险标的，由保险人对保险标的可能遭受的意外损失负责赔偿责任的一种保险。我国将财产保险又分为财产损失保险、责任保险和信用保证保险。

财产损失保险的常见种类有火灾保险、海上保险、汽车保险、航空保险、工程保险、利润损失保险、农业保险等。

责任保险是以被保险人依法应负的民事赔偿责任或经过特别约定的合同责任为保险标的的一种保险，常见种类有公众责任保险、产品责任保险、职业责任保险、雇主责任保险、机动车第三者责任保险等。

信用保证保险是以信用关系为保险标的的一种保险，它是一种担保性质的保险。常见种类有国内商业信用保险、出口信用保险、合同保证保险、产品质量保证保险等。

人身保险是以人的身体或生命为保险标的，以生存、年老、疾病、死亡、伤残等为保险事故，当被保险人在保险期内发生保险事故或生存到保险期满，保险人按合同约定的条件，向被保险人或受益人给付保险金的保险。我国将人身保险分为人寿保险、意外伤害保险和健康保险等。

5. 保险的职能

保险的职能是指保险的内在的、固有的功能，它是由保险的本质和内容决定的。保险的职能有基本职能和派生职能。

（1）基本职能：保险的基本职能就是保险的原始职能与固有职能，它不因时间的推移和社会形态的不同而改变。保险的基本职能包括以下两个：

①分担风险：保险公司通过向众多的投保人收取保险费，建立保险基金，当少数被保险人遭受损失时，用保险基金进行补偿。也就是说，少数人面临的风险通过保险的风险集合与分散，由大家共同来分担，从整体上提高了人们对风险的承受能力。

②补偿损失：保险是在特定风险损害发生时，在保险的有效期和保险合同约定的责任范围以及保险金额内，按其实际损失数额给予赔付。这种赔付原则使得已经存在的社会财富因灾害事故所致的实际损失在价值上得到补偿，在使用价值上得以恢复，从而使社会再生产过程得以连续进行。这种补偿主要就财产保险和责任保险而言。

对于人身保险，由于人的生命和身体的价值难以用货币来计价，在保险合同约定的保险事故发生或者达到约定的年龄或期限时，保险人按约定的保额进行保险金给付。因此，人身保险的损失补偿一般称为保险金给付。

（2）派生职能：随着保险内容的丰富和保险种类的增多，保险的职能也有新的发展，在保险基本职能的基础上产生出派生职能。保险的派生职能主要有以下三项：

①风险管理职能：保险企业作为集合与分散风险的专业管理机构，其自身的特点决定了在业务经营过程中所面临的风险远远大于其他企业。从自身经营的稳定性出发，风险管理成了保险的一个重要的派生职能。许多保险公司非常重视风险管理，设置了风险管理专职部门或机构，专门从事风险评估、损失控制、事故调查、灾损分析和防灾培训等工作。随着保险业的发展和保险市场竞争的不断加剧，保险公司承保的标的越来越复杂，承保的保额越来越高，承保的范围越来越广，许多保险公司不断加大投资规模，招募专业技术人才，配备精良的仪器设备，努力通过高水平的风险管理工作来保障业务经营的稳定和发展。越来越多的投保人在投保时不仅要比较保险公司提出的保险费率和保险计划书，而且还把保险公司能够提供哪些安全技术服务作为是否投保的考虑条件。由此看来，完善的风险管理和高水平的安全技术服务在保险业中逐渐成为一项新的竞争手段。

②投资职能：保险费收取与保险金赔付之间存在的时间差和数量差，为保险投资提供了可能。为了保证将来保险金的赔付和增强保险公司的偿付能力，保险公司必须对保险资金进行投资运用并保证保险资金的保值与增值。因此，保险投资是保险公司又一重要的派生职能。随着保险承保能力日趋过剩，保险竞争日益加剧以及资本市场的不断完善，保险投资不仅是推动保险业前进的车轮，也是弥补承保业务亏损、维持保险业继续经营的生命线。因此，保险投资与保险业的发展已经融为一体，承保业务和投资业务的并驾齐驱已成为保险业发展的一种潮流。保险投资管理水平的高低已成为保险市场竞争的强有力手段。

③社会管理职能：保险的社会管理职能不同于国家对社会的直接管理，它是通过保险内在的特性，促进经济社会的协调以及社会各领域的正常运转和有序发展。保险的社会管理职能是在保险业逐步发展成熟并在社会发展中的地位不断提高之后衍生出来的一项职能。保险的社会管理职能具体体现在社会保障管理、社会风险管理、社会关系管理和社会信用管理四个方面。

社会保障管理：商业保险是社会保障体系的重要组成部分，在完善社会保障体系方面发挥着重要作用。商业保险一方面可以扩大社会保障的覆盖面；另一方面可以提高社会保障的水平，缓解政府在社会保障方面的压力，为维护社会稳定和保障人民安居乐业做出了积极贡献。

社会风险管理：保险公司利用积累的风险损失资料和专业的风险管理技术为全社会风险管理提供有力的支持。同时，保险公司还可以直接配合公安消防、交通安全、防汛防洪等部门，实现对风险的控制和管理。

社会关系管理：保险公司介入灾害事故处理的全过程，可以提高事故处理效率，减少当事人可能出现的各种纠纷，为维护政府、企业和个人之间正常有序的社会关系创造了有利条件，减少了社会摩擦，提高了社会运行的效率。

社会信用管理：最大诚信原则是保险经营的基本原则，保险公司经营的产品实际上是一种以信用为基础、以法律为保障的承诺，在培养和增强社会的诚信意识方面具有潜移默化的作用。同时，保险公司经营过程中可以收集企业和个人的履约行为记录，为社会信用体系的建立和管理提供重要的信息资料来源，实现社会信用资源的共享。

6. 保险的作用

保险的作用和保险的职能是两个既相互区别又相互联系的概念。保险的作用是保险职能在履行过程中的具体体现。保险的作用主要表现在宏观和微观两个方面：

（1）宏观作用。

①有利于保障社会再生产的正常进行和国民经济持续稳定的发展。

社会再生产过程由生产、分配、交换和消费四个环节组成，它们在时间上是连续的，在空间上是均衡的。但是，再生产过程的这种连续性和均衡性难免会因遭受各种灾害事故而被迫中断和失衡。保险的经济补偿能及时迅速地帮助受灾单位尽快恢复正常的生产经营，保证社会再生产过程的连续性和稳定性，保证国民经济向既定目标持续、稳定、健康地发展。

②有利于科学技术的推广应用。

科技进步已成为经济发展中最重要的推动力，但是任何一项科学技术的产生和应用，不仅可以带来巨大的物质财富，而且还会带来新的风险。保险为科学技术推广应用在遭受风险事故时提供经济保障，加快新技术的开发运用。例如，航空航天技术的应用，如果没有飞机保险、卫星保险，其生产和经营各方都将受到很大的限制。

③有利于对外经济贸易和国际交往并促进国际收支平衡。

保险是对外经济贸易和国际经济交往中必不可少的环节。保险业务尤其是涉外保险业务的发展，不仅可以有力地促进对外经济贸易，使国际经济交往得到保障，而且可以带来巨额的无形贸易净收入，成为国家积累外汇资金的重要来源，对平衡一国的国际收支起着积极的作用。

④有利于社会的安定。

对社会总体来说，灾害事故的发生具有必然性。保险通过分散风险和及时的经济补偿，解除了人们的后顾之忧，为稳定社会秩序、安定人民生活起到了积极的作用。

（2）微观作用。

保险的微观作用是指保险作为经济单位、家庭和个人风险管理的财务处理手段所产生的经济效益。

无论何种性质的企业，在生产经营和流通过程中，都可能因遭受自然灾害和意外事故的损害而造成经济损失，其中重大的损失甚至会影响企业的正常运转。企业如果参加了保险，一旦遭遇保险责任范围内的保险事故造成损失，就可以按照保险合同获得赔偿，补偿经济损失，保证企业的正常运转。

7. 保险监管

保险监管是指政府对保险业的监督和管理，具体指一个国家的金融主管机关或保险监管执行机关，依据现行法律对保险人和保险市场进行监督管理，以确保保险人经营的稳定和维护被保险人的合法权益。保险监管体系包括监管法规、监管机构、行业自律三部分。

（1）监管法规：我国保险的监管法规主要是《中华人民共和国保险法》，该法于1995年6月30日第八届全国人民代表大会常务委员会第十四次会议通过。后来，于2002年、2009年、2014年、2015年进行了四次修订。

（2）监管机构：作为保险的国家主管机关，形式多样，名称不一，不同国家有不同称谓，同一国家不同时期监管机构也不同。我国保险行业的监管机构是国家金融监督管理总局。其主要职责是统一负责除证券业之外的金融业监管，强化机构监管、行为监管、功能监管、穿透式监管、持续监管，统筹负责金融消费者权益保护，加强风险管理和防范处置，依法查处违法违规行为，为国务院直属机构。

小知识：国家金融监督管理总局

2018年前，我国保险行业的监管机构是中国保险监督管理委员会，其成立于1998年11月18日。而在2018年3月13日，国务院将中国银行业监督管理委员会和中国保险监督管理委员会的职责整合，组建中国银行保险监督管理委员会，作为国务院直属事业单位，依法依规对全国银行业和保险业实行统一监督管理。2023年3月，中共中央、国务院印发了《党和国家机构改革方案》，决定在中国银行保险监督管理委员会基础上组建国家金融监督管理总局，不再保留中国银行保险监督管理委员会。5月18日，国家金融监督管理总局揭牌。国家金融监督管理总局将中国人民银行对金融控股公司等金融集团的日常监管职责、有关金融消费者保护职责，中国证券监督管理委员会的投资者保护职责划入国家金融监督管理总局。

（3）行业自律：保险行业的自身监管又称为保险行业自律，是指保险人基于共同的权益组织起来，在遵守国家对保险业管理的法律、法规的前提下，通过行业内部协作、调节和监督，采取自我约束和自我管理的行为。保险行业的自身监管是通过保险行业组织实现的，它是在保险及其相关领域中从事活动的非官方组织，是保险人自行组织和自愿参加的组织。中国保险行业协会成立于2001年2月23日，是经中国保险监督管理委员会审查同意并在国家民政部登记注册的中国保险业的全国性自律组织，是自愿结成的非营利性社会团体法人。中国保险行业协会的基本职责为自律、维权、服务、交流、宣传。

二、汽车风险与汽车保险

汽车风险与汽车保险

（一）汽车风险

汽车的问世和发展，极大地方便了人类的活动，不过汽车在造福于人类的同时，也带来了祸害，而且这种祸害日益严重，因此有人称它为“城市杀手”。根据世界卫生组织（WHO）的数据，每年全球范围内因交通事故而导致的死亡人数非常惊人。据统计，自 2000 年以来，全球每年约有 1.25 万人死于交通事故，每年约有 50 万人受伤。[①]根据 WHO《2018 年全球道路安全现状报告》，全球每 24 秒就有人因交通事故丧命，每年因交通事故丧命的人数达到 135 万人。[②]这些数据表明，因交通事故死亡的人数逐年增加，交通事故已经成为全球范围内的头号杀手之一。

中国统计局发表的数据显示，全国每年要发生几十万起的交通事故，其中 2021 年我国发生 273 098 起交通事故，导致 281 447 人受伤、62 218 人死亡，损失财产 145 035.8 万元。[③]可见虽然全国交通基础设施建设日益完善，道路安全水平、车辆安全系数逐渐提高，但随着全国车辆保有量的提高、驾驶人的违法驾驶，事故发生数量、死亡人数依然居高不下。道路交通事故不仅给国家带来巨大的经济损失，更影响了人们的生活生产。

1. 汽车风险的类型

与汽车有关的风险有三类：

（1）汽车本身所面临的风险：与其他处于静止状态的财产一样，汽车本身也受自然灾害和意外事故的威胁，如汽车超速行驶、疲劳驾驶等，都有可能导致车辆损毁的直接损失以及车辆停驶引起的间接经济损失。

（2）汽车本身所造成的风险：如汽车刹车失灵等故障，可能导致车辆自身损毁的直接损失以及车辆停驶引起的间接经济损失。

（3）汽车面临的使用风险：例如驾驶人在货物运输过程中可能存在以下 4 个方面产生损失的风险：

①车辆安全：意外事故（如碰撞、倾覆、火灾、爆炸等）和自然灾害（如暴风、龙卷风、暴雨等）会导致车辆损失。汽车剐蹭、碰撞是汽车常见的损失风险，车辆损失少则两三千元，多则高达上万元。汽车遭遇暴风、暴雨等自然灾害，损失一旦发生，修理费用少则几百，多则几万甚至几十万。其他外来原因也可能导致汽车损失，如载运保险车辆的渡船遭遇自然灾害等。由于驾驶人、维修人员或其他与车辆紧密相关的人员的不规范操作或过失、故意也会造成车辆损失。车辆或车上零部件被盗窃、抢劫等也会导致车辆损失。造成车辆损失的原因基本包含于上述内容中，但针对特定车辆，会有其他致损因素。例如，起重机上的重型机械设备可能会对车体造成损伤。一般而言，保险公司对车辆损失专门设计了机动车损失保险这一险种，可以很好地弥补车辆所受损失。

②他人安全：车辆在驾驶过程中可能会使他人遭受意外事故，导致人身伤亡或财产损毁，致害人依法需要承担侵权赔偿责任。因此，车主应依法向第三者支付赔偿金，这是车主必须承担的责任。

---

① 汽车时代网：《全球每年交通事故死亡人数及趋势》，2023 年 6 月 20 日，https://info.autotimes.com.cn/info/101841.html。

② 湖北日报：《全球每 24 秒就有人因交通事故丧命 加拿大专家在汉支招："瞬时管理"降低事故风险》，2023 年 6 月 15 日，https://news.hubeidaily.net/pc/c_1552724.html。

③ 刘雪松：《交通事故的数量及严重程度影响因素分析》，广西师范大学学位论文，2023 年第 1 页。

③驾驶人自身安全：驾驶人在驾驶过程中，也可能会遭受人身伤亡或财产的损失。自然灾害或意外事故除了威胁车辆安全，对驾驶人本身可能也会造成损害，如遭遇抢劫会对驾驶人本身的人身和财产造成损失。由于驾驶人本人的故意行为或过失行为使其自身受损。例如，为了多赚运费违章超载货物，结果货物堆垒过高，碰撞致损，或者疏忽大意导致事故或被路政部门执法人员处罚。

④车主自身安全：如果车主是法人或一个运输单位，则驾驶人作为车主的雇员，他的过失或故意行为造成货物毁损或他人或自身的人身伤亡，车主都需承担一定责任，因此，对于车主也存在承担赔偿责任的风险。

2. 汽车风险的控制

（1）损失控制：面对汽车风险，依据风险管理原理，可有意识地采取行动防止或减少灾害事故的发生以及所造成的经济和社会损失，损失控制包括两个方面的内容：防损和减损。

防损：防损可以减少风险产生的可能，但是不能完全消除风险产生的可能性。例如，经济单位之间在进行交易之前，应当审慎选择交易对象，对其主体身份、以往业务交易记录进行调查与核实，减少与信誉不良的经济单位交易而产生损失的可能性。

减损：减损是一种事后措施。它是指在风险发生时或风险发生之后采取的各种防止损失扩大的措施，包括尽可能减轻损失后果计划和损后救助计划。减损可以减少和控制已发生的损失程度，但并不能消除损失产生的可能性，有一些损失管理措施既是防损措施又是减损措施，例如，对工伤者及早治疗、限制车速、“醉驾入刑”等。

（2）风险避免：风险避免是指放弃某项活动以达到回避因从事该项活动而可能产生风险损失的行为。这种方法有以下局限性：有些风险是无法避免的，比如地震、暴风等自然灾害，人的生老病死以及世界性的经济危机等风险，对人类来说都是不可避免的；风险总是伴随着收益同时存在，回避风险就意味着放弃收益。在采用改变工作性质或方式的措施来避免风险时，可能产生另一种风险。例如，当某人为避免飞机坠毁的风险，选择乘坐火车旅行，这时，虽然飞机坠毁的风险被有效地避免了，但是火车可能出轨这一风险因素却随之产生了。

（3）风险转移：风险转移是经济单位为避免承担损失而有意识地将风险损失或与风险损失有关的财务后果转嫁给其他单位或个人的一种风险管理方式。保险是风险转移最主要的方法，它是把风险转移给保险人，一旦发生意外损失，保险人就按保险合同约定补偿被保险人的一种风险管理的方法。

（二）汽车保险

1. 汽车保险的定义

汽车保险是指以保险汽车的损失，或者以保险汽车的所有人（或者驾驶员）因驾驶保险汽车发生交通事故所负责任为保险标的的一种不定值财产保险。这里的汽车包括汽车、电车、电瓶车、摩托车、拖拉机、各种专用机械车及特种车。

2. 我国汽车保险的险种

汽车保险是随着汽车的出现而产生的一项保险业务。它不仅是运输工具保险中最主要的险种，也是整个财产保险中最重要的业务来源。在各国非寿险业务中，汽车保险均占有举足轻重的地位。2020 年汽车保险改革后，机动车常见险种如图 1-1-3 所示。

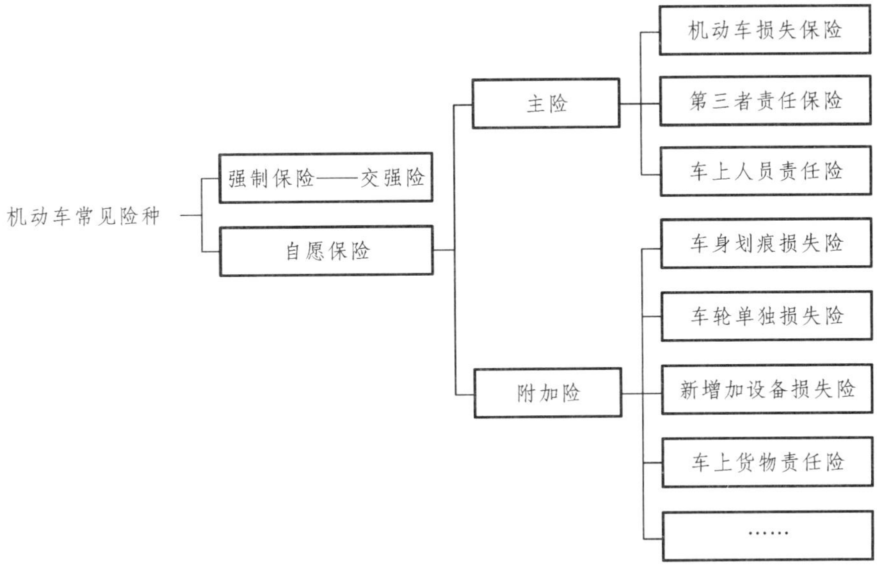

图 1-1-3 机动车常见险种

（1）机动车交通事故责任强制保险：2006 年 7 月 1 日起，我国开始实行《机动车交通事故责任强制保险条例》。机动车交通事故责任强制保险（简称“交强险”）是我国首个由国家法律规定实行的强制保险制度。交强险是由保险公司对被保险机动车发生交通事故造成受害人（不包括本车人员和被保险人）的人身伤亡、财产损失在责任限额内予以赔偿的强制性责任保险。

特别提醒

我国的汽车保险按照实施方式分为强制保险和自愿保险，强制保险就是机动车交通事故责任强制保险，是一种法定保险，不买属于违法行为，该保险的目的是给受害人提供基本保障。目前，世界上绝大多数国家和地区已经实施机动车强制保险制度。

（2）机动车损失保险：机动车损失保险是保险人对于被保险人投保的机动车，因保险责任范围内的事故所致的毁损灭失予以赔偿的保险。

（3）第三者责任保险：第三者责任保险是指被保险人或其允许的驾驶人在使用保险机动车过程中发生意外事故，致使第三者遭受人身伤亡或财产的直接损毁，依法应当由被保险人支付的赔偿金额，保险人依法给予赔偿的一种保险。

（4）车上人员责任险：车上人员责任险是指被保险人或其允许的驾驶人在使用被保险机动车过程中发生意外事故，致使车上人员遭受人身伤亡，依法应当对车上人员承担的损害赔偿责任，保险人给予赔偿的一种保险。

（5）附加险：为了满足被保险人对于机动车有关的其他风险的保障要求，保险人常提供附加险供被保险人选择。如在投保机动车损失保险的基础上，可以投保车身划痕险、车轮单独损失险、新增加设备损失险等附加险；在投保第三者责任险的基础上，可以投保车上货物责任险、精神损害抚慰金等附加责任险。

特别提醒

附加险不能单独承保，必须在机动车损失险或机动车责任险的基础上，根据被保险人的意愿选择性地投保。

3. 汽车保险的特征

（1）不确定性与难测性：由于机动车辆在道路上运行，流动性大，行程不固定，对保险人而言，无疑增加了危险事故与保险损失的不确定性和难以预测性。

（2）扩大了可保利益：只要是经被保险人允许的合格驾驶人员使用已投保的车辆，如果发生保险合同中约定的保险事故，并造成第三者的财产损失或人身伤亡的，保险人均负责赔偿。保险人在承担这项责任时，只要求驾驶员是合格的驾驶员、驾驶已保险的机动车、得到了被保险人的同意，而不要求其对机动车辆拥有所有权、占有权和管理权等，这实际上是对保险合同中可保利益的一种扩大，同时也是保险责任的放大。

（3）注重维护公众利益：第三者责任保险作为一种与机动车密不可分的责任保险业务，在绝大多数国家采用强制原则实施，是一种法定保险业务。各国之所以对这种业务特殊对待，其出发点都是为了维护公众利益及确保在道路交通事故中受害的一方能够得到有效的经济补偿。

4. 汽车保险的作用

（1）促进汽车工业的发展，扩大了对汽车的需求。

汽车保险业务自身的发展对于汽车工业的发展起到了有力的推动作用。汽车保险的出现解除了企业与个人对使用汽车过程中可能出现的风险的担心，一定程度上提高消费者购买汽车的欲望，一定程度扩大了对汽车的需求。

（2）稳定了社会公共秩序。

汽车作为一种保险标的，虽然单位保险金不是很高，但数量多而且分散。车辆所有者既有党政部门，也有工商企业和个人。车辆所有者为了转移使用汽车带来的风险，愿意支付一定的保险费投保。在汽车出险后从保险公司获得经济补偿。由此可以看出开展汽车保险既有利于社会稳定，又有利于保障保险合同当事人的合法权益。

（3）促进了汽车安全性能的提高。

在汽车保险业务中，经营管理与汽车维修行业及其价格水平密切相关。原因是在汽车保险的经营成本中，事故车辆的维修费用是其中的重要组成部分，同时车辆的维修质量在一定程度上体现了保险产品的质量。保险公司出于有效控制经营成本和风险的需要，除了加强自身的经营业务管理外，必然会加大事故车辆修复工作的管理，一定程度上提高了汽车维修质量管理的水平。同时，汽车保险的保险人从自身和社会效益的角度出发，联合汽车生产厂家、汽车维修企业开展汽车维修事故的统计分析，研究汽车安全设计新技术，并为此投入大量的人力和财力，从而促进了汽车安全性能方面的提高。

（4）汽车保险业务在财产保险中占重要地位。

目前，大多数国家的汽车保险业务在整个财产保险中占有十分重要的地位。如美国汽车保险保费收入占财产保险总保费的 45%左右，占全部保费的 20%左右；亚洲地区的日本保费占整个财产保险总保费的比例更是高达 58%左右。

从我国情况来看，随着积极的财政政策的实施，道路交通设施的投入越来越多，汽车保有量逐年增加。在国内各保险公司中，汽车保险业务保费占财产保险业务总保费的 50%以上。部分公司的汽车保险业务保险保费收入占财务业务总保险费收入的60%以上。汽车保险业成为财产保险公司的“吃饭险种”，其经营的盈亏直接关系到整个财产保险行业的经济效益。

三、汽车保险的发展简史

（一）国外汽车保险发展简史

1. 近现代保险分界的标志之一——汽车第三者责任险

汽车保险是近代发展起来的，它晚于水险、火险、盗窃险和综合险。保险公司承保机动车辆的保险基础是根据水险、火险、盗窃险和综合责任险的实践经验而来的。汽车保险的发展异常迅速，如今已成为世界保险业的主要业务险种之一，甚至超过了火灾保险。目前，大多数国家均采用强制或法定保险方式承保汽车第三者责任保险，它始于 19 世纪末，并与工业保险一起成为近代保险与现代保险分界的重要标志。

2. 汽车保险的发源地——英国

英国法律意外保险公司于 1896 年首先开办了汽车保险，成为汽车保险“第一人”。到 1901 年，保险公司提供的汽车保险单，已初步具备了现代综合责任险的条件，保险责任也扩大到汽车的失窃。到 1913 年，汽车保险已扩大到了 20 多个国家，汽车保险费率和承保办法也基本实现标准化。

1927 年，美国马萨诸塞州实施第三者强制责任保险，这是汽车保险史上的重要里程碑。1945 年，英国成立了汽车保险局。到 20 世纪 70 年代末期，汽车保险已占整个财产险的 50%以上。

3. 汽车保险的发展成熟地——美国

美国被称为“车轮上的国家”，汽车已经成为人们生活的必需品。因此，汽车保险的业务量也较多，经过近百年的发展，其车险市场相对成熟。

美国最早开始承保汽车第三者责任险是在 1898 年，由美国旅行者保险公司签发了第一份汽车人身伤害责任保险。1899 年汽车碰撞损失险保单问世，1902 年开办汽车车身保险业务。美国的马萨诸塞州在 1919 年通过了《赔偿能力担保法》，目的是促使每个驾车人主动投保汽车责任保险。到 1925 年，美国有半数以上的州通过了类似立法仿照实施。1927 年，美国的马萨诸塞州率先公布实施了汽车强制保险法，是世界上首次将汽车的第三者责任规定为强制责任的地区。迄今，美国的绝大部分州都实施了强制汽车责任保险。

（二）我国汽车保险发展简史

我国的汽车保险业务起步较晚，1950 年，中国人民保险公司开办了汽车保险业务。但是，因宣传不够和认识的偏颇，不久就出现对此项保险的争议，有人认为汽车保险对于肇事者予以经济补偿，会导致交通事故的增加，对社会产生负面影响，于是，中国人民保险公司于 1955 年停止了汽车保险业务。

直到 20 世纪 70 年代中期，我国开始办理涉外业务为主的汽车保险业务。1980 年，中国人民保险公司全面恢复汽车保险业务，满足企业和单位的需要，但该项业务仅占财产保险的 2%。1985 年，我国首次制定了机动车辆保险条款。1988 年，汽车保险业务占财产保险的 37.6%，第一次超过企业财产险（35.99%）。

1995 年，《中华人民共和国保险法》的制定，确定了其法律地位。1998 年 11 月 18 日，中国保险监督管理委员会（简称中国保监会）成立。2006 年 7 月 1 日，《机动车交通事故责任强制保险条例》正式实施。此后，机动车辆保险条款、费率以及管理日趋完善。

四、我国汽车保险市场现状

改革开放后，特别是加入世界贸易组织（World Trade Organization，WTO）以来，我国经济建设取得重大成就，呈现出快速发展、平稳增长的良好态势。大好的国内经济形势为我国保险业和汽车业的发展提供了良好的条件。

汽车保险是保险业与汽车业结合而产生的交叉学科，隶属财产保险范畴，其发展受保险业大环境的影响，更与汽车工业的发展息息相关。

近年来，我国汽车保险业发展快速，局面喜人，具体表现在以下方面。

（一）车险保费收入增长迅速

随着汽车保有量的增多，全国承保的机动车辆数量迅速上升，保费收入也大幅度上升，如图 1-1-4 所示，2000—2021 年我国车险保费年均增长率接近 19%。

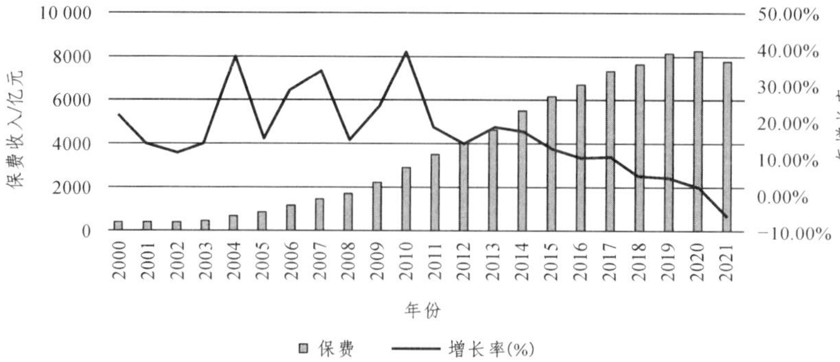

图 1-1-4 2000—2021 年我国车险保费收入及年增长率

汽车保有量是影响车险保费收入的重要因素之一。私人汽车保有量增长迅速，这影响汽车保险业的投保结构（见表 1-1-1）。过去，车险客户以机关、企事业单位居多，现在已变成以私家车主居多。客户对象的变化，要求保险公司必须调整服务内容和提高服务水平。

表 1-1-1　2000—2021 年我国汽车保有量

年份	2000	2001	2002	2003	2004	2005	2006	2007	2008	2009	2010
民用汽车保有量/万辆	1609	1802	2053	2383	2694	3160	3679	4358	5100	6281	7802
私人汽车保有量/万辆	625	771	969	1219	1482	1848	2333	2876	3501	4575	5939
私人汽车保有量在民用汽车占比/%	38.8	42.8	47.2	51.2	55	58.5	63.1	66	68.6	72.8	76.1
年份	2011	2012	2013	2014	2015	2016	2017	2018	2019	2020	2021
民用汽车保有量/万辆	9356	10 933	12 670	14 598	16 285	18 575	20 907	23 231	25 387	28 087	30 151
私人汽车保有量/万辆	7327	8839	10 502	12 339	14 099	16 330	18 515	20 575	22 513	24 393	26 246
私人汽车保有量在民用汽车占比/%	78.3	80.8	82.9	84.5	86.6	87.9	88.6	88.6	88.7	86.8	87

（二）保险公司数量增多

我国开办汽车保险业务的保险公司，经过 30 多年的发展，已由最初的中国人民财产保险股份有限公司一家，发展到现在的几十家（见表 1-1-2）。目前，大多数财产保险公司都开展车险业务。其中，有专业的汽车保险公司，也有综合性的财产保险公司，有中资公司，也有外资公司，这使得我国汽车保险业的竞争加剧。

表 1-1-2 我国经营车险业务的财产保险公司（部分）

序号	资本结构	公司名称（简称）
1	中资	人保财险
2		平安产险
3		太保产险
4		国寿财险
5		大地保险
6		中华联合
7		阳光产险
8		太平财险
9		天安财险
10		华安保险
11		永安保险
12		大家财险
13		华泰财险
14		英大财险
15		永诚财险
16		紫金产险
17		都邦财险
18		浙商财险
19		安诚财险
20		国任财险
21		渤海财险
22		亚太保险
23		中银保险
24		长安责任
25		安华农险

续表

序号	资本结构	公司名称（简称）
26	中资	鼎和财险
27		富德财险
28		众诚车险
29		中煤财险
30		泰山财险
31		锦泰财险
32		北部湾财险
33		华海财险
34		华农财险
35		安信农险
36	外资	安盛天平
37		利宝保险
38		富邦财险
39		国泰产险
40		中航安盟
41		三星财险
42		中意财险
43		安联财险
44		日本财险
45		东京海上日动
46		现代财险
47		三月住友
48		史带保险
49		美亚保险

（三）保险中介机构增多

保险中介主要是指保险代理人、保险经纪人、保险公估人这三类。保险中介由于具有专业化、技术强、服务好的特点，适应了保险业结构调整和保险市场化发展的需要，所以近年来发展迅速。2002 年年末，我国专业保险中介机构仅 114 家，到 2018 年年末已有 2647 家，其中，保险中介集团 5 家，保险专业代理机构 1790 家（全国性保险代理 240 家，区域性保险代理 1550 家），保险经纪机构 499 家，保险公估机构 353 家。[①]

① 赵长利、李景芝：《汽车保险与理赔》，机械工业出版社 2020 年版。

（四）车险业创新不断

在车险营销模式上，除了传统的代理人模式和合作伙伴模式，电话营销逐渐普及，这种模式减少了中间环节，简化了销售流程，并能提供更具竞争力的价格。而随着互联网的普及，互联网营销模式逐渐成为趋势，越来越多的保险公司选择通过在线平台销售汽车保险，客户可以通过保险公司的网站或移动应用程序自主获得报价、购买保险，并管理自己的保单和理赔。

从销售方式上，产险与寿险实行了交叉销售。产寿险交叉销售是指经营范围不同的产险公司与寿险公司，可以利用自身的业务渠道，相互代理销售对方的保险产品，并提供相应服务，以实现资源共享。交叉销售是国际保险业一种先进的销售机制，其作用是互惠互利。对寿险公司而言，可以通过产险客户资源增加寿险保费收入；对产险公司而言，可以通过寿险销售的完善网络和销售队伍，向寿险客户销售产险产品，这样既节省了销售成本，降低了营销费用，又能改善专业化服务形象，增强行业竞争能力；对消费者而言，可以通过向客户提供一站式购物服务，提升客户满意度，增加客户忠诚度。因此，通过互动合作，产险与寿险可实现优势互补、资源整合、提升企业形象、培育客户忠诚度、拓宽各自的业务领域等好处，是一种新型的保障企业可持续发展的模式。

（五）车险业产品及条款日益完善

1985 年，我国首次制定车险条款，保监会 2000 年颁布《机动车辆保险条款》；2003 年，为适应保险市场化，要求各保险公司制定自己的条款，报保监会备案；2006 年，推出交强险条款，同时推出商业险的 A、B、C 三套主险条款；2007 年，保险行业协会又重新对商业险的 A、B、C 三套条款进行修正和补充；2012 年，中国保险行业协会推出《机动车辆商业保险示范条款》，后经完善，在 2014 年又推出了《中国保险行业协会机动车综合商业保险示范条款（2014 版）》；在 2020，汽车保险进行了大幅度改革，进一步完善条款，又推出《中国保险行业协会机动车辆商业保险示范条款（2020 版）》。

近年来，由于新能源汽车的发展，新能源汽车的保险随之诞生。2021 年 12 月 14 日，中国保险行业协会发布《新能源汽车商业保险专属条款（试行）》的通知，自此新能源汽车与传统燃油车商业保险区别开来，车险品种及条款得到进一步完善。

（六）开始关注车险业产业链

发展汽车保险产业链是指以汽车保险为中心，由不同业态主体组成的产业链条，包括产业链前端的汽车厂商、汽车销售商、各保险专业和兼业代理机构、经纪公司以及产业链后端的保险公估公司、律师事务所、医院、汽车修理商等。

汽车保险产业链各主体间加强合作，整合产业链资源，实现汽车保险产业链上各主体和谐持续发展是非常必要的。同时，要明确产业链各环节的合理利益区间，树立合作共赢、互相支持、彼此促进、协同发展的理念，促进汽车保险产业链的进一步发展。

子任务二　汽车保险合同与原则

★★★1+X 汽车运用与维修职业技能等级标准（汽车营销评估与金融保险服务技术模块）：汽车保险的法规

技能要求：

能确定涉案车辆险合同细则。

知识要求：

涉案车辆险合同细则。

一、汽车保险合同概述

（一）汽车保险合同的定义

法理在线

《保险法》第十条规定："保险合同是投保人与保险人约定保险权利义务关系的协议。"

据保险合同的约定，收取保险费是保险人的基本权利，赔偿或给付保险金是保险人的基本义务。与此相对应，交付保险费是投保人的基本义务，请求赔偿或给付保险金是被保险人的基本权利。

汽车保险合同是财产保险合同的一种，是指以汽车及其有关利益作为保险标的的保险合同，是财产保险公司经营过程中的重要合同。

（二）汽车保险合同的法律特征

1. 汽车保险合同是有名合同

法律尚未确定名称和规范的合同是无名合同，法律直接赋予某种合同以名称并规定了调整规范的合同是有名合同。保险合同是有名合同，汽车保险也不例外。例如：根据我国的《机动车保险条例》，我国的汽车保险被赋予"机动车保险"的名称，它是保险合同中的一种重要合同。

2. 汽车保险合同是射幸合同

射幸就是碰运气、赶机会的意思。射幸性特点是指，保险合同履行的结果建立在事件可能发生，也可能不发生的基础之上。在合同有效期内，假如保险标的发生损失，则被保险人从保险人那里得到的赔偿金额可能远远超出其所支出的保险费；反之，如果无损失发生，则被保险人付出了保险费而没有得到任何货币补偿。保险人的情况则正好与此相反，当保险事故发生时，它所赔付的金额可能大于它所收的保费；而如果保险事故没有发生，则它只有收取保险费的权利，而无赔付的责任。

汽车保险合同的射幸性特征，即机会性特征，是由汽车保险责任事故发生的偶然性决定的，这种射幸性仅局限于单个汽车保险合同。对于保险人全部承保的汽车保险合同而言，保险人所收到的保险费的总额，原则上应当等于所付的赔偿债务和运营支出之和。因此，对于保险人的整个汽车保险业务而言是不存在机会性和偶然性的。

3. 汽车保险合同是保障合同

经济合同一般分为交换性合同和保障性合同两类。交换性合同是指合同一方给予对方的报偿都假定有相等或相近的价值，如买卖合同和租赁合同等。汽车保险合同是保障性合同，在合同的有效期内，当保险标的发生保险事故而造成损失时，被保险人所得到的赔付金额远远超过其所付的保险费，而当无损失发生时，被保险人付出保险费而没有任何收入。

从保险汽车的个体上来看，发生保险事故具有偶然性，因此保险合同的保障性是相对的，而从保险人所承保的所有保险汽车而言，汽车保险事故发生和支付被保险人的赔款是不可避免的，保险合同的保障性是绝对的。因此，汽车保险合同的保障性是保险人和被保险人签订保险合同的基本特性。

4. 汽车保险合同是诚信合同

任何合同的订立，都应本着诚实、信用的原则。汽车保险合同自投保人正式向保险人提出签订合同的要约后，就必须将汽车保险合同中规定的要素如实告知保险人，这一点是所有投保汽车保险的投保人应当明白的规则。因为作为保险人的保险公司如果发现投保人对汽车本身的主要危险情况没有告知、隐瞒或者做错误告知，即便汽车保险合同已经生效，保险人也有权不负赔偿责任。汽车保险合同的诚信原则不仅是针对投保人而言的，也是针对保险人而言的。也就是说，汽车保险合同双方当事人都应共同遵守诚信原则。作为投保人，应当将汽车本身的情况，如是否是营运车、是否重复保险等情况如实告知保险人，或者如实回答保险公司提出的问题，不得隐瞒；而保险人也应将保险合同的内容及特别约定事项、免赔责任如实向投保人进行解释，不得误导或引诱投保人参加汽车保险。因此，最大诚信原则对投保人与保险人是同样适用的。

5. 汽车保险合同是双务合同

任何合同对双方当事人都是法律行为，都有义务履行合同，所以是双务合同，当事人双方的义务与享有的权利是互为联系、互为因果的，缴纳保险费是保险合同生效的先决条件。投保人在承担支付保险费的义务以后，汽车保险合同生效，被保险人在保险汽车发生保险事故时，依据保险合同享有请求保险人支付保险金或补偿损失的权利。同样，保险人在收取投保人保险费以后，就必须履行保险合同所规定的赔偿损失的义务。因此，保险人和投保人或被保险人的权利与义务互为因果，汽车保险合同是双务合同。

6. 汽车保险合同是有偿合同

订立保险合同是双方当事人有偿的法律行为，因而保险合同是有偿合同。保险合同的一方享有合同的权利，必须为对方付出一定的代价，这种相互的报偿关系称为对价。汽车保险合同以投保人支付保险费作为对价换取保险人来承担风险。投保人的对价是支付保险费，保险人的对价是承担保险事故风险，并在保险事故发生时承担给付保险金或赔偿损失的义务。这种对价是相互的和有偿的。

7. 汽车保险合同是非要式合同

要式合同是指法律要求必须具备一定形式和手续的合同，非要式合同是指法律不要求必须具备一定形式和手续的合同，两者的区别在于是否以一定的形式作为合同成立和生效的条件。对于要式合同，当形式要件属于成立要件时，如果当事人未根据法律的规定采用一定的形式，那么合同就不能成立；当形式要件属于生效要件时，如果当事人不依法采取一定的形式，那么已成立的合同就不能生效。非要式合同可由当事人自由决定合同形式，但是无论采用何种形式都不影响合同的成立和生效。

在保险活动中，各国保险立法和惯例均要求将汽车保险合同制成保险单证，采用证据要件的书面形式，这是由它的射幸性和保障性决定的。此外，汽车保险合同的单证还有特殊的用途，例如在很多国家和地区，汽车没有保险就不能上路或无法年检；当发生保险事故时,汽车保险合同是投保人与保险人约定保险权利和义务关系的协议。近年来，随着我国汽车保险业务的逐渐扩大，汽车保险合同纠纷的案例越来越多，其焦点多集中在保险人与投保人或被保险人的责任及责任大小、保险合同是否成立与生效以及保险人是否应承担责任和承担多少责任等问题。掌握汽车保险合同的特征和订立与履行过程中涉及的原则问题，对解决围绕汽车保险合同的纠纷具有十分重要的意义。

保险单证可以确保受害人得到及时的救治，有保险单证还可以预防保险诈骗。因此，作为非要式合同，虽然汽车保险合同不以书面形式作为成立的条件，但采用证据要件的书面形式有利于保障交易的稳定与安全。

8. 汽车保险是附和合同

附和合同不是通过双方当事人充分商议而订立的，而是由合同一方当事人事先拟定好标准合同条款，以供当事人考虑接受还是拒绝的合同。附和合同往往由制定合同的一方当事人事先印制成固定格式，汽车保险合同就是典型的附和合同。

9. 汽车保险合同是对人的合同

在汽车保险中，保险车辆的过户、转让或者出售必须事先通知保险人。经保险人同意并将保险单或保证凭证批改后方可有效，否则，从保险车辆过户、转让、出售时起，保险责任即行终止。保险车辆的过户、转让、出售行为是其所有权的转移，必然带来被保险人的变更，而过户、转让或者出售汽车的原被保险人在其投保前已经履行了告知义务，承担了支付保险费等义务，保险人对其资信情况也有一定了解，如果被保险人的汽车发生所有权转移，势必导致保险人对新的车辆所有者的资信情况一无所知。众所周知，在汽车保险中保险事故的发生，除了客观自然因素外，还与投保人、被保险人的责任心及道德品质有关，倘若汽车新的所有者妄想以保险索赔，那么汽车保险事故就成为一种必然危险。因此保险车辆的所有权转移行为必须通知保险人，否则，保险人有据此解除保险合同关系的权利。

二、汽车保险合同的主体、客体、内容和形式

（一）汽车保险合同的主体

保险合同的主体是指具有权利能力和行为能力的保险关系双方，包括当事人、关系人和中介人三方面的内容。

1. 当事人

汽车保险合同的当事人包括保险人和投保人。

（1）保险人：保险人是指与投保人订立汽车保险合同，对于合同约定的可能发生的事故因其发生造成汽车本身损失及其他损失承担赔偿责任的财产保险公司。按我国法律规定保险人必须符合以下条件：

①保险人要具备法定资格。

②保险人须以自己的名义订立保险合同。

③保险人须依照保险合同承担保险责任。

作为汽车保险合同当事人之一的保险人有如下权利：

①决定是否承保。

②收取保费。

③有权要求投保人履行如实告知义务。

④有权代位追偿、处理赔偿后的损余物资。

（2）投保人：投保人是指与保险人订立汽车保险合同，并按照保险合同负有支付保险费义务的人。按我国法律规定投保人必须符合以下条件：

①具有权利能力和行为能力的自然人或法人。

②对汽车具有利害关系，存在可保利益。

③有缴纳保险费的能力。

案例 1-1-1　投保欠费的理赔

【案情简介】2011 年 11 月 13 日，内蒙古自治区哲里木盟科左中旗个体户孟某驾驶解放 141 大货车外出办事。由于车辆没有投保第三者责任险，而机动车辆第三者责任保险是内蒙古自治区政府规定的法定保险，根据规定，区域内的车辆必须参加第三者责任保险，所以中途被扣查。经过与人保科左中旗支公司（以下简称保险公司）协商，孟某同意投保第三者责任保险，保额 10 万元，需交纳保险费 1890 元。但当时孟某没有现金，就通过其亲属保险公司员工赵某协商，给保险公司出具了一张 1890 元的欠据，并保证回去后将此款及时交纳。经办人赵某当时就在欠据上注明“此保费在 2011 年 11 月 25 日以前交纳保险合同有效，过期不交保单作废”。同时给孟某出具了保险单和收款凭证。

事后，孟某并没有在约定期内交纳保险费，2011 年 11 月 25 日，保险公司用批单批注原保单作废，并于当日通知了孟某，并让其将作废保单退回，孟某一直以保

单被车带走为由迟迟不退还作废保单。

2012 年 3 月 21 日，孟某驾驶该车沿长吉北线行驶中发生交通事故，与一辆夏利车相撞，造成 1 人重伤，夏利车严重受损，合计损失金额 5.3 万元。事故发生后，孟某报告了当地交通部门，并通知保险公司，提出索赔申请。保险公司认定保单已经作废，不再与孟某有任何关系，没有受理赔案，拒绝赔偿。

孟某于 2012 年年底将保险公司起诉至科左中旗法院，要求保险公司履行保险合同，赔偿 5.3 万元经济损失并承担全部诉讼费用。

【案情分析】科左中旗法院经过两次开庭，双方经过激烈的法庭辩论后，法院认定孟某与保险公司签订的保险合同为实践合同，由于孟某没有履行保险合同中应履行的义务，导致保险合同终止，孟某要求履行保险合同的诉讼请求理由不能成立，法院不予支持。依照《经济合同法》第七条第一款，《保险法》第十四条之规定，驳回孟某的诉讼请求，案件受理费用由孟某个人承担。

一审判决后，孟某不服，以“保险合同成立及保险公司应赔偿经济损失”为由，上诉至哲里木盟中级人民法院。法院经过法庭调查后，认为保险公司向孟某签发了保险单，保险合同即告成立，合同所约定的双方权利、义务应受法律保护，保险公司应赔偿合同规定的第三者责任保险损失。保险公司以约定交款期限否则保险合同作废的辩解理由，没有证据证明是在孟某同意的情况下填写的，对双方没有约束力，其辩解理由不能成立。同时因保险公司未按期理赔，应向孟某支付一定数额的银行利息。

二审法院于 2012 年 12 月 25 日做出终审判决，撤销一审民事判决，由保险公司支付孟某第三者责任险损失、利息及部分诉讼费用，合计 6.3 万元。

从保险合同的性质来看，保险合同是双方有偿合同，双方要各自履行义务，特别是投保人有履行交纳保费的义务，这是保险合同生效的前提。保险合同也是有偿合同，即投保人要取得保险的经济保障必须支付相应的代价保险费，保险合同方能生效。同时，保险业要通过收取保险费来建立保险基金，进而开展正常的经营活动，否则将无法经营。特别是以欠据充当保费订立保险合同，本身就使保险人在合同双方的地位上处于被动和劣势，保费交纳与不交纳和事故发生后的赔偿与否完全由投保一方掌握，造成了合同履行的显失公平。

终审判决送达后，保险公司立即向哲盟检察分院进行申诉，检察机关及时审查了有关材料，认为：

（1）保险费不能以欠条方式交纳。我国目前用以支付的手段主要有法定货币人民币票据以及可以转让的有价证券，本案中孟某出具的欠条恰恰证明其未交纳保险费。

（2）保险合同属非附条件的经济合同，但保险人是否对保险事故进行理赔是附条件的，即保险人承担保险责任的前提是投保人交纳保险费，孟某没有履行交纳保险费义务，保险公司有权拒绝赔偿。同时，申诉人与被申诉人之间的保险合同虽已成立，但合同所附条件即“投保人交纳保险费”并未成立，依据《保险法》第十四条规定，该合同并未生效，对双方均无约束力。二审判决保险公司承担赔偿责任属适用法律不当，为了保证法律公正统一实施，根据《民事诉讼法》第十四条规定，向内蒙古自治区人民检察院提请抗诉，并建议哲盟法院对判决暂缓执行。

2013 年 10 月 21 日，自治区高级人民法院下发民事裁定书，指令哲盟中级人民法院另行组成合议庭进行再审，再审期间中止原判决执行。

【结论】2014 年 1 月 7 日，哲盟中级人民法院审判监督庭再次开庭，经过审理认为，投保人实际交纳保险费的行为，才是实际履行保险合同的行为，交纳保险费后保险合同才能生效。内蒙古自治区人民检察院抗诉理由成立，经审判委员会讨论，做出了撤销哲里木盟中级人民法院的民事判决，维持科左中旗人民法院的初审判决。二审案件受理费用由孟某承担。

2. 关系人

在财产保险中，合同的关系人仅指被保险人，而人身保险中，除了被保险人还有受益人。汽车保险合同属于财产保险合同的一种，所以汽车保险合同的关系人是被保险人。被保险人是指其财产或人身受汽车保险合同保障，享有保险金请求权的人。值得注意的是，投保人与被保险的关系有如下两种情况：

（1）投保人与被保险人的相等关系。在汽车保险中，投保人以自己的汽车投保，投保人同时也就是被保险人。

（2）投保人与被保险人的不相等关系。投保人以他人的汽车投保，保险合同一旦成立，投保人与被保险人分属两者，在这种情况下，要求投保人对被保险人的财产损失具有直接或间接的利益关系。

3. 中介人

中介人是指在汽车保险合同成立及其理赔过程中存在的社会中介组织。主要包括保险代理人、保险经纪人和保险公估人等形式。

法理在线

《保险法》第一百三十一条规定："保险代理人、保险经纪人及其从业人员在办理保险业务活动中不得有下列行为：（一）欺骗保险人、投保人、被保险人或者受益人；（二）隐瞒与保险合同有关的重要情况；（三）阻碍投保人履行本法规定的如实告知义务，或者诱导其不履行本法规定的如实告知义务；（四）给予或者承诺给予投保人、被保险人或者受益人保险合同约定以外的利益；（五）利用行政权力、职务或者职业便利以及其他不正当手段强迫、引诱或者限制投保人订立保险合同；（六）伪造、擅自变更保险合同，或者为保险合同当事人提供虚假证明材料；（七）挪用、截留、侵占保险费或者保险金；（八）利用业务便利为其他机构或者个人牟取不正当利益；（九）串通投保人、被保险人或者受益人，骗取保险金；（十）泄露在业务活动中知悉的保险人、投保人、被保险人的商业秘密。"

（二）汽车保险合同的客体

汽车保险合同的客体是指保险合同当事人双方权利和义务所共同指向的对象。财产保险中，保险标的是财产本身或与财产相关的利益与责任；人身保险中，保险标的是指人的生命或身体。汽车保险合同的保险标的是指汽车及其相关利益。汽车保险合同的客体不是保险标的本身。汽车保险合同的客体是投保人或被保险人对保险标的所具有的合法的经济利害关系，即保险利益，也称可保利益。

保险利益是指投保人对汽车具有的经济上的价值，是得到法律上的允许或承认，能用货币进行估价或约定的利益。包括：

（1）财产利益：所有利益、占有利益、抵押利益等。

（2）收益利益：租金利益、营运收入利益等。

（3）责任利益：民事损害赔偿责任利益。

（4）费用利益：施救费用利益及救助费用利益等。

（三）汽车保险合同的内容

法理在线

《保险法》第十八条规定："保险合同应当包括下列事项：（一）保险人的名称和住所；（二）投保人、被保险人的姓名或者名称、住所，以及人身保险的受益人的姓名或者名称、住所；（三）保险标的；（四）保险责任和责任免除；（五）保险期间和保险责任开始时间；（六）保险金额；（七）保险费以及支付办法；（八）保险金赔偿或者给付办法；（九）违约责任和争议处理；（十）订立合同的年、月、日。"

汽车保险合同的内容主要用来规定保险当事双方所享有的权利和义务，它通过保险条款的形式使权利和义务具体化，包括基本条款和特约条款。

基本条款是汽车保险合同不可缺少的条款，没有基本条款也就没有汽车保险合同。基本条款包括：（1）当事人的姓名和住所；（2）保险标的；（3）保险责任；（4）责任免除；（5）保险期限和保险责任开始时间；（6）保险人、投保人及被保险人的义务；（7）保险金额；（8）保险费；（9）保险金赔偿方法；（10）违约责任和争议处理；（11）订立合同的年、月、日。

特约条款是应投保人的要求而增加承保危险的条款，相当于扩大了承保范围，满足部分投保人的特殊要求。

（四）汽车保险合同的形式

由于汽车保险时间较长，双方的权利和义务复杂，为了避免产生争议，汽车保险合同一般采用书面文件形式，这些书面文件可以统称为"凭证"。汽车保险合同的形式主要包括以下 6 种：

1. 投保单

汽车保险投保单又称为“要保单”或者称为“投保申请书”，是投保人申请保险的一种书面形式。

投保单由保险人实现设计并印刷，上面列明了保险合同的具体内容，投保人只需在投保单上按列明的项目逐项填写即可。投保人填写好投保单后，保险人审核同意签章承保，这意味着保险人接受了投保人的书面要约，说明汽车保险合同已告成立，保险人按照约定的时间开始承担保险责任。在保险双方当事人约定的时间后，保险人仍未签发保险单，投保单仍然具有法律效力。

如图 1-1-5 所示为填写完整的投保单，其内容包括：（1）投保人、被保险人信息；（2）保险车辆信息；（3）驾驶员信息；（4）投保的险种；（5）保险金额；（6）保险期限；（7）特别约定等内容。

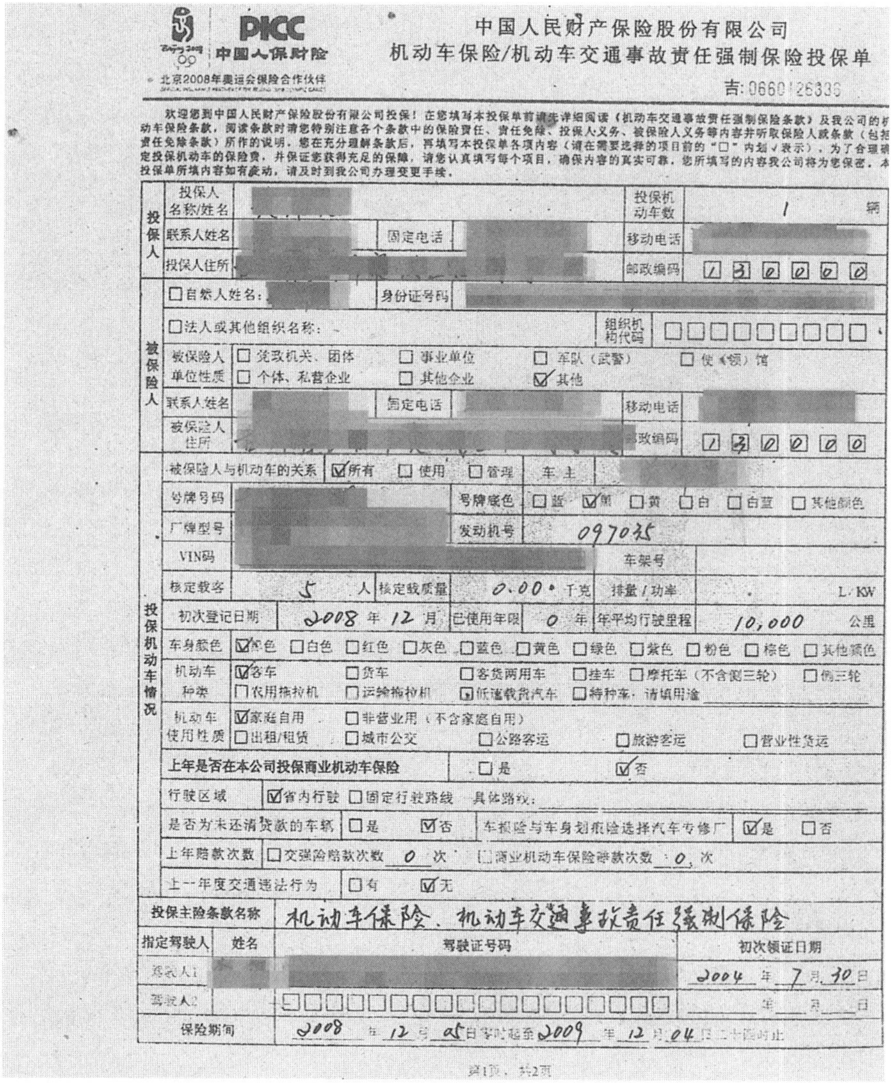
PICC 中国人保财险
北京2008年奥运会保险合作伙伴
中国人民财产保险股份有限公司
机动车保险/机动车交通事故责任强制保险投保单
吉: 0660126336

欢迎您到中国人民财产保险股份有限公司投保！在您填写本投保单前请先详细阅读《机动车交通事故责任强制保险条款》及我公司的机动车保险条款，阅读条款时请您特别注意各个条款中的保险责任、责任免除、投保人义务、被保险人义务等内容并听取保险人就条款（包括责任免除条款）所作的说明。您在充分理解条款后，再填写本投保单各项内容（请在需要选择的项目前的“□”内划√表示），为了合理确定投保机动车的保险费，并保证您获得充足的保障，请您认真填写每个项目，确保内容的真实可靠。您所填写的内容我公司将为您保密。本投保单所填内容如有变动，请及时到我公司办理变更手续。

投保人	投保人名称/姓名	[redacted]		投保机动车数	1 辆
	联系人姓名	[redacted]	固定电话 [redacted]	移动电话	[redacted]
	投保人住所	[redacted]		邮政编码	130000
被保险人	□自然人姓名：[redacted]	身份证号码 [redacted]			
	□法人或其他组织名称：			组织机构代码	□□□□□□□□□□
	被保险人单位性质	□党政机关、团体 □个体、私营企业	□事业单位 □其他企业	□军队（武警） ☑其他	□使（领）馆
	联系人姓名	[redacted]	固定电话 [redacted]	移动电话	[redacted]
	被保险人住所	[redacted]		邮政编码	130000
投保机动车情况	被保险人与机动车的关系	☑所有 □使用 □管理	车主 [redacted]		
	号牌号码	[redacted]	号牌底色	□蓝 ☑黑 □黄 □白 □白蓝 □其他颜色	
	厂牌型号	[redacted]	发动机号	097035	
	VIN码	[redacted]	车架号		
	核定载客	5 人	核定载质量 0.00 千克	排量/功率	. L/KW
	初次登记日期	2008 年 12 月	已使用年限 0 年	年平均行驶里程	10,000 公里
	车身颜色	☑黑色 □白色 □红色 □灰色 □蓝色 □黄色 □绿色 □紫色 □粉色 □棕色 □其他颜色			
	机动车种类	☑客车 □货车 □客货两用车 □挂车 □摩托车（不含侧三轮） □侧三轮 □农用拖拉机 □运输拖拉机 □低速载货汽车 □特种车：请填用途			
	机动车使用性质	☑家庭自用 □非营业用（不含家庭自用） □出租/租赁 □城市公交 □公路客运 □旅游客运 □营业性货运			
	上年是否在本公司投保商业机动车保险	□是 ☑否			
	行驶区域	☑省内行驶 □固定行驶路线 具体路线：			
	是否为未还清贷款的车辆	□是 ☑否	车损险与车身划痕险选择汽车专修厂	☑是 □否	
	上年赔款次数	□交强险赔款次数 0 次	□商业机动车保险赔款次数 0 次		
	上一年度交通违法行为	□有 ☑无			

投保主险条款名称	机动车保险、机动车交通事故责任强制保险		
指定驾驶人	姓名	驾驶证号码	初次领证日期
驾驶人1	[redacted]	[redacted]	2004 年 7 月 30 日
驾驶人2		□□□□□□□□□□□□□□□□□□	年 月 日
保险期间	2008 年 12 月 05 日零时起至 2009 年 12 月 04 日二十四时止		

第1页，共2页

（a）第一页

投保险种		保险金额/责任限额（元）	保险费（元）	备注
□机动车交通事故责任强制保险		死残，医疗费，财产损失	950.00	
□机动车损失险：新车购置价 250,000.00 元		250,000.00	3,942.00	
□商业第三者责任险		100,000.00	1,049.40	
□车上人员责任险	投保人数 1 人	10,000.00/人	36.00	
	投保人数 4 人	10,000.00/人	93.60	
□附加盗抢险				
□附加玻璃单独破碎险	☑国产玻璃		425.50	
	□进口玻璃			
□附加停驶损失险：日赔偿金额____元×____天				
□附加自燃损失险				
□附加火灾、爆炸、自燃损失险				
□附加车身划痕损失险		5000元		
□附加新增加设备损失险				
□附加车上货物责任险				
□附加不计免赔率特约	☑机动车损失险		68.15	
	☑第三者责任险			
□附加可选免赔额特约		免赔金额：		

保险费合计（人民币大写）：陆仟伍佰陆拾肆元陆角伍分（¥：6564.65 元）

特别约定：报案电话 0431955l8（24小时服务）；保险车辆与火车相撞保险人不承担责任，保费未缴清保险人按到帐保费与应交保费的比例赔付；双方肇事要求必须经交警队，单方肇事要求必须保留第一现场；出险后以保险公司定损价格为准。

保险合同争议解决方式选择：☑诉讼 □提交____________仲裁委员会仲裁

本保险合同由保险条款、投保单、保险单、批单和特别约定组成。

投保人声明：保险人已将投保险种对应的保险条款（包括责任免除部分）向本人作了明确说明，本人已充分理解；上述所填写的内容均属实，同意以此投保单作为订立保险合同的依据。

投保人签名/签章：[redacted]

2008 年 12 月 05 日

验车验证情况：☑已验车 □已验证 查验人员签名：刘朋 2008 年 12 月 10 日 8 时 30 分

初审情况：
业务来源：☑直接业务 □个人代理
□专业代理 □兼业代理
□经纪人 □网上/电话业务
代理（经纪）人名称：
上年度是否在本公司承保：□是 ☑否
业务员签字：王丰 2008 年 12 月 6 日

复核意见：同意承保
复核人签字：孙程 2008 年 12 月 7 日

（b）第二页

图 1-1-5 投保单

2. 暂保单

暂保单也称为临时保险条款，是保险人出具正式保单以前签发的临时保险合同，用以证明保险人同意承保。

签订暂保单不是签订保险合同的必经程序。暂保单具有与正式保单同等的法律效力，同正式保单相比，暂保单的内容相对简单、保险期限短，仅包括：保险标的、保险责任、保险金额以及保险关系当事人的权利义务等，如图 1-1-6 所示。

暂保单的有效期限只有 30 天，一旦保险单或保险凭证出具，暂保单自动失效。暂保单可以由保险人或兼业保险代理机构签发，正式保单内容较为复杂，保险期限通常为一年，保险单只能由保险人签发。

中国保险监督管理委员会监制　　　　限在四川省销售

中国人民财产保险股份有限公司机动车提车暂保单（副本）

PICC 中国人民财产保险股份有限公司 PICC Property and Casualty Company Limited

川：

暂保单号：

鉴于投保人已向保险人提出投保申请，并同意按约定交付保险费，保险人依照本暂保单中载明的保险条款和特别约定，承担经济赔偿责任。

被保险人			
移动证号（临时号牌）		厂牌型号	
发动机号		车 架 号	
购车发票号		保险金额（新车购置价）	
保险费（人民币大写）：		（￥　　元）	
保险期间：30天，自　年　月　日　时起至　年　月　日　时止			

特别约定：
1. 本暂保单仅承保机动车损失险和第三者责任险，不承保车上人员责任险，第三者责任险的赔偿限额为 5 万元人民币。保险责任及责任免除等事项，以本暂保单中载明的保险条款为准。
2. 在本暂保单保险期间内，无有效移动证或临时号牌，保险人不承担赔偿责任。
3. 索赔时应交验本暂保单、购车发票正本及移动证或临时号牌正本。

重要提示：
1. 收到本暂保单后请立即核对，填写内容如与投保事实不符，请在 48 小时内通知保险人并办理变更手续。
2. 请详细阅读所附保险条款，特别是有关责任免除和投保人、被保险人义务的部分。
3. 本暂保单涂改无效，一经签发，不得退保。
4. 在领取车辆正式号牌后，应尽快到注册地保险人处办理机动车保险。
5. 发生保险事故后，请在 48 小时内通知保险人。

被保险人地址： 邮政编码： 联系电话： 联 系 人： 投保人签章： 年　月　日	保 险 人： 地　址： 邮政编码： 联系电话：95518　（保险人签章） 代 理 人： 地　址： 邮政编码： 联系电话：　（代理人签章）
签单日期：　年　月　日	

核保：　　制单：　　经办：

北京中融安全印务公司印制(2006)

第一联 业务留存

图 1-1-6 暂保单

3. 保险单

保险单，简称保单，是保险人和投保人之间订立保险合同的正式书面凭证。保险单根据汽车投保人申请，在保险合同成立之后，由保险人向投保人签发。保险单上列明了保险合同的所有内容，它是保险双方当事人确定权利、义务和在发生保险事故遭受经济损失后，被保险人向保险人索赔的重要依据。

汽车保险单一式三联，分为正本和副本。正本一张，是白色的，副本两张，一张粉红色，一张浅蓝色，如图 1-1-7 所示。

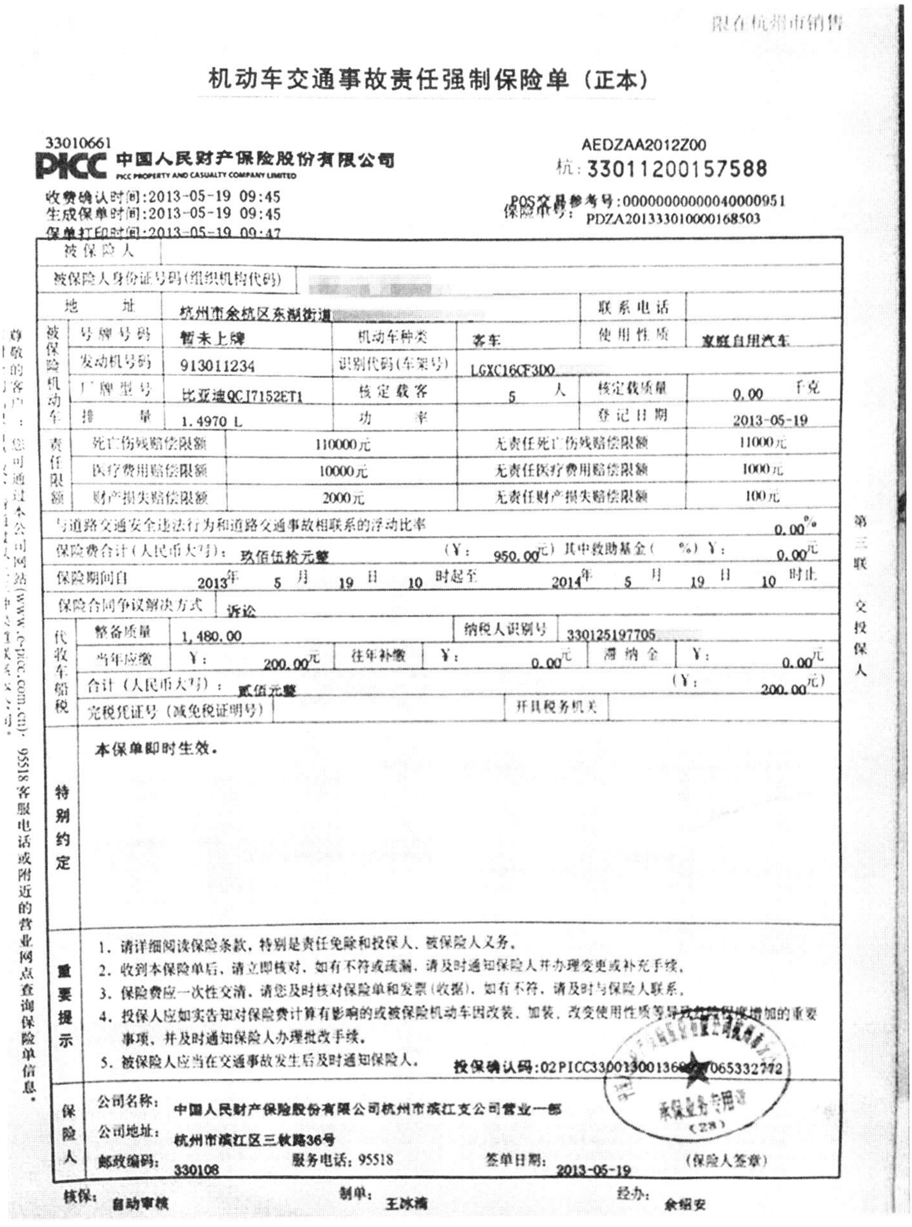

限在杭州市销售

机动车交通事故责任强制保险单（正本）

33010661
PICC 中国人民财产保险股份有限公司
PICC PROPERTY AND CASUALTY COMPANY LIMITED
收费确认时间:2013-05-19 09:45
生成保单时间:2013-05-19 09:45
保单打印时间:2013-05-19 09:47

AEDZAA2012Z00
杭:33011200157588
POS交易参考号:0000000000004000951
保险单号: PDZA201333010000168503

被保险人					
被保险人身份证号码(组织机构代码)					
地址	杭州市余杭区东湖街道			联系电话	
被保险机动车 号牌号码	暂未上牌	机动车种类	客车	使用性质	家庭自用汽车
发动机号码	913011234	识别代码(车架号)	LGXC16CF3D0		
厂牌型号	比亚迪QCJ7152ET1	核定载客	5 人	核定载质量	0.00 千克
排量	1.4970 L	功率		登记日期	2013-05-19
责任限额 死亡伤残赔偿限额	110000元		无责任死亡伤残赔偿限额	11000元	
医疗费用赔偿限额	10000元		无责任医疗费用赔偿限额	1000元	
财产损失赔偿限额	2000元		无责任财产损失赔偿限额	100元	

与道路交通安全违法行为和道路交通事故相联系的浮动比率 0.00%
保险费合计（人民币大写）：玖佰伍拾元整 （¥：950.00元）其中救助基金（ %）¥：0.00元
保险期间自 2013年 5月 19日 10时起至 2014年 5月 19日 10时止
保险合同争议解决方式 诉讼

代收车船税 整备质量	1,480.00		纳税人识别号	330125197705	
当年应缴	¥：200.00元	往年补缴	¥：0.00元	滞纳金	¥：0.00元
合计（人民币大写）：	贰佰元整			（¥：200.00元）	
完税凭证号（减免税证明号）			开具税务机关		

特别约定：本保单即时生效。

重要提示：
1. 请详细阅读保险条款，特别是责任免除和投保人、被保险人义务。
2. 收到本保险单后，请立即核对，如有不符或疏漏，请及时通知保险人并办理变更或补充手续。
3. 保险费应一次性交清，请您及时核对保险单和发票(收据)，如有不符，请及时与保险人联系。
4. 投保人应如实告知对保险费计算有影响的或被保险机动车因改装、加装、改变使用性质等导致危险程度增加的重要事项，并及时通知保险人办理批改手续。
5. 被保险人应当在交通事故发生后及时通知保险人。

投保确认码:02PICC3300130013690065332772

保险人：
公司名称：中国人民财产保险股份有限公司杭州市滨江支公司营业一部
公司地址：杭州市滨江区三牧路36号
邮政编码：330108　服务电话：95518　签单日期：2013-05-19　（保险人签章）

承保业务专用章 （28）

核保：自动审核　制单：王冰清　经办：余绍安

尊敬的客户：您可通过本公司网站(www.e-picc.com.cn)、95518客服电话或附近的营业网点查询保险单信息。

第三联 交投保人

图 1-1-7 某保险公司交强险保单

近年来，由于网络信息技术的发展，加之环保的需要，大部分保险公司已使用电子保单，不再使用纸质保单，如图 1-1-8 所示。电子保单将传统纸质保险合同以电子文书的形式替代，客户通过保险公司或保险中介官方网站可查询、下载、打印保单，并可在网上进行保单有效性验证。客户在办理电子保单的保全、理赔业务时无须提供保单。电子保单具有节省纸质资源、省时便利、不受时地限制、可申请补发及管理方便等优势。

中国银行保险监督管理委员会监制

限在四川省销售

大地官方微信　中保信验真微信

机动车交通事故责任强制保险(电子保单)

中国大地财产保险股份有限公司
China Continent Property & Casualty Insurance Company Ltd.

投保确认码：02CCIC510022090514430677226671

电子保单生成时间：2022-09-29 13:51:18　　保险单号：PDFA22510107350000005103

收费确认时间：2022-09-29 13:51:15　　投保确认时间：2022-09-29 13:51:17

被保险人		张伟				
被保险人身份证号码(统一社会信用代码)			[redacted]			
地址		[redacted]			联系电话	1890****550
被保险机动车	号牌号码		机动车种类	客车	使用性质	家庭自用
	发动机号码	22755008	识别代码(车架号)	LM8F7D797NA083807		
	厂牌型号	赛力斯 SKE6500SSHEVR插电式增程混合动力多用途乘用车	核定载客	6人	核定载质量	0千克
	排量	1.499L	功率	92KW	登记日期	2022年09月29日

责任限额	死亡伤残赔偿限额	180000 元	无责任死亡伤残赔偿限额	18000 元
	医疗费用赔偿限额	18000 元	无责任医疗费用赔偿限额	1800 元
	财产损失赔偿限额	2000 元	无责任财产损失赔偿限额	100 元
与道路交通安全违法行为和道路交通事故相联系的浮动比率				0 %
保险费合计(人民币大写)壹仟壹佰元整（¥:1,100.00 元）其中救助基金(1.00 %) ¥:11.00 元 （不含税保险费¥1037.74元、增值税¥62.26元）				
保险期间自2022年09月29日15时起至2023年09月29日15时止				
保险合同争议解决方式	诉讼			

代收车船税	整备质量	2340KG		纳税人识别号	511523198201035939	
	当年应缴	¥0.00 元	往年补缴	¥0.00 元	滞纳金	¥0.00 元
	合计(人民币大写)：零元整				（¥:0.00 元）	
	完税凭证号(减免税证明号)	0012061001		开具税务机关	国家税务总局四川省税务局	
特别约定	保单查询及通赔提示：投保次日起，您可以通过本公司网页（www.95590.cn），客户服务电话（95590），营业网点核实保单及理赔信息。被保险车辆出险后，被保险人可选择保险人在国内的任意一家车险全国通赔网点，就近接受查勘定损服务，并就近递交索赔资料、领取保险赔款，保险人不另外收取费用。					
重要提示	1、请详细阅读保险条款。特别是责任免除和投保人、被保险人义务。 2、收到本保险单后，请立即核对，如有不符和疏漏，请及时通知保险人并办理变更或补充手续。 3、保险费应一次性缴清，请您及时核对保险单和发票(收据)，如有不符，请及时与保险人联系。 4、投保人应如实告知对保险费计算有影响或被保险机动车改装、加装、改变使用性质等导致危险程度增加的重要事项，并及时通知保险人办理批改手续。 5、被保险人应当在交通事故发生后及时通知保险人。 6、被保险人可通过保险人网站自主查询承保理赔信息。					
保险人	公司名称：中国大地财产保险股份有限公司成华支公司 公司地址：四川省成都市武侯区领事馆路7号保利中心写字楼西区1栋1单元16楼1601号 邮政编码：610000　服务电话：95590　签单日期：2022-09-29　（保险人签章）					

核保：郭云霏　制单人：唐瑜　经办人：成都市精瑞汽车销售服务有限公司

四川保险业消费者权益保护中心维权热线：028-841-12378

搜索微信公众号“四川保险在线”，点击左下角“网上消保”，在线投诉或申请调解

中国大地财产保险股份有限公司成都中心支公司 电子保单专用章 (1)

图 1-1-8 电子保单

4. 保险凭证

保险凭证，也称保险卡，是保险人发给投保人以证明保险合同已经订立或保险单已经签发的一种凭证，如图 1-1-9 所示。被保险人与其允许的驾驶人员不止一人，为了便于随身携带，证明保险合同的存在，便于交通事故的处理，所以有保险凭证。

有的保险公司只发给保户一张“机动车保险凭证”，它包含的项目有保险证号、保险人、车辆厂牌型号、牌照号码以及续保记录、赔款记录、变更记录、备注等，效力等同于保险单。

保险凭证的法律效力与保险单相同，保险凭证上未列明的事项以保险单为准，是一种简化的保险单。如果保险凭证上已经有保险人的特别说明，该保险凭证就有了批单的意义，在与原始保险单的保险条件发生矛盾时，以保险凭证为准。

（a）正面

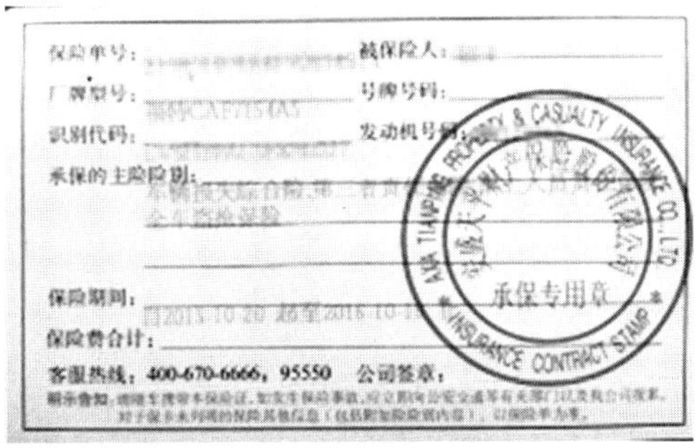

（b）反面

图 1-1-9 保险凭证

5. 批单

批单是更改保险合同某些内容的更改说明书。在保险合同有效期间可能发生需要部分更动的情况，这时要求对保险单进行批改。保险单的批改应该根据不同情况采用统一和标准措辞的批单，如图 1-1-10 所示。

批单内容包括：批改申请人、批改的要求、批改前的内容、批改后的内容、是否增加保险费、增加保险费的计算方式、增加的保险费。需明确标明“除本批改外，原合同其他内容不变”，如图 1-1-11 所示。

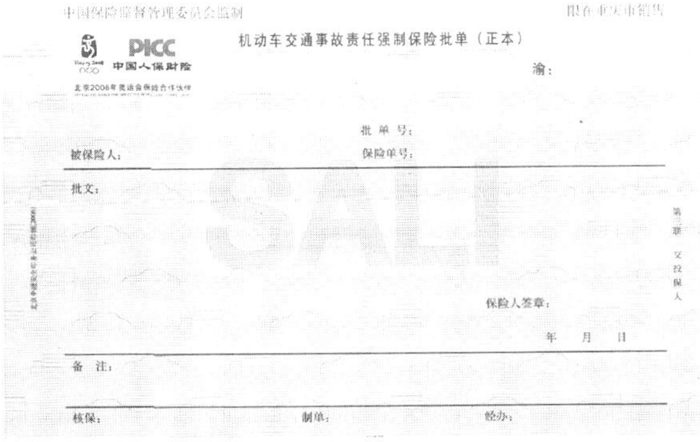
中国保险监督管理委员会监制

PICC 中国人保财险

北京2008年奥运会保险合作伙伴

机动车交通事故责任强制保险批单（正本）

渝：

批单号：

被保险人：　　保险单号：

批文：

保险人签章：

年　月　日

备　注：

核保：　　制单：　　经办：

图 1-1-10 批单格式

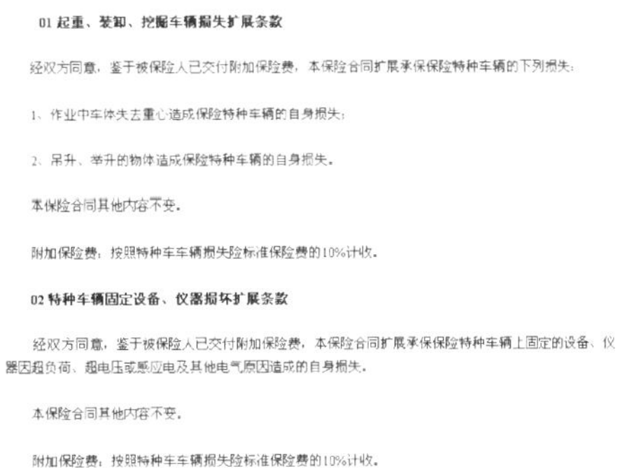
特种车辆保险批单

01 起重、装卸、挖掘车辆损失扩展条款

经双方同意，鉴于被保险人已交付附加保险费，本保险合同扩展承保保险特种车辆的下列损失：

1、作业中车体失去重心造成保险特种车辆的自身损失；

2、吊升、举升的物体造成保险特种车辆的自身损失。

本保险合同其他内容不变。

附加保险费：按照特种车车辆损失险标准保险费的10%计收。

02 特种车辆固定设备、仪器损坏扩展条款

经双方同意，鉴于被保险人已交付附加保险费，本保险合同扩展承保保险特种车辆上固定的设备、仪器因超负荷、超电压或感应电及其他电气原因造成的自身损失。

本保险合同其他内容不变。

附加保险费：按照特种车车辆损失险标准保险费的10%计收。

图 1-1-11 批单内容

特别提醒

批单应该加贴在原保险单正本和副本背面，并加盖骑缝章，使其成为保险合同的一部分。在多次批改的情况下，最近一次批改的效力优于之前的批改，手写批改的效力优于打印的批改。

批单一旦签发，就自动成为保险单的一个重要组成部分，当批单内容与保险单内容矛盾时，以批单的内容为准。

6. 书面协议

保险人与投保人协商同意，可将双方约定的承保内容及彼此的权利义务关系以书面协议的形式明确下来，这种书面协议也是保险合同的一种形式。同正式保单相比，书面协议不事先拟就，而是根据保险关系双方当事人协商一致的结果来签订，具有较大的灵活性和针对性，是不固定格式的保险单，因而书面协议与保险单具有同等法律效力。

三、汽车保险合同的一般性法律规定

（一）合同的订立、成立及生效

1. 保险合同的订立

汽车保险合同的订立是指被保险人与保险公司就汽车保险合同的内容进行协商，达成一致的过程。汽车保险合同的订立包括要约和承诺两个阶段。

（1）要约阶段。

保险合同是要约式合同，要约阶段是投保人向保险人提出保险要求的意思表示。要约可以口头表示，也可以书面形式表示。发出要约的人称为要约人，接受要约的人称为受约人。要约生效后，具有一定的法律意义，要约人不得中途撤回或变更要约。

投保人的要约是保险合同订立的必需和首要程序，投保人的要约是书面要约形式，即投保单。投保人在填写保险单时，必须如实填写，这是《保险法》规定的，如果填写不实，则将导致保险合同无效，保险人也可以据此解除保险合同或在保险事故发生后拒绝承担保险责任。

（2）承约阶段。

承约阶段是保险人同意投保人提出的保险要求的意思表示。也就是说，保险人认可和接受了投保人在投保单上提出的所有条件，并同意在双方合意的条件下承担保险责任。保险人承约可以由保险人自己做出，也可以由保险代理人做出。

保险合同在订立过程中，一般来说，投保人是要约人，保险人是承约人。从投保人填写投保单到保险人出具保险单就完成了合同订立的一个要约与承约的过程。

2. 保险合同的成立及成立要件

根据《民法典》规定，合同的成立是指合同因符合一定的要件而客观存在，其具体表现就是将要约人单方面的意思转化为双方一致的意思表示。保险合同具备了成立的要件即宣告成立，但已经成立的合同必须符合一定的生效要件才能产生法律效力。也就是说，即使保险合同已经成立，如果不符合保险合同规定的生效要件，仍然不能产生法律效力。

法理在线

我国《保险法》第十三条规定："投保人提出保险要求，经保险人同意承保，并就合同的条款达成协议，保险合同成立。"

按照以上规定，保险合同的一般成立要件有：

（1）投保人提出保险要求：在实际中表现为投保人主动要求填写投保单，或经保险代理人的要约引诱而填写投保单，即投保人向保险人发出申请订立保险合同的书面要约。

（2）保险人同意承保：保险人收到投保人的投保单后，经过核保，认为符合条件，愿意接受投保人的保险要求并表示同意。

（3）投保人与保险人就合同的条款达成协议：机动车辆保险合同采用书面形式，自双方当事人签字或盖章时合同成立。但有的时候保险人在同意承保的同时，又向投保人提出一些附加条件，这种附加条件称为新的要约。投保人只有接受这种新要约，保险合同才成立，即订立保险合同是一个不断协商的过程，是要约、反要约、再要约直到承诺的过程。因此，一项保险合同的成立，关键在于保险人与投保人双方是否就保险合同的主要条款达成一致协议，达成一致就成立。

3. 保险合同的生效及生效要件

保险合同的生效是指已经成立的保险合同对当事人产生的法律约束力。

法理在线

我国《民法典》第一百一十九条规定："依法成立的合同，对当事人具有法律约束力。"

根据以上规定，只有依法成立的合同才具有法律效力。具体而言，保险合同生效要件为：

（1）主体合格：双方当事人在订立保险合同时具有相应的民事行为能力。就投保人而言，必须是具有完全民事行为能力的自然人、依法成立的法人或其他经济组织；就保险人而言，必须是依法设立的保险公司，且须在其营业执照核准的营业范围内订立保险合同。

（2）意思表示真实：双方当事人在订立保险合同时的意思表示必须符合自己的真实内在的意思，如投保人故意谎报被保险人的年龄、健康状况、隐瞒保险标的真实情况，而与保险人签订的保险合同，保险人由于受欺诈，虽然与投保人就保险合同达成了协议，但没有反映出当事人的真实意思。即表意与真意不一致，由此产生的合同应当是无效合同。

（3）合同内容合法：保险合同的内容不得违反法律或社会公共利益。

法理在线

《民法典》第一百四十三条规定："具备下列条件的民事法律行为有效：

（一）行为人具有相应的民事行为能力；

（二）意思表示真实；

（三）不违反法律、行政法规的强制性规定，不违背公序良俗。"

就保险合同而言，则要求双方当事人签订保险合同，应严格遵守《保险法》及有关法律法规，否则保险合同无效。

依法成立的合同自成立时生效，但是保险合同多为附条件合同，以缴纳保险费为合同生效的条件。同时，我国保险实务中普遍实行"零时起保制"，所以保险合同是在合同成立的某一时间生效。保险合同生效前发生的保险事故，保险人不承担保险责任。投保人与保险人可以在保险合同中约定，保险合同依法成立就发生法律效力。保险合同的要约与承诺必须采取书面形式。

（二）保险合同的履行

在保险合同的有效期内，双方当事人都必须履行自己在保险合同中约定的义务，以保证双方行使自己的权利。保险合同的履行分为投保人履行和保险人履行两种。

1. 投保人应履行的义务

（1）履行缴纳保险费义务。除另有约定外，投保人应当在保险合同成立时一次足额支付保险费；保险费付清前发生的保险事故，保险人不承担赔偿责任。

（2）履行如实告知义务。投保人应如实填写投保单并回答保险人提出的询问，履行如实告知的义务。

（3）履行维护保险标的安全义务。

（4）履行保险标的危险程度增加通知保险人义务。

（5）履行出险通知义务。在保险事故发生后 48 小时内，投保人或被保险人应通知保险人。

（6）防损减损、施救义务。发生保险事故后，被保险人应当积极协助保险人进行现场查勘，被保险人应当及时采取合理的、必要的施救和保护措施，防止或减少损失。

（7）投保人有义务协助保险人向第三方代位追偿。

2. 保险人应履行的义务

（1）承担赔偿或给付保险金的义务。履行赔偿或给付保险金义务是保险人在保险合同中最基本的义务，也是保险最基本的目的。

（2）说明合同内容的义务。保险人应当将保险合同的内容尤其是保险责任及免责条款明确列明并且向投保人明确说明及解释。

（3）及时签单的义务。保险人在收到投保人缴纳的保险费后，应当及时签发保险单。

（4）为投保人或被保险人保密的义务。当投保人填写投保单后，保险人有义务为投保人或被保险人保密，不泄露投保人或被保险人信息。

（三）保险合同的变更

1. 保险合同主体的变更

主体变更不会改变合同的权利义务和客体，其变更对象主要是投保人、被保险人或受益人。

（1）保险人变更。一般情况下，保险人变更是不会发生的。但是当出现保险人破产、被责令停业、被撤销保险业经营许可等情况时，会导致保险人变更。保险公司的合并或分立，也可能导致保险人变更。

（2）被保险人变更。当保险车辆发生转卖、转让、赠送他人时，被保险人需要变更。

法理在线

《保险法》第四十九条规定："保险标的转让的，被保险人或受让人应当及时通知保险人，但货物运输保险合同和另有约定的合同除外。"

2. 保险合同客体的变更

保险合同客体的变更，是指在合同的有效期内，投保人和保险人通过协商变更保险标的的保险范围，保险合同因保险标的的价值变化而引起的保险利益的变化。必须指出的是，保险合同客体的变更，是在保险标的不发生更换的前提下，保险标的的范围发生部分变更，如：

（1）保险车辆变更使用性质。

（2）增、减危险程度；增、减投保车辆。

（3）增、减或变更约定驾驶人。

3. 保险合同内容的变更

保险合同内容的变更，是指当事人双方权利义务的合同条款的变更。当投保人或被保险人提出增加或减少保险费、改变保险费的支付方式、扩大或缩小保险责任范围和条件、扩大或缩小责任免除范围和条件、延长或缩短保险期限等要求时，就会导致保险合同的内容的变更。保险合同客体变更时，也往往引起保险合同内容的变更，如：

（1）调整保险金额或责任限额。

（2）保险责任变更。保险责任变更是指保险人承担的保险责任范围的扩大。如果投保人或被保险人有变更保险责任条款的需要，经过双方协商可以约定变更。

（3）保险期间的变更。

4. 保险合同变更的办理

保险车辆在保险期间内发生上述变更事项时，应办理保险合同变更手续。

（1）保险合同的具体变更流程是：

①投保人提出书面变更申请。

②业务人员接到投保人提出的书面变更申请后，对原保险单和有关情况进行核对，按照有关规定验车并提出处理意见；

③业务人员将变更申请及初步处理意见提交核保部；

④核保人员审核签署意见；

⑤核保通过后进行收、付费处理；

⑥对保险合同进行变更；

⑦清理有关单、证并归档。

（2）保险合同变更时使用的书面凭证即批单，其主要内容包括：

①保险单号码：登录原保险单号码。

②批单号码；以年度按顺序连贯编号。

③被保险人：填写被保险人称谓，应与原保险单相符。

④批文：批文按规定的格式填写，其内容包括变更的要求、变更前的内容、变更后的内容、是否增加（退还）保险费、增加（退还）保险费的计算公式、增加退还保险费的金额、变更起始时间以及明确除本变更外原保险合同的其他内容不变。

批文范例

①保险车辆转卖、转让、赠送他人的批文内容。

根据被保险人申请，因______（牌照号）保险车辆已转给________，自_____年___月___日___时起，该车的被保险人变更为_________直至保险期满，其他事项不变。

特此批改。

②车辆的使用性质变更，并涉及增/退费的批文内容。

根据被保险人申请，因_____（牌照号）保险车辆的使用性质已由______变更为________，变更时间自_____年____月____日______时起至保险期满，应增收（退还）保险费人民币（大写）______元（计算公式_________）。其他事项不变。

特此批改。

对于变更保险合同，需要增、退费的，由经办人填制保险费收据一式三联，随批单一起送财务部门和收、退保险费。

（四）保险合同的解除

保险合同的解除指保险合同成立之后，当法定或约定的事由发生时，一方当事人可以行使解除权，使保险合同效力提前消灭的一种法律行为。保险合同的解除分为投保人解除和保险人解除。

1. 投保人解除保险合同

法理在线

《保险法》第十五条规定："除本法另有规定或保险合同另有约定外，保险合同成立后，投保人可以解除保险合同，保险人不得解除合同。"

（1）保险责任开始前解除合同，应支付手续费（3%），保险人应当退还保险费。

（2）保险责任开始后解除合同，保险人按短期日费率收取保险费，并退还剩余部分保险费。

2. 保险人解除保险合同

为保证被保险人或受益人的权利，《保险法》有明确的规定，保险人不得随意解除保险合同，只有在投保人、被保险人或受益人有违约或违法行为时，保险人才能解除保险合同。《保险法》规定保险人可以解除保险合同的情况，主要有如下几种：

（1）投保人违反如实告知义务。只要投保人存在不履行如实告知义务事实，不管是故意还是过失都有可能导致保险人解除保险合同。

法理在线

《保险法》第十六条规定："投保人故意或者因重大过失未履行前款规定的如实告知义务，足以影响保险人决定是否同意承保或提高保险费率的，保险人有权解除合同。"

（2）保险标的危险程度增加的情况下，投保人或被保险人未通知保险人。

法理在线

《保险法》第五十二条规定："在合同有效期内，保险标的的危险程度显著增加的，被保险人应当按照合同约定及时通知保险人，保险人可以按照合同约定增加保险费或者解除合同。"

（3）投保方对保险标的的安全不尽维护安全的责任。

法理在线

《保险法》第五十一条规定："投保人、被保险人未按照约定履行其对保险标的的安全应尽责任的，保险人有权要求增加保险费或解除合同。"

（4）未发生保险事故情况下，被保险人或受益人谎称发生了保险事故。

法理在线

《保险法》第二十七条规定："未发生保险事故，被保险人或受益人谎称发生了保险事故，向保险人提出赔偿或者给付保险金请求的，保险人有权解除保险合同，并不退还保险费。"

（5）投保人、被保险人故意制造事故。

法理在线

《保险法》第二十七条规定："投保人、被保险人故意制造保险事故保险的，保险人有权解除保险合同，不承担赔偿或者给付保险金的责任；除本法第四十三条规定外，不退还保险费。"

保险合同解除的程序是先由解约方向对方发出解约通知书，然后经双方协商一致后解除合同，如果协商不一致，则可通过仲裁或诉讼解决。

法理在线

《保险法》第五十条规定："货物运输合同和运输工具航程保险合同，保险证责任开始后，合同当事人不得解除合同。"

（五）保险合同的终止

汽车保险合同的终止是指保险合同权利义务关系绝对消灭。保险合同一旦终止就失去法律效力，但是原合同中争议处理条款的效力和当事人要求赔偿的权利不受影响。保险合同的终止可以分为三种情况：

（1）自然终止，即保险合同因合同期限届满而终止的情况。

（2）因义务履行而终止。保险事故发生后，由于保险人履行了赔付保险金的全部责任，导致合同终止。这里的全部责任是指保险人应当按照约定的保额全部赔偿或给付的保险事故，保险人赔付后即承担的全部责任。如图 1-1-12 所示，车辆全损，车损险赔付后，车损险就终止了。如果保险标的只是部分受损，保险人履行部分赔付责任之后，保险合同继续有效。如图 1-1-13 所示，车辆部分受损，车损险按部分受损赔付后，车损险继续有效。

（3）当事人行使终止权而终止。在符合法律法规或合同约定的一定条件下，当事人具有终止权，在履行适当的义务后即行使终止权而使保险合同终止，包括因解除合同而终止。

图 1-1-12 车辆全部受损

图 1-1-13 车辆部分受损

（六）保险合同的争议处理

由于保险合同双方当事人对合同有关条款和有关内容的理解往往出现一些分歧，所以保险合同执行的过程中，往往会有一些争议，若对这些争议处理不当，则会有损当事人的利益。根据有关法律，保险合同的争议处理方法有以下几种：

1. 协商解决

协商解决是指在无第三人参加的情况下，由合同当事人双方在互谅互让的基础上，就争议内容进一步协商，寻求一致意见达成协议的方法。这种方法不仅节约费用，而且不伤和气，有利于继续履行合同。

2. 调解解决

调解是指在第三人主持下，合同当事人双方根据自愿、合法的原则，在明辨是非、分清责任的基础上达成协议，从而解决纠纷的方法。

如果第三人是合同当事人双方共同选择的，则由其主持进行调解的自愿调解方法称为自愿调解。自愿调解达成的协议不具有强制执行的效力，一方当事人不执行调解协议，另一方当事人只能将争议提交仲裁委员会或向人民法院，无权要求人民法院强制执行自愿调解的协议。如果是在司法机构或仲裁机关的主持下，双方当事人就争议内容达成一致意见，则称为司法调解。司法调解达成的协议一旦生效，就具有强制执行的效力。只要一方不执行协议，另一方就可以申请法院强制执行。

3. 仲裁

仲裁是指双方当事人在发生争议之前或者发生争议之后，把争议事项提交仲裁机关进行裁决，从而解决争议的法律制度。仲裁以自愿为基本原则，以仲裁协议为基础。只有合同双方就以仲裁的方法解决纠纷达成一致意见时，才可以将双方的争议提交仲裁。而一旦选择仲裁作为解决双方争议的方式，就不能再向法院提起诉讼。

仲裁采取一裁终局制度，仲裁机关作出仲裁裁决之后，生效的仲裁裁决，对争议双方具有法律约束力，每一方都必须执行，任何一方当事人都不得要求重新仲裁，或者向人民法院起诉。只有当某一方没有执行仲裁决议时，另一方才可以申请法院强制其执行。

4. 诉讼

当事人之间因保险合同有关内容发生纠纷，有权以自己的名义向法院提起诉讼请求，法院通过审判给予法律上的保护。

当事人起诉应当在法律规定的时间内进行。

法理在线

《民法典》第一百八十八条规定："向人民法院请求保护民事权利的诉讼时效期间为三年，法律另有规定的，依照其规定。"

《保险法》第二十六条规定："人寿保险以外的其他保险的被保险人或者受益人，向保险人请求赔偿或者给付保险金的诉讼时效期间为二年，自其知道或者应当知道保险事故发生之日起计算。人寿保险的被保险人或者受益人向保险人请求给付保险金的诉讼时效期间为五年，自其知道或者应当知道保险事故发生之日起计算。"

四、汽车保险的原则

★★★1+X 汽车运用与维修职业技能等级标准（汽车营销评估与金融保险服务技术模块）：汽车保险的法规

技能要求：

能运用保险的基本原则处理车辆保险案件。

知识要求：

保险的基本原则：最大诚信原则、保险利益原则、损失补偿原则、代位原则、分摊原则、近因原则。

（一）最大诚信原则

最大诚信原则

1. 含义

保险双方在签订和履行保险合同有效期内，应依法向对方提供足以影响对方作出订约与履约决定的重要事实，不隐瞒、不虚报、漏报或欺诈，同时绝对信守合同订立的约定与承诺，否则保险合同无效。

法理在线

《保险法》第五条规定："保险活动当事人行使权力，履行义务应当遵循诚实信用原则。"

2. 基本内容

（1）履行如实告知义务——投保人。

法理在线

《保险法》第十六条规定，"订立保险合同，保险人应当向投保人说明保险合同的条款内容，并可以就保险标的或者被保险人的有关情况提出询问，投保人应当如实告知"。

投保人告知的内容如下：

①保险标的实际价值、用途、车辆技术条件、结构、驾驶员驾驶习惯、行驶区域等；

②合同订立时，保险标的的重要事实（识别代码、牌照号码、使用性质、机动车所有人、驾驶者的姓名、年龄、驾龄、肇事记录等）；

③合同订立后，危险程度增加，应通知保险人；

④重复保险，应将重复保险的相关情况告知；

⑤转让时应告知，同意承保后再变更保险合同。

投保人的告知形式如图 1-1-14 所示。

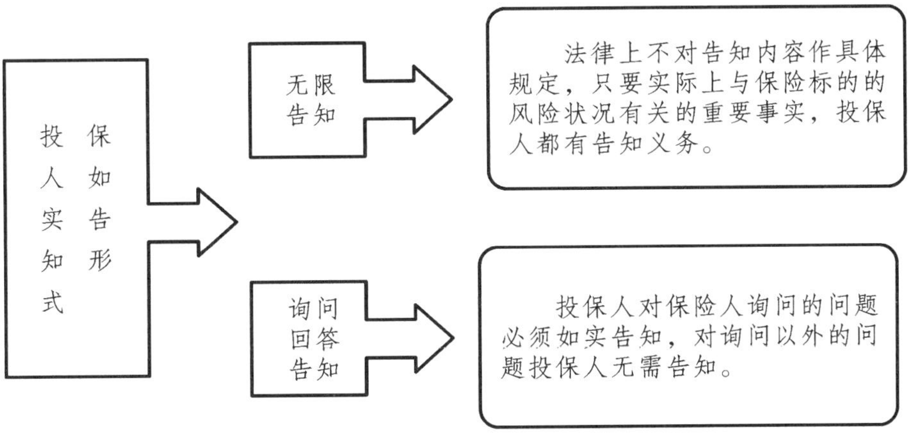

图 1-1-14 投保人告知的形式

投保方未履行或者违反告知义务的法律后果见表 1-1-3。

表 1-1-3 投保方未履行或者违反告知义务的法律后果

行为	法律后果		
	合同	保险费	保险责任
故意未告知	解除	不退	不承担
过失未告知	解除	可以退	不承担
谎称保险事故发生	解除	不退	不承担
故意制造保险事故	解除	一般不退	不承担
虚报保险事故	不解除	不退	虚报部分不承担

案例 1-1-2　车辆过户未告知保险公司拒赔的理赔

【案情简介】高某于 2020 年 7 月在北京某保险公司为其购置的捷达轿车投保了车辆损失险、第三者责任险，并交纳了保险费。同年年底，高某经汽车交易市场将捷达车卖给金某，高某未告知保险公司。2021 年 1 月，金某驾车行驶至北京市车公庄路口与同方向王某驾驶的桑塔纳 2000 型轿车相撞，交通队认定金某负全责。金某支付王某修车费 5800 元。金某在向保险公司索赔时遭到拒赔，金某遂诉至北京西城法院。

【案情分析】北京西城法院认为，本案争议的焦点是保险合同的标的转让是否应当通知保险人。本案保险标的是肇事车辆捷达轿车，投保人是高某。《保险法》第四十九条规定："保险标的转让的，被保险人或者受让人应当及时通知保险人，但货物运输保险合同和另有约定的合同除外。"因为保险公司只对保险标的具有法律上承认的保险利益的人提供保险保障。

高某作为捷达轿车的所有人，可以投保财产保险合同，但其将捷达轿车所有权转移给金某时，则相应的保险利益也随之转移给金某，即高某无在该财产保险合同中作为投保人的资格。

本案中，由于高某和金某未通知保险公司保险标的权利已转移，致使保险公司未就投保人和被保险人变更为金某办理变更手续，故金某不能因依法取得的捷达轿车所有权而自然取得保险赔偿请求权。

【结论】法院驳回了金某的诉讼请求，并判决诉讼费由金某负担。

随着我国经济的高速发展，越来越多的人购买汽车，可是一部分人限于资金不足，购买二手车不失为一种好的办法，既能满足自己使用汽车的需求，花费又不多。但很多人嫌麻烦或不了解保险知识，二手车交易后不通知保险公司，为以后的索赔带来困难。因此，广大汽车用户应注意了解保险知识，同时保险公司也应多进行保险知识的普及工作，以利于今后展业和理赔工作的开展。

（2）履行说明义务——保险人。

最大诚信原则要求保险人认真履行说明义务，保险人应当主动就保险合同利害关系条款，特别是免责条款向投保人明确说明。对于合同的免责条款保险人未进行说明和强调的，该条款不产生效力。

保险人的说明形式如图 1-1-15 所示。

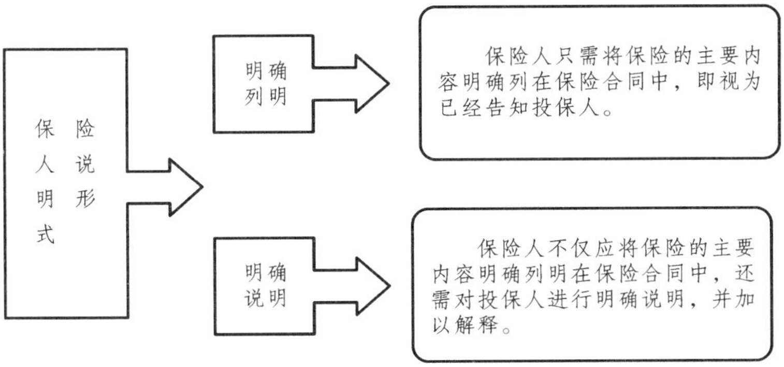

图 1-1-15 保险人说明的形式

案例 1-1-3 业务员未履行说明义务的理赔

【案情简介】2021 年 1 月 19 日，谢某向某汽车销售公司（该汽车销售公司接受了保险公司委托，可以为客户代办机动车辆保险）购买了一辆轿车，业务员季某当即为谢某向保险公司投保了车辆损失险、第三者责任险，但并未填写投保单，也未进行说明。买车后不久，谢某驾车在高速公路上出了事故，车辆损坏严重，为此要求保险公司理赔汽车修理费、拖车费等财产损失 53 840 元。保险公司认为，按照保险合同约定，驾驶员驾龄未满一年在高速公路上出险的，保险公司不负赔偿责任。因保险公司拒赔且双方协商未果，谢某便以保险公司未明确说明免责条款为由，一纸诉状将保险公司告上了法庭。

【案情分析】汽车销售公司业务员季某作为保险业务手续的经办人，不但没有要求谢某填写投保单，更没有向谢某告知保单中的特别约定并作出重要提示。

依照《保险法》第十七条规定，保险合同中规定有关保险人责任免除的条款，除了在保单上用醒目的方式提示投保人注意外，还应当向投保人阐明免责条款的概念、内容及其法律后果。

【结论】由于保险公司未就免责条款向谢某尽到明确的告知义务，该免责条款就不能对谢某发生效力。据此，法院作出由保险公司赔偿谢某人民币 52 840 元的一审判决。

（3）履行保证义务——投保人或被保险人。

投保人或被保险人向保险人做出承诺，保证在保险期间遵守作为或不作为的某些规则，或保证某一事项的真实性。

《保险法》第五十一条规定："被保险人应当遵守国家有关消防、安全、生产操作、劳动保护等方面的规定，维护保险标的的安全。"《中国保险行业协会机动车商业保险示范条款（2020 版）》第四十条规定："发生保险事故时，被保险人或驾驶人应当及时采取合理的、必要的施救和保护措施，防止或者减少损失，并在保险事故发生后 48 小时内通知保险人。"

对于投保人来说，要履行的保证义务为：按时交纳保险费，维护保险标的安全，定期保养维护，标的发生损失后及时进行抢救，标的出现后维护现场，或配合保险人员或有关部门调查。

案例 1-1-4　被保险人未尽义务拒赔纠纷的理赔

【案情简介】某市运输公司（以下简称运输公司）于 2019 年 1 月 12 日为其公司的 12 部东风牌自卸汽车向当地某保险公司（以下简称保险公司）投保车辆损失险和第三者责任险，每辆车的保险金额分别为 48 000 元和 50 000 元，保险期为 2019 年 1 月 12 日至 2020 年 1 月 12 日，并及时交纳足额保险费。

2019 年 5 月 4 日，投保车辆中的一辆东风牌自卸车由运输公司驾驶员驾驶，在行驶时，与逆向行驶的摩托车发生相撞，此事故中运输公司驾驶员负主要责任。事发后，运输公司即告知保险公司并提出索赔申请。运输公司为处理事故，花费达 66 176 元，保险公司开始同意赔偿 48 000 元，运输公司提供出所需的全部证件后，又于 2019 年 2 月以车辆不合格为由提出拒赔。运输公司认为其依约交付保费，却不能享受权利，提出诉讼请求，并请求法院判令保险公司赔偿其损失 48 500 元。

保险公司辩称，运输公司请求证据不足，运输公司驾驶员驾驶的出事车辆虽经投保，但为制动和灯光不合格车辆，运输公司未尽被保险人之义务，因此保险公司行使拒赔之权利并无过错，请求驳回原告之诉讼请求。

【案情分析】经审理查明，2019 年 1 月 12 日，原告与被告签订机动车辆保险合同，原告投保自有的 12 部东风牌自卸汽车，险种为车辆损失险，保险金额 48 000 元；第三者责任险，保险金额 50 000 元。保险期限为 2019 年 1 月 12 日至 2020 年 1 月 12 日。合同签订后，原告依约向被告支付了保险费。

2019 年 5 月 4 日，原告之驾驶员驾驶经当年度年检合格的原告所有东风牌自卸汽车，与第三方发生交通事故。事故发生后，原告方即将事故情况通知被告，并于 2019 年 5 月 6 日提出索赔申请。该肇事汽车被公安局扣留，2019 年 5 月 27 日，该车经市机动车检测线检测，结论为制动和灯光不合格。

2020 年 1 月 6 日，市公安交通警察支队以道路交通事故责任认定书的形式认定，原告驾驶员驾驶制动和灯光不合格的东风牌大货车，遇情况采取措施不当，驶入逆行道造成事故，负事故主要责任。

原告及其驾驶员在规定期限内未对该责任认定书提出异议，此认定书即发生法律效力。原告为处理该事故善后事宜，支付各项赔偿费和经济损失费用合计 66 176 元，2020 年 9 月，原告向被告提出支付保险赔偿费 48 500 元申请。2021 年 2 月被告通知原告，因其驾驶员驾驶制动和灯光不合格车辆发生事故，未尽被保险人义务，予以拒赔。

原告所述 2019 年 5 月 4 日夜间，原告驾驶员驾驶的东风牌自卸汽车为制动和灯光合格车辆一节，因原告提供证据不足，法院不予认定。

法院认为，原告与被告签订的机动车辆保险合同，确系双方真实表示，且无违法之处，应为有效合同。

在该合同实际履行中，原告作为被保险人虽已尽支付保险费之义务，但原告并未使其投保的车辆保持正常的技术状态，致使原告方驾驶员驾驶制动和灯光不合格的东风牌自卸汽车行驶中与他人所驾驶摩托车发生相撞事故，对公安交通管理部门认定其负有主要责任未提出异议，已予以认可，故原告未尽被保险人应尽义务的过错应予确认。

该保险合同中机动车辆保险条款第十六条规定："被保险人应当做好保险车辆的维护工作，使保险车辆保持正常技术状态。"被告依此拒赔，而要求免除赔偿责任的请求，并无不当，应予支持。原告所述其驾驶员驾驶的东风牌自卸汽车发生事故时，制动和灯光合格而要求被告履行赔付义务一节，因原告所提供证据不足，其赔偿请求本院不予支持。

【结论】综上，法院依照《保险法》的相关规定，判决如下：

（1）驳回原告要求被告赔偿保险金 48 500 元的诉讼请求；（2）诉讼费 1970 元，由原告担负。此案例提醒广大机动车辆被保险人，虽然自己的车辆已投保了机动车辆保险，但是不能以为参加了保险就放松了平时对车辆的维护工作，甚至根本不进行维护工作。否则，因未尽维护义务而导致发生保险事故后，保险公司有权依据保险条款的规定拒赔。

（4）弃权和禁止反言——保险人。

弃权是保险合同的一方当事人放弃其在保险合同中可以主张的权利，通常指保险人放弃合同解除权和抗辩权。

禁止反言指合同一方既已放弃其在合同中的某项权利，日后就不得再向另一方主张这种权利。

①弃权的条件：

a.保险人必须知道权利的存在，保险人若不知道投保人违背义务，可享有抗辩权或解约权；

b.保险人必须有明示和默示弃权的意思。

②保险人的默示弃权行为有：

a.投保未按期缴纳保险费，或违背其他义务，获得解除权；但继续收取保险费，表示继续维持合同效力，抛弃了合同解除权和抗辩权；

b.出险后，保险人明知有拒付抗辩权，仍要求投保方提供损失证明，增加投保方的时间与成本负担，则视保险人放弃抗辩权；

c.保险人明知投保方的损失证明有纰漏或不实，仍无条件予以接受，则视其对纰漏或不实抗辩权的放弃；

d.出险后，投保方没有及时通知，若逾期通知，保险人仍然表示接受，则视其对逾期通知抗辩权的放弃；

e.保险人得知投保方违背约定义务后保持沉默的，则视为放弃。

③投保人违反告知义务的后果：保险人有权宣告保险合同无效或不承担赔偿责任。

④保险人违反告知义务的法律后果：免责条款不产生效力；保险公司隐瞒、欺诈

投保人，或不履行赔偿义务，构成犯罪的追究刑事责任，不构成犯罪的，按照《保险法》有关规定进行罚款；保险公司及其工作人员阻碍投保人履行告知义务，或诱导其不如实告知，或承诺回扣等，根据《保险法》规定罚款。

（二）保险利益原则

保险利益原则

1. 含义

在签订和履行保险合同的过程中，投保人和被保险人对保险标的具有保险利益，否则保险合同无效。

保险利益是投保人或被保险人对保险标的具有的法律上承认的利益，体现的是投保人或被保险人与保险标的之间存在的经济利益联系，并为法律所承认的、可以投保的一种法定权利，是投保人或被保险人可以向保险人投保的利益。

法理在线

《保险法》第四十八条规定："保险事故发生时，被保险人对保险标的不具有保险利益的，不得向保险人请求赔偿保险金。"

《保险法》第三十一条规定："订立合同时，投保人对被保险人不具有保险利益的，合同无效。"

2. 必要条件

财产保险的保险利益的必要条件为：

（1）必须是法律认可的合法的利益。

下列人员在法律上享有财产保险利益：①所有权人对其所有的财产；②没有财产所有权，但有合法的占有、使用、收益、处分权中的一项或几项权利的人；③他物权人对依法享有他物权的财产，如承租人对承租的房屋等；④公民法人对其因侵权行为或合同而可能承担的民事赔偿责任；⑤债权人对现有的或期待的债权等。在机动车保险合同中，对机动车享有保险利益的人一般包括机动车所有人、驾驶人、实际使用人、车辆的保管人等。

（2）必须是经济上的利益。

经济利益，即可以通过货币形式计算出来的利益。如果损失不是经济上的利益，便无法计算，如精神创伤、政治打击等，难以用货币衡量，因而不构成保险利益。

（3）必须是确定或可以实现的经济利益。

人身保险的保险利益是指人身保险中投保人对被保险人的寿命和身体具有保险利益。分为：

①为自己投保。投保人以自己的寿命或身体为保险标的投保，当然具有保险利益。

②为他人投保人身保险，保险利益有严格的限制规定。主要包括：血缘、婚姻及抚养关系（因根据伦理观点，一般不会出现道德风险，并相互间具有法律规定的抚养或赡养责任）；与投保人有劳务关系的劳动者。

（4）保险利益的时效。

财产保险中，一般要求保险利益在有效期内始终存在，特别是发生保险事故时。

人身保险中只要求投保人在投保时具有保险利益，而合同生效后就不再追究投保人对被保险人是否具有保险利益。

法理在线

《保险法》第四十八条规定："保险事故发生时，被保险人对保险标的不具有保险利益的，不得向保险人请求赔偿保险金。"

（5）保险利益的转移和消灭。

①转移：指保险合同有效期间，投保人将保险利益转移给受让人，而保险合同仍然有效。转移的主要原因有继承、让予、破产。

②消灭：财产保险中，保险标的的灭失，则保险利益随之消灭；人身保险中，被保险人因非保险事故死亡的，保险利益消灭。

法理在线

《保险法》第四十九条明确规定："保险标的转让的，保险标的的受让人承继被保险人的权利和义务。保险标的转让的，被保险人或者受让人应当及时通知保险人，但货物运输保险合同和另有约定的合同除外。"

（6）遵循保险利益原则的主要目的。

遵循保险利益原则的主要目的在于：①限制保险赔款程度；②避免将保险变为赌博行为；③防止诱发道德风险。

保险利益是承保与理赔环节中必须严格审查的关键问题，因此，投保人或被保险人必须对保险标的具有保险利益。这是判断保险合同是否有效的一项基本原则。

案例 1-1-5　以个人名义对企业财产进行投保的保单是否有效？

【案情简介】某地 A 厂购得奥迪 A6 轿车一辆，司机李某在厂长指示下向保险公司购买了车辆损失险和第三者责任保险。为方便省事，李某在投保人和被保险人两栏都写了自己的名字。后在轿车行驶中不慎与一辆卡车相撞，车身严重损毁。保险公司调查后认为，李某所投保的轿车并非个人财产，而是 A 厂的企业财产，也就是说，李某以个人名义对企业财产进行投保。那么这样的保单是否有效呢？

【案情分析】虽然李某不是轿车的所有权人，但李某的职业是司机，他对这辆轿车具有管理利益和责任利益，这些均属于保险利益，因此合同有效。

【结论】李某以自己名字投保第三者责任险是合法有效的，保险公司应当对李某与卡车相撞造成对方的损失责任进行相应的赔偿。同时，由于李某对轿车不具有所有权，对投保的车辆损失险不具有保险利益，因此车辆损失不需保险公司承担，但该部分保费在扣除一定手续费后应退还。

（三）损失补偿原则

1. 含义

损失补偿原则是当保险事故发生时，被保险人从保险人所得到的赔偿应正好填补被保险人因保险事故所造成的保险金额范围内的损失，但是不能通过赔偿获得额外利益。

损失补偿原则的含义从以下两方面理解：

一是只有保险事故发生造成保险标的毁损致使被保险人遭受经济损失时，保险人才承担损失补偿的责任；否则，即使在保险期限内发生了保险事故，但被保险人没有遭受损失，就无权要求保险人赔偿。这是损失补偿原则的质的规定。

二是被保险人可获得的补偿量，仅以其保险标的遭受的实际损失为限，即保险人的补偿恰好能使保险标的在经济上恢复到保险事故发生之前的状态，而不能让被保险人通过保险获得额外的利益。这是损失补偿原则的量的限定。

2. 适用范围

损失补偿原则主要适用于财产保险以及其他补偿性保险合同，不适用于人身保险合同和定值保险合同。

3. 坚持损失补偿原则的意义

（1）坚持损失补偿原则，有利于实现保险的基本职能。

损失补偿原则恰好体现了保险的基本职能，损失补偿原则的质的规定和量的限定都是保险基本职能的具体反映。也就是说，如果被保险人由于保险事故遭受的经济损失不能得到补偿，就违背了保险的宗旨。损失补偿原则约束保险人必须在合同约定条件下承担保险保障的义务，履行保险赔偿责任；对被保险人而言，该原则保证了其正当权益的实现。

（2）坚持损失补偿原则，有利于防止被保险人通过保险获取额外利益，减少道德风险。

损失补偿原则规定在于有损失则赔偿；无损失则不赔偿；规定使被保险人因损失所获得的补偿，不能超过其所受到的实际损失，使被保险人只能获得与损失发生前相同经济利益水平的赔偿。因此，该原则可以防止被保险人利用保险而额外获利，有效抑制了道德风险的发生。

4. 损失补偿原则的补偿限制

（1）以实际损失为限。

（2）以保险金额为限（赔偿的最高限额）。

（3）以保险利益为限（保障的最高限额）。

当以上三者不一致时，损失补偿的限度是以上三者中的最小者。

5. 损失补偿的范围

（1）保险事故发生时，保险标的的实际损失。

（2）合理费用：施救费用和诉讼支出。

（3）其他费用：为了确定保险责任范围内的损失所支付的受损标的的检验、估价、出售等费用。

6. 补偿的方式

(1)现金赔付：指保险人用现金支付的方式赔偿被保险人所遭受的损失。大部分保险采用现金赔付方式，尤其是责任保险、信用保证保险、人身意外伤害与疾病保险中的医疗费用，通常都采用现金赔付的方式。

(2)修复：当保险标的发生部分损失或部分零部件的损残，通常保险人委托有关维修部门对受损害的保险标的物予以修复，修复费用由保险人承担。

(3)换置：指当保险标的损毁灭失或零部件因损失而无法修复时，保险人负责替换或购置与原保险标的等价的标的，以恢复被保险人财产的原来面目。

一般情况下，保险人根据受损标的的性质及受损情况来选择保险赔偿方式。

7. 损失补偿原则的例外情况

(1)定值保险：定值保险中，在发生全部损失时，不论保险标的价值如何变化，保险人仍按保险合同上所约定的保险金额计算赔款。从以赔偿实际损失为本质的损失补偿原则的角度看，该保险是一种例外。

(2)重置成本保险：重置成本保险又称复旧保险或恢复保险，是按照重置成本确定损失额的保险。由于这种保险在确定损失赔付时不扣除折旧费，而按重置成本确定损失额，所以，对于损失补偿原则而言，也是一种例外。

(3)人身保险：人身保险是由投保人与保险人互相约定保险金额，并按照约定的保险金额给付的保险。人的生命是难以用货币衡量的，人身保险中的保险金额是由投保人或被保险人自行确定的，而且当发生保险事故时，倘若其持有多份保单，被保险人或受益人可获得多重给付。因此，损失赔偿原则对于人身保险也是一种例外。

案例 1-1-6 保险公司推定全损赔偿后车主无权转让残车的理赔

【案情简介】个体运输专业户张某将其私有东风牌汽车向某保险公司足额投保了车辆损失险，保险金额 10 万元，以及第三者责任险，保险金额为 4 万元。保险期为 1 年。

在保险期限内的某一天，该车在外出办事途中坠入悬崖下一条湍急的河流中，该车驾驶员有合格驾驶照，系张某堂兄，随车遇难。

事故发生后，张某向保险公司报案索赔。该保险公司经过现场查勘，认为地形险要，无法打捞，按推定全损处理，当即赔付张某人民币 10 万元；同时声明，车内尸体及善后工作保险公司不负责任，由车主自理。

后来，为了打捞堂兄尸体，张某与王某达成一协议，双方约定：由王某负责打捞汽车，车内尸体及死者身上采购货物的 2800 元现金归张某，残车归王某，王某向张某支付 4000 元。残车终于被打捞起来，张某和王某均按约行事。保险公司知悉后，认为张某未经保险公司允许擅自处理实际所有权已转让的残车是违法的。双方争执不果而诉讼。

【案情分析】第一，保险公司推定该车全损，给予车主张某全额赔偿，《保险法》第五十九条规定："保险事故发生后，保险人已支付了全部保险金额，并且保险金额等于保险价值的，受损保险标的的全部权利归于保险人。"保险公司已取得残车的实际所有权，只是认为地形险要而暂时没有进行打捞。因此，原车主张某未经保险公司同意转让残车是非法的。

第二，保险公司对车主张某进行全额赔偿，而张某又通过转让残车获得 4000 元的收入，其所获总收入大于总损失，显然不符合财产保险中的损失补偿原则。因此，保险公司追回张某所得额外收入 4000 元，正是保险损失补偿原则的体现。

第三，王某获得的是张某非法转让的残车，但由于他是受张某之托，打捞尸体及现金，付出了艰辛的劳动，而且取得该车是有偿的，可视为善意取得，保险公司不得请求其归还残车。

【结论】该案例是机动车保险中的一个典型案例，同时涉及民法的适用问题。保险公司推定全损，进行了全额赔偿，获得了对残车的实际所有权，张某打捞并转让残车，未经保险公司同意为非法，但情有可原，保险公司可追回其所获得的额外收入 4000 元，并对其进行批评教育，王某的行为可视为善意取得，不追究其民事责任。

（四）代位原则

1. 代位求偿

（1）含义。

代位求偿是因第三者对保险标的的损害而造成保险事故的，保险人自向被保险人赔偿保险金之日起，在赔偿金额范围内取代被保险人行使被保险人对第三者请求赔偿的权利。若被保险人已经从责任方获得了部分赔偿，那么保险人可以将这部分从赔偿金中扣除。

（2）代位求偿法律依据。

①被保险人通过保险获得的经济补偿，不应超过保险财产实际损失；

②保险人的赔偿不能成为违法行为人逃避民事法律追究的借口。

（3）代位求偿的条件。

①保险事故的发生应由第三者承担责任；

②被保险人不得放弃对第三者的赔偿请求权；

法理在线

《保险法》第六十一条规定："保险事故发生后，保险人未赔偿保险金之前，被保险人放弃对第三者请求赔偿的权利的，保险人不承担保险赔偿金的责任。保险人向被保险人赔偿保险金后，被保险人未经保险人同意放弃对第三者请求赔偿的权利的，该行为无效。被保险人故意或者因重大过失致使保险人不能行使代位请求赔偿的权利的，保险人可以扣减或者要求返还相应的保险金。"

③保险人必须事先向被保险人履行赔偿责任；

④保险人只能在赔偿金额限度内行使代位求偿权。

（4）代位求偿的意义。

①防止被保险人因同一损失获取不当利益。

②维护社会公共安全，保障公民、法人的合法权益不受侵害。

③有利于被保险人及时获得经济补偿，尽快恢复生产，安定生活。

（5）保险人在代为追偿权中的权力范围。

①保险人在代位追偿权中享有的权益以对被保险人的赔偿金额为限，如果保险人从第三方责任人追偿的金额大于对被保险的赔付时，则超过部分应归被保险人所有。

②当第三方造成的损失大于保险人支付的保险赔偿时，被保险人有权就未得到的赔偿部分向第三方责任人请求赔偿。

案例 1-1-7　保险公司有权收回重赔保险金的理赔

【案情简介】2018 年 6 月 15 日，个体运输户王某为自己所有载重量为 5 t 的东风牌汽车投保车辆损失险和第三者责任险，保险期限为 1 年。当年 7 月 20 日，王某运货，在高速公路上被一辆强行超车的大货车撞到，车损，王某受伤且货物被浸损。货车驾驶员驱车逃走。交通部门认定，此起交通事故由货车驾驶员负全责。事后王某向保险公司报案并请求赔偿。经鉴定车损为 15 万元，保险公司依损失额 80%赔付 12 万元，同时保险公司还给付王某第三者责任保险金 2400 元及施救费 500 元，扣除损余 200 元，实际赔付 12.27 万元。后来肇事驾驶员被交通部门抓获，交通部门通知王某。王某与肇事驾驶员会面达成协议，规定对方只需支付王某货物损失 7000 元及施救费 1500 元。保险公司得知后，要求王某退回重赔保险金，王某拒绝，双方遂引起争议。

【案情分析】《保险法》第六十条第一款规定，因第三者对保险标的的损害而造成保险事故的，保险人自向被保险人赔偿保险金之日起，在赔偿金额范围内代位行使被保险人对第三者请求赔偿的权利。保险公司赔付了王某车损、第三者责任保险金和施救费，因此保险公司就以上 3 项保险金取得代位追偿权，即保险公司有权向肇事司机索赔以上 3 项费用。

《保险法》第六十一条第二款规定，保险人向被保险人赔偿保险金后，被保险人未经保险人同意放弃对第三者请求赔偿权利的，该行为无效。因此，王某与肇事司机私下约定放弃对车损及第三者责任赔偿请求权之行为无效。同时，为了避免王某行使两种请求权而获得双重利益，王某不能就已获赔款范围再向肇事司机行使原有的赔偿请求权，故王某从肇事司机处获得 1500 元施救费为重赔保险金，其应归属保险公司。

《保险法》第六十条第三款规定，保险人依照本条第一款行使代位请求赔偿的权利，不影响被保险人就未取得赔偿的部分向第三者请求赔偿的权利。因此，王某有权就货损及车损赔付未足部分向肇事司机索赔，但本案中王某放弃了向肇事司机请求赔偿车损赔付未足部分的权利。

【结论】最终王某与保险公司达成一致，王某退还保险公司重赔保险金，即施救费1500元。保险的基本职能之一就是损失补偿，它不允许被保险人因损失而获利。因此，对被保险人而言，一定要了解代位追偿权之真正含义，并学会行使向保险公司和向第三者的两种请求赔偿的权利，只有这样，才能既保全自己财产，又避免不必要的纠纷。

2. 物上代位

（1）含义。

物上代位权是指保险标的因遭受保险事故而发生全损或推定全损时，保险人在全额支付保险赔偿金之后，依法拥有对该保险标的物的所有权，即代位取得受损保险标的物上的一切权利。

（2）产生条件。

物上代位产生的条件是实际全损或推定全损。

推定全损：指保险标的遭受保险事故尚未达到全损或者完全灭失的状态，但实际损失已不可避免，或者修复和施救费将超过保险价值，或者失踪达到一定时间，保险人按照全损处理的一种推定性损失。

物上代位权的取得一般是通过委付实现的。委付是被保险人在保险标的处于推定全损状态时，用口头或书面形式提出申请，愿意将保险标的所有权转移给保险人，并请求保险人按照全损进行赔偿的行为。

（3）物上代位保险人的权益范围。

物上代位是一种所有权的代位，与代位求偿权不同，保险人一旦取得物上代位权，就拥有了该受损标的之所有权。处理该受损标的所得的一切收益，归保险人所有，分为两种情况：足额保险中，处理保险标的所得利益超过所支付赔款的部分，归保险人所有；不足额保险中，保险人按照保额与保险价值的比例取得标的的部分利益。

小组讨论

张某与某保险公司签订了一份机动车辆保险单。保险单上载明投保标的物为一辆宝马汽车。同时投保了家庭自用车保险。某日，张某驾驶宝马汽车，在高速公路上撞到护栏，车辆维修费用约25万元，车辆实际价值30万元，车辆残值具有一定价值。对于该事故，保险公司应该如何赔偿？

（五）分摊原则

1. 含义

重复保险分摊原则是指投保人向多个保险人重复保险时，投保人的索赔只能在保险人之间分摊，赔偿金额不得超过损失金额。对重复保险，在保险事故发生时采用分摊原则。

重复保险满足的条件：

（1）同一保险标的（同一保险利益）；

（2）同一保险期限（含部分期间）；

（3）同一保险风险（同一保险事故）；

（4）与数个保险人签订数个保险合同，且总额超过保险标的价值。

2. 重复保险分摊原则的意义

（1）有利于确保保险补偿原则的顺利实现。

在存在重复保险的情况下，保险事故发生后，若被保险人就同一损失向不同的保险人索赔，就有可能获得超额赔款，这显然是违背损失补偿原则的。因此，确立重复保险的分摊原则可以防止被保险人利用重复保险在保险人之间进行多次索赔，获得多于实际损失额的赔偿金。

（2）有利于维护社会公开、公正和公平原则。

在重复保险的情况下，坚持被保险人的损失在保险人之间进行分摊，必须公开多个保险人就同一危险所承保的份额及其所收取的保费，合理承担相应的保险赔偿责任，从而维护社会公开、公正和公平原则。

3. 分摊方式

（1）比例责任分摊方式：

$$某保险人实际承担的赔款=损失金额\times\frac{该保险人的保险金额}{总保险金额}$$

示例：

保额：甲公司 5 万+乙公司 15 万+丙公司 20 万=40 万

损失：8 万

赔款：甲公司$=8\times\frac{5}{40}=1$万

乙公司$=8\times\frac{15}{40}=3$万

丙公司$=8\times\frac{20}{40}=4$万

（2）限额责任分摊方式：

$$某保险人实际承担的赔款=损失金额\times\frac{该保险人的赔款限额}{总赔偿限额}$$

示例：

保额：甲公司 5 万+乙公司 15 万+丙公司 20 万=40 万

损失：8 万

独立赔偿限额：甲公司 4 万+乙公司 8 万+丙公司 8 万=20 万

赔款：甲公司$=8\times\frac{4}{20}=1.6$万

乙公司$=8\times\frac{8}{20}=3.2$万

丙公司$=8\times\frac{8}{20}=3.2$万

（3）顺序责任分摊方式：

以签发保险单的顺序来处理赔款，先出单的保险公司先赔，后出单的保险公司只有在损失金额超出第一家保险公司的保险金额时，才承担超出部分的赔款，依次类推。

示例：

保额：甲公司 5 万+乙公司 15 万+丙公司 20 万=40 万

损失：8 万

赔款：甲公司=5 万

乙公司=3 万

丙公司=0 万

近因原则

（六）近因原则

1. 近因及近因原则

近因：指在风险和损失之间，导致损失的最直接、最有效、起决定作用的原因，而不能理解为时间上、空间上最接近的原因。

近因原则：在风险与保险标的之间的关系中，若引起保险事故发生，造成保险标的损失的近因属于保险责任，则保险人要承担保险责任；若近因属于除外风险或未保风险，则保险人不承担赔偿责任。

近因原则是通过判明风险事故与保险标的的损失之间的因果关系，以确定保险责任的一项基本原则。

2. 近因原则的认定及类型

在保险实践中，产生损失的原因可能是单一的，也可能是多个的；既可能是承保危险，也可能是除外危险或者是保险单中未提及危险。

（1）单一原因：损失由单一原因造成，则该原因即为损失的近因，如该近因属于保险风险，则保险人负赔付责任；反之则不予赔付。单一原因认定较简单。

例如，张某驾驶时不慎导致车辆碰撞花坛，造成车辆前部损失，那么驾驶不慎导致车辆碰撞，是该事故的单一原因，故为车辆致损的近因，且碰撞属于家庭自用车损失保险的保险责任，因此，该损失应该由保险公司进行赔付。

（2）多个原因同时发生：各原因没有先后之分，且对损害结果的形成都有直接和实质的影响，则原则上它们都是近因。各原因均属保险责任，保险人承担赔偿责任；各原因均属除外责任，保险人不用负责；各原因中既有保险责任，又有除外责任，保险人视情况而定。

（3）多个原因连续发生：即各种原因之间有因果关系，且没有间断，则最先发生并造成一连串事故的为近因，如：

战争→飞机轰炸→火灾→财产损失

（4）多种原因间断发生：与多种原因同时发生致损情况基本相同，如：

雷击→火灾→财产损失
　　　　　　↑
　　　　　偷窃

例如，船舶先遭敌炮火击坏，影响了航行能力，以致撞礁沉没。显然，船舶沉没的近因是战争，而如果被保险人未加保战争险，则保险人不负赔偿责任。

3. 判定近因遵循的原则

在保险实务中判定风险事故的近因一般遵循以下原则：

（1）如果事故是由保险责任范围内的原因和其他未知名的原因同时导致的，保险责任范围内的原因为近因。

（2）如果事故是由保险责任范围内的原因与属于除外责任和未保风险范围内的原因同时导致的，除外责任和未保风险范围的原因为近因。

（3）如果是有多种原因连续发生造成的损失，最初的原因为近因。

（4）如果导致损失发生的各因素可以分开，保险人仅负责保险责任范围内的原因造成的损失，除外责任和未保风险造成的损失不予负责：如果导致损失发生的各种原因难以区分开的，保险人负全部损失的赔偿责任。

案例 1-1-8　同难兄弟为何不同获赔

【案情简介】某日，某公司为了丰富员工生活，专门安排一辆大巴，组织员工旅游。车在高速公路上行驶时，突然从后面飞驰而来一部大货车。公司大巴来不及避让，两车同向侧面严重碰撞。公司员工 A 和 B 受了重伤，立即被送入附近医院急救。

A 因颅脑受到重度损伤，且失血过多，抢救无效，于两小时后身亡。B 在车祸中丧失了一条大腿，在急救中因急性心肌梗塞，于第二天死亡。而在事发前不久，公司为全体员工购买了综合意外保险，每人的保险金额为人民币 10 万元。事故发生后，该公司立即就此事向保险公司报案。保险公司接到报案后立即着手调查，了解到：A 一向身体健康，而 B 则患心脏病多年。针对此种情况，保险公司应该如何赔偿?

【案情分析】首先，核定车祸属意外事故；其次，核定 A 死亡的近因是车祸，属保险责任；同时核定 B 丧失了一条大腿的近因是车祸，属保险责任；而核定 B 死亡的近因是急性心肌梗塞，不属保险责任。

【结论】A 死亡的近因是车祸，属保险责任，给付 A 死亡保险金人民币 10 万元；B 丧失了一条大腿的近因是车祸，属保险责任，给付 B 人民币 5 万元意外伤残保险金，而 B 死亡的近因是急性心肌梗塞，不属保险责任，不予给付死亡保险金。

子任务三　汽车保险险种及条款

一、机动车交通事故责任强制保险

（一）强制汽车责任保险的特征

保险介绍

1. 强制汽车责任保险具有强制性

一般的汽车责任保险都依据自愿原则办理，而强制汽车责任保险根据强制保险的相应法规开办，汽车拥有者必须购买，否则属于违法行为，因此它具有强制性的特点。

2. 强制汽车责任保险对第三者的利益具有基本保障性

一般的汽车责任保险，投保人可以自愿选择责任限额，主要是依据个人的需要和缴费能力确定，一般情况下，投保人会选择稍高限额，以获得保险的充足保障。而强制汽车责任保险的责任限额是固定的，不能自愿选择，正因为这点，各国在制定责任限额时都定得比较低，以使大多数投保人都有购买能力，因此较低的限额只是对事故受害者的一个基本保障。

3. 强制汽车责任保险以无过失责任为基础

一般汽车责任保险依据保险合同的规定，以被保险人在事故中所负的责任比例确定损害赔偿的范围和大小，因此它是以过失责任为归责原则。而强制汽车责任保险根据相关法律的规定，大多基于损害的存在对受害者予以补偿，因此它多以无过失责任为归责原则。我国的交强险采用过失责任和无过失责任相结合的原则。

4. 强制汽车责任保险具有公益性

一般汽车责任保险的费率厘定是考虑公司盈利的，而强制汽车责任保险的费率由政府统一定制，且不考虑盈利，所以保险费率相对较低，具有公益性。

（二）我国强制汽车责任保险的产生背景

1983 年，国务院颁发第 27 号文件，要求汽车及拖拉机必须参加三者险。1984 年国务院发布 151 号文件，明确提出对汽车的第三者责任保险问题。此后公安部也曾多次发出规定，要求汽车不参加三者险不发牌照。从这个意义上说，我国已经实行了强制汽车责任保险。但在法律上明确汽车责任保险的强制性是 2004 年 5 月 1 日实施的《中华人民共和国道路交通安全法》（后简称《道路交通安全法》）。该法第十七条规定，国家实行机动车第三者责任强制保险制度，设立道路交通事故社会救助基金。但是，《道路交通安全法》只是对强制责任保险做了一个原则性的规定，与之配套施行的《机动车交通事故责任强制保险条例》却一直到 2006 年才公布。

2006 年 3 月 21 日，国务院总理温家宝签署第 462 号国务院令，颁布了《机动车交通事故责任强制保险条例》（以下简称《条例》），该条例自 2006 年 7 月 1 日起施行。

★★★1+X 汽车运用与维修职业技能等级标准（汽车营销评估与金融保险服务技术模块）：汽车保险的法规

技能要求：

能识别车辆所投保险种及涉险种类。

知识要求：

车辆所投保险种及涉险种类的说明。

（三）《机动车交通事故责任强制保险条款》①解析

1. 总　则

第一条　根据《中华人民共和国道路交通安全法》《中华人民共和国保险法》《机动车交通事故责任强制保险条例》等法律、行政法规，制定本条款。

第二条　机动车交通事故责任强制保险（以下简称交强险）合同由本条款与投保单、保险单、批单和特别约定共同组成。凡与交强险合同有关的约定，都应当采用书面形式。

第三条　交强险费率实行与被保险机动车道路交通安全违法行为、交通事故记录相联系的浮动机制。

签订交强险合同时，投保人应当一次支付全部保险费。保险费按照中国银行保险监督管理委员会（以下简称银保监会）批准的交强险费率计算。

2. 定　义

第四条　交强险合同中的被保险人是指投保人及其允许的合法驾驶人。

投保人是指与保险人订立交强险合同，并按照合同负有支付保险费义务的机动车的所有人、管理人。

第五条　交强险合同中的受害人是指因被保险机动车发生交通事故遭受人身伤亡或者财产损失的人，但不包括被保险机动车本车车上人员、被保险人。

第六条　交强险合同中的责任限额是指被保险机动车发生交通事故，保险人对每次保险事故所有受害人的人身伤亡和财产损失所承担的最高赔偿金额。责任限额分为死亡伤残赔偿限额、医疗费用赔偿限额、财产损失赔偿限额以及被保险人在道路交通事故中无责任的赔偿限额。其中无责任的赔偿限额分为无责任死亡伤残赔偿限额、无责任医疗费用赔偿限额以及无责任财产损失赔偿限额。

第七条　交强险合同中的抢救费用是指被保险机动车发生交通事故导致受害人受伤时，医疗机构对生命体征不平稳和虽然生命体征平稳但如果不采取处理措施会产生生命危险，或者导致残疾、器官功能障碍，或者导致病程明显延长的受害人，参照国务院卫生主管部门组织制定的交通事故人员创伤临床诊疗指南和国家基本医疗保险标准，采取必要的处理措施所发生的医疗费用。

① 本《机动车交通事故责任强制保险条款》于 2020 年更新，而银保监会于 2023 年才改组为国家金融监督管理总局，故条款原文仍保留“银保监会”陈述，无一字更改。

3. 保险责任

第八条　在中华人民共和国境内（不含港、澳、台地区），被保险人在使用被保险机动车过程中发生交通事故，致使受害人遭受人身伤亡或者财产损失，依法应当由被保险人承担的损害赔偿责任，保险人按照交强险合同的约定对每次事故在下列赔偿限额内负责赔偿：

（一）死亡伤残赔偿限额为 180 000 元；

（二）医疗费用赔偿限额为 18 000 元；

（三）财产损失赔偿限额为 2 000 元；

（四）被保险人无责任时，无责任死亡伤残赔偿限额为 18 000 元；无责任医疗费用赔偿限额为 1800 元；无责任财产损失赔偿限额为 100 元。

死亡伤残赔偿限额和无责任死亡伤残赔偿限额项下负责赔偿丧葬费、死亡补偿费、受害人亲属办理丧葬事宜支出的交通费用、残疾赔偿金、残疾辅助器具费、护理费、康复费、交通费、被扶养人生活费、住宿费、误工费，被保险人依照法院判决或者调解承担的精神损害抚慰金。

医疗费用赔偿限额和无责任医疗费用赔偿限额项下负责赔偿医药费、诊疗费、住院费、住院伙食补助费，必要的、合理的后续治疗费、整容费、营养费。

小组讨论

某烟草公司将其大货车向保险公司投保了机动车辆保险，保额 20 万元。保期内一日，驾驶员在运货途中将保险车辆停放后离车去熟人家休息，与该车驾驶员同车游玩的 A 某（无任何驾驶证）在未征得驾驶员同意的情况下，私自将车开走，结果在倒车中倾覆于 20 米高的岩下河谷中，造成严重车损 10 万元。请问交强险理赔吗？

4. 垫付与追偿

第九条　被保险机动车在本条（一）至（四）之一的情形下发生交通事故，造成受害人受伤需要抢救的，保险人在接到公安机关交通管理部门的书面通知和医疗机构出具的抢救费用清单后，按照国务院卫生主管部门组织制定的交通事故人员创伤临床诊疗指南和国家基本医疗保险标准进行核实。对于符合规定的抢救费用，保险人在医疗费用赔偿限额内垫付。被保险人在交通事故中无责任的，保险人在无责任医疗费用赔偿限额内垫付。对于其他损失和费用，保险人不负责垫付和赔偿。

（一）驾驶人未取得驾驶资格的；

（二）驾驶人醉酒的；

（三）被保险机动车被盗抢期间肇事的；

（四）被保险人故意制造交通事故的。

对于垫付的抢救费用，保险人有权向致害人追偿。

小组讨论

两车碰撞，出险时间为2019年10月1日，A车未购买交强险及商业车险且驾驶人所持驾照与准驾车型不符，B车购买交强险商业车险，该事故导致A车乘客死亡（损失金额22万），B车乘客残疾（损失金额19万），经交警部门事故责任认定，A、B两车承担本次事故的同等责任（即总损失的50%）。请问该案如何赔偿？

5. 责任免除

第十条　下列损失和费用，交强险不负责赔偿和垫付：

（一）因受害人故意造成的交通事故的损失；

（二）被保险人所有的财产及被保险机动车上的财产遭受的损失；

（三）被保险机动车发生交通事故，致使受害人停业、停驶、停电、停水、停气、停产、通讯或者网络中断、数据丢失、电压变化等造成的损失以及受害人财产因市场价格变动造成的贬值、修理后因价值降低造成的损失等其他各种间接损失；

（四）因交通事故产生的仲裁或者诉讼费用以及其他相关费用。

6. 保险期间

第十一条　除国家法律、行政法规另有规定外，交强险合同的保险期间为一年，以保险单载明的起止时间为准。

7. 投保人、被保险人义务

第十二条　投保人投保时，应当如实填写投保单，向保险人如实告知重要事项，并提供被保险机动车的行驶证和驾驶证复印件。重要事项包括机动车的种类、厂牌型号、识别代码、号牌号码、使用性质和机动车所有人或者管理人的姓名（名称）、性别、年龄、住所、身份证或者驾驶证号码（统一社会信用代码）、续保前该机动车发生事故的情况以及银保监会规定的其他事项。

投保人未如实告知重要事项，对保险费计算有影响的，保险人按照保单年度重新核定保险费计收。

第十三条　签订交强险合同时，投保人不得在保险条款和保险费率之外，向保险人提出附加其他条件的要求。

第十四条　投保人续保的，应当提供被保险机动车上一年度交强险的保险单。

第十五条　在保险合同有效期内，被保险机动车因改装、加装、使用性质改变等导致危险程度增加的，被保险人应当及时通知保险人，并办理批改手续。否则，保险人按照保单年度重新核定保险费计收。

第十六条　被保险机动车发生交通事故，被保险人应当及时采取合理、必要的施救和保护措施，并在事故发生后及时通知保险人。

第十七条　发生保险事故后，被保险人应当积极协助保险人进行现场查勘和事故调查。发生与保险赔偿有关的仲裁或者诉讼时，被保险人应当及时书面通知保险人。

8. 赔偿处理

第十八条　被保险机动车发生交通事故的，由被保险人向保险人申请赔偿保险金。被保险人索赔时，应当向保险人提供以下材料：

（一）交强险的保险单；

（二）被保险人出具的索赔申请书；

（三）被保险人和受害人的有效身份证明、被保险机动车行驶证和驾驶人的驾驶证；

（四）公安机关交通管理部门出具的事故证明，或者人民法院等机构出具的有关法律文书及其他证明；

（五）被保险人根据有关法律法规规定选择自行协商方式处理交通事故的，应当提供依照《交通事故处理程序规定》规定的记录交通事故情况的协议书；

（六）受害人财产损失程度证明、人身伤残程度证明、相关医疗证明以及有关损失清单和费用单据；

（七）其他与确认保险事故的性质、原因、损失程度等有关的证明和资料。

第十九条　保险事故发生后，保险人按照国家有关法律法规规定的赔偿范围、项目和标准以及交强险合同的约定，并根据国务院卫生主管部门组织制定的交通事故人员创伤临床诊疗指南和国家基本医疗保险标准，在交强险的责任限额内核定人身伤亡的赔偿金额。

第二十条　因保险事故造成受害人人身伤亡的，未经保险人书面同意，被保险人自行承诺或支付的赔偿金额，保险人在交强险责任限额内有权重新核定。

因保险事故损坏的受害人财产需要修理的，被保险人应当在修理前会同保险人检验，协商确定修理或者更换项目、方式和费用。否则，保险人在交强险责任限额内有权重新核定。

第二十一条　被保险机动车发生涉及受害人受伤的交通事故，因抢救受害人需要保险人支付抢救费用的，保险人在接到公安机关交通管理部门的书面通知和医疗机构出具的抢救费用清单后，按照国务院卫生主管部门组织制定的交通事故人员创伤临床诊疗指南和国家基本医疗保险标准进行核实。对于符合规定的抢救费用，保险人在医疗费用赔偿限额内支付。被保险人在交通事故中无责任的，保险人在无责任医疗费用赔偿限额内支付。

9. 合同变更与终止

第二十二条　在交强险合同有效期内，被保险机动车所有权发生转移的，投保人应当及时通知保险人，并办理交强险合同变更手续。

第二十三条　在下列三种情况下，投保人可以要求解除交强险合同：

（一）被保险机动车被依法注销登记的；

（二）被保险机动车办理停驶的；

（三）被保险机动车经公安机关证实丢失的。

交强险合同解除后，投保人应当及时将保险单、保险标志交还保险人；无法交回保险标志的，应当向保险人说明情况，征得保险人同意。

第二十四条　发生《机动车交通事故责任强制保险条例》所列明的投保人、保险人解除交强险合同的情况时，保险人按照日费率收取自保险责任开始之日起至合同解除之日止期间的保险费。

10. 附则

第二十五条　因履行交强险合同发生争议的，由合同当事人协商解决。

协商不成的，提交保险单载明的仲裁委员会仲裁。保险单未载明仲裁机构或者争议发生后未达成仲裁协议的，可以向人民法院起诉。

第二十六条　交强险合同争议处理适用中华人民共和国法律。

第二十七条　本条款未尽事宜，按照《机动车交通事故责任强制保险条例》执行。

二、机动车商业保险险种及条款

★★★1+X 汽车运用与维修职业技能等级标准（汽车营销评估与金融保险服务技术模块）：汽车保险种类

技能要求：

（1）能查阅汽车基本险相关法律法规。

（2）能查阅汽车附加险的相关法律法规。

知识要求：

（1）汽车基本险相关法律法规。

（2）汽车附加险的相关法律法规。

（一）机动车商业保险险种

机动车商业保险是与汽车强制保险相对而言的，投保人可以根据意愿选择是否购买商业保险，保险公司也可以选择是否承保。

目前，我国各家财产保险公司经营的汽车保险业务主要以汽车商业保险为主，汽车商业保险按照保障的责任范围分为主险（基本险）和附加险。主险是对车辆使用过程中大多数车辆使用者经常面临的风险给予保障。附加险是对主险保险责任的补充，它承保的一般是主险不予承保的自然灾害和意外事故。附加险不能单独承保，必须投保相应主险后才能承保。各附加险条款如与主险条款有相抵触之处，按所附加的条款执行，未尽之处，按主险条款执行。

2020 年保险改革之后，主险包括动车损失保险、机动车第三者责任保险、机动车车上人员责任保险共三个独立的险种；附加险一般包括绝对免赔率特约条款、车轮单独损失险、新增加设备损失险、车身划痕损失险、附加修理期间费用补偿险、发动机进水损坏除外特约条款、车上货物责任险等。

（二）《中国保险行业协会机动车商业保险示范条款（2020 版）》解析

1. 总则

第一条　本保险条款分为主险、附加险。

主险包括机动车损失保险、机动车第三者责任保险、机动车车上人员责任保险共三个独立的险种，投保人可以选择投保全部险种，也可以选择投保其中部分险种。保险人依照本保险合同的约定，按照承保险种分别承担保险责任。

附加险不能独立投保。附加险条款与主险条款相抵触的，以附加险条款为准，附加险条款未尽之处，以主险条款为准。

第二条 本保险合同中的被保险机动车是指在中华人民共和国境内（不含港、澳、台地区）行驶，以动力装置驱动或者牵引，上道路行驶的供人员乘用或者用于运送物品以及进行专项作业的轮式车辆（含挂车）、履带式车辆和其他运载工具，但不包括摩托车、拖拉机、特种车。

第三条 本保险合同中的第三者是指因被保险机动车发生意外事故遭受人身伤亡或者财产损失的人，但不包括被保险机动车本车车上人员、被保险人。

第四条 本保险合同中的车上人员是指发生意外事故的瞬间，在被保险机动车车体内或车体上的人员，包括正在上下车的人员。

第五条 本保险合同中的各方权利和义务，由保险人、投保人遵循公平原则协商确定。保险人、投保人自愿订立本保险合同。

除本保险合同另有约定外，投保人应在保险合同成立时一次交清保险费。保险费未交清前，本保险合同不生效。

2. 第一章 机动车损失保险

（1）保险责任。

第六条 保险期间内，被保险人或被保险机动车驾驶人（以下简称“驾驶人”）在使用被保险机动车过程中，因自然灾害、意外事故造成被保险机动车直接损失，且不属于免除保险人责任的范围，保险人依照本保险合同的约定负责赔偿。

第七条 保险期间内，被保险机动车被盗窃、抢劫、抢夺，经出险地县级以上公安刑侦部门立案证明，满60天未查明下落的全车损失，以及因被盗窃、抢劫、抢夺受到损坏造成的直接损失，且不属于免除保险人责任的范围，保险人依照本保险合同的约定负责赔偿。

第八条 发生保险事故时，被保险人或驾驶人为防止或者减少被保险机动车的损失所支付的必要的、合理的施救费用，由保险人承担；施救费用数额在被保险机动车损失赔偿金额以外另行计算，最高不超过保险金额。

（2）责任免除。

第九条 在上述保险责任范围内，下列情况下，不论任何原因造成被保险机动车的任何损失和费用，保险人均不负责赔偿：

（一）事故发生后，被保险人或驾驶人故意破坏、伪造现场，毁灭证据；

（二）驾驶人有下列情形之一者：

①交通肇事逃逸；

②饮酒、吸食或注射毒品、服用国家管制的精神药品或者麻醉药品；

③无驾驶证，驾驶证被依法扣留、暂扣、吊销、注销期间；

④驾驶与驾驶证载明的准驾车型不相符合的机动车。

（三）被保险机动车有下列情形之一者：

①发生保险事故时被保险机动车行驶证、号牌被注销；

②被扣留、收缴、没收期间；

③竞赛、测试期间，在营业性场所维修、保养、改装期间；

④被保险人或驾驶人故意或重大过失，导致被保险机动车被利用从事犯罪行为。

小组讨论：车辆在修理厂出事，谁来“买单”？

刘先生的车辆到修理厂进行保养，没想到晚上修理厂着火烧毁了几辆车，刘先生的车也严重受损。刘先生第二天得知消息后马上向保险公司报案，但保险公司到现场查勘并检查修理单后马上确认对此案拒赔。保险公司拒赔是否合理？

第十条 下列原因导致的被保险机动车的损失和费用，保险人不负责赔偿：

（一）战争、军事冲突、恐怖活动、暴乱、污染（含放射性污染）、核反应、核辐射；

（二）违反安全装载规定；

（三）被保险机动车被转让、改装、加装或改变使用性质等，导致被保险机动车危险程度显著增加，且未及时通知保险人，因危险程度显著增加而发生保险事故的；

（四）投保人、被保险人或驾驶人故意制造保险事故。

第十一条 下列损失和费用，保险人不负责赔偿：

（一）因市场价格变动造成的贬值、修理后因价值降低引起的减值损失；

（二）自然磨损、朽蚀、腐蚀、故障、本身质量缺陷；

（三）投保人、被保险人或驾驶人知道保险事故发生后，故意或者因重大过失未及时通知，致使保险事故的性质、原因、损失程度等难以确定的，保险人对无法确定的部分，不承担赔偿责任，但保险人通过其他途径已经知道或者应当及时知道保险事故发生的除外；

（四）因被保险人违反本条款第十五条约定，导致无法确定的损失；

（五）车轮单独损失，无明显碰撞痕迹的车身划痕，以及新增加设备的损失；

（六）非全车盗抢、仅车上零部件或附属设备被盗窃。

小组讨论：车轮单独被盗，保险公司能赔吗？

上个月，家住汉口常青路的新车车主王剑一早正准备去开车，却被眼前看到的情景吓了一跳，自家新买的轿车两个车轮被偷了，车身下面垫着几块砖头，地上还有几颗螺丝。王剑购买了车损险，于是在第一时间向保险公司报案，但保险公司却称这不属于保险责任，不能获赔。为什么？

（3）免赔额。

第十二条 对于投保人与保险人在投保时协商确定绝对免赔额的，保险人在依据本保险合同约定计算赔款的基础上，增加每次事故绝对免赔额。

（4）保险金额。

第十三条 保险金额按投保时被保险机动车的实际价值确定。

投保时被保险机动车的实际价值由投保人与保险人根据投保时的新车购置价减去折旧金额后的价格协商确定或其他市场公允价值协商确定。

折旧金额可根据本保险合同列明的参考折旧系数表确定。

（5）赔偿处理。

第十四条 发生保险事故后，保险人依据本条款约定在保险责任范围内承担赔偿责任。赔偿方式由保险人与被保险人协商确定。

第十五条 因保险事故损坏的被保险机动车，修理前被保险人应当会同保险人检验，协商确定维修机构、修理项目、方式和费用。无法协商确定的，双方委托共同认可的有资质的第三方进行评估。

第十六条 被保险机动车遭受损失后的残余部分由保险人、被保险人协商处理。如折归被保险人的，由双方协商确定其价值并在赔款中扣除。

第十七条 因第三方对被保险机动车的损害而造成保险事故，被保险人向第三方索赔的，保险人应积极协助；被保险人也可以直接向本保险人索赔，保险人在保险金额内先行赔付被保险人，并在赔偿金额内代位行使被保险人对第三方请求赔偿的权利。

被保险人已经从第三方取得损害赔偿的，保险人进行赔偿时，相应扣减被保险人从第三方已取得的赔偿金额。

保险人未赔偿之前，被保险人放弃对第三方请求赔偿的权利的，保险人不承担赔偿责任。

被保险人故意或者因重大过失致使保险人不能行使代位请求赔偿的权利的，保险人可以扣减或者要求返还相应的赔款。

保险人向被保险人先行赔付的，保险人向第三方行使代位请求赔偿的权利时，被保险人应当向保险人提供必要的文件和所知道的有关情况。

第十八条 机动车损失赔款按以下方法计算：

（一）全部损失

赔款=保险金额−被保险人已从第三方获得的赔偿金额−绝对免赔额

（二）部分损失

被保险机动车发生部分损失，保险人按实际修复费用在保险金额内计算赔偿：

赔款=实际修复费用−被保险人已从第三方获得的赔偿金额−绝对免赔额

（三）施救费

施救的财产中，含有本保险合同之外的财产，应按本保险合同保险财产的实际价值占总施救财产的实际价值比例分摊施救费用。

第十九条 被保险机动车发生本保险事故，导致全部损失，或一次赔款金额与免赔金额之和（不含施救费）达到保险金额，保险人按本保险合同约定支付赔款后，本保险责任终止，保险人不退还机动车损失保险及其附加险的保险费。

3. 第二章 机动车第三者责任保险

（1）保险责任。

第二十条 保险期间内，被保险人或其允许的驾驶人在使用被保险机动车过程中发生意外事故，致使第三者遭受人身伤亡或财产直接损毁，依法应当对第三者承担的损害赔偿责任，且不属于免除保险人责任的范围，保险人依照本保险合同的约定，对于超过机动车交通事故责任强制保险各分项赔偿限额的部分负责赔偿。

第二十一条 保险人依据被保险机动车一方在事故中所负的事故责任比例，承担相应的赔偿责任。

被保险人或被保险机动车一方根据有关法律法规选择自行协商或由公安机关交通管理部门处理事故，但未确定事故责任比例的，按照下列规定确定事故责任比例：

被保险机动车一方负主要事故责任的，事故责任比例为70%；

被保险机动车一方负同等事故责任的，事故责任比例为50%；

被保险机动车一方负次要事故责任的，事故责任比例为30%。

涉及司法或仲裁程序的，以法院或仲裁机构最终生效的法律文书为准。

（2）责任免除。

第二十二条 在上述保险责任范围内，下列情况下，不论任何原因造成的人身伤亡、财产损失和费用，保险人均不负责赔偿：

（一）事故发生后，被保险人或驾驶人故意破坏、伪造现场，毁灭证据；

（二）驾驶人有下列情形之一者：

①交通肇事逃逸；

②饮酒、吸食或注射毒品、服用国家管制的精神药品或者麻醉药品；

③无驾驶证，驾驶证被依法扣留、暂扣、吊销、注销期间；

④驾驶与驾驶证载明的准驾车型不相符合的机动车；

⑤非被保险人允许的驾驶人。

（三）被保险机动车有下列情形之一者：

①发生保险事故时被保险机动车行驶证、号牌被注销的；

②被扣留、收缴、没收期间；

③竞赛、测试期间，在营业性场所维修、保养、改装期间；

④全车被盗窃、被抢劫、被抢夺、下落不明期间。

第二十三条 下列原因导致的人身伤亡、财产损失和费用，保险人不负责赔偿：

（一）战争、军事冲突、恐怖活动、暴乱、污染（含放射性污染）、核反应、核辐射；

（二）第三者、被保险人或驾驶人故意制造保险事故、犯罪行为，第三者与被保险人或其他致害人恶意串通的行为；

（三）被保险机动车被转让、改装、加装或改变使用性质等，导致被保险机动车危险程度显著增加，且未及时通知保险人，因危险程度显著增加而发生保险事故的。

第二十四条 下列人身伤亡、财产损失和费用，保险人不负责赔偿：

（一）被保险机动车发生意外事故，致使任何单位或个人停业、停驶、停电、停水、停气、停产、通讯或网络中断、电压变化、数据丢失造成的损失以及其他各种间接损失；

（二）第三者财产因市场价格变动造成的贬值，修理后因价值降低引起的减值损失；

（三）被保险人及其家庭成员、驾驶人及其家庭成员所有、承租、使用、管理、运输或代管的财产的损失，以及本车上财产的损失；

（四）被保险人、驾驶人、本车车上人员的人身伤亡；

（五）停车费、保管费、扣车费、罚款、罚金或惩罚性赔款；

（六）超出《道路交通事故受伤人员临床诊疗指南》和国家基本医疗保险同类医疗费用标准的费用部分；

（七）律师费，未经保险人事先书面同意的诉讼费、仲裁费；

（八）投保人、被保险人或驾驶人知道保险事故发生后，故意或者因重大过失未及时通知，致使保险事故的性质、原因、损失程度等难以确定的，保险人对无法确定的部分，不承担赔偿责任，但保险人通过其他途径已经知道或者应当及时知道保险事故发生的除外；

（九）因被保险人违反本条款第二十八条约定，导致无法确定的损失；

（十）精神损害抚慰金；

（十一）应当由机动车交通事故责任强制保险赔偿的损失和费用；

保险事故发生时，被保险机动车未投保机动车交通事故责任强制保险或机动车交通事故责任强制保险合同已经失效的，对于机动车交通事故责任强制保险责任限额以内的损失和费用，保险人不负责赔偿。

（3）责任限额。

第二十五条 每次事故的责任限额，由投保人和保险人在签订本保险合同时协商确定。

第二十六条 主车和挂车连接使用时视为一体，发生保险事故时，由主车保险人和挂车保险人按照保险单上载明的机动车第三者责任保险责任限额的比例，在各自的责任限额内承担赔偿责任。

（4）赔偿处理。

第二十七条 保险人对被保险人或其允许的驾驶人给第三者造成的损害，可以直接向该第三者赔偿。

被保险人或其允许的驾驶人给第三者造成损害，对第三者应负的赔偿责任确定的，根据被保险人的请求，保险人应当直接向该第三者赔偿。被保险人怠于请求的，第三者就其应获赔偿部分直接向保险人请求赔偿的，保险人可以直接向该第三者赔偿。

被保险人或其允许的驾驶人给第三者造成损害，未向该第三者赔偿的，保险人不得向被保险人赔偿。

第二十八条 发生保险事故后，保险人依据本条款约定在保险责任范围内承担赔偿责任。赔偿方式由保险人与被保险人协商确定。

因保险事故损坏的第三者财产，修理前被保险人应当会同保险人检验，协商确定维修机构、修理项目、方式和费用。无法协商确定的，双方委托共同认可的有资质的第三方进行评估。

第二十九条 赔款计算

（一）当（依合同约定核定的第三者损失金额−机动车交通事故责任强制保险的分项赔偿限额）×事故责任比例等于或高于每次事故责任限额时：

赔款=每次事故责任限额

（二）当（依合同约定核定的第三者损失金额−机动车交通事故责任强制保险的分项赔偿限额）×事故责任比例低于每次事故责任限额时：

赔款=（依合同约定核定的第三者损失金额−机动车交通事故责任强制保险的分项赔偿限额）×事故责任比例

第三十条 保险人按照《道路交通事故受伤人员临床诊疗指南》和国家基本医疗保险的同类医疗费用标准核定医疗费用的赔偿金额。

未经保险人书面同意，被保险人自行承诺或支付的赔偿金额，保险人有权重新核定。不属于保险人赔偿范围或超出保险人应赔偿金额的，保险人不承担赔偿责任。

4. 第三章 机动车车上人员责任保险

（1）保险责任。

第三十一条 保险期间内，被保险人或其允许的驾驶人在使用被保险机动车过程中发生意外事故，致使车上人员遭受人身伤亡，且不属于免除保险人责任的范围，依法应当对车上人员承担的损害赔偿责任，保险人依照本保险合同的约定负责赔偿。

第三十二条 保险人依据被保险机动车一方在事故中所负的事故责任比例，承担相应的赔偿责任。

被保险人或被保险机动车一方根据有关法律法规选择自行协商或由公安机关交通管理部门处理事故，但未确定事故责任比例的，按照下列规定确定事故责任比例：

被保险机动车一方负主要事故责任的，事故责任比例为70%；

被保险机动车一方负同等事故责任的，事故责任比例为50%；

被保险机动车一方负次要事故责任的，事故责任比例为30%。

涉及司法或仲裁程序的，以法院或仲裁机构最终生效的法律文书为准。

（2）责任免除。

第三十三条 在上述保险责任范围内，下列情况下，不论任何原因造成的人身伤亡，保险人均不负责赔偿：

（一）事故发生后，被保险人或驾驶人故意破坏、伪造现场，毁灭证据；

（二）驾驶人有下列情形之一者：

①交通肇事逃逸；

②饮酒、吸食或注射毒品、服用国家管制的精神药品或者麻醉药品；

③无驾驶证，驾驶证被依法扣留、暂扣、吊销、注销期间；

④驾驶与驾驶证载明的准驾车型不相符合的机动车；

⑤非被保险人允许的驾驶人。

（三）被保险机动车有下列情形之一者：

①发生保险事故时被保险机动车行驶证、号牌被注销的；

②被扣留、收缴、没收期间；

③竞赛、测试期间，在营业性场所维修、保养、改装期间；

④全车被盗窃、被抢劫、被抢夺、下落不明期间。

第三十四条 下列原因导致的人身伤亡，保险人不负责赔偿：

（一）战争、军事冲突、恐怖活动、暴乱、污染（含放射性污染）、核反应、核辐射；

（二）被保险机动车被转让、改装、加装或改变使用性质等，导致被保险机动车危险程度显著增加，且未及时通知保险人，因危险程度显著增加而发生保险事故的；

（三）投保人、被保险人或驾驶人故意制造保险事故。

第三十五条 下列人身伤亡、损失和费用，保险人不负责赔偿：

（一）被保险人及驾驶人以外的其他车上人员的故意行为造成的自身伤亡；

（二）车上人员因疾病、分娩、自残、斗殴、自杀、犯罪行为造成的自身伤亡；

（三）罚款、罚金或惩罚性赔款；

（四）超出《道路交通事故受伤人员临床诊疗指南》和国家基本医疗保险同类医疗费用标准的费用部分；

（五）律师费，未经保险人事先书面同意的诉讼费、仲裁费；

（六）投保人、被保险人或驾驶人知道保险事故发生后，故意或者因重大过失未及时通知，致使保险事故的性质、原因、损失程度等难以确定的，保险人对无法确定的部分，不承担赔偿责任，但保险人通过其他途径已经知道或者应当及时知道保险事故发生的除外；

（七）精神损害抚慰金；

（八）应当由机动车交通事故责任强制保险赔付的损失和费用。

（3）责任限额。

第三十六条 驾驶人每次事故责任限额和乘客每次事故每人责任限额由投保人和保险人在投保时协商确定。投保乘客座位数按照被保险机动车的核定载客数（驾驶人座位除外）确定。

（4）赔偿处理。

第三十七条 赔款计算

（一）对每座的受害人，当（依合同约定核定的每座车上人员人身伤亡损失金额−应由机动车交通事故责任强制保险赔偿的金额）×事故责任比例高于或等于每次事故每座责任限额时：

赔款=每次事故每座责任限额

（二）对每座的受害人，当（依合同约定核定的每座车上人员人身伤亡损失金额−应由机动车交通事故责任强制保险赔偿的金额）×事故责任比例低于每次事故每座责任限额时：

赔款=（依合同约定核定的每座车上人员人身伤亡损失金额−应由机动车交通事故责任强制保险赔偿的金额）×事故责任比例

第三十八条 保险人按照《道路交通事故受伤人员临床诊疗指南》和国家基本医疗保险的同类医疗费用标准核定医疗费用的赔偿金额。

未经保险人书面同意，被保险人自行承诺或支付的赔偿金额，保险人有权重新核定。不属于保险人赔偿范围或超出保险人应赔偿金额的，保险人不承担赔偿责任。

5. 第四章 通用条款

（1）保险期间。

第三十九条 除另有约定外，保险期间为一年，以保险单载明的起讫时间为准。

（2）其他事项。

第四十条 发生保险事故时，被保险人或驾驶人应当及时采取合理的、必要的施救和保护措施，防止或者减少损失，并在保险事故发生后48小时内通知保险人。

被保险机动车全车被盗抢的，被保险人知道保险事故发生后，应在24小时内向出险当地公安刑侦部门报案，并通知保险人。

被保险人索赔时，应当向保险人提供与确认保险事故的性质、原因、损失程度等有关的证明和资料。

被保险人应当提供保险单、损失清单、有关费用单据、被保险机动车行驶证和发生事故时驾驶人的驾驶证。

属于道路交通事故的，被保险人应当提供公安机关交通管理部门或法院等机构出具的事故证明、有关的法律文书（判决书、调解书、裁定书、裁决书等）及其他证明。被保险人或其允许的驾驶人根据有关法律法规规定选择自行协商方式处理交通事故的，被保险人应当提供依照《道路交通事故处理程序规定》签订记录交通事故情况的协议书。

被保险机动车被盗抢的，被保险人索赔时，须提供保险单、损失清单、有关费用单据、《机动车登记证书》、机动车来历凭证以及出险当地县级以上公安刑侦部门出具的盗抢立案证明。

第四十一条 保险人按照本保险合同的约定，认为被保险人索赔提供的有关证明和资料不完整的，应当及时一次性通知被保险人补充提供。

第四十二条 保险人收到被保险人的赔偿请求后，应当及时作出核定；情形复杂的，应当在三十日内作出核定。保险人应当将核定结果通知被保险人；对属于保险责任的，在与被保险人达成赔偿协议后十日内，履行赔偿义务。保险合同对赔偿期限另有约定的，保险人应当按照约定履行赔偿义务。

保险人未及时履行前款约定义务的，除支付赔款外，应当赔偿被保险人因此受到的损失。

第四十三条 保险人依照本条款第四十二条的约定作出核定后，对不属于保险责任的，应当自作出核定之日起三日内向被保险人发出拒绝赔偿通知书，并说明理由。

第四十四条 保险人自收到赔偿请求和有关证明、资料之日起六十日内，对其赔偿数额不能确定的，应当根据已有证明和资料将可以确定的数额先予支付；保险人最终确定赔偿数额后，应当支付相应的差额。

第四十五条 保险人受理报案、现场查勘、核定损失、参与诉讼、进行抗辩、要求被保险人提供证明和资料、向被保险人提供专业建议等行为，均不构成保险人对赔偿责任的承诺。

第四十六条 在保险期间内，被保险机动车转让他人的，受让人承继被保险人的权利和义务。被保险人或者受让人应当及时通知保险人，并及时办理保险合同变更手续。

因被保险机动车转让导致被保险机动车危险程度发生显著变化的，保险人自收到前款约定的通知之日起三十日内，可以相应调整保险费或者解除本保险合同。

第四十七条 保险责任开始前，投保人要求解除本保险合同的，应当向保险人支付应交保险费金额3%的退保手续费，保险人应当退还保险费。

保险责任开始后，投保人要求解除本保险合同的，自通知保险人之日起，本保险合同解除。保险人按日收取自保险责任开始之日起至合同解除之日止期间的保险费，并退还剩余部分保险费。

第四十八条 因履行本保险合同发生的争议，由当事人协商解决，协商不成的，由当事人从下列两种合同争议解决方式中选择一种，并在本保险合同中载明：

（一）提交保险单载明的仲裁委员会仲裁；

（二）依法向人民法院起诉。

本保险合同适用中华人民共和国法律（不含港、澳、台地区法律）。

6. 附加险

附加险条款的法律效力优于主险条款。附加险条款未尽事宜，以主险条款为准。除附加险条款另有约定外，主险中的责任免除、双方义务同样适用于附加险。主险保险责任终止的，其相应的附加险保险责任同时终止。

附加险包括：附加绝对免赔率特约条款、附加车轮单独损失险、附加新增加设备损失险、附加车身划痕损失险、附加修理期间费用补偿险、附加发动机进水损坏除外特约条款、附加车上货物责任险、附加精神损害抚慰金责任险、附加法定节假日限额翻倍险、附加医保外医疗费用责任险、附加机动车增值服务特约条款。

（1）附加绝对免赔率特约条款。

绝对免赔率为5%、10%、15%、20%，由投保人和保险人在投保时协商确定，具体以保险单载明为准。

被保险机动车发生主险约定的保险事故，保险人按照主险的约定计算赔款后，扣减本特约条款约定的免赔。即：

主险实际赔款=按主险约定计算的赔款×（1−绝对免赔率）

（2）附加车轮单独损失险。

投保了机动车损失保险的机动车，可投保本附加险。

第一条 保险责任

保险期间内，被保险人或被保险机动车驾驶人在使用被保险机动车过程中，因自然灾害、意外事故，导致被保险机动车未发生其他部位的损失，仅有车轮（含轮胎、轮毂、轮毂罩）单独的直接损失，且不属于免除保险人责任的范围，保险人依照本附加险合同的约定负责赔偿。

第二条 责任免除

（一）车轮（含轮胎、轮毂、轮毂罩）的自然磨损、朽蚀、腐蚀、故障、本身质量缺陷；

（二）未发生全车盗抢，仅车轮单独丢失。

第三条 保险金额

保险金额由投保人和保险人在投保时协商确定。

第四条 赔偿处理

（一）发生保险事故后，保险人依据本条款约定在保险责任范围内承担赔偿责任。赔偿方式由保险人与被保险人协商确定；

（二）赔款=实际修复费用−被保险人已从第三方获得的赔偿金额；

（三）在保险期间内，累计赔款金额达到保险金额，本附加险保险责任终止。

（3）附加新增加设备损失险。

投保了机动车损失保险的机动车，可投保本附加险。

第一条 保险责任

保险期间内，投保了本附加险的被保险机动车因发生机动车损失保险责任范围内的事故，造成车上新增加设备的直接损毁，保险人在保险单载明的本附加险的保险金额内，按照实际损失计算赔偿。

第二条 保险金额

保险金额根据新增加设备投保时的实际价值确定。新增加设备的实际价值是指新增加设备的购置价减去折旧金额后的金额。

第三条 赔偿处理

发生保险事故后，保险人依据本条款约定在保险责任范围内承担赔偿责任。赔偿方式由保险人与被保险人协商确定。

赔款=实际修复费用−被保险人已从第三方获得的赔偿金额

（4）附加车身划痕损失险。

投保了机动车损失保险的机动车，可投保本附加险。

第一条 保险责任

保险期间内，被保险机动车在被保险人或被保险机动车驾驶人使用过程中，发生无明显碰撞痕迹的车身划痕损失，保险人按照保险合同约定负责赔偿。

第二条 责任免除

（一）被保险人及其家庭成员、驾驶人及其家庭成员的故意行为造成的损失；

（二）因投保人、被保险人与他人的民事、经济纠纷导致的任何损失；

（三）车身表面自然老化、损坏，腐蚀造成的任何损失。

第三条 保险金额

保险金额为2000元、5000元、10 000元或20 000元，由投保人和保险人在投保时协商确定。

第四条 赔偿处理

（一）发生保险事故后，保险人依据本条款约定在保险责任范围内承担赔偿责任，赔偿方式由保险人与被保险人协商确定。

赔款=实际修复费用−被保险人已从第三方获得的赔偿金额

（二）在保险期间内，累计赔款金额达到保险金额，本附加险保险责任终止。

（5）附加修理期间费用补偿险。

投保了机动车损失保险的机动车，可投保本附加险。

第一条 保险责任

保险期间内，投保了本条款的机动车在使用过程中，发生机动车损失保险责任范围内的事故，造成车身损毁，致使被保险机动车停驶，保险人按保险合同约定，在保险金额内向被保险人补偿修理期间费用，作为代步车费用或弥补停驶损失。

第二条 责任免除

下列情况下，保险人不承担修理期间费用补偿：

（一）因机动车损失保险责任范围以外的事故而致被保险机动车的损毁或修理；

（二）非在保险人认可的修理厂修理时，因车辆修理质量不合要求造成返修；

（三）被保险人或驾驶人拖延车辆送修期间。

第三条 保险金额

本附加险保险金额=补偿天数×日补偿金额。补偿天数及日补偿金额由投保人与保险人协商确定并在保险合同中载明，保险期间内约定的补偿天数最高不超过90天。

第四条 赔偿处理

全车损失，按保险单载明的保险金额计算赔偿；部分损失，在保险金额内按约定的日补偿金额乘以从送修之日起至修复之日止的实际天数计算赔偿，实际天数超过双方约定修理天数的，以双方约定的修理天数为准。

保险期间内，累计赔款金额达到保险单载明的保险金额，本附加险保险责任终止。

（6）附加发动机进水损坏除外特约条款。

投保了机动车损失保险的机动车，可投保本附加险。

保险期间内，投保了本附加险的被保险机动车在使用过程中，因发动机进水后导致的发动机的直接损毁，保险人不负责赔偿。

（7）附加车上货物责任险。

投保了机动车第三者责任保险的营业货车（含挂车），可投保本附加险。

第一条 保险责任

保险期间内，发生意外事故致使被保险机动车所载货物遭受直接损毁，依法应由被保险人承担的损害赔偿责任，保险人负责赔偿。

第二条 责任免除

（一）偷盗、哄抢、自然损耗、本身缺陷、短少、死亡、腐烂、变质、串味、生锈，动物走失、飞失、货物自身起火燃烧或爆炸造成的货物损失；

（二）违法、违章载运造成的损失；

（三）因包装、紧固不善，装载、遮盖不当导致的任何损失；

（四）车上人员携带的私人物品的损失；

（五）保险事故导致的货物减值、运输延迟、营业损失及其他各种间接损失；

（六）法律、行政法规禁止运输的货物的损失。

第三条 责任限额

责任限额由投保人和保险人在投保时协商确定。

第四条 赔偿处理

（一）被保险人索赔时，应提供运单、起运地货物价格证明等相关单据。保险人在责任限额内按起运地价格计算赔偿；

（二）发生保险事故后，保险人依据本条款约定在保险责任范围内承担赔偿责任，赔偿方式由保险人与被保险人协商确定。

（8）附加精神损害抚慰金责任险。

投保了机动车第三者责任保险或机动车车上人员责任保险的机动车，可投保本附加险。

在投保人仅投保机动车第三者责任保险的基础上附加本附加险时，保险人只负责赔偿第三者的精神损害抚慰金；在投保人仅投保机动车车上人员责任保险的基础上附加本附加险时，保险人只负责赔偿车上人员的精神损害抚慰金。

第一条 保险责任

保险期间内，被保险人或其允许的驾驶人在使用被保险机动车的过程中，发生投保的主险约定的保险责任内的事故，造成第三者或车上人员的人身伤亡，受害人据此提出精神损害赔偿请求，保险人依据法院判决及保险合同约定，对应由被保险人或被保险机动车驾驶人支付的精神损害抚慰金，在扣除机动车交通事故责任强制保险应当支付的赔款后，在本保险赔偿限额内负责赔偿。

第二条 责任免除

（一）根据被保险人与他人的合同协议，应由他人承担的精神损害抚慰金；

（二）未发生交通事故，仅因第三者或本车人员的惊恐而引起的损害；

（三）怀孕妇女的流产发生在交通事故发生之日起30天以外的。

第三条 赔偿限额

本保险每次事故赔偿限额由保险人和投保人在投保时协商确定。

第四条 赔偿处理

本附加险赔偿金额依据生效法律文书或当事人达成且经保险人认可的赔付协议，在保险单所载明的赔偿限额内计算赔偿。

（9）附加法定节假日限额翻倍险。

投保了机动车第三者责任保险的家庭自用汽车，可投保本附加险。

保险期间内，被保险人或其允许的驾驶人在法定节假日期间使用被保险机动车发生机动车第三者责任保险范围内的事故，并经公安部门或保险人查勘确认的，被保险机动车第三者责任保险所适用的责任限额在保险单载明的基础上增加一倍。

（10）附加医保外医疗费用责任险。

投保了机动车第三者责任保险或机动车车上人员责任保险的机动车，可投保本附加险。

第一条 保险责任

保险期间内，被保险人或其允许的驾驶人在使用被保险机动车的过程中，发生主险保险事故，对于被保险人依照中华人民共和国法律（不含港澳台地区法律）应对第三者或车上人员承担的医疗费用，保险人对超出《道路交通事故受伤人员临床诊疗指南》和国家基本医疗保险同类医疗费用标准的部分负责赔偿。

第二条 责任免除

下列损失、费用，保险人不负责赔偿：

（一）在相同保障的其他保险项下可获得赔偿的部分；

（二）所诊治伤情与主险保险事故无关联的医疗、医药费用；

（三）特需医疗类费用。

第三条 赔偿限额

赔偿限额由投保人和保险人在投保时协商确定，并在保险单中载明。

第四条 赔偿处理

被保险人索赔时，应提供由具备医疗机构执业许可的医院或药品经营许可的药店出具的、足以证明各项费用赔偿金额的相关单据。保险人根据被保险人实际承担的责任，在保险单载明的责任限额内计算赔偿。

（11）附加机动车增值服务特约条款。

第一条 投保了机动车保险后，可投保本特约条款。

第二条 本特约条款包括道路救援服务特约条款、车辆安全检测特约条款、代为驾驶服务特约条款、代为送检服务特约条款共四个独立的特约条款，投保人可以选择投保全部特约条款，也可以选择投保其中部分特约条款。保险人依照保险合同的约定，按照承保特约条款分别提供增值服务。

①第一章 道路救援服务特约条款

第三条 服务范围

保险期间内，被保险机动车在使用过程中发生故障而丧失行驶能力时，保险人或其受托人根据被保险人请求，向被保险人提供如下道路救援服务。

（一）单程 50 公里以内拖车；

（二）送油、送水、送防冻液、搭电；

（三）轮胎充气、更换轮胎；

（四）车辆脱离困境所需的拖拽、吊车。

第四条 责任免除

（一）根据所在地法律法规、行政管理部门的规定，无法开展相关服务项目的情形；

（二）送油、更换轮胎等服务过程中产生的油料、防冻液、配件、辅料等材料费用；

（三）被保险人或驾驶人的故意行为。

第五条 责任限额

保险期间内，保险人提供 2 次免费服务，超出 2 次的，由投保人和保险人在签订保险合同时协商确定，分为 5 次、10 次、15 次、20 次四档。

②第二章 车辆安全检测特约条款

第六条 服务范围

保险期间内，为保障车辆安全运行，保险人或其受托人根据被保险人请求，为被保险机动车提供车辆安全检测服务，车辆安全检测项目包括：

（一）发动机检测（机油、空滤、燃油、冷却等）；

（二）变速器检测；

（三）转向系统检测（含车轮定位测试、轮胎动平衡测试）；

（四）底盘检测；

（五）轮胎检测；

（六）汽车玻璃检测；

（七）汽车电子系统检测（全车电控电器系统检测）；

（八）车内环境检测；

（九）蓄电池检测；

（十）车辆综合安全检测。

第七条 责任免除

（一）检测中发现的问题部件的更换、维修费用；

（二）洗车、打蜡等常规保养费用；

（三）车辆运输费用。

第八条 责任限额

保险期间内，本特约条款的检测项目及服务次数上限由投保人和保险人在签订保险合同时协商确定。

③第三章 代为驾驶服务特约条款

第九条 服务范围

保险期间内，保险人或其受托人根据被保险人请求，在被保险人或其允许的驾驶人因饮酒、服用药物等原因无法驾驶或存在重大安全驾驶隐患时提供单程30公里以内的短途代驾服务。

第十条 责任免除

根据所在地法律法规、行政管理部门的要求，无法开展相关服务项目的情形。

第十一条 责任限额

保险期间内，本特约条款的服务次数上限由投保人和保险人在签订保险合同时协商确定。

④第四章 代为送检服务特约条款

第十二条 服务范围

保险期间内，按照《中华人民共和国道路交通安全法实施条例》，被保险机动车需由机动车安全技术检验机构实施安全技术检验时，根据被保险人请求，由保险人或其受托人代替车辆所有人进行车辆送检。

第十三条 责任免除

（一）根据所在地法律法规、行政管理部门的要求，无法开展相关服务项目的情形；

（二）车辆检验费用及罚款；

（三）维修费用。

7. 释义

【使用被保险机动车过程】指被保险机动车作为一种工具被使用的整个过程，包括行驶、停放及作业，但不包括在营业场所被维修养护期间、被营业单位拖带或被吊装等施救期间。

【自然灾害】指对人类以及人类赖以生存的环境造成破坏性影响的自然现象，包括雷击、暴风、暴雨、洪水、龙卷风、冰雹、台风、热带风暴、地陷、崖崩、滑坡、泥石流、雪崩、冰陷、暴雪、冰凌、沙尘暴、地震及其次生灾害等。

【意外事故】指被保险人不可预料、无法控制的突发性事件，但不包括战争、军事冲突、恐怖活动、暴乱、污染（含放射性污染）、核反应、核辐射等。

【交通肇事逃逸】是指发生道路交通事故后，当事人为逃避法律责任，驾驶或者遗弃车辆逃离道路交通事故现场以及潜逃藏匿的行为。

【车轮单独损失】指未发生被保险机动车其他部位的损失，因自然灾害、意外事故，仅发生轮胎、轮毂、轮毂罩的分别单独损失，或上述三者之中任意二者的共同损失，或三者的共同损失。

【车身划痕】仅发生被保险机动车车身表面油漆的损坏，且无明显碰撞痕迹。

【新增加设备】指被保险机动车出厂时原有设备以外的，另外加装的设备和设施。

【新车购置价】指本保险合同签订地购置与被保险机动车同类型新车的价格，无同类型新车市场销售价格的，由投保人与保险人协商确定。

【全部损失】指被保险机动车发生事故后灭失，或者受到严重损坏完全失去原有形体、效用，或者不能再归被保险人所拥有的，为实际全损；或被保险机动车发生事故后，认为实际全损已经不可避免，或者为避免发生实际全损所需支付的费用超过实际价值的，为推定全损。

【家庭成员】指配偶、父母、子女和其他共同生活的近亲属。

【市场公允价值】指熟悉市场情况的买卖双方在公平交易的条件下和自愿的情况下所确定的价格，或无关联的双方在公平交易的条件下一项资产可以被买卖或者一项负债可以被清偿的成交价格。

【参考折旧系数表】

表 1-1-4　参考折旧系数表

车辆种类	月折旧系数			
	家庭自用	非营业	营业	
			出租	其他
9 座以下客车	0.60%	0.60%	1.10%	0.90%
10 座以上客车	0.90%	0.90%	1.10%	0.90%
微型载货汽车	/	0.90%	1.10%	1.10%
带拖挂的载货汽车	/	0.90%	1.10%	1.10%
低速货车和三轮汽车	/	1.10%	1.40%	1.40%
其他车辆	/	0.90%	1.10%	0.90%

折旧按月计算，不足一个月的部分，不计折旧。最高折旧金额不超过投保时被保险机动车新车购置价的 80%。

折旧金额=新车购置价×被保险机动车已使用月数×月折旧系数

【饮酒】指驾驶人饮用含有酒精的饮料，驾驶机动车时血液中的酒精含量大于等于 20 mg/100mL 的。

【法定节假日】法定节假日包括：中华人民共和国国务院规定的元旦、春节、清明节、劳动节、端午节、中秋节和国庆节放假调休日期，及星期六、星期日，具体以国务院公布的文件为准。

法定节假日不包括：①因国务院安排调休形成的工作日；②国务院规定的一次性全国假日；③地方性假日。

【污染（含放射性污染）】指被保险机动车正常使用过程中或发生事故时，由于油料、尾气、货物或其他污染物的泄漏、飞溅、排放、散落等造成的被保险机动车和第三方财产的污损、状况恶化或人身伤亡。

【特需医疗类费用】指医院的特需医疗部门/中心/病房，包括但不限于特需医疗部、外宾医疗部、VIP 部、国际医疗中心、联合医院、联合病房、干部病房、A 级病房、家庭病房、套房等不属于社会基本医疗保险范畴的高等级病房产生的费用，以及名医门诊、指定专家团队门诊、特需门诊、国际门诊等产生的费用。

（三）新能源汽车商业保险

近年来，由于新能源汽车的发展，新能源汽车的商业保险应运而生。2021 年 12 月 14 日，中国保险行业协会发布《新能源汽车商业保险专属条款（试行）》的通知，自此新能源汽车与传统燃油车商业保险区别开来，此条款为广大新能源汽车车主提供保障。新能源汽车专属保险既为电池、电机和电控系统提供保障，又全面涵盖新能源汽车行驶、停放、充电及作业的使用场景。《中国保险行业协会新能源汽车商业保险示范条款（试行）》见附录一。

新能源车险与传统车险条款的主要区别如下：

1. “三电”纳入保障范围

《中国保险行业协会新能源汽车商业保险示范条款（试行）》规定：保险期间内，被保险人或被保险新能源汽车驾驶人在使用新能源汽车过程中，因自然灾害、意外事故（含起火燃烧）造成被保险新能源汽车下列设备的直接损失，且不属于免除保险人责任的范围，保险人依照保险合同约定负责赔偿。

（1）车身；

（2）电池及储能系统、电机及驱动系统、其他控制系统；

（3）其他所有出厂时的设备。

使用包括行驶、停放、充电及作业。

2. 三个专属附加险

不仅在意外事故责任中纳入了“起火燃烧”责任，还特别为新能源汽车设置了专属附加险，给新能源车主带来了极大的保障。三个附加险为：

（1）附加外部电网故障损失险。

（2）附加自用充电桩损失保险。

（3）附加自用充电桩责任保险。

【情景分析】

作为车险销售人员应当全面了解汽车保险相关内容，在面对对汽车保险一无所知的客户时，应当详细介绍汽车可能面临的风险、处理风险的方法，并强调保险的重要性，在此基础上再向客户详细介绍汽车保险险种以及各险种的条款，尤其是要详细介绍交强险，并可以利用实际案例介绍每种保险的作用及保障的范围，在此过程中需要向客户普及保险中的一些法律知识，如合同的签订、最大诚信原则等，最后在全面分析风险及介绍保险之后，为客户推荐适合客户自身情况的保险方案。

为了完成情景中的任务，请参考任务工单一实施相应任务。

【学习小结】

本任务主要介绍以下内容：

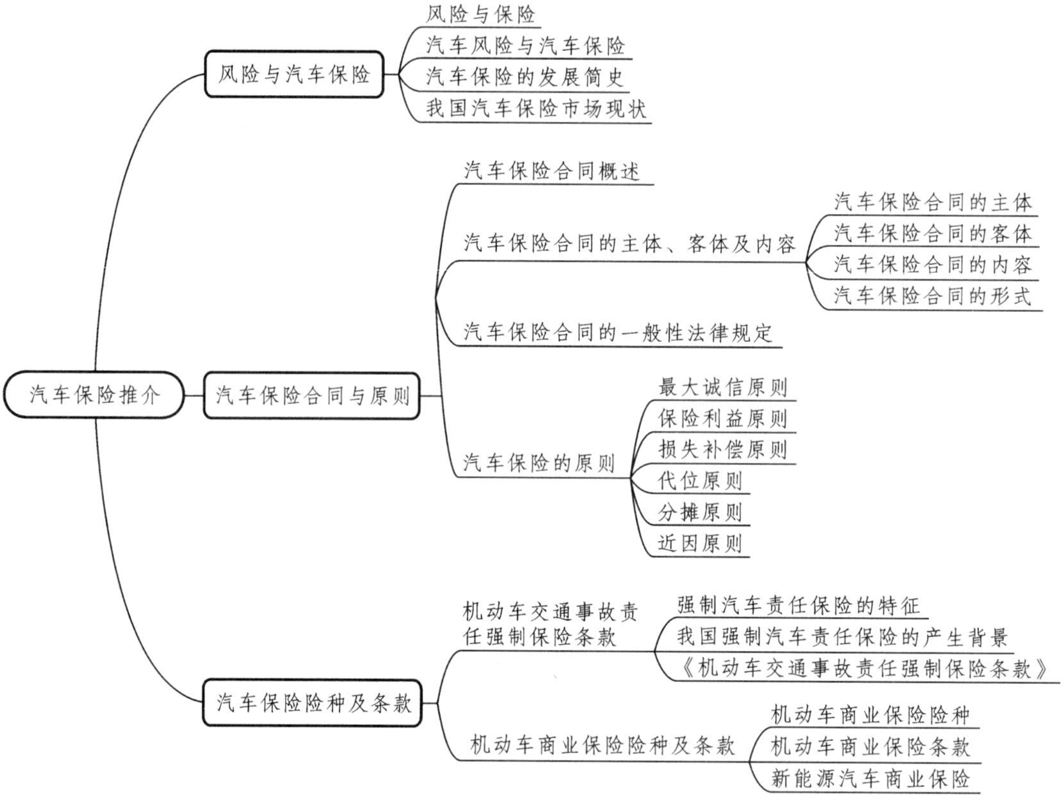

图 1-1-16　汽车保险推介知识框架

任务工单一 车险推介

专业：________班级：__________学号：_________姓名：________日期：_________

一、接受任务

宋伟先生是一名 IT 公司技术员，昨天刚拿到驾照，今天他买了一辆本田 CR-V 2021 款 240TURBO CVT 四驱豪华版，价格为 20 万，主要用于上班代步，每个月和朋友一起自驾游。买车之后马上面临给爱车上保险的问题，而他之前没有买过车，对于汽车保险一无所知，于是他向保险公司销售人员小王咨询，希望小王能解答他的疑问并为他推荐保险，作为销售人员的小王应当如何帮助宋先生？要想全面介绍保险，小王应当具备哪些知识呢？

二、资讯

1. 在汽车制动系统失灵酿成车祸而导致车毁人亡的事件中，属于风险因素的是（　　）。
A.制动失灵　B.车祸　C.车辆毁坏　D.人员伤亡

2. 应对风险的主要方法有（　　）。
A.规避风险　B.预防风险　C.分散风险　D.转移风险

3. 下列关于保险说法正确的是（　　）。
A.保险就是要消灭危险　B.保险就是要保证不发生危险
C.保险就是保证发生危险　D.保险就是要分担风险补偿损失

4. 由机动车辆本身所面临的风险而产生的险种是（　　）。
A.机动车辆损失险　B.第三者责任险　C.附加险　D.特约险

5. “一人为众，众人为一”说的是保险的（　　）特征。
A. 经济性　B.互助性　C.法律性　D.科学性

6. 被保险机动车驾驶人因下列哪些原因造成的本车及对第三者的损害赔偿责任，保险人均不负责赔偿（　　）。
A.无证驾驶　B.交通肇事逃逸
C.驾驶的被保险机动车与驾驶证载明的准驾车型不符　D.酒驾

7. 如果不幸撞坏豪车或驾车致人重伤，赔偿可能高达几十万，建议购买较高额度的(　　)。
A.车辆损失险　B.第三者责任险　C.交强险　D.车上人员责任险

8. 我国从何时开始实行交强险（　　）。
A.2009 年 10 月 1 日　B.2005 年 7 月 1 日　C.2003 年 5 月 1 日　D.2006 年 7 月 1 日

9. 我国曾认为汽车保险对社会有负面影响，于（　　）年停办了车险。
A.1978　B.1949　C.1958　D.1955

10. 你认为作为保险从业人员，应当具备哪些知识？

____

____

____

____

____

11. 新能源汽车商业险与传统燃油车商业险的区别是什么？

____

____

____

____

____

三、决策与计划

1. 请根据任务要求，制订工作计划。

流程	工作内容	操作要点	素养要求
工作流程 1			
工作流程 2			
工作流程 3			
计划审核	审核意见： 签字： 年 月 日		

2. 请根据工作计划，完成小组成员任务分工。

保险专员：__________客户：__________组织者：__________记录员：__________

四、实施

1. 介绍保险险种及保险责任范围。

险种名称	保险责任范围	说明

续表

险种名称	保险责任范围	说明

2. 解决客户疑问。

针对宋先生提出的以下疑问，请做出详细解释。

（1）交强险与第三者责任险都是对第三方的赔偿，那么它们有什么区别呢？

（2）主险和附加险有什么区别？

（3）车上人员责任险是每个座位的人员都要购买吗？

（4）如果将车借给朋友使用，朋友开车发生了事故，能获得赔偿吗？

（5）如果没购买车轮单独损失险，那么发生车轮损坏就不赔偿了吗？

3. 制定保险方案。

根据宋先生实际情况，为其推荐合适的保险组合。

保险险种	保险金额

续表

保险险种	保险金额

4. 请设计为宋先生介绍车险的话术，填写在下方，并分角色进行情景模拟，模拟过程中需做到讲解细致，服务热情，实事求是，礼貌用语。

五、检查

请指导教师根据评价标准，对学生进行评价，并提出任务实施过程中出现的问题及改进建议。

序号	评价标准	分值	得分
1	能否正确介绍交强险及其条款，并做到严谨细致、实事求是	20	
2	能否正确介绍商业险及其条款，并做到严谨细致、实事求是	20	
3	能否解决客户疑问，并做到热情服务、耐心细致、实事求是	20	
4	能否协助客户制定投保方案，并做到为客户着想、沟通顺畅	20	
5	能否与小组成员团结合作、有效沟通	20	
总分		100	
问题及建议			

六、评价

请根据评价标准对自己在本次任务中的实际表现进行自评，并结合小组成员的表现进行组内互评。

序号	评价标准	分值	保险专员	客户	组织者	记录员
1	能否明确工作任务，是否理解该任务在企业中的重要程度	5				
2	能否正确叙述风险及保险的概念、特征及分类	10				
3	能否正确叙述汽车保险的含义、类型及作用	5				
4	能否准确解释保险各原则的内容	15				
5	能否向客户准确解释各汽车保险条款	15				
6	能否有效解决客户疑问	15				
7	能否根据客户实际情况制定保险方案	20				
8	能否与团队成员进行团队合作	5				
9	能否与客户进行有效沟通	5				
10	能否体现热情服务、诚实守信、法治意识等素养	5				
总分		100				

任务二　车险承保

【学习目标】

◆知识目标

（1）掌握保险承保流程及工作内容；
（2）了解车辆面临的风险种类；
（3）掌握投保单的内容及填写方法；
（4）掌握核保的流程及方法。

◆技能目标

（1）能识别客户车辆面临的风险；
（2）能根据客户的需求为客户制定投保方案、选择投保方式和公司；
（3）能协助客户填写投保单和免责声明；
（4）能够按照承保流程完成承保工作。

◆素养目标

（1）树立热情服务客户的意识；
（2）养成耐心细致的工作态度；
（3）具备完成工作任务的团队协作及沟通能力；
（4）养成投保承保过程中诚实守信的态度；
（5）具有遵守《保险法》《民法典》等法治意识。

【情景引入】

李先生是重庆市某公司技术员，驾龄 12 年，由于家庭需要，最近在本市某 4S 店购买了一辆丰田凯美瑞轿车，主要用于上下班代步，同时接送上初中的女儿和上小学的儿子上、下学，节假日还需要经常带家人一起自驾游。上班期间车停在公司停车场，下班期间车停在自家小区地下停车场。李先生买车之后马上面临给爱车上保险的问题，于是他向保险专员小王咨询，希望小王能帮他办理汽车保险。作为保险专员的小王应当如何帮助李先生办理汽车保险呢？

【相关知识】

承保实质上是保险双方订立合同的过程，即保险人在投保人提出投保请求时，经审核其投保内容后，同意接受其投保申请，并负责按照有关保险条款承担保险责任的过程。一般先由从事展业的人员为客户制定保险方案，客户提出投保申请，经保险公司核保后，双方共同订立保险单。

承保流程如图 1-2-1 所示。

承保流程

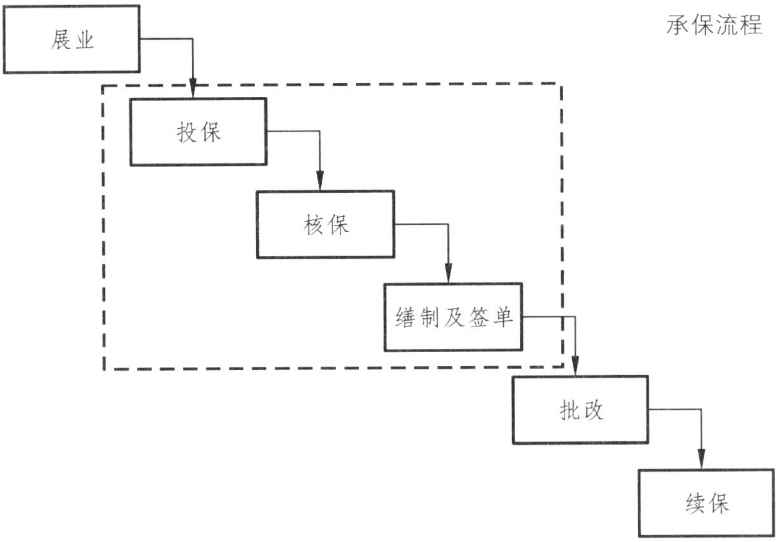

图 1-2-1 承保流程

子任务一 展业

保险展业是保险公司进行市场营销的过程，即向客户提供保险商品的服务。保险服务包括两方面的内容：一是保险业务自身服务，即承保、防灾防损、查勘理赔等；二是拓展性服务，如汽车修理服务、代驾服务、风险服务。拓展性服务是一种延伸意义上的服务。

展业人员可以是保险公司员工，也可以是中介机构的代理人或经纪人。展业直接影响保险人的业务经营量。近年来，保险合同纠纷不断，主要原因就是展业人员没有认真解释合同，有的不具备有关知识和技能，即不具备业务素质。

一、保险展业的意义

保险展业的根本目的就是要增加保险标的，以分散风险、扩大保险基金。展业面越宽，承保面越大，获得风险保障的风险单位数越多，风险就能在空间和时间上得以分散。展业所具有的重大意义是由保险服务本身的特点所决定的，主要表现在以下几方面：

（一）通过展业，唤起人们对保险的潜在需求

保险所销售的产品是保险契约，是一种无形商品，它所能提供的是对被保险人或受益人未来生产、生活的保障，即使购买了保险商品也不能立即获得效用，这就使人们对保险的需求比较消极。因此，有必要通过保险展业一方面满足被保险人现实的需求，另一方面唤起其潜在需求，促使人们购买保险。

（二）通过展业对保险标的和风险进行选择

一般把保险公司的行为分为三类，即营销、投资和管理。其中完成营销任务所占的人力和费用成本最高，因为在营销过程中，可能出现逆选择。保险展业过程也是甄别风险、避免逆选择的过程，这一过程远比其他商品销售更为重要。

（三）通过展业，争夺市场份额，提高经济效益

保险企业之间的竞争，主要是市场的争夺。只有通过积极有效的营销活动，才能建立起充足的保险基金和可靠的运营资金，保证整个经营活动的顺利进行。展业面越大，签订的保险合同越多，由保费形成的责任准备金就越多，保险经营的风险会随之降低，也为进一步降低保险价格、吸引更多的保护创造了条件。保险展业的顺利开展，可为保险经营带来良性循环。

（四）通过展业提高人们的保险意识

随着改革的深入，社会经济结构发生了深刻的变化，社会在为人们提供更多机遇的同时，也使人们面临的各种风险相应增加了。广泛而优质的保险展业工作不仅能为保险企业带来新客户，而且还可唤起全社会的风险意识，为树立整个保险业的良好形象起到重要作用。

二、展业工作内容

（一）做好展业准备

1. 调查背景情况，制定展业规划

调查背景情况是制定展业规划和实施展业的依据，它包括对保险公司自身经营状况的考察和对外部经营环境的调查。前者包括对公司经营状况、信誉、市场占有率、所销保险商品的特点等方面进行全面细致的研究和分析，以便在展业规划过程当中扬长避短。后者包括对保险市场供求环境的调查、市场购买力的调查，对其他保险公司经营情况和相应保险商品的调查，以及展业区域特点、风俗习惯、风险状况等各种与展业相关因素的调查和研究。

在调查的基础上，制定出周密的展业规划。展业规划应有明确的展业目标，并通过目标责任制落实到班组和个人；展业规划还应包括展业行动的总体方案和实施行动方案的方法和技巧，展业规划是指导展业工作的行动纲领。

2. 了解潜在顾客的情况

潜在客户是指那些在主观或客观上需要保险，且具有购买力的尚未买保险商品的企业、团体或个人。对潜在客户的了解，主要包括潜在客户的行业经济实力、风险状况、保险意识等与展业直接相关或间接相关的因素。在充分了解的基础上，对潜在客户进行分类，归纳出各类顾客的共同保险需求及不同顾客的特殊保险需求，以便根据具体情况扩大展业成果。

3. 确定展业宣传对象

根据展业计划、潜在客户情况和所销保险商品的特点来确定展业先宣传对象。这样，可以使保险展业目标更加明确，使展业宣传具有针对性，从而取得更好的展业效果。

4. 做好出勤前的各项准备

根据展业工作的需要，备齐必要的各种单证、条款、费率表、宣传资料和其他宣传工具，做好出勤前的各种准备工作。

（二）开展保险宣传

保险宣传对于保险业务的顺利展开和增强国民的保险意识具有重要的作用。在我国，由于国内保险业务停办了 20 年，导致保险意识淡薄，不少人对保险比较陌生，有些企事业单位的领导对保险的职能和作用也认识不够。保险宣传的方式多种多样，如广告宣传、召开座谈会、电台和报刊播放或登载保险知识系列讲座、印发宣传材料等。

（三）提升展业绩效

1. 努力提高业务人员素质

业务人员应具有一定的素质，业务人员进行展业活动前，必须做好各项准备，包括：

（1）理论知识：了解《保险法》和本公司的相关规定，掌握保险尤其车险的知识，掌握车辆知识，如结构、常见风险、预防方法等。

（2）市场情况：调查辖区的汽车量、承保情况、事故频率、出险赔付等，同时，掌握市场动态和竞争对手的展业方向。了解客户车型、目前的承保公司、保险期限，做好公关工作。对一些大客户，如大型企业，需对其做好调查。

（3）制订展业计划和目标：制订月、季、年度展业计划，确定展业目标，做好续保工作。

2. 广设代理机构，建立广阔的服务网络

保险公司广设代理机构，建立广阔的服务网络，以便更好地为客户提供保险产品和服务。这样可以方便客户购买保险、咨询理赔事宜以及享受其他相关服务。

3. 充分发挥经纪人作用

积极开展大型客户业务、跨地区业务。

小组讨论

展业工作对于保险公司来说至关重要，如果以后你要从事展业工作，那么，你应当具备哪些素质呢？现在能够做好哪些准备呢？

（四）制定保险方案

由于投保人所面临的风险概率、风险程度不同，因而对保险的需求也各不相同，这需要展业人员为投保人设计最佳的投保方案。提供完善的保险方案也是保险人加大保险产品内涵、提高保险公司服务水平的重要标志。

1. 制定汽车保险的基本步骤

（1）充分了解投保人的投保需求；

（2）从专业的角度对投保人可能面临的风险进行识别和评估；

（3）根据投保人的实际情况及风险评估结果，向投保人介绍相关险种及其能提供的增值服务，为投保人制定最佳的投保方案。

2. 保险方案的主要内容

（1）保险人情况介绍；

（2）保险标的风险评估；

（3）保险方案的总体建议；

（4）保险条款以及解释；

（5）保险金额和赔偿限额的确定；

（6）免赔额以及适用情况；

（7）赔偿处理的程序以及要求；

（8）服务体系以及承诺；

（9）相关附件。

子任务二 投保

一、汽车风险识别

（一）车辆自身风险

1. 车龄

车辆状况同车龄有着直接关系，车龄越大，则汽车的使用年限越长，车辆的磨损与老化程度就越高，从而导致车况越差，使发生车辆事故的概率同步上升。因此，在进行机动车辆评估风险评估时，必须认真考虑车龄的因素。

2. 厂牌车型

由于世界各国车厂众多，不同生产厂家生产的车辆特点不同，车辆的安全性能也不同。因此评估车辆风险时，要考虑到同一行驶区域、同一使用性质条件下不同厂牌风险，在确定承保条件及费率上也应有所不同。

3. 排气量

排气量越大，汽车的动力性能越好，对于同一类汽车而言，就意味着速度会越快。在同一事故原因下，速度越快就意味着损失程度越大，即风险越高。

4. 车辆种类

目前我国将机动车分成五种，即客车、货车、特种车、摩托车、拖拉机。

客车主要用来运送人员，运客能力主要以座位数来衡量，座位数是指车辆拥有的可供乘坐的标准（核定）座位的数量，它所反映的是车辆的客运能力。

货车主要是指用来运送货物的车辆，其货运能力主要以吨位数来衡量。在承保货车时，要充分考虑吨位数。

特种车是指具有特殊使用性质的各种专用车。由于其特殊的使用性质，具有特殊的风险性。如油罐车、气罐车和液罐车一般以装载危险品为主；起重车、装卸车存在较大的作业风险；冷藏车一旦发生损失，修复费用通常比一般车辆要高。

摩托车的特点是具有操纵灵活性，同时适应性和安全性均较差。据统计，摩托车的事故率相当高，一旦发生事故，造成损失的可能性也较大。

拖拉机按用途可分为农业机械和运输工具两种。拖拉机的风险除了由其设计使用功能决定外，由于一般拖拉机驾驶人的技术水平也不高，也较易造成风险。

5. 行驶区域

根据目前我国地理情况，将车辆行驶区域分为三类，即省内（含直辖市、自治区）行驶、固定线路行驶和场内行驶。

省内行驶是指在某一省、直辖市或自治区所辖的地域范围内行驶。

固定线路行驶是指车辆沿事先约定线路行驶。

场内行驶指车辆仅在工地、机场、场区和码头等固定范围内使用。

由于车辆行驶范围不同，驾驶人对不同地区的交通规则、地形和地貌等熟悉程度不同，以及在不同地区造成损失承担的赔偿责任不同，所以车辆的风险状况也不同。整体而言，随着行驶地域的扩大，风险程度越大。即省内行驶风险 < 国内行驶风险 < 出入境行驶风险。因此，要对车辆行驶区域认真审核，在确定承保条件及费率时，充分考虑行驶区域因素。

6. 使用性质

根据车辆的使用性质，我国目前将车辆分为营运车辆和非营运车辆。由于车辆的使用性质不同，导致车辆所具有的风险也不同。整体而言，营运车辆长时间运转，车辆磨损率及事故概率要比非营运车辆高，因此营运车辆风险比非营运车辆风险要高。

（二）驾驶人风险

在进行机动车辆风险研究的过程当中，研究人员发现机动车辆事故发生的概率与驾驶人本身有着密切的关系。通过对大量事故数据的研究和分析，研究人员发现，影响驾驶人安全驾驶的主要因素包括年龄，性别，经验、职业与婚姻状况，品行与肇事记录。

1. 年龄

研究数据显示，驾驶人的年龄与机动车发生事故的概率有显著联系。保险公司针对这种情况，对不同年龄组的人设定不同的费率系数。

2. 性别

研究发现，交通肇事记录与性别有密切关系。就整体情况而言，男性驾驶人重大事故的肇事概率较女性要高。保险公司也因此根据驾驶人的性别不同设定费率系数，并按不同的系数收取保险费。

3. 经验、职业与婚姻状况

研究表明，驾驶人的驾驶经验、职业及婚姻状况对驾驶的安全性也存在一定的关联性。统计分析结果显示：有一定驾驶经验、白领职业及已婚驾驶人的肇事记录明显较低。

4. 品行与肇事记录

所谓品行，主要是指有犯罪记录的人员，尤其是有保险欺诈犯罪记录的人员。对于续保业务，在采用从人费率体系条件下确定费率时，已经考虑了肇事记录这一因素。但是对于首次投保的驾驶人，就应对其以外的肇事记录进行了解，以便加强风险控制。目前，我国在对机动车辆驾驶人的管理中，普遍推行了的记分制度，在采取从人费率的条件下，可以将这一制度作为确定被保险人的风险等级的一个重要依据。

（三）地理环境风险

由于机动车辆是流动的标的，因此其活动范围内的地理环境对机动车辆的风险具有大的影响。这些地理环境风险因素主要包括气候、地形地貌及路面状况等。

1. 气候

我国地域广阔，气候有很大的区别。东部与南部的气候温暖湿润，雨水较多。由于气候的差异，对车辆构成的风险也有很大区别。总体而言，由于东部与南部雨水多，车辆水浸的现象也较多，导致发动机进水的可能性增加；另外，由于雨季时间较长，长期路面泥泞事故也会增多。西部与北部因冬季气候寒冷，降雪较多，路面较滑，在冬季事故则明显增多。

2. 地形地貌

由于地域广阔，造成我国地形地貌差异非常大，有平原、丘陵和山地等各种复杂的地形地貌，道路的总体情况差异很大。平原地区由于地势平缓、视野开阔，行车比较安全。山地则因地势高低不平、道路曲折、路面狭窄以及隧道和桥梁较多，容易发生交通事故，特别是恶性交通事故。

3. 路面状况

路面状况对机动车辆的行车安全及车辆损耗有直接影响，路面状况较好的地，车辆的事故率相对低一些；路面状况较差的地段，车辆的事故率则明显要高。

（四）社会环境风险

社会环境有时对车辆机动车辆的风险有很大的影响。具体体现在以下几个方面：

1. 法治环境

法治环境良好的地区被保险人和驾驶人的法治观念均较强，在经营和驾驶上均能够自觉遵守国家的有关法律法规，对于机动车辆的维护能够按照有关规定定期进行，能确保车辆处于良好的状态。营业车辆能够按照要求进行营运，杜绝超载和违章现象，相对降低了事故风险。驾驶人和行人均能够按照交通规则规范自己的行为，是降低和避免交通事故的关键所在。

2. 治安情况

机动车辆另一个最显著的风险就是盗窃、抢夺风险，这与使用地区的社会治安状况联系最为密切。

3. 市场情况

市场情况可分为市场监管情况和行业自律情况。它们是规范市场，防止保险中发生道德风险的有效手段。

4. 人文环境

机动车辆的风险与人文环境有着密切的关系，这种人文环境包括构成交通环境的人对交通法规的熟悉程度、安全意识等。

（五）经营管理风险

在机动车辆保险的风险中，被保险人的经营管理是一个重要的风险因素，特别是那些经营型的车队被保险人。对于被保险人经营管理风险的评估，可分为经营的基本情况、管理的技术和以往的损失记录三个方面。

1. 经营的基本情况

被保险人的基本情况是决定其经营管理成本价值取向的关键，经营模式是一个主要因素。有的公司不关心车辆的安全状况以及驾驶人的安全教育，使被保险人的风险大大增加。有的企业片面追求短期效益，势必减少对安全生产的投入，甚至采用超载、“带病”上路等手段，都将增大风险。

2. 管理的技术（管理经验、管理制度）

管理经验是指被保险人拥有一批熟悉车辆安全行驶和管理的技术人员，这些人具有相当的技术和经验，能够胜任对车队安全行车的管理工作。管理制度是指被保险人具有一整套健全和完善的管理制度，通过这些制度能够全面规范车辆使用管理中的各个环节，同时，能够确保这些制度均能够得到严格和有效的执行。

3. 以往的损失记录

被保险人以往的损失记录是其经营管理情况的反映，注重对被保险人以往损失情况的收集，并对其进行分析和研究，就能够对被保险人的经营管理情况、存在的问题有一个较全面和科学的认识，一方面可以协助保险人科学地决定是否承保、有针对性地制定承保的条件并合理地确定费率，另一方面能够让被保险人了解自身风险的情况，便于改进。

小组讨论

根据以上车辆风险类型的分析，试讨论“情景引入”中李先生的爱车将面临哪些风险呢？

二、投保险种选择

投保方案

（一）选择险种的步骤

投保人一般可以按照以下步骤来选择投保险种：

（1）投保人首先应该弄清楚自己可能面临哪些风险，可能导致什么不良后果，最终自己会承担多少风险等问题。例如，营运车辆一旦发生事故，赔偿的数额较大。

（2）向保险公司或其代理人索要有关保险条款和费率表，仔细阅读保险条款。投保人应当特别关注保险产品的保险责任、责任免除和特别约定，被保险人权利和义务，免赔额或免赔率的计算，索赔手续，退保和折旧等规定。如果对保险条款和费率表有疑问，投保人可以要求保险公司或代理人对条款和费率进行解释说明或与保险公司的咨询部门直接联系，以切实保障自己的利益。

（3）比较各保险公司具体的保险产品，看看哪一种能满足自己的特殊需求。注意所选择机动车的保险产品，一定要把容易发生的、相对可能性较大的风险包括进去。否则，未得到保障的风险事故发生导致的损失将得不到赔偿。

如果投保人计划购买机动车辆保险，但又对购买什么险种等问题拿不定主意时，可以向保险咨询机构以及专业人士进行咨询。

（二）老司机该如何选择自己的车险

很多老司机，对自己的驾驶技术比较自信，只是购买了强制的交强险，而其他险种什么都没买，这样就会遇到发生事故无力赔偿的情况，加重家庭负担。

对于老司机来说，除了强制购买的交强险，建议购买商业车险的主险有车辆损失保险和第三者责任险，其中第三者责任保险建议购买 50 万元以上，以应对撞到豪车或人员伤亡的情况。对于主险中的车上人员责任险并不十分必要，可以单独购买高额度的人身保险代替，但是如果车经常有朋友要坐，也可以购买车上人员责任险，不过不用买太多，保障额度在一万元至两万元就够了。

对于附加险，可以根据自身的具体情况而定，如对于营业货车的车主来说，可以投保车上货物责任险这个附加险，来应对车上货物损失的情况，但是需要在购买对应的主险中的第三者责任险的情况下才能投保此附加险。

在愿意承担较高保费的前提下，车主如果一次性上齐全部主险和附加险，那么几乎与汽车有关的全部事故损失都能得到赔偿。但是选择险种时，要把握一个总的原则，即搭配险种需要根据个人情况而定，而不是盲目地以所投险种的多少作为唯一衡量标准。

（三）新车新司机最有必要购买的几个险种

新车新手，难免磕磕碰碰，发生事故的频率也相对较高。有的车主由于没有经验，或出于对车辆的爱惜，把能买的险种都买了，投保了一些几乎用不上的险种，钱没有用在刀刃上。另外有一部分车主认为车险没有多大用处，所以只购买了国家强制规定交强险，其他什么也不买。这两类车主都存在误区，购买车险的最终目的是发生车辆损失的时候，能够及时得到赔偿，从实际情况出发，选择最可能用到的险种，既经济又能获得全面保障。新车新手最有必要购买以下险种：

1. 车辆损失保险

这是车险中最主要的险种，从一般的剐蹭事故到车毁人亡，都要靠它来减少损失，花钱不多却能获得很大的保障。对于新手买的新车来说，车主的驾驶技术或驾驶习惯不能为车辆安全提供较高的保障，此时最好购买此险种。因为即使只是发生剐蹭，去修理厂稍微修一下，就要花不少钱。若不投保这个险种，车辆碰撞后的修理费都得自己掏腰包，负担较重。

2. 第三者责任险

第三者责任险是用来弥补交强险的不足的。目前第三者责任险，保险额度从 10 万最高可以买到 1000 万。每个档位之间的额度相差较大，但是保费相差并不大。建议新车新手购买至少 50 万元的三责险。具体买多少，就看车主具体的需求了。

3. 车上人员责任险

新车可能经常会遇到有家人、朋友要坐车，所以建议购买车上人员责任险，来对车上的人员提供保障。

4. 车身划痕损失险

大多数车辆是露天停放，或是在地下停车位停放，车身很容易出现被别人或对别的车造成划伤的情况。一般来说，新手对新车的外观最为关注，即使车辆出现很细微的划痕也很心疼，因此建议车主为新车投保车身划痕损失险。另外，如果车辆经常跑高速公路，或是经过的路段比较复杂，容易剐蹭或出现人为划痕，都需要投保划痕险。

小组讨论

刘先生，30 岁，驾龄两年，新买了一辆奥迪车作为家庭自用，新车购置价 32 万元，车带双安全气囊，平时一般停放在露天停车位，经常驾车出游，有两次追尾事故记录。刘先生妻子也经常用车，驾龄一年，无不良驾驶记录。作为保险公司业务员，你会建议刘先生如何投保车险?

三、投保公司选择

（1）投保的公司应该是在我国境内依法成立、守法经营和有车险业务经营权的保险公司。

（2）投保的公司应经营稳健、财务状况良好、偿付能力充足，信誉良好。

（3）投保的公司应具有健全的组织机构，完善的服务体系，尤以机构网点遍布全国的大公司为佳，以便异地出险时，能够得到保险公司在现场查勘及理赔等方面的及时处理。

（4）投保的公司应专业技术力量强大，服务内容丰富、质量好。

四、投保方式选择

目前投保方式主要有专业代理机构投保、兼业代理机构投保、经纪人投保、柜台（上门）投保、电话投保和网上投保六种。常用的有兼业代理机构（4S 店）投保和柜台（上门）投保。电话投保和网上投保是今后的发展趋势。

（一）专业代理机构投保

专业代理机构投保是指主营业务为代卖保险公司的保险产品的保险代理公司。优点是：专业代理公司一般提供多家保险公司的汽车保险产品，可为客户提供较多的产品设计方案；服务积极，能上门办理手续；出险理赔时有人帮。缺点是：投保成本比较高；保险代理公司选择不当时会有风险。我国目前的保险市场较为庞杂，专业代理公司的竞争较为激烈，客户通过专业代理公司购买保险时，一定要仔细挑选可靠的公司，并要验看许可证、代理合同和代理人资格证书等。

（二）兼业代理机构（主要是 4S 店）投保

兼业代理机构是指受保险人委托，在从事自身业务的同时，指定专人为保险人代办保险业务的单位。其优点是：保险及理赔可以在一起办；有 4S 店作为后盾，不管是代理理赔的便捷性，还是维修质量、配件质量都能得到保障。缺点是：由于兼业代理机构代卖保险产品，属于副业所以不够专业；需要有讨价还价的本领，所以保费不一定便宜；选择不当时会有风险。客户在投保时，应选择实力强、信誉好的汽车经销商。代理商高度推荐的保险单，可能是对代理商佣金最高的保险单，但不一定是最合适的保险单。如果是新车投保，考虑到理赔和维修时的便捷性，除非在保险公司有熟人，最好还是在经销商那里购买，但要注意商讨价格。

（三）经纪人投保

经纪人投保是指基于投保人的利益，为投保人和保险人订立保险合同提供中介服务，并依法收取佣金的投保方式。其优缺点与专业代理较接近，但经纪人在我国保险市场还处于起步阶段。

（四）柜台（上门）投保

柜台（上门）投保指亲自到保险公司的对外营业窗口进行投保，其优点是：保险单不会有假，所以投保更可靠；因节约了保险公司的经营成本，所以保险费较便宜。其缺点是：如果保险公司没有指定客户经理，在投保或索赔时，必须事事自己去做，既费时又麻烦。

（五）电话投保

电话投保指通过拨打保险公司的服务电话进行投保。其优点是：因为电话投保省去营销中间环节，把保险公司支付给中间人或中介机构的佣金，直接让利给车主，所以保费较便宜；足不出户，有专人接听电话，解答各种问题，并协助办理投保手续，且保单送上门，安全、周到、省事。其缺点是：不太容易和保险公司谈判，因为不是直接沟通。

（六）网上投保

网上投保指客户在保险公司设立的专用网站（电子商务平台）上发送投保申请，保险公司在收到申请后，电话联系客户进行确认的一种投保方式。其优点是：是目前最方便、快捷的投保方式；保险单送上门。其缺点是：客户必须对保险比较熟悉，对于不经常使用网络的客户来讲，可能不太方便。

★★★1+X 汽车运用与维修职业技能等级标准（汽车营销评估与金融保险服务技术模块）：汽车保险业务

技能要求：

（1）能为客户介绍各类汽车保险。

（2）能引导客户进行投保。

知识要求：

（1）汽车保险概述：汽车保险的特点、汽车保险市场情况、汽车保险的合同相关约定、汽车保险的基本原则。

（2）汽车保险险种结构及特点：我国汽车保险的种类、交强险的条款及费率、商业险的条款及费率。

（3）汽车保险承保流程：展业—投保—核保—缮制及签单—批改—续保。

五、交强险投保

（一）投保范围

根据《机动车交通事故责任强制保险条例》（以下简称《条例》）规定，在中华人民共和国境内道路上行驶的机动车所有人或者管理人都应当投保交强险，同时《条例》规定，机动车所有人、管理人未按照规定投保交强险的，将由公安机关交通管理部门扣留机动车，通知机动车所有人、管理人依照规定投保，并处应缴纳的保险费的两倍罚款。

根据《道路交通安全法》和《条例》的规定，公安机关交通管理部门、管理拖拉机的农业机械管理部门对交强险实施监督制度。在受理机动车注册登记、变更登记、改装和安全技术检验时，符合要求的机动车均需具备有效的交强险保险，否则不能办理相关登记。

交强险的承办机构为经保险监管部门批准授权的保险公司及其代办机构。为了保证机动车交强险制度的实行，保险监管部门有权要求保险公司从事机动车交强险业务。

未经保险监管部门批准，任何单位或个人不得从事机动车交强险业务。

每辆机动车只需投保一份交强险，投保人可以根据自身需要决定或者选择不同责任限额的商业险。投保人在投保时，应当选择具有从事机动车交强险业务资格的保险公司，被选择的保险公司不得拒绝或者拖延承保。

签订机动车交强险合同时，投保人不得在保险条款和保险费率之外，向保险公司提出附加其他条件的要求，保险公司也不得强制投保人订立商业险合同以及提出附加其他条件的要求。

小知识：军车需要投保交强险吗？

根据《道路交通安全法》和《条例》规定，对部队在编车辆的投保交强险的事项由中国人民解放军另行规定，因此现行《条例》不适合用于该类车辆。军队对在编车辆投保交强险并未出台相关规定，所以从现行法律、法规来看，军队在编车辆并无强制投保交强险的规定。

（二）投保单的填写与录入

（1）保险人应指导投保人真实、准确地填写投保单的各项信息，并在投保单上签字或签章。填写要求如下：

①对于在原承保公司续保的业务，车辆信息以及投保人、被保险人信息均未发生变更的，投保单仅需填写上年保单号即可；信息发生变化的，仅需填写上年保单号和变更后的相关信息。

②对于新保或从其他承保公司转保过来的业务，投保单至少应当载明号码号牌（临时移动证编码或临时号牌）、机动车种类、使用性质、发动机号、车辆识别代码（VIN）、厂牌型号、排量、功率、登记日期、核定载客人数或核定载质量，投保机动车所有人或者管理人的姓名（名称）、性别、年龄、身份证或者驾驶证号码（组织机构代码），投保机动车以往年度交通安全违法行为、交通事故记录（仅无车险信息平台地区需提供）。

保险人应准确、完整地在系统中录入投保单各项信息。

（2）规范号码号牌的录入格式：号码号牌由汉字、大写字母和阿拉伯数字组成，录入时一律不允许添加点、杠、斜杠或其他任何符号。投保时还未上牌的新车，若当地交管部门对号码号牌的录入规则有特殊要求的，可按交管部门的要求进行录入。没有要求的，不进行统一规定，允许为空。核发正式号牌后，投保人应书面通知保险人办理批改手续。

（3）投保人提供的资料复印件应附贴于投保单背面，并加盖齐缝章。

（4）投保人可以和保险人约定交强险保险期间的起止时点，但交强险保险期间的起保时点必须在保险人接受投保人的投保申请时点及确认全额保险费入账时点之后。

特别提醒

（1）购买新能源车险，应该关注哪些方面?

①只有符合新能源车定义的车辆才能购买新能源车商业险。例如特斯拉、蔚来旗下的纯电动汽车；理想 one 的增程式混合动力汽车；比亚迪汉 DM 的插电式混合动力汽车。

②对新能源车的车主建议尽量投保附加险种。可以保障外部电网、自用充电桩故障造成的车辆损失，让新能源车辆的保险保障更加全面。

（2）新能源汽车发生事故后应注意哪些问题?

①新能源汽车发生碰撞事故后，动力系统、控制系统等相关零部件可能带有高压电；出险客户应做好安全防护，重点关注动力电池是否受损、漏液，避免电池爆炸风险。第一时间离开事故车辆。牢记：新能源汽车所有高压线束及连接器均为橙色，电池、电机、电控系统的高压零配件上都带有“高压”的警示标签。未切断电源、没有佩戴防护设备的情况下请勿随意触碰。

②新能源汽车发生涉水事故后，尽管目前新能源车基本都有 IP67 防水等级，但基于安全考虑，还是要请专业人员进行检查，确认安全后再使用。面对不知水深或超过半个轮胎深的积水时，建议不要强行通过。

六、商业车险投保

（一）投保提供资料

商业车险属于投保人自愿投保的险种，在投保时，投保人需提供的资料见表 1-2-1。

表 1-2-1 车险投保资料一览表

投保类型	投保资料
新车和新保	投保单、免责事项说明书签字联
	投保人身份证明（要求个人提供二代身份证，单位提供代码证复印件且要求保险期内有效）
	新车购置发票或车辆合格证或行驶证或车辆登记证书
旧车续保	投保单
旧车转保	投保单、免责事项说明书签字联
	投保人身份证明
	上年度保单或行驶证
①验车照片（属于验车承保范围的业务）； ②车船税缴纳或减免证明（出交强险保险单时，已缴纳或减免缴纳车船税的业务）； ③交强险浮动费率告知单（有费率浮动的业务）	

（二）投保单的填写要求

（1）投保单填写要遵循规范、严谨、真实和完整的原则。

（2）投保单可由投保人手工填写并签字（签章），也可以通过系统录入后打印投保单，交投保人签字（签章）。

（3）对于续保的业务，车辆信息以及投保人、被保险人信息均未发生变更的，可以由投保人告知车牌后查询出保单号，在投保单中注明上年度保险单号即可，其他信息无须填写；投保信息发生变化的，仅需填写上年保险单号和变更后的相关信息。

（4）对于新保业务，投保单至少应当载明号码号牌（临时移动证号编码或临时号牌）、机动车辆种类、使用性质、发动机号、VIN、厂牌型号、排量、功率、登记日期、核定载客人数或核定载质量、投保机动车所有人或者管理人的姓名（名称）、性别、年龄、住所、身份证或行驶证号码（组织机构代码）等关键信息。

（三）投保要素规范

表 1-2-2 为投保单样表，投保要素填写规范如下：

1. 投保人信息

投保人信息即投保人姓名（名称）。投保人为法人或其他非法人组织的，填写其全称（与公章名称一致）；投保人为自然人的，填写个人姓名（与投保人有效身份证明一致）。投保人名称一律填写全称，必须完整、准确，不得使用简称。

2. 投保人地址、联系人姓名、联系方式

投保人地址栏应按照投保人的居住地或办公驻地的地址填写；联系方式可在固定电话、移动电话中选择填写，以能保证保险人与投保人双方的正常联络及保险人的书面通知能够送达投保人为准；如果投保人为非自然人，则需填写联系人姓名。

3. 被保险人信息

被保险人信息的填写要求同投保人，如果被保险人为“自然人”则需要填写证件号码，如果被保险人为法人或其他非法人组织，则需要填写组织机构代码。

4. 投保车辆情况

车辆情况填写包括：被保险人与车辆的关系，车主、车主证件类型和证件号码，号牌号码、底色，车身颜色，厂牌型号，发动机号，VIN 码/车架号，核定载客数或核定载质量，排量/功率，车辆初次登记日期，使用性质，行驶区域，是否为未还清贷款车辆，是否为过户车辆，上年是否在本公司投保机动车商业保险。

5. 代收车船税信息

需要填写纳税人识别号、前次缴费年度、燃料（能源）种类、缴税类型、完税凭证号（减免税凭证号）和开具税务机关。投保人根据投保车辆实际缴税情况据实填写。

6. 保险期间

保险期间通常为 1 年，投保人可与保险人约定保险期间的起止时点，但起保时点

必须在保险人接受投保人的投保申请时点及确认全额保费入账时点之后。对于即时生效的保单，保险止期统一调整为终保日期的 24：00，即保险起期当日剩余时间为赠送保险期限。

7. 投保险种

投保人根据自身的投保需要、销售人员推荐的投保方案及介绍的核保政策勾选投保险别，并填写或勾选投保保额或责任限额。

8. 特别约定的录入

特别约定是对保单中未详尽事项的明确和补充，投保单特别约定内容不得与法律相抵触，约定内容不能与条款相悖，不能损害被保险人的合法权益，不能缩小或扩大保险责任，不能赠送附加险。

9. 争议解决方式

争议解决方式有两种：诉讼和仲裁。约定诉讼的，诉讼地不填的默认为保险人所在地；约定仲裁的，投保人必须填写仲裁机构名称。

10. 投保人声明

对投保单所填内容，投保人必须亲自签字或签章认可。严禁保险公司的内部人员及中介机构的人员和其他对投保车辆不具有保险利益的各方代为签字、签章。投保人签字、盖章应与投保单填写的投保人名称或单位公章名称相符。

11. 其他注意事项

（1）投保人提供的资料复印件应附贴于投保单背面并加盖骑缝章。

（2）对于电话销售渠道投保的，应通过电话录音的方式记录客户投保需求，以备后续核查，客户通过在打印的投保单上签字或签章，确定其投保信息的真实、准确。

（3）对于通过网络渠道投保的，应逐项填写电子投保单，并点选“本人确认所填投保单信息真实、完整、准确、属实”后，方可进入保险合同订立后续流程。

表 1-2-2 投保单

<table>
<tr><td rowspan="3">投保人</td><td>投保人名称/姓名</td><td colspan="3"></td><td>投保车辆</td><td>______辆</td></tr>
<tr><td>联系人姓名</td><td></td><td>固定电话</td><td></td><td>移动电话</td><td></td></tr>
<tr><td>投保人住所</td><td colspan="3"></td><td>邮政编码</td><td>□□□□□□</td></tr>
<tr><td rowspan="5">被保险人</td><td colspan="2">□自然人姓名：</td><td>身份证号码</td><td colspan="3"></td></tr>
<tr><td colspan="2">□法人或其他组织名称：</td><td>组织机构代码</td><td colspan="3"></td></tr>
<tr><td>被保险人单位性质</td><td colspan="5">□党政机关、团体 □事业单位 □军队（武警）□使（领）馆
□个体、私营企业 □其他企业 □其他</td></tr>
<tr><td>联系人姓名</td><td></td><td>固定电话</td><td></td><td>移动电话</td><td></td></tr>
<tr><td>被保险人住所</td><td colspan="3"></td><td>邮政编码</td><td>□□□□□□</td></tr>
</table>

续表

<table>
<tr><td rowspan="13">投保车辆情况</td><td>被保险人与车辆的关系</td><td colspan="2">□所有 □使用 □管理</td><td>车主</td><td colspan="2"></td></tr>
<tr><td>号牌号码</td><td></td><td>号牌底色</td><td colspan="3">□蓝 □黑 □黄 □白 □白蓝 □其他颜色</td></tr>
<tr><td>厂牌型号</td><td colspan="2"></td><td>发动机号</td><td colspan="2"></td></tr>
<tr><td>VIN 码</td><td colspan="5">□□□□□□□□□□□□□□□□□</td></tr>
<tr><td>核定载客：
________人</td><td colspan="2">核定载质量：________kg</td><td>排量/功率：__L/kW</td><td colspan="2">整备质量：____kg</td></tr>
<tr><td>车辆初次登记日期</td><td colspan="2">____年____月____日</td><td>已使用年限</td><td colspan="2">________年</td></tr>
<tr><td>车身颜色</td><td colspan="5">□黑色 □白色 □红色 □蓝色 □黄色 □绿色 □紫色 □粉色
□棕色 □其他颜色</td></tr>
<tr><td>车辆种类</td><td colspan="5">□客车 □货车 □客货两用车 □挂车 □摩托车 □拖拉机 □农用运输车 □特种车（请填用途）：______________________</td></tr>
<tr><td>车辆使用性质</td><td colspan="5">□家庭自用 □非营业用（不含家庭自用） □出租客运 □公交客运
□旅游客运 □租赁 □营业性货运</td></tr>
<tr><td>汽车安全性能</td><td colspan="2">□防盗系统 □ABS
□安全气囊</td><td>固定停车地点</td><td colspan="2">□固定车位 □固定车库 □其他</td></tr>
<tr><td>行驶区域</td><td colspan="5">□跨省行驶 □省内行驶 □固定营业线路：请注明具体线路</td></tr>
<tr><td>上年赔款次数</td><td colspan="5">□车损险及其附加险赔款次数__________次
□三者险及其附加险赔款次数__________次</td></tr>
<tr><td>是否在我公司投保商业机动车保险</td><td>□是
□否</td><td colspan="2">车损险与车身划痕险选择汽车专修厂</td><td colspan="2">□是 □否</td></tr>
<tr><td colspan="2">投保主险条款名称</td><td colspan="5"></td></tr>
<tr><td colspan="2">指定驾驶员</td><td>姓名</td><td colspan="3">驾驶证号码</td><td>初次领证日期</td></tr>
<tr><td colspan="2">驾驶员 1</td><td></td><td colspan="3">□□□□□□□□□□□□□□□□□□</td><td></td></tr>
<tr><td colspan="2">驾驶员 2</td><td></td><td colspan="3">□□□□□□□□□□□□□□□□□□</td><td></td></tr>
<tr><td colspan="3">投保车辆上年交通违章情况</td><td colspan="4">□轻微违章次数______次 □严重违章次数______次</td></tr>
<tr><td colspan="2">保险期间</td><td colspan="5">_____年____月____日零时起至_____年____月____日二十四时止</td></tr>
<tr><td colspan="3">投保险种</td><td colspan="2">保险金额（责任限额）/元</td><td>保险费/元</td><td>备注</td></tr>
<tr><td colspan="3">□机动车交通事故责任强制保险</td><td colspan="2">死残、医疗费、财产损失</td><td></td><td></td></tr>
</table>

续表

□机动车损失保险				
□机动车第三者责任险				
□机动车车上人员责任险	驾驶人	______/（人·次）		
	乘客人数	______/（人·次）		
□附加绝对免赔率特约条款				
□附加新增设备损失险				
□附加车身划痕险				
□附加车轮单独损失险				
□附加发动机进水损坏除外特约条款				
□附加修理期间费用补偿险				
□附加车上货物责任险				
□附加精神损害抚慰金责任险				
□附加法定节假日限额翻倍险				
□附加医保外医疗费用责任险				
□附加机动车增值服务特约条款				
保费合计（人民币大写）:				（¥: 元）
特别约定				
保险合同争议解决方式选择	□诉讼 □提交______________仲裁委员会仲裁			
投保人声明：保险人已将投保险种对应的保险条款（包括责任免除部分）向本人作了明确说明，本人已充分理解；上述所填写的内容均属实，同意以此投保单作为订立保险合同的依据。 投保人签名/签章： ______年____月____日				
验车验证情况	□已验车 □已验证 查验人员签名： ______年____月____日			
初审情况	业务来源：□直接业务 □个人代理 □专业代理 □兼业代理 □经纪人 □网上/电话业务 代理（经纪）人名称： 上年度是否在本公司承保：□是 □否 业务员签字： ______年____月____日		复核意见 复核人签字： ______年____月____日	

七、投保人在投保阶段的权益

（一）知情权

投保人有知晓保险公司财务状况和保险合同条款准确含义的权利。根据规定，保险人向投保收取保险费，同时承担保险合同约定的保险事故发生时履行赔偿的义务。保险公司的财务状况是否良好决定其赔付能力，直接影响被保险人能否得到赔偿。因此，投保人有权知晓保险公司财务状况和偿付能力。投保人一般由于不具备保险相关知识，很难充分理解条款中使用的专业术语。保险人应向投保人说明条款内容，特别是责任免除条款。

（二）选择权

投保人的选择权包括选择公司和选择产品。选择公司时，主要考虑其经营范围、网点分布、售后服务、附加服务等。选择产品时，主要考虑其保险责任及保险费率。

（三）退保权

投保人具有随时退保的权利,退保分保险合同生效前退保和保险合同生效后退保。生效前退保的，保险公司需要扣减手续费退还保险费；生效后退保的，保险公司收取生效期间的保费，剩下的保险费退还给投保人。

（四）被保密的权利

投保人在投保时应履行如实告知义务，但回答保险公司提问时若涉及自身业务情况或财产状况的一些重要信息，甚至是个人隐私，有被保险公司保密的权利。

法理在线

《保险销售行为管理办法》第五条规定："保险公司、保险中介机构应当以适当方式、通俗易懂的语言定期向公众介绍保险知识、发布保险消费风险提示，重点讲解保险条款中的专业性词语、集中性疑问、容易引发争议纠纷的行为以及保险消费中的各类风险等内容。"

《保险销售行为管理办法》第六条规定："保险公司、保险中介机构应当按照合法、正当、必要的原则收集处理投保人、被保险人、受益人以及保险业务活动相关当事人的个人信息，并妥善保管，防止信息泄露；未经该个人同意，保险公司、保险中介机构、保险销售人员不得向他人提供其个人信息，法律法规规章另有规定的除外。保险公司、保险中介机构应当加强对与其合作的其他机构收集处理投保人、被保险人、受益人以及保险业务活动相关当事人个人信息的收集处理行为管控，在双方合作协议中明确其他机构的信息收集处理行为要求，定期了解其他机构执行协议要求情况，发现其他机构存在违反协议要求情形时，应当及时采取措施予以制止和督促纠正，并依法追究该其他机构责任。"

子任务三 核保

核保是确定是否承保、承保条件、保险费率的过程。

一、核保的依据

核保工作的主要依据是核保手册，因为核保手册已经将在进行机动车辆保险业务过程中可能涉及的所有文件、条款、费率、规定、程序、权限等全部包含其中。

但是，在进行核保过程中还可能遇到一些核保手册没有明确规定的问题，在这种情况下，二级和一级核保人应当注意运用保险的基本原理、相关的法律法规和自己的经验，通过研究分析来解决这些特殊的问题，必要时应请示上级核保部门。

二、核保体制

核保工作原则上采取两级核保体制。先由展业人员、保险经纪人、代理人进行初步核保；然后由专业核保人员根据各级核保权限进行审核，超过本级核保权限的，上报上级公司核保，进而决定是否承保、承保条件及保险费率等。

（一）本级核保

（1）审核保险单是否按照规定内容与要求填写，有无缺漏；审核保险与保险金额是否合理。对不符合要求的，退给业务人员。

（2）审核业务人员或代理人是否验证和查验车辆；是否按照要求向投保人履行了告知义务，对特别约定的事项是否在特约栏中注明。

（3）审核费率标准和计收保险是否正确。

（4）对于高保额的车辆，审核有关证件、实际情况是否与投保单填写一致；是否按照规定拓印拍照存档。

（5）对高发事故和风险集中的投保单位提出限制性承保条件。

（6）对费率表中没有列明的车辆，包括高档车辆和其他专用车辆，提出拟定费率的意见。

（7）审核其他相关情况。

核保完毕，核保人应该在投保单上签署意见。超出本级核保权限的，应上报上级公司核保。

（二）上级核保

上级公司接到请示公司的核保申请后，应有重点地开展核保工作。

（1）根据掌握的情况考虑可否接受投保人投保。

（2）接受投保的险种、保险金额和赔偿限额是否需要限制与调整。

（3）是否需要增加特约的约定。

（4）协议投保的内容是否准确完善，是否符合保险监管部门的有关规定。

核保工作结束后，核保人将投保单和核保意见一并转给业务内勤，据以缮制保险单证。

三、核保流程

核保的流程如图 1-2-2 所示。

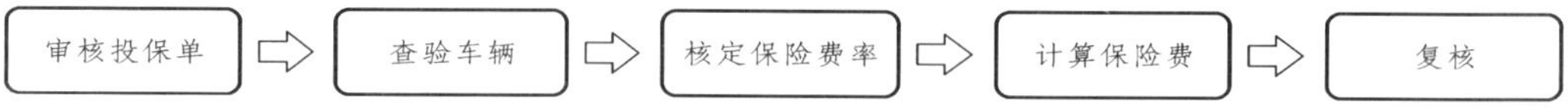

图 1-2-2 核保流程

（一）审核投保单

业务人员在收到投保后，首先根据保险公司内部制定的承保办法决定是否接受此业务。如果不属于拒保业务应立即加盖公章，载明收件日期，审查投保单所填写的各项内容是否完整、清楚、准确。核保所要审查投保单的项目包括以下几项：

1. 投保人资格

对于投保人资格进行审核的核心是认定投保人对保险标的拥有保险利益，在汽车保险业务中主要通过核对行驶证来完成。

2. 投保人或被保险人的基本情况

投保人或被保险人的基本情况主要是针对车队业务的。通过了解企业的性质、是否设有安保部门、其经营方式和运行主要线路等，分析投保人或被保险人对车辆管理的技术管理状况，保险公司可以及时发现其可能存在的经营风险，采取必要的措施降低和控制风险。

3. 投保人或被保险人的信誉

投保人与被保险人的信誉是核保工作的重点之一。对于投保人与被保险人的信誉调查和评估逐步成为汽车核保工作的重要内容。评估投保人与被保险人信誉的一个重要手段，是对其以往损失和赔付的情况进行了解，对保险车辆应尽可能采取“验车承保”的方式，即对车辆进行实际的检验，包括了解车辆的使用和管理情况，复印行驶证、购置车辆的完税费凭证，拓印发动机号与车架后，对一些高档车还应建立车辆档案。

4. 保险金额

保险金额的确定涉及保险公司及被保险人的利益，往往是双方争议的焦点，因此保险金额的确定是汽车保险核保中的一个重要内容。在具体的核保工作中，应当根据公司制定的汽车市场指导价格确定保险金额。对投保人要求按照低于这一价格投保的，应当尽量劝说并将理赔时可能出现的问题进行说明和解释。对于投保人坚持己见的，应当向投保人说明后果，并要求其对自己的要求进行确认，同时在保险单的批注栏中明确。

5. 保险费

核保人员对于保险费的审核，主要分为费率适用的审核和计算的审核。但是对于计算机出单的，基本上不存在对保险费的审核问题，因为这种审核工作已经由计算机的智能化功能完成了。

（二）查验车辆

机动车车辆损失保险的保险标的是车辆本身，车辆本身的风险一般由几个方面体现：第一，车辆本身的安全性能情况，有的车辆由于设计或者工艺方面的原因，存在安全隐患，这类车辆的事故率较高，保险公司通常是拒绝承保的。第二，车辆零配件的价格水平，有的车型在当地市场较为罕见。零配件供应较为困难且价格较高，还有一些车辆的生产厂家在经营策略上采取“低车价、高配件”的手段，车辆本身的价格并不高，但其零配件价却远远超过其他同类车型。第三，对一些高档车的承保，高档车的风险较为集中，一方面高档车辆的修复费较高；另一方面，高档车的盗抢风险相对较高，尤其是对二手高档车的承保应特别谨慎，对于这些车辆，应尽可能采取“验车承保”的方式，即对车辆的状况进行实际的检验，包括了解车辆的使用及管理的情况，复印行驶证、购置税证，拓印发动机号和车架后，对一些高档车还应拍照建立车辆档案。

根据投保人提供的有关证件（如车辆行驶证、介绍信等）进行详细的审核。首先，确定投保人称谓与其签章是否一致，如果投保人称谓与投保车辆的行驶证不符合，则要求投保人提供对保险车辆拥有可保利益的书面证明。其次，检验投保车辆的行驶证与保险车辆是否吻合，投保车辆是否年检合格；核实投保车辆的合法性，确认其使用性质；检验车辆的牌照号和发动机号是否与行驶证一致等。

根据投保单、投保单附表和车辆行驶证，对投保车辆进行实际查验。查验的具体内容包括：

（1）确定车辆是否存在和有无受损，是否有消防和防盗设备等。

（2）车辆本身的实际牌照号码、车型及发动机号码、车身颜色是否与行驶证一致。

（3）检查发动机、车身、底盘和电气设备等部分的技术情况。

根据检验结果，确定整车的新旧程度。对于私有车辆一定要填具验车单附在保险单副本上。

由于车辆查验的项目较多，并且由于机动车辆数量太多，所以车辆查验工作的义务量太大，此时，可对一些重点车辆或重点项目进行检查。

重点车辆包括：首次投保车辆；未按期续保车辆；投保三责险后，又加保车损的车辆；申请增加附加险的车辆；接近报废的车辆；特种车辆；重大事故后修复的车辆。

重点项目包括：牌照、车型、发动机号、车架号、颜色是否与车辆行驶证一致——目的是避免拼装车；是否有效年检——目的是避免报废车或不合格车。

设备齐全性：消防配备、防盗装置等——目的是控制风险；车辆技术状况、有无受损、操纵安全性（转向、制动、灯光、喇叭、刮雨器等）——目的是确定车辆的新旧程度及车况。

小组讨论

在保险承保实务中，“情景引入”中李先生的爱车是刚买的新车，那么对于新车来说，需要验车吗？

（三）核定保险费率及计算保险费

1. 交强险费率及保险费计算

机动车交强险实行全国统一的保险条款和基础保险费率，保险监管部门按照机动车交强险业务总体上不盈利、不亏损的原则审批保险费率。保险监管部门在审批保险费率时，可以聘请有关专业机构进行评估，可以举行听证会听取公众意见。

保险监管部门应当每年对保险公司的机动车交强险业务情况进行核查，并向社会公布；根据保险公司机动车交强险业务的总体盈利或者亏损情况，可以要求或者允许保险公司相应调整保险费率，调整保险费率的幅度较大的，保险监管部门应当进行听证。

签订交强险合同时，投保人应当一次性支付全部保险费，保险费按照保险监管部门批准的交强险费率计算。

1）交强险基础费率及保费计算

交强险的基础费率共分42种，家庭自用车、非营业客车、营业客车、非营业货车、营业货车、特种车、摩托车和拖拉机8大类42小类车型的保险费率各不相同，但对于同一车型，全国执行统一价格，具体见表1-2-3。

表1-2-3 机动车交强险基础费率表

车辆大类	序号	车辆明细分类	保费/元
一、家庭自用车	1	家庭自用汽车6座以下	950
	2	家庭自用汽车6座及以上	1100
二、非营业客车	3	企业非营业汽车6座以下	1000
	4	企业非营业汽车6~10座	1190
	5	企业非营业汽车10~20座	1300
	6	企业非营业汽车20座以上	1580
	7	机关非营业汽车6座以下	950
	8	机关非营业汽车6~10座	1070
	9	机关非营业汽车10~20座	1140
	10	机关非营业汽车20座以上	1320
三、营业客车	11	营业出租租赁6座以下	1800
	12	营业出租租赁6~10座	2360
	13	营业出租租赁10~20座	2580
	14	营业出租租赁20~36座	3730
	15	营业出租租赁36座以上	3880
	16	营业城市公交6~10座	2250

续表

车辆大类	序号	车辆明细分类	保费/元
三、营业客车	17	营业城市公交 10~20 座	2520
	18	营业城市公交 20~36 座	3270
	19	营业城市公交 36 座以上	4250
	20	营业公路客运 6~10 座	2350
	21	营业公路客运 10~20 座	2620
	22	营业公路客运 20~36 座	3420
	23	营业公路客运 36 座以上	4690
四、非营业货车	24	非营业货车 2 吨以下	1200
	25	非营业货车 2~5 吨	1630
	26	非营业货车 5~10 吨	1750
	27	非营业货车 10 吨以上	2220
五、营业货车	28	营业货车 2 吨以下	1850
	29	营业货车 2~5 吨	3070
五、营业货车	30	营业货车 5~10 吨	3450
	31	营业货车 10 吨以上	4480
六、特种车	32	特种车一	6040
	33	特种车二	2430
	34	特种车三	1320
	35	特种车四	5660
七、摩托车	36	摩托车 50cc 及以下	120
	37	摩托车 50cc~250cc（含）	180
	38	摩托车 250cc 以上及侧三轮	400
八、拖拉机	39	农用型拖拉机 14.7kW 及以下	待定
	40	农用型拖拉机 14.7kW 以上	待定
	41	运输型拖拉机 14.7kW 及以下	待定
	42	运输型拖拉机 14.7kW 以上	待定

说明：

（1）座位和吨位分别都按照“含起点不含终点”的原则来解释，各车型的座位按行驶证上载明的核定载客数计算，吨位按行驶证上载明的核定载质量计算。警车、普通囚车按照其行驶证上载明的核定载客数，适用对应的机关非营业客车的费率。

（2）特种车一：油罐车、气罐车、液罐车、冷藏车；

特种车二：用于牵引、清障、清扫、清洁、起重、装卸、升降、搅拌、挖掘、推土等的各种专用机动车；

特种车三：装有固定专用仪器设备，从事专业工作的监测、消防、医疗、电视转播等的各种专用机动车；

特种车四：集装箱拖头。

（3）挂车根据实际的使用性质并按照对应吨位货车的 50%计算。

（4）保险人须按照原银保监会审批的《交强险费率方案》和《机动车交通事故责任强制保险费率浮动暂行办法》计算并收取保险费。

一年期基础保险费的计算：投保一年期交强险的，根据表 1-2-3 对应的金额确定基础保费。

短期基础保费的计算：

①投保期间小于 7 日的，计算公式为：

短期费率=基础保险费 × 7/365

②投保期间大于或等于 7 日的，计算公式为：

短期费率=基础保险费 × n/365（n 为投保天数）

上述公式的最终计算结果如果为小数，则四舍五入取整数。

2）交强险费率的调整

我国交强险第一年实行全国统一价格，之后通过实行“奖优罚劣”的费率浮动机制（即依据被保险机动车道路交通安全违法行为及交通事故记录进行浮动），并根据各地区经营情况，逐步在费率中加入地区差异化因素等，进而实行差异化费率。

（1）与道路交通违法行为相结合的浮动项目：

①费率上浮的项目：上一保险年度具有下列交通违法行为的，根据发生次数费率上浮一定比例：饮酒后驾驶机动车的；公路营运客车载人超过核定人数 20%的或者违反规定载货的；无证驾驶或机动车驾驶证被暂扣期间驾驶机动车的；机动车行驶超过规定时速的；造成交通事故后逃逸，尚不构成犯罪的；正常道路状况下，在高速公路上低于规定最低速度的；货车载物超过核定载质量 30%的；连续驾驶机动车超过 4 小时未停车休息或停车休息时间少于 20 分钟的；在高速公路上倒车、逆行、穿越中央分隔带掉头的；在高速公路上试车和学习驾驶机动车的；在高速公路上不按规定停车的；机动车在高速公路上发生故障、事故停车后，不按规定使用灯光或设置警告标志的；违反交通信号，闯红灯、闯禁行的；驾驶和准驾驶车型不符的机动车的；在高速公路上违反规定拖拽故障车、肇事车的；低能见度气象条件下在高速公路上不按规定行驶的；不按规定运载危险物品的。

②费率下浮或不浮动的项目：上一保险年度未发生任何交通违法行为的，费率下浮一定比例；上一保险年度发生其他交通违法行为的，或发生违法行为次数达不到有关上浮标准的，不上浮费率，但也不下浮费率。

（2）与道路交通事故相结合的浮动项目：

①费率上浮项目：上一保险年度具有下列交通事故的，根据事故次数费率上浮一定比例：发生涉及人伤的交通事故并负主要以上责任的；发生未涉及人伤的交通事故并负主要以上责任的；发生涉及人伤的交通事故并负同等责任的；发生未涉及人伤的

交通事故并负同等责任的；发生涉及人伤的交通事故并负次要责任的；发生未涉及人伤的交通事故并负次要责任的。

②费率下浮的项目：上一保险年度、上两个保险年度或上三个及以上保险年度未发生有责任交通事故的，费率下浮一定比例。其中，交通事故包括经公安交通管理部门认定的交通事故，以及虽未经公安交通管理部门认定，但保险人已经在交强险项下承担赔偿责任的事故。

交强险费率浮动因素及比率见表 1-2-4。

表 1-2-4 交强险费率浮动因素及比率

浮动因素			浮动比率
与道路交通事故相联系的浮动 A	A1	上一年度未发生有责任道路交通事故	-10%
	A2	上两个年度未发生有责任道路交通事故	-20%
	A3	上三个及以上年度未发生有责任道路交通事故	-30%
	A4	上一个年度发生一次有责任不涉及死亡的道路交通事故	0%
	A5	上一个年度发生两次及两次以上有责任道路交通事故	10%
	A6	上一个年度发生有责任道路交通死亡事故	30%

注：以上为江苏、浙江、安徽、上海、湖南湖北、江西、辽宁、河南、福建、重庆、山东、广东、深圳、厦门、四川、贵州、大连、青岛、宁波 20 个地区的交强费率浮动因素及比率，其余地区略有不同。

3）交强险最终保费的计算

交强险最终保险费=交强险基础保险费 ×（1+道路交通事故相联系的浮动比率 A）×（1+与交通安全违法行为相联系的浮动比率）

目前，交强险费率浮动因素和浮动比率按照《机动车交通事故责任强制保险费率浮动暂行办法》执行，即费率只与道路交通事故挂钩，与道路交通安全违法行为暂不挂钩。

4）解除保险合同保险费计算办法

（1）投保人已交纳保险费，但保险责任尚未开始时，全额退还保险费。

（2）投保人已交纳保险费，但保险责任已开始的，退回未到期责任部分保险费。

退还保险费等=保险费 ×（1−已了责任天数/保险期间天数）

2. 商业险费率及保险费计算

保险人必须按照原银保监会审批的商业车险费率方案计算，并收取保险费。除原银保监会审批的商业车险费率方案中规定的费率优惠外，保险人不得给予投保人合同以外的任何返还、折扣和额外优惠。

行业示范商业车险保险费的计算公式如下：

基准保险费=基准纯风险保险费/（1−附加费用率）

费率调整系数=无赔款优待系数 × 自主渠道系数 × 自主核保系数 × 交通违法系数

商业车险保险费=基准保险费 × 费率调整系数

1）各参数的含义

（1）基准纯风险保险费。

基准纯风险保险费是构成保险费的主要组成部分，用于支付赔付成本，根据保险标的的损失概率与损失程度确定。基准纯风险保险费与车辆的零整比挂钩。零整比是车辆零配件市场价之和除以整车价。基准纯风险保险费由中国保险行业协会统一制定、颁布并定期更新。

（2）附加费用率。

附加费用率是以保险公司经营费用为基础计算的，包括用于保险公司的业务费用支出、手续费支出、营业税、工资支出及合理的经营利润。附加费用率由保险公司自主设定唯一值，并严格执行经原银保监会批准的附加费用率，不得上下浮动。

（3）无赔款优待系数。

无赔款优待系数即 NCD 系数，根据历史赔付记录，按照无赔款优待系数对照表进行费率调整，由中国保险行业协会统一制定颁布，通过商业车险信息平台统一查询使用。其目的是鼓励被保险人及其允许的驾驶人严格遵守交通规则，安全行车。保险公司严格按照从商业车险信息平台获取的 NCD 系数进行费率的浮动，严禁上浮或者下调 NCD 系数值来调整保险费。

（4）自主核保系数。

自主核保系数是保险公司在一定范围内自主设置的一些商业车险核保系数，但是使用范围会分步骤、分阶段放开。车险自主核保系数比较复杂，可分为“从人”和“从车”两类影响因子。“从人”的因素包括驾驶技术、驾驶习惯、驾龄、年龄、性别等。“从车”的因素包括行驶里程、约定行驶区域、车型、投保车辆数、绝对免赔额等，是保险公司的个性指标。自主核保系数由各保险公司根据自身车险经营情况在规定的范围内来决定上浮或是下降，即综合成本率[（赔付成本+经营成本）/保费收入]越低则系数可能越低，越高则系数越高。

（5）自主渠道系数。

自主渠道系数由保险公司根据车险业务来源渠道区分，现在主要渠道有电话、网销、车行、专业代理公司、个人代理等。各种渠道的业务综合成本率存在不同，各家保险公司可以根据自身对电话、网络、门店、中介等营销渠道的内控管理和成本核算情况设置渠道系数。在一定范围内自主制定渠道定价策略及系数，在规定的范围之内决定上浮或是下降。

机动车综合商业保险示范产品费率调整系数见表 1-2-5。

表 1-2-5 机动车综合商业保险示范产品费率调整系数表

序号	项目	内容	系数
1	无赔款优待及上年赔款记录	连续 3 年没有发生赔款	0.6
		连续 2 年没有发生赔款	0.70
		上年没发生赔款	0.85
		新保或上年发生 1 次赔款	1.00

续表

序号	项目	内容	系数
1	无赔款优待及上年赔款记录	上年发生 2 次赔款	1.25
		上年发生 3 次赔款	1.50
		上年发生 4 次赔款	1.75
		上年发生 5 次及以上赔款	2.00
2	自主核保系数	根据公司自主上报的系数使用规则，在规定的范围之内调整使用	
3	自主渠道系数	根据公司自主上报的系数使用规则，在规定的范围之内调整使用	

（6）交通违法系数。

交通违法系数由车险信息平台返回保险公司，与上一年保险年度的交通违章内容和次数挂钩。但对于违章进入公交车道等轻微的违章行为，要累计达到 10 次及以上才会影响下一年度的商业车险保险费。

2）短期保险费的计算

投保人投保保险期间小于一年短期险的，计算公式为：

短期保险费=年保险费 × n/365（n 为投保天数）

3）机动车损失保险费率及保险费

（1）确定机动车损失保险费率的主要依据。

①车辆的使用性质：按使用性质分类，车辆可以分为营业车辆和非营业车辆。有的保险公司还进行了细分，比如行政用车、生产用车、营运用车、租赁用车、家庭用车等。车辆使用性质不同，风险状况也有所不同，因此机动车损失保险对不同使用性质的汽车采用不同的费率。

②车辆种类：从机动车损失保险的保险标的可知，投保机动车损失保险的车辆，包括各种客车、货车、特种车等，车辆种类不同，标的价值及风险状况就存在差别，保险费率也应有所差异。

③车辆的产地和使用年限：当然，影响汽车损失的因素有很多，保险公司在制定保险费率时应充分考虑这些因素，保险公司一般采用的是年费率表。

（2）机动车损失保险保险费的计算。

①当投保时被保险机动车的实际价值等于新车购置价减去折旧金额时，根据被保险机动车车辆使用性质、车辆种类、车型名称、车型编码、车辆使用年限所属档次直接查询基准纯风险保险费。表 1-2-6 为某地区机动车损失保险基准纯风险保险费查询表。

表 1-2-6 某地区机动车损失保险基准纯风险保险费查询表

车辆使用性质	车辆种类	车型名称	车型编号	机动车损失保险基准纯风险保险费/元			
				车辆使用1年以下	车辆使用1~2年	车辆使用2~6年	车辆使用6年以上
家庭自用汽车	6座以下	北京现代BH7141MY舒适型	BBJKROUC0001	1054	1005	992	1026
	6~10座	五菱LZW6376NF	BSQDZHUA0114	610	581	575	594
	10座以上	金杯SY6543US3BH	BJBDRDUA0237	1082	1032	1019	1053

例如：该地区一辆车龄为 4 年的北京现代 BH7141MY 舒适型轿车投保机动车损失保险，根据该地区基准纯风险保险费查询表，查询到该车对应的机动车损失保险基准纯风险保险费为 992 元。

②当投保时被保险机动车的实际价值不等于新车购置价减去折旧金额时，考虑实际价值差异的机动车损失保险基准纯风险保险费按下列公式计算：

考虑实际价值差异的机动车损失保险基准纯风险保险费=直接查找的机动车损失保险基准纯风险保险费+（协商确定的机动车实际价值–新车购置价减去折旧金额后的机动车实际价值）× 0.09%

例如：山东地区一辆车龄为 4 年的北京现代 BH7141MY 舒适型轿车投保机动车损失保险，该车使用 4 年后新车购置价减去折旧金额后机动车实际价值为 4.9 万元。如果客户要求约定实际价值为 6 万元，则该车考虑实际价值差异的机动车损失保险基准纯风险保险费为 1002 元。计算步骤为：

a.根据表 1-2-6，查表得到该车的机动车损失保险基准纯费率保险费为 992 元。

b.该车考虑实际价值差异的机动车损失保险基准保险费=992+（60000–49000）× 0.09%≈1002 元。

若附加险的保险费计算以机动车损失保险基准纯风险保险费为基础，则此基础是指考虑实际价值差异的机动车损失保险基准纯风险保险费。

③若投保时约定绝对免赔额，则可按照选择的免赔额、车辆使用年限和实际价值查找费率折扣系数，约定免赔额之后的机动车损失保险基准纯风险保险费按下列公式计算：

约定免赔额之后的机动车损失保险基准纯风险保险费=考虑实际价值差异的机动车损失保险基准纯风险保险费 × 费率折扣系数

4）第三者责任险费率及保险费

第三者责任保险按照被保险车辆种类及使用性质选择不同的责任限额档次，收取固定保险费，即第三者责任险保险费根据被保险机动车车辆使用性质、车辆种类、责任限额直接查询基准纯风险保险费。

目前我国已经逐步与国际接轨，摒弃了僵化的固定费率模式，将责任保险的保费与被保险机动车的违章次数、索赔记录等挂钩，更好地体现了保险费公平的原则。保险公司还根据不同的因素对费率进行了调整，以保证费率的公平。这些因素包括赔款记录、客户忠诚度、行驶里程、行驶区域、驾驶人性别和驾龄等。

5）车上人员责任险费率及保险费

车上人员责任险费率根据车辆使用性质、车辆种类、驾驶人/乘客查询纯风险费率。

车上人员责任险基准纯风险保险费的计算公式为：

驾驶人基准纯风险保险费=每次事故责任限额 × 纯风险费率

乘客纯基准纯风险保险费=每次事故每人责任限额 × 纯风险费率 × 投保乘客座位数

6）附加险费率及保险费

（1）新增加设备损失保险。

新增加设备损失保险费计算公式为：

基准纯风险保险费=保险金额 × 机动车损失保险基准纯风险保险费/机动车损失保险金额

（2）车身划痕损失保险保险费计算。

根据车辆使用年限、新车购置价、保险金额所属档次直接查询基准纯风险保险费。

（3）修理期间费用补偿险保险费计算。

修理期间费用补偿险保险费计算公式为：

基准纯风险保险费=约定的最高赔偿天数 × 约定的最高日责任限额 × 纯风险费率

（4）车上货物责任险保险费计算。

根据营业货车、非营业货车查询纯风险费率。车上货物责任险保险费的计算公式为：

基准纯风险保险费=责任限额 × 纯风险费率

（5）精神损害抚慰金责任险保险费计算。

精神损害抚慰金责任险保险费的计算公式为：

基准纯风险保险费=每次事故责任限额 × 纯风险费率

小组讨论

从 2021 年 12 月新能源汽车专属保险正式上线后，关于新能源汽车保险保费上涨的争议一致存在，不少车主表示大幅度保费的上涨接受不了，那么到底为什么新能源汽车保费大幅度上涨呢？以后新能源汽车的保费又会如何变化呢？

子任务四 缮制及签单

《保险法》第十三条规定：“投保人提出保险要求，经保险人同意承保，保险合同成立。保险人应当及时向投保人签发保险单或者其他保险凭证。”

保险单或保险凭证是订立保险合同、载明保险合同双方当事人权利和义务的书面凭证，是被保险人向保险的索赔的主要依据。因此，缮制保险单证工作质量的优劣，直接影响机动车保险合同是否顺利履行。缮制和签发保险单证的流程如图 1-2-3 所示。

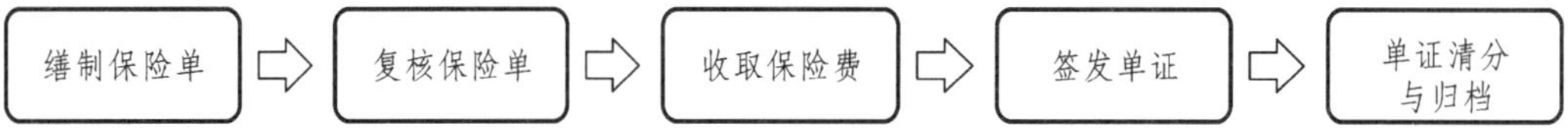

图 1-2-3 缮制和签发保险单的流程

一、缮制保险单

业务内勤接到投保单及其附表以后，根据核保人员签署的意见，即可开展缮制保险单工作。保险单原则上应由计算机出单，暂无计算机设备，而只能由手工出具的营业单位必须得到上级公司的书面同意。

（一）计算机制单

将投保单有关内容输入保险单对应栏目内，在保险单“被保险人”和“厂牌型号”栏内登录统一规定的代码。录入完毕检无误后，打印出保险单。

（二）手工填写的保险单

手工填写的保险单，必须是原银保监会统一监制的保险单，保险单上的印制流水号码即保险单号码。将投保单的有关内容填写在保险单对应栏内，要求字迹清晰、单面整洁。如果有涂改，则涂处必须有制单人签章，但涂改不能超过 3 处。制单完毕后，制单人应在“制单”处签章。

缮制保险单时应注意的事项如下：

（1）双方协商并在投保单上填写的特别约定内容，应完整地载明到保险单的对应栏目内。如果核保有新意见，则应根据核保意见修改或增加。

（2）无论是主车和挂车一起投保，还是挂车单独投保，挂车都必须单独出具独立保险单号码。在填制挂车的保险单时，“发动机号码”栏统一填写“无”。当主车和挂车一起投保时，可以按照多车承保方式处理，给予一个合同，以方便调阅。

（3）特别条款和附加条款应印在或加贴在保险单正本背面，加贴的条款应加盖骑缝章。应注意，责任免除、被保险人义务和免赔等规定的印刷字体，应该与其他内容的字体不同，以方便调阅。

二、复核保险单

复核保险单时尤其应当认真审核特别约定的内容、保险期间起讫时间以及保险金额的确定是否符合规定，费率厘定是否合理、保险费计算是否正确等内容。

三、收取保险费

保险费收据上的收款金额应与保险单上的总保险费一致，但分期交费的按实际收费数填写。投保人凭保险费收据办理交费手续，保险人在保险单“会计”处和保险费收据的“收款人”处签章，在保险收据上加盖专用章。

四、签发单证

投保人交纳保险费后，业务人员签发保险单，并根据保险单填制《机动车辆保险证》。汽车保险合同实行一车一单（保险单）和一车一证（保险证）制度。投保人缴纳保费后，业务人员必须在保险单上注明公司名称、详细地址、邮政编码及联系电话，加盖保险公司业务专用章，根据保险单填写《汽车保险证》并加盖业务专用章。所填内容与保险单有关内容一致，险种一栏填写总颁险种代码，电话应填写公司报案电话，所填内容不得涂改。

签发单证时，交由被保险人收执保存的单证有保险单正本（含保险条款）、免责事项说明书、交强险标志、保险费收据（保户留存联）、汽车保险证。对保险单、保险证、交强险标志、保险单正本及条款间需加盖业务骑缝章。

五、单证清分与归档

投保单及其附表、保险单及其附表、保险费发票、保险证，应由业务人员清理归类。投保单的附表要加贴在投保单的背面，需加盖骑缝章。清分归档时，按下列要求进行：

（一）计财部门留存的单证

计财部门留存的单证包括保险费发票（财务留存联）、交强险保险单与商业险保险单的副本（财务留存联）。

（二）业务部门留存的单证

业务部门留存的单证包括投保单及其附表、免责事项说明书（客户手书签字）、交强险保险单与商业险保险单的副本（业务留存联）、保险费发票（业务留存联）。车辆行驶证（复印件）、被保险人的身份证（复印件）、验车单等其他投保资料根据投保类型分别留存。续保业务上年续保收集过的投保资料无须重复收集或留存。

留存部门留存的单证应由专人保管并及时整理、装订、归档。归档时应注意：每套承保单证应按保险费发票、保险单副本、投保单及其附表、其他材料的顺序进行整理；按照保险单（含作废保险单）流水号码顺序装订成册，封面及装订要按档案规定办理，并标明档案保存期限；对回收作废的单证要集中销毁，并登记；保险监制单证的使用应符合规定和要求，由专人保管，不得遗失。

小知识：承保及理赔档案的销毁和注销管理

根据各个公司的规定，对于车险业务一般保管期限为3年。对于超过保险期限的经内部人员和外勤人员共同确定确实失去保存价值的，要填具业务档案销毁登记清单，上报部门经理后可销毁。

子任务五 批改与续保

一、批改

我国《机动车辆保险条款》规定："在保险合同有效期内，保险车辆转卖、转让、赠送他人、变更用途或增加危险程度，被保险人应当事先书面通知保险人并申请办理批改。"

同时，一般汽车保险单上也应注明"本保险单所载事项如有变更，被保险人应立即向本公司办理批改手续，否则，如有任何意外事故发生，本公司不负赔偿责任"的字样，以提醒被保险人注意。

小组讨论

2020 年王某购买了一辆轿车从事出租营运，并一直在当地保险公司投保。2021 年，王某感到从事出租营运太辛苦，另外找了一份工作，轿车改为上下班私用。作为保险公司业务员，你会建议王某如何处理原来的车辆保险？

二、续保

★★★1+X 汽车运用与维修职业技能等级标准（汽车营销评估与金融保险服务技术模块）：汽车续保

技能要求：

（1）能为客户介绍汽车续保，并解答相关问题。

（2）能引导客户进行续保。

知识要求：

（1）汽车续保的概念。

（2）汽车续保的作用。

（3）汽车续保市场。

（4）汽车续保业务模式及流程。

（一）定义

保险期满以后，投保人在同一保险人处重新办理保险汽车的保险事宜，称为续保。

汽车保险业务中有相当大的比例是续保业务，做好续保工作对巩固保险业务来源十分重要。在汽车保险实务中，续保业务一般在原保险期到期前一个月开始办理。为防止续保以后至原保险单到期期间发生保险责任事故。在续保通知书内应注明"出单前，如果有保险责任事故发生，则应重新计算保险费。如果全年无保险责任事故发生，可享受无赔款优待"等字样。

（二）遵循的制度

续保业务是保险公司业务的重要组成部分。在实务操作中，应遵循下列制度：

1. 建立和完善续保档案

汽车保险业务承保后，保险人应建立和完善客户档案工作，特别是对投保车辆多、保费数额大的保户，要通过建立客户档案积累资料以跟踪服务，建立和稳定公司的基本客户群。

保险人根据事先排列的到期通知单，在每一保险单期满前一个月寄送被保险人，通知被保险人前来办理续保。发现有出险的客户如果决定续保要解决以下问题：

（1）清查保险车辆的出险原因。

（2）保险车辆会不会再次发生同类事故。

（3）增加特约条款，使被保险人采取预防措施。

2. 建立续保通知制度

汽车保险业务到期一个月前，保险人采取上门联系、电话或通过发续保业务联系函等方式，提请保户按时续保并提供及时的服务。

3. 续保检查制度

保险人应加强对汽车保险业务在续保方面的工作情况成效的督查检查，加大对续保率的控制。

4. 核算续保率

汽车保险业务续保率能及时地反映业务连续程度和客户队伍稳定程度。续保率可以反映服务质量的水平，并将影响展业的费用成本。业务部门领导要指定专人对续保率进行统计，并加强续保率的考核。

（三）无赔款优待

无赔款优待即如果投保车辆在上一年保险期限内无赔款，那么续保时可享受减收保险费的优待。

被保险人办理续保手续时，经办人员应查阅原保险单副本及赔款记录、出险记录，逐辆核实赔款及出险情况，经核实无误，对被保险人在原保险期限内或自原保险起期至续保之时无赔款且无已受理而未决赔案的车辆，则按辆以原保险所载应交保费的核定比例，计算无赔款优待金额，出具批单及退费收据各一式三份，经复核与主管领导核准后，按支付流程办理付款、登录和归档。

被保险人投保车辆不止一辆的，无赔款优待分别按车辆计算。上年度投保的机动车损失险、机动车第三者责任保险和附加险中任何一项发生赔款，续保时均不能享受无赔款优待。不续保者不享受赔款优待。

上年度无赔款的汽车，如果续保的险种与上年度不完全相同，则无赔款优待以险种相同的部分为计算机基础。如果续保的险种与上年度相同，但投保金额不同，则无赔款优待以本年度保险金额对应的应交保险费为计算基础。不论汽车连续几年无事故，无赔款优待一律应交保险费的 10%。

【情景分析】

作为保险专员，在协助客户办理车险时，应当先分析客户车辆面临的风险，根据分析的风险为客户提供建议，制定投保方案，然后为客户选择合适的投保方式及投保公司，并履行说明义务，协助客户填写投保单及免责声明，根据各保险险种费率计算各险种保险费，给出核保意见，在此基础上为客户出具交强险保单、保险标志及商业险保单，完成承保业务。

为了完成情景中的任务，请参考任务工单二实施相应任务。

【学习小结】

本任务主要介绍了车险承保业务。主要内容如下：

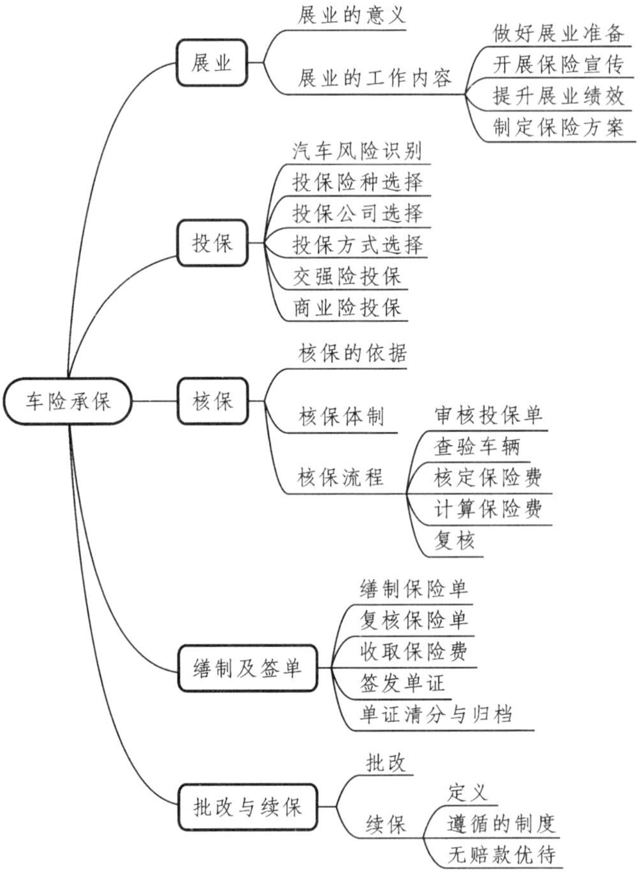

图 1-2-4　车险承保知识框架

任务工单二 车险承保

专业：________班级：________学号：________姓名：_________日期：___________

一、接受任务

李先生是重庆市某公司技术员，驾龄 12 年，由于家庭需要，最近在本市某 4S 店购买了一辆丰田凯美瑞轿车，主要用于上下班代步，同时接送上初中的女儿和上小学的儿子上、下学，节假日还需要经常带家人一起自驾游。上班期间车停在公司停车场，下班期间车停在自家小区地下停车场。李先生买车之后马上面临给爱车上保险的问题，于是他向保险专员小王咨询，希望小王能帮他办理汽车保险，作为保险专员的小王应当如何帮助李先生办理汽车保险呢？

李先生的相关单证如下：

李先生身份证：

姓名 李明
性别 男 民族 汉
出生 1984 年 10 月 22 日
住址 重庆市人民路34号
公民身份证号码 500103198410229975

中华人民共和国
居民身份证
签发机关 重庆市公安局沙坪坝分局
有效期限 2012.10.25–2032.10.25

李先生机动车驾驶证：

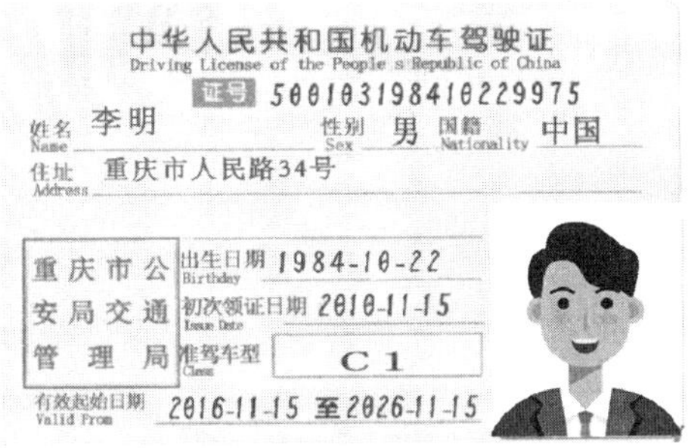
中华人民共和国机动车驾驶证
Driving License of the People's Republic of China
证号 500103198410229975
姓名 Name 李明 性别 Sex 男 国籍 Nationality 中国
住址 Address 重庆市人民路34号
重庆市公安局交通管理局
出生日期 Birthday 1984-10-22
初次领证日期 Issue Date 2010-11-15
准驾车型 Class C1
有效起始日期 Valid From 2016-11-15 至 2026-11-15

中华人民共和国机动车驾驶证副页
证号 500103198410229975
姓名 李明 档案编号 500901462014
记录 自2016年11月15日至有效起始日期有效。
35 X0008710578

李先生机动车行驶证：

中华人民共和国机动车行驶证
Vehicle License of the People's Republic of China
号牌号码 Plate No. 渝PTA969 车辆类型 Vehicle Type 小型轿车
所有人 Owner 李明
住址 Address 重庆市人民路34号
使用性质 Use Character 非营运 品牌型号 Model 丰田牌GTM7250CSE
重庆市公安局交通管理局
车辆识别代号 VIN LVGBE40K3AG552097
发动机号码 Engine No. LA35443
注册日期 Register Date 2022-12-02 发证日期 Issue Date 2022-12-02

号牌号码 渝PTA969 档案编号 530300188888
核定载人数 5人 总质量 1499kg
整备质量 1435kg 核定载质量
外廓尺寸 4546×1710×1427mm 准牵引总质量
备注
检验记录 检验有效期至 2028 年 12 月 渝R(01)
0123456789888

机动车销售统一发票：

机动车销售统一发票

发票联

发票代码 132001622364
发票号码 00579245

开票日期 2022-11-29

机打代码	1110014220117	税控码	225832-<06-1345*<*90343/>783>9716001/09 +703>8//0/+/43<9356/185<<*5-9*9/859053 509-/++9328>06906->-1+3*7<-679<86<-09/ 967-*5+73/17>8*4-797*719+7+4953--1>86 >9<*<96+7<*67/3321>6-28-0+01*-*041/</7
机打号码	00579245		
机器编号	661506970045		
购买方名称	李明	纳税人识别号／统一社会信用代码／身份证号码	500103198410229975
车辆类型	小型轿车	厂牌型号	丰田牌GTM7250CSE
产地	中国		
合格证号	TYF041582203482	进口证明书号	
商检单号			
发动机号码	LA35443	车辆识别代号／车架号码	LVGBE40K3AG552097
价税合计	⊗贰拾壹万伍仟捌佰元整	小写	¥215800.00
销货单位名称	重庆立信汽车贸易有限公司	电话	023-67824951
纳税人识别号	911301007575065723	账号	7242410187623984732
地址	重庆市沙坪坝区歌乐山镇119号	开户银行	中信银行重庆沙坪坝支行
增值税税率或征收率	17%	增值税税额	¥31355.56
主管税务机关及代码	国家税务总局重庆沙坪坝区税务局分局 113010221		
不含税价	小写 ¥184444.44	完税凭证号码	
吨位		限乘人数	5

销货单位盖章　　开票人 李强　　备注：一车一票

第一联 发票联（购货单位付款凭证）（手开无效）

二、资讯

1. 汽车保险合同是指以________________作为保险标的的一种____________财产保险合同。

2. 营运车以家庭自用车名义投保违背了最大诚信原则中的哪条具体内容？（　　）

A.保险人的说明义务　　B.投保方的告知义务

C.投保方的保证义务　　D.保险人弃权与禁止反言

3. 某女士将自己的私家车改为营业用车，在保险合同的民事法律关系上属于（　　）。

A. 客体变更　　B. 主体变更　　C.内容的变更　　D.条款的变更

4. 汽车保险投保单一般包括（　　）、特别约定以及投保人签章、标的初审情况等。

A.投保人和被保险人情况　　B.投保车辆情况

C.驾驶人情况　　D.投保险种和保险期间

5. 在（　　）情况下，保险人可解除保险合同。

A.投保人故意隐瞒事实不履行如实告知义务

B.未发生保险事故情况下，谎称发生了保险事故

C.财产保险中，投保人、被保险人未按约定履行其对标的安全应尽之责任

D.危险程度增加，投保人没有通知保险人

6. 导致保险合同无效的原因有（　　）。

A.违反法律和行政法规　　B.违背公序良俗

C.投保人对保险标的不具有保险利益　　D.投保人因疏忽或过失而违反如实告知义务

7. 核保的工作内容包括（　　）。

A.审核投保单　　B.查验车辆　　C.核定费率　　D.算保费　　E.复核

8. 续保是指____________________________________。

9. 交强险的费率实行与被保险机动车____________、____________的浮动机制。

10. 请写出不少于 4 家你知道的保险公司名称。

____

____

____

三、决策与计划

1. 请根据承保流程，制订工作计划。

流程	工作内容	操作要点	素养要求
工作流程 1			
工作流程 2			
工作流程 3			
工作流程 4			
工作流程 5			
工作流程 6			
工作流程 7			
计划审核	审核意见： 签字： 年　月　日		

2.请根据工作计划，对小组成员进行任务分工。

保险专员：__________客户：__________记录员：__________组织者：__________

四、实施

1. 请根据李先生具体的情况分析其爱车面临的风险。

风险类别	说明

2. 针对以上分析的风险，建议李先生投保的险种。

险种	说明

3. 请为李先生选择合适的投保方式，并说明理由。

____

____

4. 请为李先生选择合适的保险公司，并说明理由。

____

____

5. 请协助李先生填写投保单。

××××× 财产保险股份有限公司机动车综合商业/机动车交通事故责任强制保险投保单

欢迎您到×××××× 保险股份有限公司投保！在您填写本投保单前请先详细阅读我公司的机动车辆保险条款，阅读条款时请您特别注意各个条款中的保险责任、责任免除、投保人、被保险人义务等内容并听取保险人就条款（包括责任免除条款）所作的说明。您在充分理解条款后，再填写本投保单各项内容（请在需要选择的项目前的“□”内画“√”表示）。为了合理确定投保车辆的保险费，并保证您获得充足的保障，请您认真填写每个项目，确保内容的真实可靠。您所填写的内容我公司将为您保密。本投保单所填写内容如有变动，请及时到我公司办理变更手续。

<table>
<tr><td rowspan="3">投保人</td><td>投保人名称/姓名</td><td colspan="3"></td><td>投保车辆</td><td>______辆</td></tr>
<tr><td>联系人姓名</td><td></td><td>固定电话</td><td></td><td>移动电话</td><td></td></tr>
<tr><td>投保人住所</td><td colspan="3"></td><td>邮政编码</td><td>□□□□□□</td></tr>
<tr><td rowspan="5">被保险人</td><td colspan="2">□自然人姓名：</td><td colspan="2">身份证号码</td><td colspan="2"></td></tr>
<tr><td colspan="2">□法人或其他组织名称：</td><td colspan="2">组织机构代码</td><td colspan="2"></td></tr>
<tr><td>被保险人单位性质</td><td colspan="5">□党政机关、团体 □事业单位 □军队（武警）□使（领）馆
□个体、私营企业 □其他企业 □其他</td></tr>
<tr><td>联系人姓名</td><td></td><td>固定电话</td><td></td><td>移动电话</td><td></td></tr>
<tr><td>被保险人住所</td><td colspan="3"></td><td>邮政编码</td><td>□□□□□□</td></tr>
<tr><td rowspan="13">投保车辆情况</td><td>被保险人与车辆的关系</td><td colspan="2">□所有 □使用
□管理</td><td>车主</td><td colspan="2"></td></tr>
<tr><td>号牌号码</td><td></td><td>号牌底色</td><td colspan="3">□蓝 □黑 □黄 □白 □白蓝 □其他颜色</td></tr>
<tr><td>厂牌型号</td><td colspan="2"></td><td>发动机号</td><td colspan="2"></td></tr>
<tr><td>VIN码</td><td colspan="5"></td></tr>
<tr><td>核定载客：____人</td><td colspan="2">核定载质量：_____kg</td><td>排量/功率：____L/kW</td><td colspan="2">整备质量：_______kg</td></tr>
<tr><td>车辆初次登记日期</td><td colspan="2">____年____月____日</td><td>已使用年限</td><td colspan="2">_________年</td></tr>
<tr><td>车身颜色</td><td colspan="5">□黑色 □白色 □红色 □蓝色 □黄色 □绿色 □紫色 □粉色
□棕色 □其他颜色</td></tr>
<tr><td>车辆种类</td><td colspan="5">□客车 □货车 □客货两用车 □挂车 □摩托车 □拖拉机 □农用运输车 □特种车（请填用途）：</td></tr>
<tr><td>车辆使用性质</td><td colspan="5">□家庭自用 □非营业用（不含家庭自用） □出租客运 □公交客运
□旅游客运 □租赁 □营业性货运</td></tr>
<tr><td>汽车安全性能</td><td colspan="2">□防盗系统 □ABS
□安全气囊</td><td>固定停车地点</td><td colspan="2">□固定车位 □固定车库□其他</td></tr>
<tr><td>行驶区域</td><td colspan="5">□跨省行驶 □省内行驶 □固定营业线路：请注明具体线路________
____</td></tr>
<tr><td>上年赔款次数</td><td colspan="5">□交强险赔款次数__________次
□商业机动车保险赔款次数__________次</td></tr>
<tr><td>是否在我公司投保商业机动车保险</td><td>□是
□否</td><td colspan="2">车损险与车身划痕险选择汽车专修厂</td><td colspan="2">□是 □否</td></tr>
</table>

续表

<table>
<tr><td colspan="2">投保主险条款名称</td><td colspan="3"></td></tr>
<tr><td colspan="2">指定驾驶员</td><td>姓名</td><td>驾驶证号码</td><td>初次领证日期</td></tr>
<tr><td colspan="2">驾驶员 1</td><td></td><td>□□□□□□□□□□□□□□□□□□□□□</td><td>____年__月__日</td></tr>
<tr><td colspan="2">驾驶员 2</td><td></td><td>□□□□□□□□□□□□□□□□□□□□□</td><td>____年__月__日</td></tr>
<tr><td colspan="3">投保车辆上年交通违章情况</td><td colspan="2">□轻微违章次数：______次
□严重违章次数：______次</td></tr>
<tr><td colspan="2">保险期间</td><td colspan="3">_____年____月____日零时起至____年____月____日二十四时止</td></tr>
<tr><td colspan="2">投保险种</td><td>保险金额（责任限额）/元</td><td>保险费/元</td><td>备注</td></tr>
<tr><td colspan="2">□机动车交通事故责任强制保险</td><td>200 000</td><td></td><td></td></tr>
<tr><td colspan="2">□机动车损失保险</td><td></td><td></td><td></td></tr>
<tr><td colspan="2">□机动车第三者责任险</td><td></td><td></td><td></td></tr>
<tr><td rowspan="2">□机动车车上人员责任险</td><td>驾驶人</td><td>_____/（人·次）</td><td></td><td></td></tr>
<tr><td>乘客人数：______人</td><td>_____/（人·次）</td><td></td><td></td></tr>
<tr><td colspan="2">□附加绝对免赔率特约条款</td><td></td><td></td><td></td></tr>
<tr><td colspan="2">□附加新增设备损失险</td><td></td><td></td><td></td></tr>
<tr><td colspan="2">□附加车身划痕险</td><td></td><td></td><td></td></tr>
<tr><td colspan="2">□附加车轮单独损失险</td><td></td><td></td><td></td></tr>
<tr><td colspan="2">□附加发动机进水损坏除外特约条款</td><td></td><td></td><td></td></tr>
<tr><td colspan="2">□附加修理期间费用补偿险</td><td></td><td></td><td></td></tr>
<tr><td colspan="2">□附加车上货物责任险</td><td></td><td></td><td></td></tr>
<tr><td colspan="2">□附加精神损害抚慰金责任险</td><td></td><td></td><td></td></tr>
<tr><td colspan="2">□附加法定节假日限额翻倍险</td><td></td><td></td><td></td></tr>
<tr><td colspan="2">□附加医保外医疗费用责任险</td><td></td><td></td><td></td></tr>
<tr><td colspan="2">□附加机动车增值服务特约条款</td><td></td><td></td><td></td></tr>
<tr><td colspan="5">保费合计（人民币大写）：（¥：　　　　元）</td></tr>
<tr><td>特别约定</td><td colspan="4"></td></tr>
</table>

续表

保险合同争议解决方式选择	□诉讼　□提交______________仲裁委员会仲裁
投保人声明：保险人已将投保险种对应的保险条款（包括责任免除部分）向本人作了明确说明，本人已充分理解；上述所填写的内容均属实，同意以此投保单作为订立保险合同的依据。 投保人签名/签章： ____年____月____日	
验车验证情况	□已验车　□已验证 查验人员签名： ____年____月____日____时____分
初审情况	业务来源：□直接业务　□个人代理 □专业代理　□兼业代理 □经纪人　□网上/电话业务 代理（经纪）人名称： 上年度是否在本公司承保：□是　□否 业务员签字： ____年____月____日
复核意见 复核人签字： ____年____月____日	

6. 核保：

（1）请结合李先生提供的单证及相关信息对李先生的投保单进行审核，并给出核保意见。

____

（2）李先生的车是否需要验车？如果需要验车，验车内容有哪些？如果不需要验车，请简述理由。

____

7. 缮制及签单：

（1）请根据李先生填写的交强险投保单，出具交强险保险单，并在汽车保险理赔软件中建立保单。

被保险人						
被保险身份证号码（统一社会信用代码）						
地址					联系电话	
被保险人机动车	号牌号码		机动车种类		使用性质	
	发动机号码		车辆识别代号（车架号）			
	厂牌型号		核定载客		核定载质量	
	排量		功率		登记日期	
责任限额	死亡伤残赔偿限额	180 000 元	无责任死亡伤残赔偿限额		18 000 元	
	医疗费用赔偿限额	18 000 元	无责任医疗费用赔偿限		1800 元	
	财产损失赔偿限额	2 000 元	无责任财产损失赔偿限额		100 元	
与道路交通安全违法行为和道路交通事故相联系的浮动比率为________%						

续表

保险费合计（人民币大写）:							（¥: ________元）
保险期间自______年______月______日 0 时 0 分起至______年______月______日 24 时 0 分止							
保险合同争议解决方式							
代收车船税	整备质量			纳税人识别号			
	当年应缴	¥: ____元	往年补缴	¥: ____元	滞纳金	¥: ____元	
	合计（人民币大写）:				（ ¥: 元 ）		
	完税凭证号（减免税证明号）			开具税务机关			
特别约定							
重要提示	（1）请详细阅读保险条款，特别是责任免除和投保人、被保险人义务。 （2）收到本保险单后，请立即核对，如有不符或疏漏，请及时通知保险人并办理变更或补充手续。 （3）保险费应一次性交清，请您及时核对保险单和发票（收据），如有不符，请及时与保险人联系。 （4）投保人应如实告知对保险费计算有影响的或被保险机动车因改装、加装、改变使用性质等导致危险程度增加的重要事项，并及时通知保险人办理批改手续。 （5）被保险人应当在交通事故发生后及时通知保险人。						
保险人	公司名称：中国人民财产保险股份有限公司重庆市江北支公司 邮政编码：400020　　（保险人签章）					公司地址：重庆市江北区创富路 3 号 3 幢 1-2（所在楼层名义层 2 层）、19-1、19-2、19-3、19-4、19-5 联系电话：95518 网址：www.picc.com 签单日期：	

（2）请根据李先生填写的商业险投保单，出具商业险保险单，并在汽车保险理赔软件中建立保单。

被保险人						
车主						
保险车辆情况	号码号牌		厂牌型号			
	VIN 码/车架号			发动机号		
	核定载客	人	核定载质量	千克	初次登记日期	
	使用性质		年平均行驶里程	公里	机动车种类	

续表

<table>
<tr><td>承保险种</td><td>绝对免赔率</td><td colspan="2">费率浮动（+/−）</td><td>保险金额/责任限额（元）</td><td>保险费(元）</td></tr>
<tr><td></td><td></td><td colspan="2"></td><td></td><td></td></tr>
<tr><td></td><td></td><td colspan="2"></td><td></td><td></td></tr>
<tr><td></td><td></td><td colspan="2"></td><td></td><td></td></tr>
<tr><td></td><td></td><td colspan="2"></td><td></td><td></td></tr>
<tr><td></td><td></td><td colspan="2"></td><td></td><td></td></tr>
<tr><td></td><td></td><td colspan="2"></td><td></td><td></td></tr>
<tr><td></td><td></td><td colspan="2"></td><td></td><td></td></tr>
<tr><td colspan="6">本保单投保人为：</td></tr>
<tr><td colspan="6">保险费合计（人民币大写）：（¥：__________元）</td></tr>
<tr><td colspan="6">保险期间：自_____年____月____日 0 时 0 分至_____年____月____日 24 时 0 分止</td></tr>
<tr><td>特别约定</td><td colspan="5"></td></tr>
<tr><td colspan="6">保险合同争议解决方式</td></tr>
<tr><td>重要提示</td><td colspan="5">（1）本保险合同由保险条款、投保单、保险单、批单和特别约定构成。
（2）收到本保险单、承保险种对应的保险条款后请立即核对，如有不符或疏漏，请及时通知保险人并办理变更或补充手续。
（3）请详细阅读承保险种对应的保险条款，特别是责任免除和投保人被保险人义务、赔偿处理和通用条款等。
（4）被保险机动车因改装、加装、改变使用性质等导致被保险机动车危险程度增加，应及时通知保险人。
（5）被保险人应当在交通事故发生后及时通知保险人。
（6）被保险人可通过保险人网站自主查询承保理赔信息。</td></tr>
<tr><td>保险人</td><td colspan="4">公司名称：中国人民财产保险股份有限公司重庆市江北支公司

邮政编码：400020　　　　（保险人签章）</td><td>公司地址：重庆市江北区创富路 3 号 3 幢 1-2（所在楼层名义层 2 层）、19-1、19-2、19-3、19-4、19-5
联系电话：95518
网址：www.picc.com
签单日期：</td></tr>
</table>

五、检查

请指导教师根据评价标准对学生进行评价，并针对任务实施过程中出现的问题提出改进措施及建议。

序号	评价标准	分值	得分
1	能否协助客户准确分析车辆所面临的风险，并做到热情服务	5	
2	能否协助客户选择合适的险种，并做到充分保障客户利益	10	
3	能否协助客户选择合适的投保方式，并做到耐心解释	5	
4	能否协助客户选择合适的保险公司，并做到耐心解释	5	
5	能否协助客户填写投保单，并做到严谨细致	25	
6	能否准确进行核保，并做到严谨细致	10	
7	能否正确计算保费及出具交强险及商业险保单，并做到科学严谨	25	
8	能否与小组成员团结合作、有效沟通	15	
总分		100	
问题及建议			

六、评价

请根据评价标准对自己在本次任务中的实际表现进行自评，并结合小组成员的表现进行组内互评。

序号	评价标准	分值	保险专员	客户	组织者	记录员
1	能否明确工作任务，是否理解该任务在企业中的重要程度	5				
2	能否准确识别车辆面临的风险，根据投保人的需求，制定保险方案	10				
3	能否准确说明保险合同的主体、客体、内容及其他一般法律规定	10				
4	能否运用最大诚信原则及保险利益原则，协助客户进行车辆投保	10				
5	能否协助客户正确填写投保单	15				
6	能否准确进行核保工作	10				
7	能否正确出具交强险及商业险保单	15				
8	能否正确操作汽车保险理赔软件	15				
9	能否与客户进行有效沟通、与团队成员进行团队合作	5				
10	能否体现服务意识、实事求是等素养	5				
总分		100				

模块二

现场查勘

任务三　报案受理

【学习目标】

◆知识目标

（1）了解保险理赔的流程；
（2）理解调度的含义及分类；
（3）掌握报案受理的工作流程及内容；
（4）掌握调度的工作流程及内容。

◆技能目标

（1）能够按照报案的流程完成接报案工作；
（2）能够按照调度的流程完成调度派工工作。

◆素养目标

（1）树立热情服务客户的意识；
（2）养成耐心细致的工作态度；
（3）具备完成工作任务所需的团队协作及沟通能力；
（4）养成诚实守信的态度；
（5）具有遵守交通法规的法治意识。

【情景引入】

2023 年 5 月 6 日的早上，李先生着急上班，车速较快，与前面的长安福特福克斯距离较近，加上下雨视野不清，在前方福特车紧急制动时，李先生和其发生追尾事故，导致李先生的车前部受损，福特车后部受损。李先生购买了交强险及商业车险，那么对于此次交通事故他应该如何处理呢？

【相关知识】

子任务一　接报案

一、汽车保险理赔概述

（一）理赔含义

理赔是指保险车辆在发生保险责任范围内的损失后，保险人依据保险合同对被保险人提出的索赔请求进行处理的行为，即处理索赔。处理结果为全部赔付、部分赔付、拒绝赔付。

（二）理赔的意义

车险理赔的工作主要作用是在保险标的遭受保险责任范围内的自然灾害和意外事故后及时给予被保险人经济补偿；车险理赔工作的另一个作用是在理赔过程中和理赔以后，能起到加强防灾、减少损失的作用。因为，在事故发生后，一方面保险标的及第三者往往还有加重损失的可能，需要采取必要的抢救和保护措施，尽量挽回部分可以避免的损失；另一方面，通过赔案的处理，可以从中吸取经验教训，掌握机动车发生事故的规律。如对机动车辆使用性质、车型以及车辆所有权（公有或私有）等进行事故赔案分类，或按事故性质进行分类。通过分类统计，找出机动车保险的发展方向。此外，可以通过赔案分类统计以及典型案例，配合公安机关部门进行机动车辆安全行车教育，提醒广大驾驶人员注意行车安全。

理赔工作是检验业务质量、促进业务开展的重要环节。通过理赔可以检查机动车辆承保质量，还可以通过理赔扩大宣传，提高保险公司信誉，促进车辆保险业务的拓展。

（三）车险理赔的特点

1. 被保险人的公众性

我国的车保的被保险人曾经以单位、企业为主，但是随着个人拥有车辆数量的增加，被保险人为私家车主的比例逐步增加。这些被保险人的特点是：对保险、交通事故处理、车辆维修等知识知之甚少。在发生保险事故要求赔付时，他们经常与保险公司理赔人员在保险责任的认定、赔付金额等方面发生争执。

2. 损失率高且损失幅度较小

车辆理赔的另一个特征是保险事故损失金额不大，事故发生率高。交通事故引起的损失金额尽管不大，但是认真理赔仍然体现保险公司对被保险人的服务品质，事故发生的高频率使理赔工作花费大量精力和费用。

3. 标的流动性大

车辆易于移动，具有相当大的流动性，车辆发生事故的时间和地点的不确定要求保险公司必须拥有一个运作良好的服务体系支持理赔服务，这个服务体系包括一个全天候的报案受理机制和庞大而高效的检验网络。

4. 受制于修理厂

对于部分损坏的机动车辆，可以采用修理的办法赔付。修理厂的修理价格、工期、质量均将直接影响机动车辆保险的服务质量，一旦对车辆维修质量或者工期、价格产生不满，客户会一并指责保险公司和修理厂。

5. 道德风险普遍

机动车辆保险中被保险人较易发生道德风险。机动车辆保险具有标的流动性强、保险信息不对称等特点，机动车辆保险条款不完善、相关的法律环境不健全及机动车辆保险经营管理存在一些问题和漏洞，都可能会给不法之徒可乘之机。

（四）车险理赔的原则

1. 为保户服务，坚持实事求是原则，在整个理赔过程中，体现保险经济补偿职能作用

当发生交通事故后，保险人要急被保险人所急，千方百计避免扩大损失，尽量减轻因灾害事故造成的影响，及时安排事故车辆修复，并保证基本恢复车辆的原有技术性能，使其尽快投入生产运行。及时处理赔案、支付赔款，以保证运输单位（含个体运输户）生产、经营的持续进行和人民生活的安定。在现场查勘、事故车辆修复定损以及赔案处理方面，要坚持实事求是的原则，在尊重客观事实的基础上，具体问题具体分析，既严格按照条款办事，又结合实际情况进行灵活处理，使各方都比较满意。

2. 重合同、守信用、依法办事

保险人是否履行合同，就是看其是否严格履行经济补偿义务。因此，保险人在处理赔案时必须加强法治观念，严格按照条款办事，该赔的一定要赔，而且要按照赔偿标准及规定赔足。不属于保险责任范围的损失，不滥赔。同时，还要向被保险人讲明道理；拒赔部分要讲事实、重证据，要依法办事，坚持重合同、守信用，只有这样才能树立保险信誉，扩大保险的积极影响。

3. 坚持实事求是、八字理赔原则

“主动、迅速、准确、合理” 是理赔工作优质服务的最基本要求。“主动”就是要求保险理赔人员对出险的案件要积极主动地调查了解和现场查勘，掌握出险情况，进行事故分析，确定保险责任。“迅速”就是要求保险理赔人员查勘定损处理迅速，不拖沓。在赔案处理过程当中要求对赔案要核得准，赔款计算及案卷缮制快，复核、审核快，使被保险人及时得到赔款。“准确”就是要求从查勘定损乃至赔款计算都要做到准确无误，不错赔、不滥赔、不惜赔。“合理”就是要求在工作过程中要本着实事求是的精神，坚持按条款办事。在许多情况下，要结合具体案件准确定性，尤其是在对事故车辆进行定损过程中，要合理确定事故车辆的维修方案。

理赔工作的“八字”原则是辩证统一的，不可偏废。如果片面追求速度，不深入调查了解，不对具体情况具体分析，盲目下结论或者计算不准确，草率处理，则可能发生错案，甚至引起法律诉讼纠纷。当然，如果只追求准确、合理，忽视速度不讲工

作效率，赔案久拖不决，则可能造成极坏的社会影响，损害保险公司的理赔形象。因此，总的要求是从实际出发，为保户着想，既要讲究速度，又要讲究质量。

（五）理赔工作人员应具备的条件

1. 廉洁奉公、秉公办事、认真负责

在理赔工作中，理赔人员接触对象广泛，要同保户、修理厂直接沟通交流，在与不同对象的接触中，也往往是对理赔人员思想觉悟、工作作风的检验。个别人考虑个人利益，为了达到其目的，会以请客送礼、行贿等手段拉拢理赔人员。也有个别保户，更多的是第三者受害方无理要求、态度蛮横。因此，理赔工作人员首先应热爱保险事业，关心爱护保险公司声誉，为人正派，实事求是，坚持真理；其次，要热爱保险理赔工作，且有从事机动车技术工作的实践经验，有一定的工作能力；最后，要自觉服从安排，遵纪守法，团结同志，要有任劳任怨的奉献精神，严格按照理赔人员工作守则行事。

2. 精熟条款，实事求是处理赔案

赔案处理的根据在于保险合同条款，保险人员必须认真领会和掌握保险条款。在现场查勘时对事故现场情况进行客观的、实事求是的研究分析，在搞清事故出险原因，确定是否属于保险责任后，应合理地确定损失程度，详细鉴定修理范围，制定合适的维修方案，特别是涉及第三者的损失，要本着实事求是的精神慎重处理。

3. 熟悉并掌握有关专业知识

机动车辆种类繁多，车型复杂，特别是进口车型，要达到定责定损合理、准确，则要求理赔人员熟练掌握事故查勘要领，掌握和了解我国的道路交通法规和道路交通事故处理办法，熟悉机动车辆构造及其工作原理，了解事故车辆维修工艺，准确制定修理方式，准确掌握汽车配件价格，了解汽车配件市场动态。另外，道路交通事故往往涉及第三者的物体损失以及车上货物损失，因此，要求理赔人员还要了解和掌握很多相关的知识以及赔偿标准。一般来讲，理赔工作质量高低能否把好理赔出口关，往往取决于理赔人员对所涉及的专业知识的熟悉和掌握程度。如果不懂有关专业知识，定责定损，就会无说服力，人云亦云，不可避免地出现漏洞，影响公司的声誉以及经济效益。

（六）车险理赔流程

★★★1+X 汽车运用与维修职业技能等级标准（汽车营销评估与金融保险服务技术模块）：汽车保险的法规

技能要求：

能按规定流程处理机动车保险理赔。

知识要求：

机动车保险理赔流程。

车险保险理赔流程如图 2-1-1 所示。

理赔流程

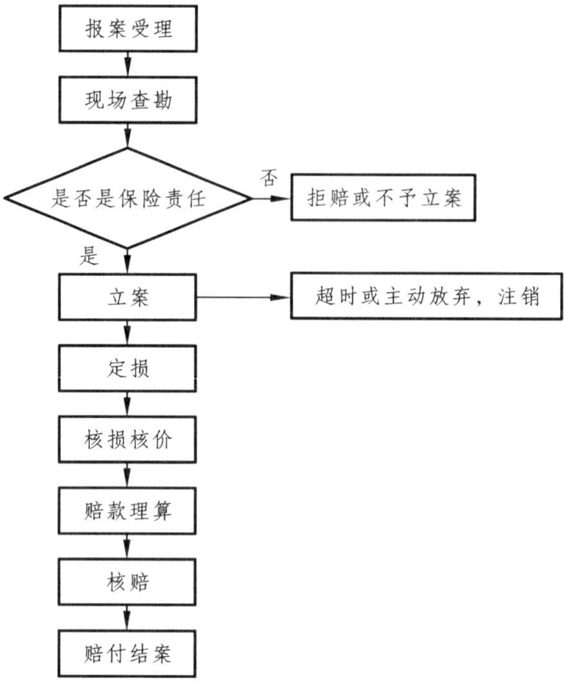

图 2-1-1 理赔流程

二、报案受理

★★★全国职业院校技能大赛——汽车营销赛项（汽车保险查勘与理赔作业模块）考核内容：

（1）使用接报案标准话术对事故信息进行详细询问；

（2）依次完成保险公司赔案理赔业务所属确认、事故基础信息记录。

（一）接报案的基本要求

（1）所有车险出险报案统一由客户服务中心归口受理。可以采用多种方式受理报案，如客户拨打客户服务中心电话报案，客户通过微信、移动 App 等方式报案等。

（2）保险公司接报案人员负责受理、记录客户报案信息，如实告知客户相关权益，提醒客户注意事项，对客户进行理赔服务和索赔流程引导。操作时应遵循以下要点：

①接报案人员按统一的接报案标准话术进行操作，话术要简洁、明确、礼貌。

②按照报案人提供的保险信息，查询、核对保单等相关信息，核实报案人身份及与被保险人的关系。

③询问报案人与事故有关的案情和相关信息，根据询问内容规范记录报案信息等内容，初步判断保险责任。

④对于涉及人员伤亡、水淹车、自燃等案件，应提醒客户相关理赔注意事项。

⑤根据案情告知客户必要的后续理赔事宜，发送所需的相关信息。

⑥对于发生保险条款列明的，符合代位求偿的案件应按代位求偿相关规定做好记录，并对客户做好告知和引导。

（二）客服电话服务

保险公司客服电话服务主要内容如下：

1. 出险报案

出险报案是指保险标的发生保险事故时，拨打全国统一免费的客服电话，向所承保的保险公司报案。

2. 保单查询

保单查询是指拨打客服电话，对自己的保险信息进行查询。

3. 保险咨询

咨询是指拨打客服电话，了解有关车险险种、投保、承保、索赔、理赔等各种保险信息。

4. 投诉建议

投诉是指对所承保保险公司各方面业务人员的服务不满意的地方，向客服反映。

（三）接听报案

1. 报案形式

（1）上门报案：上门报案是指客户亲自到保险公司来报案，由于电话报案和网络报案的便捷，目前，上门报案的情况比较少见。对于客户上门报案的，公司接待人员应告知客户拨打客服电话。

（2）电话报案：电话报案是指客户直接拨打承保公司客服电话进行报案。目前，各保险公司大都建立全国统一免费的客服电话。例如，中国平安保险公司的全国统一报案电话是 95511，中国人保的报案电话是 95518。

（3）手机 App 软件报案：手机 App 软件报案也是一些客户倾向选择的方式。例如，平安公司开发的好车主 App 上，客户可以通过好车主 App 软件上传照片，进入平安理赔中心报案，或者通过专门的视频报案 App 上传客户的视频短片进行报案。

（4）普通网络方式报案：许多保险公司依托互联网平台，给客户提供了简单、便捷的车险报案渠道。

（5）其他形式报案：除了以上报案形式，还存在诸如电报报案、传真报案、信函报案、交警报案等形式。

2. 报案现场分类

（1）无现场：无现场指事故发生后标的车已经移动，现场已经撤除，无法恢复事故发生时的原貌，但可以通过损失情况判断出现场概况的情况。

（2）第一现场：第一现场指事故发生的原始现场，即发生事故后标的车没有移动，现场仍保持事故发生时的原貌。

（3）第二现场：第二现场指事故发生后标的车已经移动，现场已经撤除，但可恢复或已经恢复事故发生时的原貌。

3. 接听报案的主要内容

（1）确认客户身份，了解客户保单信息及保障范围。
（2）了解出险情况，确认案件经过并详细记录。
（3）对可能存在的风险点进行相关信息的核实确认，并记录。
（4）对客户进行必要的理赔服务提醒。

4. 接听报案流程

接听报案流程如图 2-1-2 所示。

接报案

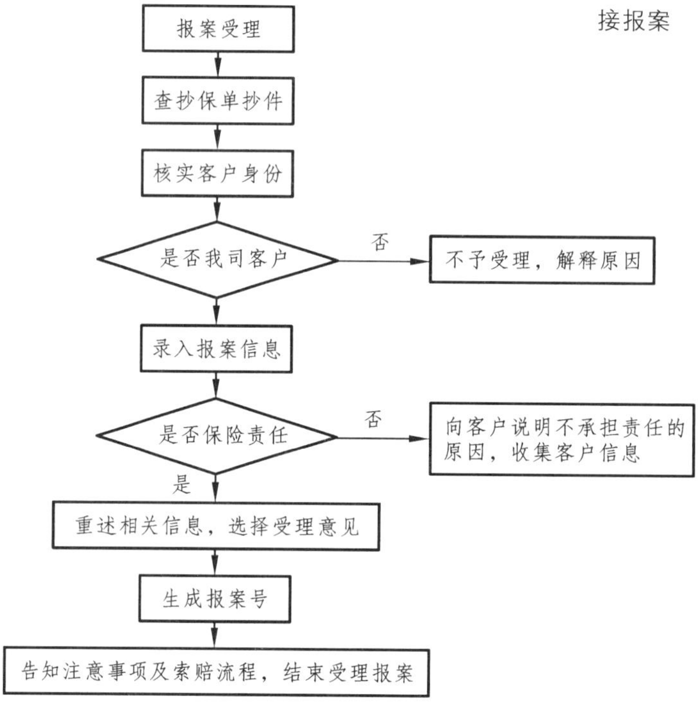

图 2-1-2 接听报案流程

（1）受理报案、查抄保险单、核实客户身份。接报案人员接到被保险人的报案后应在理赔系统“报案平台”立即查抄保险单，与报案人核对被保险人名称、车牌号码和厂牌车型等信息，核实出现客户身份及承保信息（保险期限、承保险别、保险费到账情况）。如果属于非保险标的、出险时间不在保险期限内、非保险险别等不承担责任的，应耐心向客户进行解释。

（2）录入报案信息。

如果属于本公司客户，且是出险时间、出险险别在保险范围内的有效保单，详问、记录并在“报案平台”输入以下信息：

①报案人姓名及联系方式，与被保险人关系；

②出险车辆的车牌号、厂牌车型；

③出险时间、地点及原因；

④驾驶员姓名、联系方式；

⑤车辆损失及施救情况，车辆停放地方；

⑥人员伤亡情况；

⑦受损财物种类，所有人名称及施救情况；

⑧如有三者车辆损失的需了解并录入三者车辆信息及承保公司。

（3）与报案人重述重要信息。当案件相关信息询问结束后，接报案人员应向报案人复述相关重要信息，如驾驶人电话、报案地点等。

（4）选择案件类型、受理意见、自动生成报案号。根据报案损失情况正确选择案例类型、受理意见，审核所输入的信息，如果同意受理，确认后生成报案号。

（5）告知注意事项及索赔流程，结束报案受理。生成报案号后，应将报案号的后面几位告知客户，以便进行后续处理；告知查勘人员尽快与客户取得联系；同时告知客户注意事项及索赔流程，如现场等待查勘、需报交警处理等。

（6）非保险责任案件的处理。对于不属于保险责任的报案，接报案人员也应积极地收集客户信息，以便今后续保及客户服务用。对于有道德风险可能的案件，应尽可能询问更多的信息，掌握对本公司有利的证据，接报案人员不能轻易拒赔。

（四）接听报案服务用语

（1）主动引导和询问客户保单信息，在系统内查找保单，核实客户保单信息，应使用标准服务用语："您好，请问您的车牌号是多少？请问您的保单号码是多少？"

当通过车牌号码查不到保单时，规范服务用语："您提供的车牌号码和保单号码未能查询到您的保单信息，麻烦您提供一下被保险人姓名/麻烦您提供一下车架号码。"

当通过来电客户提供的信息均无法查询到保单时，可先确定客户是否在我公司承保，规范服务用语："请问您是否确定在×××××公司承保？"如客户坚持在我司投保也应马上受理客户报案，进行无保单案件登记。

（2）通过车牌、保单等信息查到保单后，应向客户确认被保险人的姓名、车型是否正确，如单位车辆建议核对车架号或发动机号是否与出险车辆一致。

（3）询问出险时间，规范服务用语："请问您的车是什么时候发生的事故？""现在是×时×分，请问您发生事故距离现在多长时间？"

（4）询问出险地点标准服务用语："请问在哪里发生的事故？""请问出险地点在哪里？"

（5）出险经过标准服务用语："请问发生了什么事故？"

（6）询问事故损失情况，规范服务用语："请问您的车/对方车哪里有损失？""请问除了两车有损失之外，是否还有其他的经济损失？"

（7）核实是否有现场，规范服务用语："请问双方车辆是否在现场？"如两车已移动："请问双方车辆离事故地点大概有多远？"如不在现场，应问明车报案时两车所在具体位置："请问双方车辆现在什么位置？""请问是否可以复勘现场？"如果查勘人员要求返回现场，请告知客户。

（8）核实驾驶员和报案人姓名，规范服务用语："请问您贵姓？/叫什么名字？/

请问当时本车的驾驶员是哪位？/请问驾驶员的姓名？/请问当时是谁开的车？”

（9）核实事故处理联系人及联系电话，规范服务用语：“请问与谁联系？请问联系电话是多少？请问是本机尾号为××××的联系电话吗？”

（10）告知快处快赔处理方式，规范服务用语：“先生/女士，您好，您的事故类型符合快处快赔条件，建议您先用手机拍摄现场照片，然后将两车移动至路边，相互交换证件，保留对方的联系方式，两车同去快处快赔中心进行定责、定损、理赔一条龙快速处理。”

（11）车辆被盗，规范服务用语：“请问您是否已经拨打 110 报警？/请您到县级以上公安刑侦部门备案。”

（12）涉水车辆，规范服务用语：“请您保障自身安全，到高处避险，不要启动车辆，以免扩大损失。”

（13）报案结束标准服务用语：“感谢您的来电，再见。”请客户先行挂断电话，如果客户在 2 秒后仍未挂断，话务人员挂断电话。

子任务二　调度派工

★★★全国职业院校技能大赛——汽车营销赛项（汽车保险查勘与理赔作业模块）考核内容：完成接报案信息记录后分配负责对应区域的事故查勘员，完成事故查勘调度任务。

一、调度派工的含义

调度派工是受理报案结束后，保险公司安排查勘人员对人伤情况及车辆、财产损失等进行查勘跟踪和定损的过程。调度对时效要求非常高，一般在几分钟内完成，以确保查勘人员能及时与客户联系，告知客户相关注意事项。

由于查勘人员在收到任务未查勘之前无法判断事故的情况及相关风险点，所以调度人员是受理报案与查勘员连接的桥梁，调度人员根据报案提供的信息转告查勘人员，并提示相关风险点，以便查勘人员能准确高效地处理案件。

二、调度派工的分类

调度派工

（一）按调度级别分类

1. 一级调度

一级调度是指调度人员将案件直接派给本公司查勘人员处理。

2. 二级调度

二级调度是指调度人员将案件派给委托的公估公司，由公估公司再次调度给其查勘人员。

（二）按损失类型分类

1. 车损查勘员

车损查勘员仅对车损进行查勘。

2. 物损查勘员

物损查勘员仅对事故相关财产损失进行查勘。

3. 人伤查勘员

人伤查勘员仅对事故造成的人员伤亡进行查勘跟踪。

（三）按查勘点分类

1. 定点定损点

随着各地对交通事故快速处理的实施，各地建立了较多快速处理服务中心，各保险公司都安排了驻点查勘定损人员，当保险事故符合快速处理要求时，保险公司受理报案人员将推荐至离事故地点最近的快速处理中心查勘定损，调度人员需将案件调度给查勘点人员。

2. 合作修理厂

对于信誉较好的合作修理厂，保险公司根据理赔网点的需要授信一定额度的查勘权限，保险公司将根据修理厂提供的损失照片等相关信息实行远程网上定损。

3. 物价鉴定机构

当保险公司对于部分损失无法或没有能力定损时，将委托给相关权威鉴定机构进行估价。

三、调度派工的基本要求

（1）保险公司调度人员要及时以系统推送、电话、短信等形式通知查勘定损和人伤案件处理人员进行理赔处理。

（2）保险公司调度人员负责受理接报案岗提交的各类报案调度请求，联系并调度相关理赔人员开展现场查勘定损工作；受理客户救援、救助请求，联系并调度协作单位开展相关工作；对调度信息进行记录，并及时向客户反馈调度信息。

四、调度派工的工作流程

（一）查找待调度案件

调度人员应不停地刷新待调度案件，发现有待调度案件应及时调度。良好的服务水平要求高效的调度，以确保客户能第一时间与查勘员联系，正确处理好事故。

（二）了解案情

调度人员打开调度案件后，应快速了解案情。确定案件类型准确调度，并发觉案件风险点，以便转告现场查勘人员。

（三）联系查勘员，告知案情及风险点

当调度人员确定了派工方案后应及时联系查勘人员，告知查勘人员案件的基本情况。

（四）系统派工

调度人员联系查勘人员后应在系统内派工,把案件任务调到该查勘员的查勘平台，以便查勘员对案件的后续处理。调度任务结束转给下一查勘环节。

（五）任务改派

当系统派工后，由于客观原因，部分案件该查勘员无法查勘，调度人员应及时安排其他查勘人员完成该任务，同时在系统内应完成任务改派，以确保该案件在实际处理人平台。

【情景分析】

李先生的车与前面的福特车发生了追尾事故，导致两车都有损失，而李先生的车购买了车险，故可通过保险公司对自己和对方的车进行赔偿，此时李先生应该拨打保险公司客服热线电话进行报案。而作为保险公司接报案人员应该热心接听电话了解案情，录入报案信息，指导客户完成接下来的理赔事项，同时在公司理赔系统中完成调度派工工作，将案件调度给相应的查勘人员。

为了完成情景中的任务，请参考任务工单三实施相应任务。

【学习小结】

本任务主要介绍了接报案及调度派工工作内容，主要内容如下：

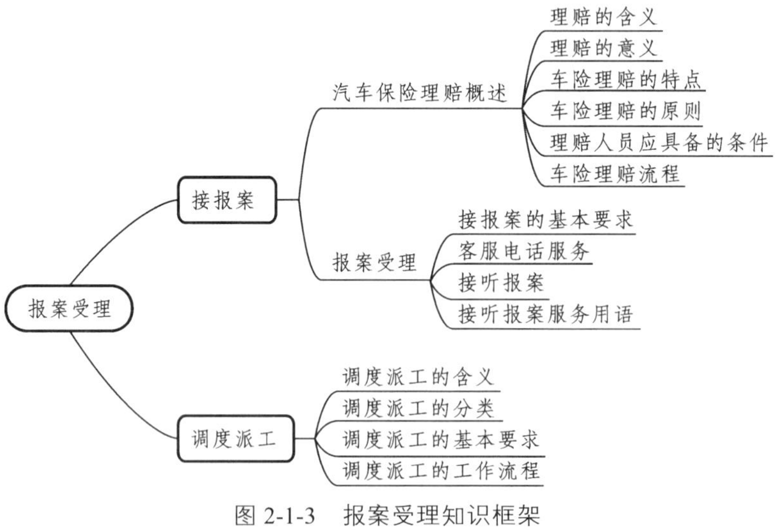

图 2-1-3　报案受理知识框架

任务工单三 报案受理

专业：________班级：__________学号：________姓名：________日期：____________

一、接受任务

2023 年 5 月 6 日的早上，李先生着急上班，车速较快，与前面的长安福特福克斯距离较近，加上下雨视野不清，在前方福特车紧急制动时，李先生和其发生追尾事故，导致李先生的车前部受损，福特车后部受损。李先生购买了交强险及商业车险，那么对于此次交通事故他应该如何处理呢？

二、资讯

1. 不符合车险理赔特点是（　　）。

A.受制于修理厂的程度较大　　B.损失率高且损失幅度较大

C.标的流动性大　　D.被保险人的公众性

2. 汽车保险理赔的意义在于（　　）。

A.理赔能使汽车保险的基本职能得到实现

B.理赔能及时恢复被保险人的生产，安定其生活

C.理赔可发现和检验展业承保工作的质量

D.以上答案都正确

3. 在汽车保险理赔时，应遵循的原则包括（　　）。

A.重合同、守信用原则　　B.坚持实事求是原则

C.主动、迅速、准确、合理的原则

4. 保险公司客服电话服务内容主要有（　　）。

A.出险报案　　B.保单查询　　C.保险咨询　　D.投诉建议

5. _________指事故发生的原始现场，即发生事故后标的车没有移动，现场仍保持事故发生时的原貌。

6. 客户出现事故后向保险公司报案时，保险公司需要记录的内容包括（　　）。

A.记录报案人、被保险人、驾驶员的姓名和联系方式

B.记录出险的时间、地点、简单原因、事故形态等案件情况

C.记录保险车辆的情况及保单号码

D.如有三者车辆损失还需了解三者车辆信息及承保公司

7. 接听报案的主要内容包括（　　）。

A.确认客户身份，了解客户保单信息及保障范围

B.了解出险情况，确认案件经过并详细记录

C.对可能存在的风险点进行相关信息的核实确认，并记录

D.对客户进行必要的理赔服务提醒

8. 报案的方式有哪些？

____

____

9. _________是指调度人员将案件直接派给本公司查勘人员处理。

10.调度派工的基本要求是什么？

____

____

____

____

三、决策与计划

1. 请根据任务要求，制订报案受理的工作计划。

流程	工作内容	操作要点	素养要求
工作流程 1			
工作流程 2			
计划审核	审核意见： 签字： 年 月 日		

2. 请根据工作计划，对小组成员进行任务分工。

接报案人员：________客户：________查勘人员：________组织者：________

四、实施

1. 接报案：

（1）请根据接报案的要求及流程，设计接报案人员接听李先生电话的话术，填写在下方，并分角色进行情景模拟。此环节需做到礼貌用语，热情服务，耐心细致。

____

____

____

____

____

____

____

____

____

____

（2）请根据接报案情况，在汽车保险理赔软件中录入报案信息，生成报案号。此环节要求细致、准确。

2. 调度派工：

（1）请根据调度派工的要求及流程，设计调度人员电话联系查勘员的话术，填写在下方，并分角色进行情景模拟。此环节需做到话语简练，内容准确，体现与同事之间的有效沟通。

____

____

____

____

____

____

____

（2）请在汽车保险理赔软件中完成派工操作，把案件调到查勘员的查勘平台。此环节需做到细致、准确。

五、检查

请指导教师根据评价标准，对学生进行评价，并提出任务实施过程中出现的问题及改进建议。

序号	评价标准	分值	得分
1	能否按照接报案要求及流程准确提取客户的报案信息，并做到礼貌用语、热情服务及耐心细致	30	
2	能否正确操作汽车保险理赔软件准确录入报案信息，并做到细致完善	10	
3	能否按照调度派工要求及流程与完成调度派工工作，并做到高效、准确	30	
4	能否正确操作汽车保险理赔软件完成系统内的调度派工，并做到准确无误	10	
5	能否与小组成员团结合作、有效沟通	20	
总分		100	
问题及建议			

六、评价

请根据评价标准对自己在本次任务中的实际表现进行自评，并结合小组成员的表现进行组内互评。

序号	评价标准	分值	接报案人员	客户	查勘员	组织者
1	能否明确工作任务，是否理解该任务在企业中的重要程度	5				
2	能否正确叙述接报案的内容及流程	10				
3	能否与客户有效沟通获取报案信息	20				
4	能否合理进行调度派工	20				
5	能否正确操作保险理赔软件进行报案和调度	20				
6	能否与客户、工作同事之间进行有效沟通	10				
7	能否与团队成员进行团队合作	5				
8	能否体现服务意识、诚信、法治意识等素养	10				
总分		100				

任务四　现场查勘

【学习目标】

◈知识目标

（1）熟悉现场查勘的原则、模式及目的；
（2）掌握现场查勘的工作流程内容及相关关键技能；
（3）掌握立案的工作要求及流程。

◈技能目标

（1）能够按照现场查勘的工作流程完成现场查勘工作；
（2）能够按照立案工作要求完成立案工作。

◈素养目标

（1）树立热情服务客户的意识；
（2）养成耐心细致的工作态度；
（3）具有完成工作任务所需的团队协作及沟通能力；
（4）养成查勘过程中公平公正、诚实守信的态度；
（5）具备遵守交通法规的法治意识。

【情景引入】

2023 年 5 月 6 日的早上，李先生着急上班，车速较快，与前面的长安福特福克斯距离较近，加上下雨视野不清，在前方福特车紧急制动时，李先生和其发生追尾事故，导致李先生的车前部受损，福特车后部受损。李先生拨打保险公司客服电话，已经完成报案，保险公司调度人员将案件派给查勘员陈强，陈强将如何展开现场查勘工作呢？

【相关知识】

子任务一　现场查勘概述

现场查勘是保险理赔承上启下的重要环节，是确定保险责任的关键步骤，是开展核损工作的主要依据，也是保险公司控制风险的前沿阵地。

一、现场查勘的原则

（一）真实性

查勘工作的首要任务是真实反映事故情况，无论是查勘事故的损害情况，还是进行现场痕迹勘验，制作查勘报告，都要本着实事求是的态度才能保证理赔工作公平、公正。真实性既是对查勘工作的要求，也是对查勘人员职业道德的要求。

（二）时效性

交通事故事发突然、情况复杂，现场随时间推移会有很大变化，所以要求查勘人员第一时间赶赴现场开展查勘工作，以免因时间推移给保险人带来不必要的损失。

（三）严密性

在查勘过程中，查勘员不仅要注意查勘事故造成的各种痕迹和情节，而且要注意核查这些痕迹和情节形成的合理性、客观性。在现场询问时需耐心、详细地查明当事人、目击者、知情人所知晓的与事故相关的所有情况，故严密、细致的工作作风是必不可少的。

（四）全面性

在查勘现场时，凡是与保险事故相关的场所痕迹都要勘验，凡是与保险事故相关的人和事都要一一询问、调查，凡是对事故定性、定责、定损有价值的材料都要全面收集，凡是与事故有关的事实都要进行全面的分析。

二、查勘模式

（一）现场查勘模式

事故发生后客户现场报案，车辆仍在出险现场，查勘人员前往现场进行查勘。该模式适用于客户要求现场查勘或公司为控制风险而要求进行现场查勘的案件。

（二）在线远程查勘（客户自助查勘）模式

客户在出险现场通过微信等方式进行拍照上传，查勘人员远程进行指导、照片审核并收集客户出险信息，在线审核案件的真实性，完成查勘操作。该模式适用于不要求现场查勘的小额案件，不用于高风险案件、重大案件、复杂人员受伤案件、涉及两车以上案件、夜间出险案件、可疑案件和代位求偿案件。

（三）非现场查勘模式

事故发生后，客户在事故车辆离开现场后进行报案，或者客户报案后事故车辆离开现场，不能或不必在出险现场进行查勘工作。该模式适用于交警快速处理、快处快赔等类型案件，不适用于重大案件、夜间出险及保险公司认定的其他高风险案件、可疑案件。

（四）现场复勘模式

事故发生后，事故车辆离开现场后客户向保险公司报案，或者客户报案后事故车辆未经查勘离开现场，但为核实事故真实性，需客户返回出险现场进行复勘工作。该模式适用于重大案件、夜间出险及保险公司认定的其他高风险案件、可疑案件。

三、保险事故现场

（一）保险事故的定义

保险事故是指被保险车辆因过错或意外造成的人身伤亡或者财产损失的事件。

（二）保险事故现场的定义

保险事故现场是指发生保险事故的被保险车辆及其与事故有关的车、人、物遗留下的和事故有关的痕迹证物所占有的空间。保险事故现场必须同时具备一定的时间、地点、人、车、物 5 个要素，它们的相互关系与事故发生有因果关系。

（三）保险事故现场的分类

保险事故现场按事故状态可分为原始现场、变动现场和恢复现场。

1. 原始现场

原始现场指发生事故后至现场查勘前，没有发生人为或自然破坏，仍然保持着发生事故后原始状态的现场。这类现场的现场取证价值最大，它能较真实地反映出事故发生的全过程，所以也称为第一现场。

2. 变动现场

变动现场是指发生事故后现场查勘前，由于受到了人为或自然原因的破坏，使现场的原始状态发生了部分或全部变动的现场，所以也称为第二现场。这类现场给查勘带来了种种不利因素，由于现场证物遭到破坏，不能全部反映事故的全过程，给事故分析带来困难。

变动现场可分为 3 种现场：

（1）正常变动现场是指在自然条件下非人为地改变了原始状况，或不得已而在不影响查勘结果的前提下人为地、有限度地改变了原始状态的交通事故现场。产生现场变动的原因如下：

①抢救伤者：因抢救伤者或排除险情而变动了现场。

②保护不善：现场的痕迹被过往车辆、行人或围观群众破坏。

③自然破坏：因风吹、雨淋、雪盖、水冲和日晒等条件而变动了现场。

④快速处理：因一些交通主要干道、繁华地段发生道路交通事故后，造成交通堵塞，需立即排除而变动了现场。

⑤特殊情况：执行任务的消防、救护、警备、工程救险车及首长、外宾等乘坐的汽车在事故发生后，因任务需要驾离现场。

（2）伪造现场指当事人为逃避责任，毁灭证据或达到嫁祸于人的目的，或者为了谋取不正当利益，有意改变或布置的现场。伪造现场的特征：在现场中，事故的表现不符合事故发生的客观规律，物体的位置与痕迹的形成方向存在矛盾。只要查勘人员深入细致地进行调查研究和分析，其中的漏洞不难被发现，现场的真伪是不难识别的。

（3）逃逸现场是指肇事人为了逃避责任，在明知发生交通事故后，故意驾车逃逸而造成的破坏现场。

3. 恢复现场

恢复现场有两种情况：一是对上述变动现场，根据现场分析、证人指认，将变动现场恢复到原始现场状态；二是原始现场撤除后，因案情需要，根据原现场记录图、照片和查勘记录等材料重新布置恢复现场。为与前述的原始现场相区别，这种现场一般称为恢复现场。

四、现场查勘的目的

（一）查明事故的真实性

通过客观、细致的现场查勘证明案件是否为普通单纯的交通事故，是否为骗保而伪造事故，即确定事故的真实性。

（二）确定标的车在事故中的责任

通过对现场周围环境、道路条件的查勘，可以了解道路、视距、视野、地形和地物对事故发生的客观影响；对事故经过进行分析调查，查明事故的主要情节和交通违法因素，分清标的车在事故中所负的责任。

（三）确定事故的保险责任

通过现场的各种痕迹、物证以及对当事人和证明人的询问和调查，对事故经过进行分析调查，查明事故发生的主要情节，结合保险条款和相关法规确定事故是否属于保险责任范畴。

（四）确认事故的损失

通过对受损车辆的现场查勘，分析损失形成的原因，确定该起事故中造成标的车及第三者的损失范围。通过对第三者受损财物的清点统计，确定受损财物的型号、规格、数量以及受损的程度，为核定损失提供基础资料。损失较小者可以现场确定事故损失。

五、现场查勘的方法

（一）沿着车辆行驶路线查勘法

沿着车辆行驶路线查勘法适用于事故痕迹清楚的现场。

（二）从中心（事故车辆）向外查勘法

从中心（事故车辆）向外查勘法适用于现场范围不大、痕迹和物证较集中的现场。

（三）从外向中心查勘法

从外向中心查勘法适用于现场范围大、痕迹和物证较分散的现场。

（四）分片分段查勘法

分片分段查勘法适用于范围大、距离长和伪造的现场。

子任务二 现场查勘

★★★1+X 汽车运用与维修职业技能等级标准（汽车营销评估与金融保险服务技术模块）：电子定损软件

技能要求：

（1）能够熟练操作查勘定损软件，进行查勘记录上传及定损明细登记上传。

（2）能对现场事故案件进行清晰的描述。

知识要求：

（1）查勘定损软件的使用说明。

（2）现场事故案件的描述要素。

★★★全国职业院校技能大赛——汽车营销赛项（汽车保险查勘与理赔作业模块）考核内容：

（1）联系报案人并检查工具资料，到报案现场开展查勘工作任务；

（2）运用查勘标准话术，查验客户个人信息和保险信息，依次完成事故查勘、照片拍摄、草图绘制等流程工作；

（3）将所有信息填入机动车鉴定评估与定损理赔综合业务平台，完成全部事故现场查勘工作后审核事故查勘信息，进行赔案立案。

一、交通事故的责任认定

（一）交通事故定义

在我国，道路交通事故（以下简称交通事故）是指车辆在道路上因过错或者意外造成人身伤亡或者财产损失的事件。交通事故中的道路是指公路、城市道路和虽在单位管辖范围内，但允许社会机动车通行的地方，包括广场、公共停车场等用于公众通行的场所。交通事故不仅是由特定的人员违反交通管理法规造成的，也可以是由地震、台风、山洪、雷击等不可抗拒的自然灾害造成的。

交通事故的构成要件通常包括客观要件（车辆要件和道路要件）、主观要件（过错或意外）、损害后果要件、过错或意外与损害后果之间的因果关系要件。任何一起交通事故都必须包括这 4 个要件，否则就不能构成一起交通事故。

1. 客观要件

交通事故必须是涉及车辆的事件，即交通事故当事人至少有一方是车辆。不涉及车辆的事件不能称为交通事故。《道路交通安全法》对车辆及其形态做了专门规定。交通事故必须是发生在道路上的事件，不发生在道路上的事件不能称为交通事故。《道路交通安全法》《公路工程技术标准》（JIGB01-2014）《城市道路交通规划设计规范》（GB50220—1995）对道路的内涵和外延做了比较明确的规定。

2. 主观条件

（1）过错。

过错是指行为人的主观心态，包括故意和过失。故意是指行为人已经预见到自己行为可能造成的后果，但仍然积极地追求或者放任该后果的发生。过失是指行为人应当预见到自己的行为可能造成某种后果，因疏忽大意而没有预见或者预见后轻信能够避免以致发生这种后果的心理态度。对于交通事故而言，交通事故的当事人经常故意违反交通安全法规，但他们并不希望造成人员伤亡或财产损失。如果他们对事故的发生持有故意的主观心态，那么行为人的行为就可能造成故意伤害、故意杀人、诈骗等犯罪。

（2）意外。

行为人主观上没有过错，即使交通意外事件的发生是由于不能抗拒或者不能预见的原因引起的，也要作为交通事故对待。

3. 损害后果要件

交通事故必须有人身伤害或财产损失的后果。人身损害以《人体重伤鉴定标准》《人体轻伤鉴定标准（试行）》和《人体轻微伤鉴定标准》为依据。财产损失以交通事故现场的直接财产损失为依据。如果客观上没有损害后果的发生，则该事件不属于交通事故。

4. 过错或意外与损害后果之间的因果关系要件

当事人的过错或意外是交通事故损害后果出现的原因，交通事故损害后果是当事人的过错或意外事件的结果，这两者之间构成因果关系。若两者之间没有因果关系，则不构成交通事故。

（二）交通事故的分类

1. 按交通事故的后果分类

公安部在《关于修订道路交通事故等级划分标准的通知》（公通字〔1991〕113 号）中对事故等级作了如下规定：

轻微事故一次造成轻伤 1~2 人，或者财产损失机动车事故不足 1000 元，非机动车事故不足 200 元的事故。

一般事故是指一次造成重伤 1~2 人，或者轻伤 3 人以上，或者财产损失不足 3 万元的事故。

重大事故是指一次造成死亡 1~2 人，或者重伤 3 人以上 10 人以下，或者财产损失 3 万元以上不足 6 万元的事故。

特大事故是指一次造成死亡 3 人以上，或者重伤 11 人以上，或者死亡 1 人、同时重伤 8 人以上，或者死亡 2 人、同时重伤 5 人以上，或者财产损失 6 万元以上的事故。

死亡事故是指因道路交通事故而当场死亡和伤 7 天内抢救无效死亡的事故。

2. 按交通事故的对象分类

按交通事故的对象分类，可分为车辆间事故、车辆对行人的事故、车辆对自行车的事故、车辆单独事故、车辆与固定物的碰撞事故以及铁路道口事故等。

车辆间事故即车辆与车辆碰撞的事故，包括正面碰撞型、追赶碰撞型、侧面碰撞型和接触性碰撞型等；车辆对行人的事故包括车辆在车行道和人行道轧死、撞伤行人的事故，也包括车辆闯出路外所发生的轧死、撞伤行人的事故；车辆对自行车的事故包括机动车在机动车行车道和自行车道轧死、撞伤骑自行车的事故；车辆单独事故包括翻车事故以及坠入桥下或江河的事故；车辆与固定物的碰撞事故是指车辆与道路上的作业结构物、物路径上的灯杆、交通标志杆、广告牌杆、建筑物以及路旁的树木等相撞的事故；铁路道口事故是指车辆或行人在铁路道口被火车撞死、撞伤的事故。

3. 按违反交通规则的对象分类

按违反交通规则的对象分类，可分为机动车事故、非机动车事故和行人事故 3 种。

机动车事故是指机动车负主要责任的交通事故，包括机动车单独、机动车与机动车、机动车与摩托车、机动车与自行车、机动车与行人以及机动车与火车 6 种情况；非机动车事故主要是指自行车事故，即指骑自行车人过失或违反交通规则所造成的交通事故，包括自行车单独、自行车与机动车、自行车与自行车、自行车与其他非机动车、自行车与行人以及自行车或其他非机动车与火车 6 种情况。行人事故是指由于行人过失或违反交通规则而发生的交通事故，包括行人负主要责任的机动车和非机动车轧死、撞死行人的事故，也包括火车在铁路道口撞死、撞伤行人的事故。

（三）交通事故处理的程序

1. 简易程序

对于发生《道路交通安全法》第七十条规定的交通事故，在道路上发生交通事故，未造成人身伤亡，当事人对事实及成因无争议的，或仅造成轻微财产损失，并且基本事实清楚的，可以即行撤离现场，恢复交通，自行协商赔偿数额和赔偿方式以及向保险公司索赔事宜。

对于发生《道路交通安全法》第七十条规定的交通事故，当事人对事实及成因有争议，不即行撤离现场或者当事人自行撤离现场后，经协商未达成协议的或者受伤人员认为自己伤情轻微，当事人对事实及成因无争议，但是对赔偿有争议的以及当事人共同请求调解的，可以由交通警察予以记录，由当事人签名，并根据当事人的行为对发生交通事故所起的作用以及过错的严重程度确定当事人的责任，当场制作事故认定书。

如果出现了在事故中当事人提供不出交通事故证据，因现场变动导致证据灭失，交通警察无法查证交通事故事实；当事人对交通事故认定有异议，拒绝在事故认定书上签名，且不同意由交通警察调解或者调解生效后当事人不履行的情况，则当事人可以向人民法院提起民事诉讼。

2. 一般程序

交通事故处理的一般程序是指公安机关交通管理部门处理交通事故案件时通常适用的程序，它规定了交通事故处理的各个主要环节。

（1）受理。

受理是指公安交通管理部门接受案件并予以处理。公安机关交通管理部门对于当事人、目击者及其他人报告的交通事故案件都应当接受，然后按照管辖范围迅速审查，认为是交通事故且属自己管辖的即应立案开展调查。如果不属于自己管辖，则应告知报案人并主动与有管辖权的交通管理部门联系；如遇必须采取紧急措施的，则应当先采取紧急措施，然后移交有管辖权的交通管理部门。对于发生一次死亡 3 人以上或者有重大影响的交通事故，应立即向上一级公安机关交通管理部门和当地人民政府报告；涉运营运车辆的，应同时通告当地人民政府有关行政管理部门。

当事人未在交通事故现场报警，事后请求公安机关交通管理部门处理的，当事人应当在提出请求后 10 日内向公安机关交通管理部门提供交通事故证据。公安机关交通管理部门应从接到当事人提供的交通事故证据材料之日起，对交通事故进行调查。当事人未提供交通事故证据，公安机关交通管理部门因现场变动而导致证据灭失，无法查证交通事故事实的，应当书面通知当事人向人民法院提起民事诉讼。

（2）调查。

对于治安性质的交通事故，由于不适用《中华人民共和国刑事诉讼法》，所以由公安机关交通管理部门进行调查；对于刑事性质的交通事故，适用《中华人民共和国刑事诉讼法》规定的，可对案件实施侦查。调查包括现场查勘，询问当事人，询问证明人，收集物证，对痕迹、物证等进行技术鉴定等取证工作。

公安机关交通管理部门对交通事故进行调查时，交通警察不得少于 2 人。交通警察调查时，应当向被调查人员表明警察身份，告知被调查人依法享有的权利和义务，向当事人发送联系卡。联系卡载明交通警察姓名、办公地址、联系方式和监督电话等内容。

（3）检验与鉴定。

公安机关交通管理部门对当事人生理和精神状况、人体损伤、尸体、车辆及其行驶速度、痕迹、物品以及现场的道路状况等需要进行检验和鉴定的，应当在查勘现场之日起 5 日内指派或者委托专业技术人员、具备资格的鉴定机构进行检验和鉴定。检验和鉴定应当在 20 日内完成，超过 20 日的，应当报上一级公安机关交通管理部门批准，但最长不得超过 60 日。

公安机关交通管理部门应当在接到检验和鉴定结果后 2 日内将检验和鉴定结果复印件交当事人。当事人对公安机关交通管理部门的检验和鉴定结论有异议的，可以在接到检验和鉴定结论复印件后 3 日内提出重新检验和鉴定的申请。经县级公安机关交通管理部门负责人批准后，应当另行指派或者委托专业技术人员或有资格的鉴定机构进行重新检验和鉴定。

当事人对自行委托的检验、鉴定和评估结论有异议的，可以在接到检验、鉴定和评估结论后 3 日内另行委托检验、鉴定和评估，并告知公安机关交通管理部门予以备案。申请重新检验、鉴定和评估，以一次为限。重新检验、鉴定和评估的时限与检验、鉴定和评估的时限相同。

（4）交通事故责任认定。

通过调查（侦查）、取证工作，在事实清楚、证据确定充分的基础上，对当事人应付的交通事故责任进行认定，对其应负的法律责任也作出认定。

公安机关交通管理部门对经过勘验和检查现场的交通事故应当自勘查现场之日起 10 日内制作交通事故认定书。交通肇事逃逸的，在查获交通肇事逃逸人和车辆后 10 日内作交通事故认定书。对需要进行检验和鉴定的，应当在检验和鉴定或者重新检验和鉴定结果确定后 5 日内制作交通事故认定书。

（5）裁决处罚。

对于有交通肇事行为但尚不够刑事处罚的，对其交通肇事行为作出交通管理处罚裁决。

（6）损害赔偿调解。

由交通事故调解人员对当事人之间的事故损害经济赔偿进行调解。当事人达成调解协议的，制作调解协议书。经调解未达成协议的，公安机关交通管理部门应当制作调解终结书送交各方当事人，调解终结书应当载明未达成协议的原因。

调解书生效后，赔偿义务人不履行的，当事人可以向人民法院提起民事诉讼。交通事故案件在公安机关交通管理部门的处理程序至此终结。

（四）交通事故的责任认定

1. 道路参与者的道路通行原则

道路通行原则是所有道路交通参与者必须严格遵守的行为准则，也是道路通行规范制定的依据。我国的道路通行原则有 4 个：右侧通行原则、各行其道原则、遵守交通信号原则、优先通行原则。

2. 责任认定的基本原则

（1）依法定责的原则。

作为行政机关的道路交通管理部门，在责任认定时必须以法律为准绳，依法定责。认定道路交通事故责任的法律依据不仅仅是有关道路交通安全方面的法律法规和规章，还应包括《中华人民共和国刑法》《中华人民共和国民法典》《中华人民共和国刑事诉讼法》《中华人民共和国民事诉讼法》《中华人民共和国行政处罚法》《中华人民共和国行政诉讼法》等相关的法律和法规。

（2）因果关系的原则。

责任认定所分析的因果关系，就是作为事故原因的违章行为或意外事故与造成事故之间的因果关系，应分析出与事故发生有直接的、内在的、必然的、主要的违法行为。严禁简单运用“违章是肇事的前因，肇事是违章的后果”这种逻辑关系。

3. 责任认定的主要依据

交通事故责任分为全部责任、主要责任、次要责任、同等责任和无责任。

（1）负全部责任的情形。

完全是因为一方当事人的过错行为而导致的交通事故；当事人有逃逸行为，致使无法认定交通事故责任的；当事人有故意破坏、伪造现场、毁灭证据行为，致使无法认定交通事故责任的；当事人一方有条件报案而未报案或未及时报案，致使交通事故责任无法认定的。

（2）负主要责任和次要责任的情形。

双方当事人的违法行为共同造成交通事故的，违法行为在交通事故中作用大的一方负主要责任，另一方负次要责任；机动车与非机动车、行人发生的交通事故，当事人双方均有条件报案而均未报案，致使无法认定事故责任的，机动车方一方负主要责任，非机动车、行人一方负次要责任；由三方以上当事人的违法行为造成的交通事故，按各自违法行为在交通事故的作用大小划分责任。

（3）负同等责任的情形。

当事人双方的违法行为在交通事故中的作用相当的，双方负同等责任；机动车之间发生的交通事故，若双方均有条件报案而均未报案或未及时报案致使无法认定事故责任的，双方应负同等责任。

（4）无责任的主要情形。

交通事故是由一方当事人的交通违法行为所导致的，另一方无责任；一方当事人故意造成的交通事故，另一方无责任；非机动车或行人与静止机动车发生的事故，机动车一方无责任；双方均无导致交通事故的过错，属于交通意外事故的，双方均无责任。

4. 事故现场遭到破坏时的责任认定

交通事故现场能够客观反映交通事故发生前后整个过程的空间场所，是公安机关管理部门正确认定交通事故责任的关键。因此，我国道路交通方面的法律和法规均明确规定了有关人员应当保护现场，不得破坏现场。

现场遭到破坏，要区分不同的情况进行责任认定：

（1）如果现场是一方当事人故意破坏的，则破坏现场的当事人要承担全部责任。

（2）如果现场不是被故意破坏的，而是因不小心或其他原因（如由于暴雨等）受到破坏的，则由负有举证责任的一方承担相应的举证责任。

（3）机动车之间发生交通事故的，由过错的一方承担责任；双方都有过错的，按照各自过错的比例分担责任。

（4）机动车与非机动车驾驶人、行人之间发生交通事故的，由机动车一方承担责任；但是，有证据证明非机动车驾驶人、行人违反道路交通法律和法规的，机动车驾驶人已采取必要处理措施的，减轻机动车一方的责任。

（5）交通事故的损失是由非机动车驾驶人、行人故意造成的，机动车一方不承担责任。

由此可见，机动车一方负有较重的举证责任，如果在现场遭到破坏后，不能举出有力的证据予以反驳，那么机动车一方就要承担事故的全部责任。

5. 交通事故的简易判定

交通事故的简易判定方法如下所示：

超越前方正在超车的车的，图中所示均为A车全责

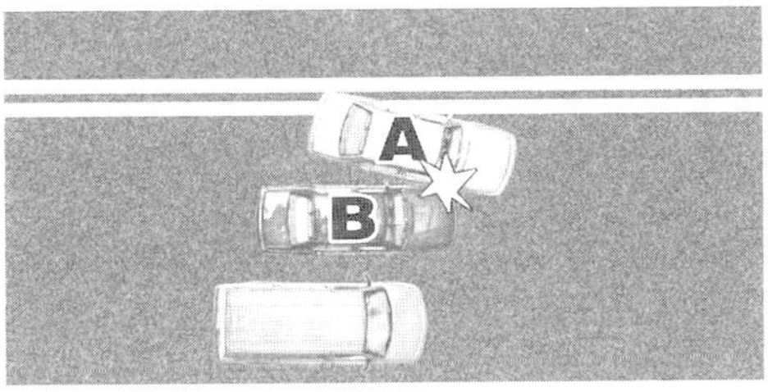

未按照交通警察指挥通行的，图中所示均为A车全责

通过没有交通信号灯控制或者交通警察指挥的交叉路口时，未让交通标志、交通标线规定优先通行的一方先行的，图中所示均为A车全责

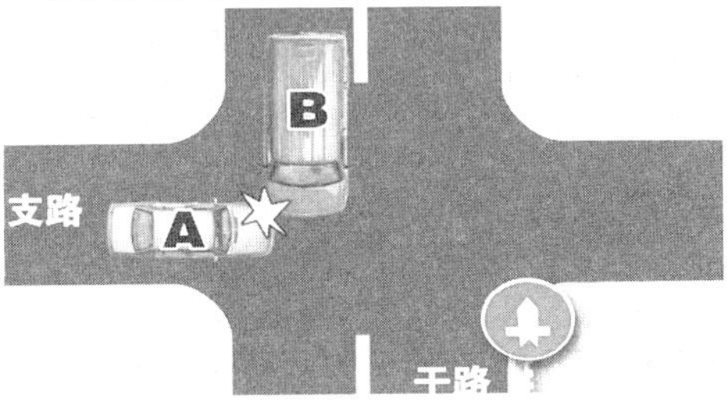

倒车的，图中所示均为A车全责

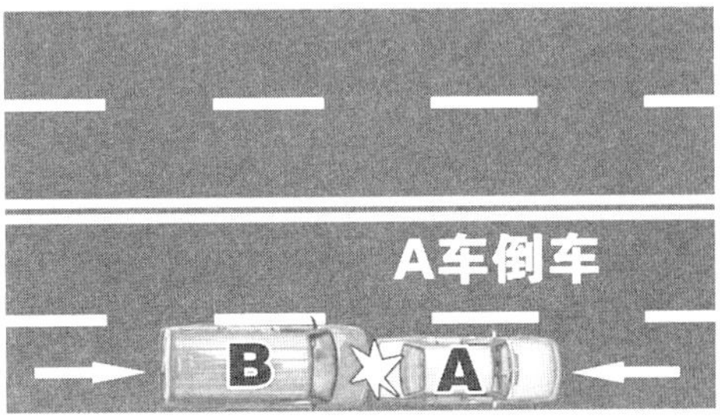

溜车的，图中所示均为A车全责

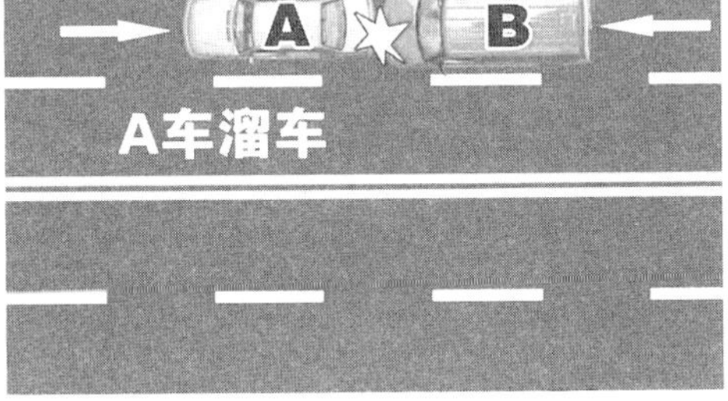

违反导向标志指示行驶的，图中所示均为A车全责

进入环行路口的车未让已在路口内的车先行，图中所示均为A车全责

在没有中心线或者同一方向只有一条机动车道的道路上，从前车右侧超越的，图中所示均为A车全责

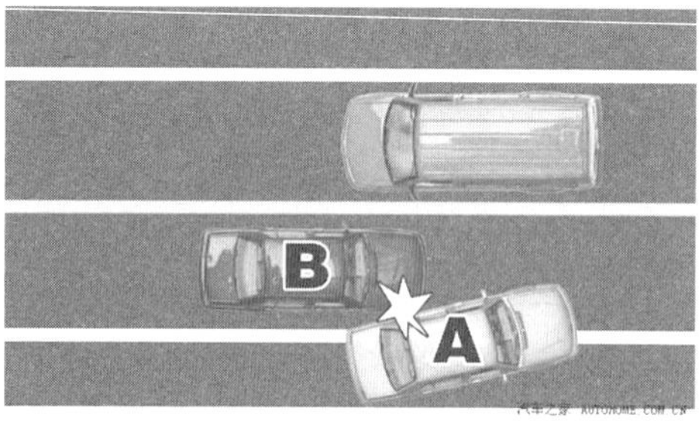

驶入禁行线的，图中所示均为A车全责

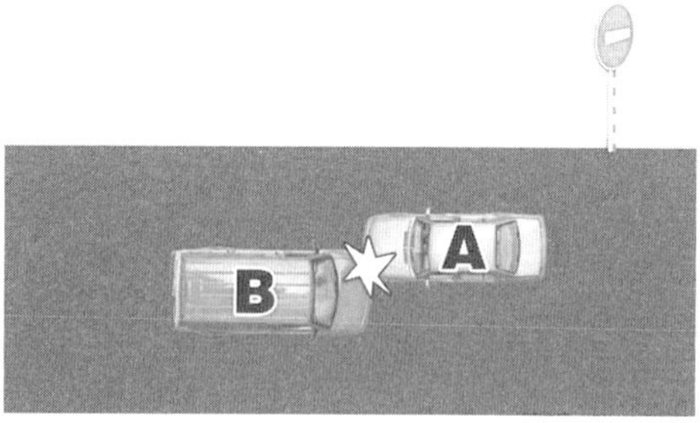

与对面来车有会车可能时超车的，图中所示均为A车全责

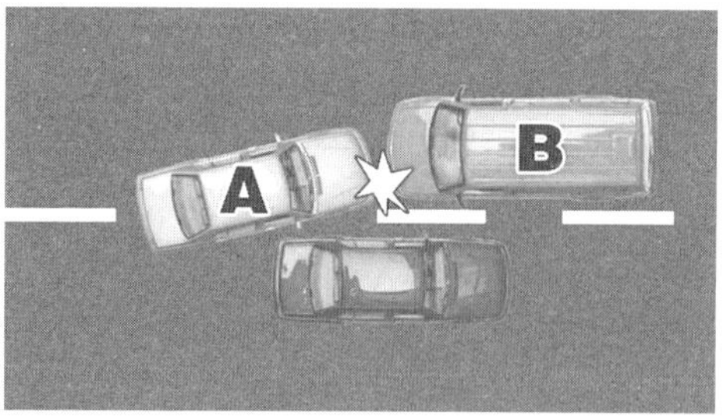

通过没有交通信号灯控制或者交通警察指挥的交叉路口时，在交通标志、标线未规定优先通行的路口，未让右方道路的来车先行的，图中所示均为A车全责

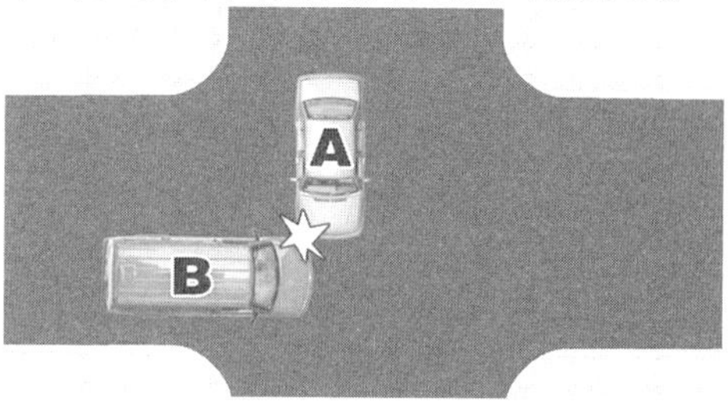

通过没有交通信号灯控制或者交通警察指挥的交叉路口时，遇相对方向来车、左转弯车未让直行车先行的，图中所示均为A车全责

在机动车道上违法停车的，图中所示均为A车全责

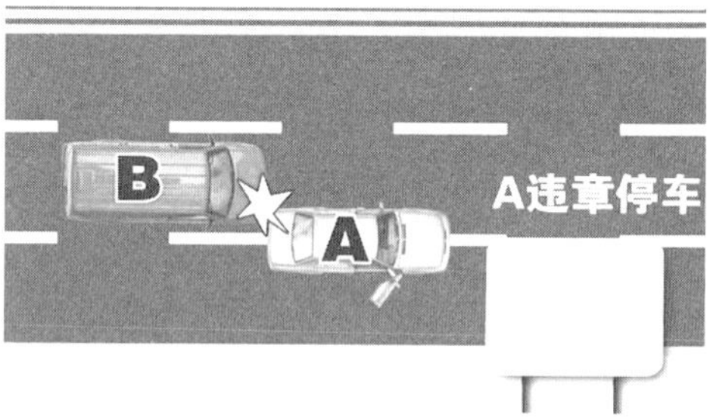

红灯亮时，继续通行的，图中所示均为A车全责

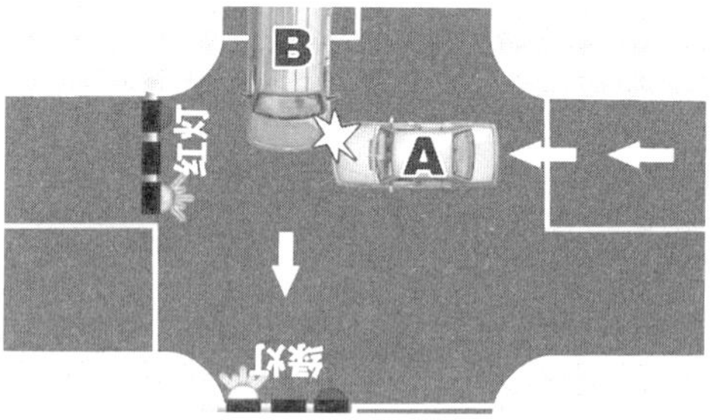

未按导向车道指示方向行驶的，图中所示均为A车全责

绿灯亮时，转弯车未让被放行的直行车先行的，图中所示均为A车全责

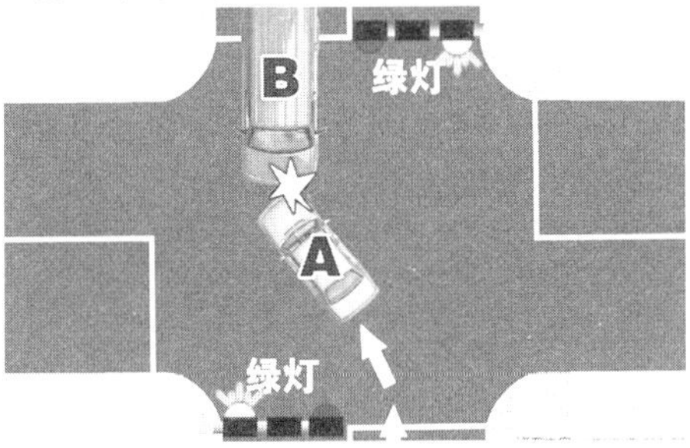

逆向行驶的，图中所示均为A车全责

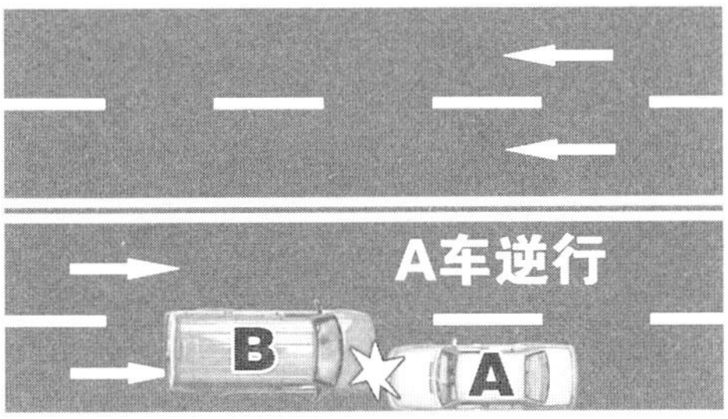

追撞前车尾部的，图中所示均为A车全责

通过没有交通信号灯控制或者交通警察指挥的交叉路口时，相对方向行驶的右转弯车未让左转弯车的，图中所示均为A车全责

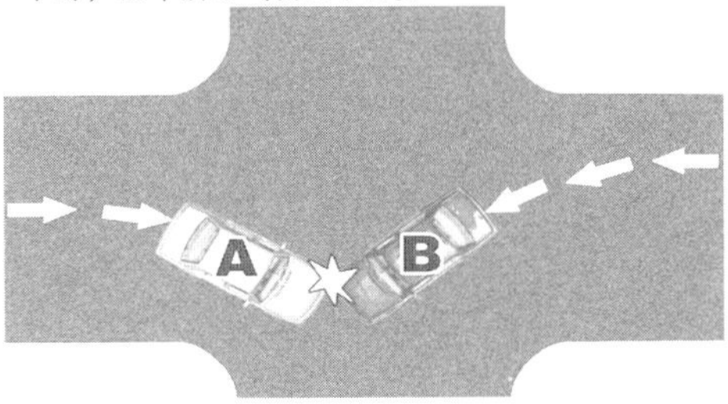

超越前方正在左转弯的车的，图中所示均为A车全责

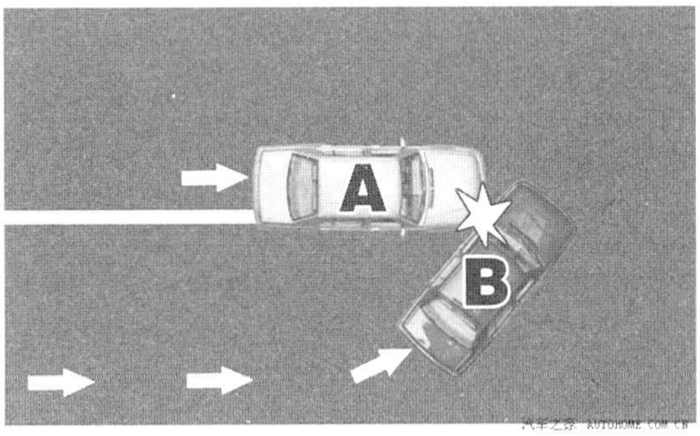

装载的货物在遗洒、飘散过程中导致交通事故的，图中所示均为A车全责

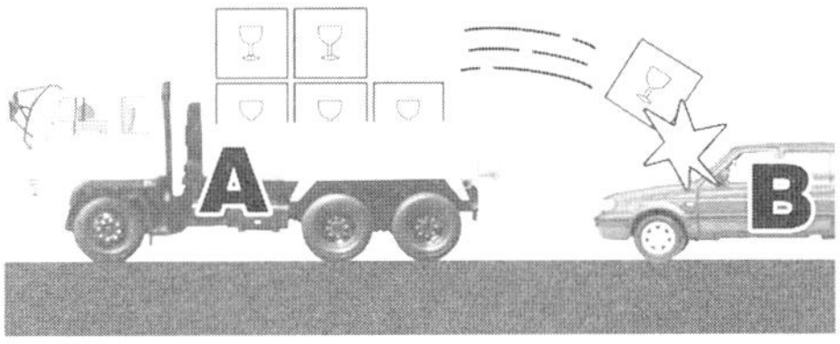

在没有中心隔离设施或者没有中心线的狭窄山路上会车时，靠山体的一方未让不靠山体的一方先行的，图中所示均为A车全责

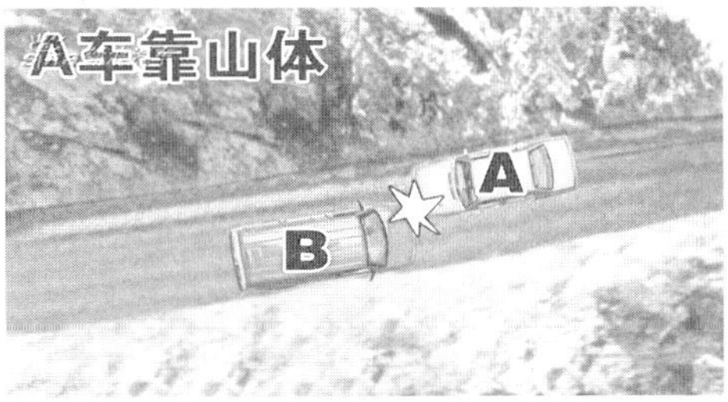

超越前方正在掉头的车的，图中所示均为A车全责

在没有中心隔离设施或者没有中心线的道路上会车时，下坡车未让上坡车先行的；但下坡车已行至中途而上坡车未上坡时，上坡车未让下坡车先行的，图中所示均为A车全责

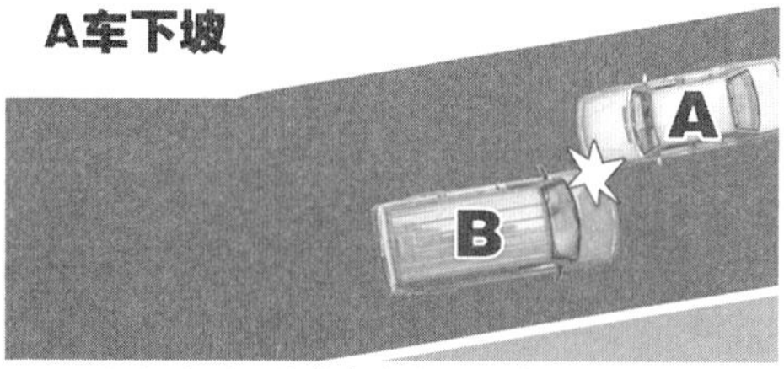

红灯亮时，右转弯车未让被放行的车先行的，图中所示均为A车全责

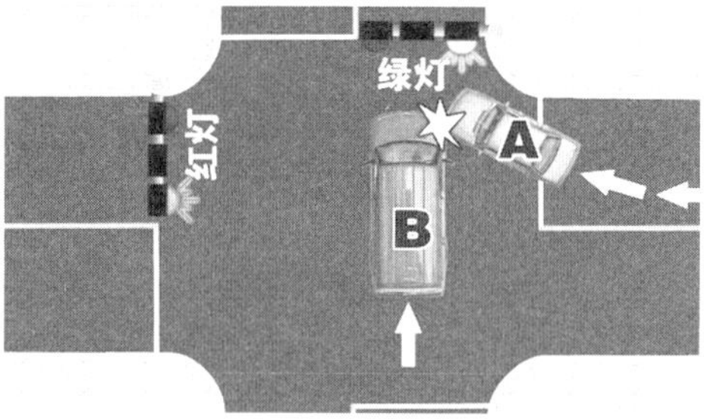

违反规定在专用车道内行驶的，图中所示均为A车全责

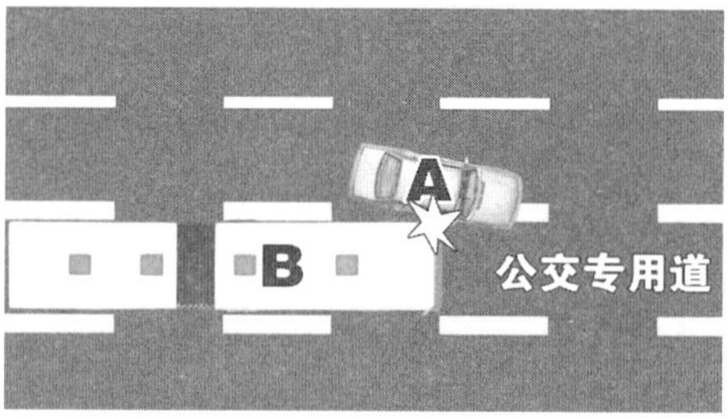

在有禁止掉头标志、标线的地方以及在人行横道、桥梁、陡坡、隧道掉头的，图中所示均为A车全责

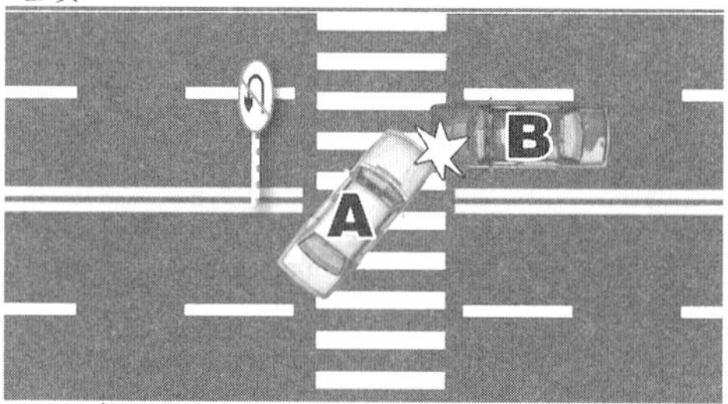

在没有中心隔离设施或者没有中心线的道路上会车时，有障碍的一方未让无障碍的一方先行的；但有障碍的一方已驶入障碍路段，无障碍的一方未驶入时，无障碍的一方未让有障碍的一方先行的，图中所示均为A车全责

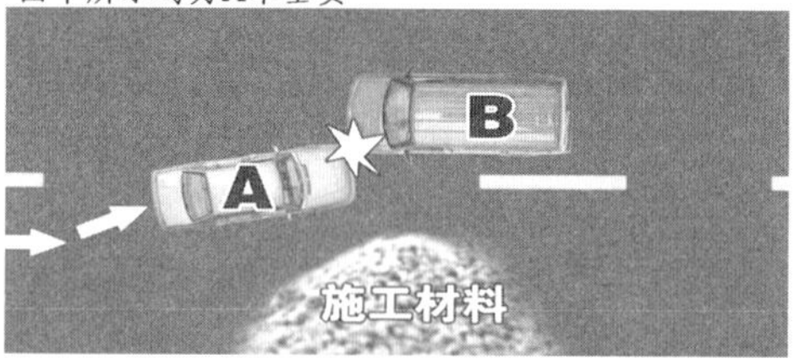

6. 交通事故认定书

交通事故认定书是由公安机关交通管理部门以交通事故现场勘验、检查、调查情况和有关的检验、鉴定结论为根据，认定交通事故当事人责任的一种法律文书。按规定，公安机关交通管理部门对经过勘验和检查现场的交通事故应当在查勘现场之日起10日内制作交通事故认定书。对需要进行检查和鉴定的，应当在检查和鉴定结果确定之日起5日内制作交通事故认定书。

公安交通管理部门出具的交通事故认定书是处理交通事故的证据，也是当事人就民事损害赔偿问题向法院提交的重要证据。交通事故认定书应当包含如下内容：

（1）交通事故当事人、车辆、道路和交通环境的基本情况。

（2）交通事故的基本事实。

（3）交通事故证据及成因的分析。

（4）当事人的过错及责任或意外原因。

交通事故认定书应当加盖公安机关交通管理部门事故处理专用章，分别送达当事

人，并告知当事人申请公安机关交通管理部门调解的期限和向人民法院提起民事诉讼的权利。

对无法查清当事人道路交通安全违法行为的，书面通知当事人向人民法院提起民事诉讼。

交通事故认定书范例如图 2-2-1 所示。

滨州市公安局交通警察支队滨城区大队

道路交通事故认定书（简易程序）

第371602420219000004号

事故时间	2021年06月08日 08时46分				天气	晴
事故地点	山东省滨州市滨城区黄河五路(滨城区G205与黄河五路交叉口东南50米)					
当事人	驾驶证或身份证号码	联系方式	交通方式	机动车类型、牌号	保险公司	交强险凭证号
武	372301)2120	185612	驾驶机动车	小型汽车 鲁M 7	阳光财险	
陈	37230 J0222	187664	驾驶机动车	小型汽车 鲁M J0	平安财险	

交通事故事实及责任	2021-06-08 08:46，陈 （驾驶证号：3723011990 004X）驾驶车牌号为鲁MEI 小型汽车，在山东省滨州市滨城区黄河五路(滨城区G205与黄河五路交叉口东南50米)，变更车道时与武炳 韬（驾驶证号：37230119 20316）驾驶车牌号为鲁MC 小型汽车由南向北发生交通事故，当事人陈 的行为违反了“102200:第二十二条 机动车驾驶人应当遵守道路交通安全法律、法规的规定，按照操作规范安全驾驶、文明驾驶。”之规定，负同等责任；当事人武 的行为违反了“1):第二十二条 机动车驾驶人应当遵守道路交通安全法律、法规的规定，按照操作规范安全驾驶、文明驾驶。”之规定，负同等责任。 ☒财产损失事故 ☑受伤当事人伤势轻微，各方当事人一致同意适用简易程序处理 当事人：陈 武 交通警察： 滨州市公安局交通警察支队滨城区大队 事故处理章 2021年06月10日
损害赔偿调解结果	互碰互赔，就此结案。 当事人：陈 武 交通警察： 滨州市公安局交通警察支队滨城区大队 事故处理章 2021年06月10日

当事人对交通事故认定有异议，可以自道路交通事故认定书送达之日起三日内提交书面复核申请。同一事故的复核以一次为限。损害赔偿有争议的，当事人可以申请人民调解委员会调解，或者向人民法院提起民事诉讼。

注：此文书存档一份，交付各方当事人各一份。可使用无碳复写纸制作。

图 2-2-1 交通事故认定书范例

二、现场查勘的流程

现场查勘的基本工作流程如图 2-2-2 所示。

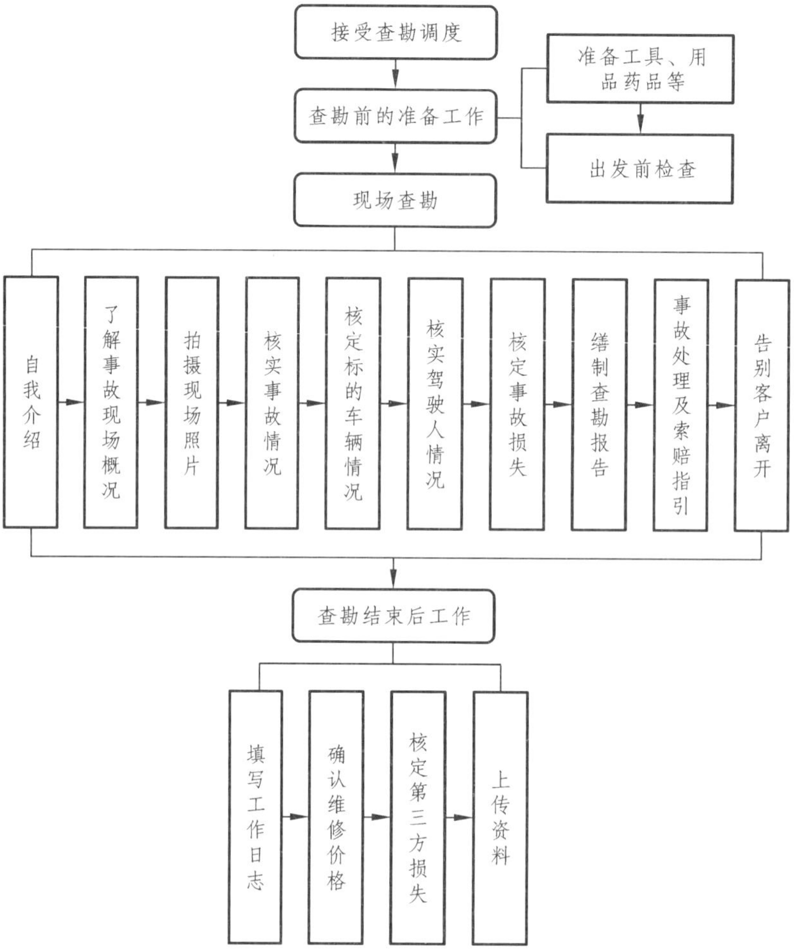

图 2-2-2 现场查勘的基本流程

（一）接受查勘调度

1. 接受调度时不同工作状态的处理方式

（1）如在非查勘定损过程中，应记录事故发生地点、客户姓名、联系电话、车牌号码、VIN 及报案号，并了解简单事故经过。了解是否是 VIP 客户，是否需推荐修理厂等案件相关信息。然后在 5 分钟内与客户电话联系，了解事故详细地点及简单经过。告知客户到达现场的时间，对客户做初步的事故处理指导。

（2）如果查勘人员正在另一事故的现场查勘过程中，如果正在处理的事故现场，在短时间内能处理完毕，并预计能够按时或稍晚些时候可以赶到下一个事故现场的，查勘人员应及时记录好案件信息，并在 5 分钟内与客户联系，说明情况，消除客户的急躁情绪，让客户心中有数，并把情况向客服中心反馈。如果短时间不能处理完毕，查勘人员应与客服中心进行沟通，取得客服中心的支持，另行调度。

（3）如果正在修理厂定损的过程中，应及时记录好案件信息，并在5分钟内与客户联系，说明情况，告知预计到达事故现场的时间。离开修理厂时，要有礼貌地同客户或修理厂有关人员道别，并告知厂方如果有疑问，请随时打电话联系。

车损较大，不能在短时间内处理完毕的，查勘人员应拍好车损外观照片，并与客户或修理厂有关人员进行沟通，取得他们的理解，然后赶赴现场案件地点进行查勘。

如果修理厂位置偏远，应当及时与客服中心进行沟通，取得客服中心的支持，另行调度。

（4）查勘人员在赶赴现场遇到道路严重堵塞，停滞不前，或查勘车辆发生故障不能前行等特殊情况，导致不能按时到达事故地点的，应立即向客服中心反馈，取得客服中心的支持，另行调度，并向客户说明。

联系客户

2. 现场查勘联系客户服务要求及用语

（1）电话接通，及时接听，服务用语："您好，我是××查勘人员×××……"

（2）接受派工服务态度要端正，不准以各种借口拒绝派工，如果现场查勘有困难，可以跟调度解释或跟主管领导汇报。

（3）初次联系客户用语："您好，请问是××先生/女士吗？我是××保险公司查勘人员，受××保险公司委托负责您这次事故的现场查勘工作，请问您的事故位置是什么地方？事故情况怎么样？能简单介绍一下吗？"

（4）询问客户事故地点用语："您好，我目前在××区域。正在赶赴您那里的途中/我正在××处理一起事故，估计要××点能赶到。请不要移动现场，好吗？如果交警已到可让交警先处理，我随后就到。"

（5）因特殊原因不能按时到达用语："不好意思。我正在赶去您那里的途中。由于××原因，估计要××时间才能赶到您那儿，请稍等一下，好吗？"

（6）核实事故地点用语："您好！××先生/女士，我现在已到了××（地方），没看到您的车辆，您现在具体在哪个位置？"

（7）严禁拨通客户电话后，不等客户接通电话就挂机让客户打回来。

（二）查勘前的准备工作

在赶赴现场之前，必须携带好必要的查勘工具和救护用具，准备好查勘单证及相关资料。需要准备的常用设备及用具如下：

1. 常用工具和用品的准备

（1）查勘设备：查勘车辆、照相的相机，测量用的钢卷尺或皮尺，记录用的签字笔、书写板、印泥等文具；夜间查勘需要准备手电筒；雨天查勘需要准备雨伞、胶靴等；视情况还需准备反光背心、事故警示牌、手套等防护用品；新手查勘还需准备事故现场所在地的地图备查。

（2）作业资料：现场查勘需准备现场查勘报告单、定损单、索赔指导书、出险通知书、赔款收据、事故快速处理书和其他委托单位要求在现场派发或收集的资料。

（3）常用药品：有条件的业务部可常备创可贴、云南白药、碘酒、十滴水、风油精、藿香正气水、药棉、纱布、绷带或医用胶带等常用药品、药具。

2. 出发前的各项检查

出发前，检查查勘车辆的车况：离合器、制动性能是否良好，备胎情况及更换工具是否随救护用具随车携带，燃油油量能否满足当天查勘要求。另外，检查相机等查勘工具、救护用具和作业资料等是否完备，各类电子设备电量是否充足。

现场查勘工作

（三）到达事故现场的工作

到达事故现场后，查勘人员应先将查勘车辆停放在不影响通行的安全位置，携带好查勘工具下车；当事故现场不方便停车（或难以通行）时，可先让一名查勘人员携带查勘工具在现场（或现场附近）下车，先行前往事故现场，按照以下程序来进行现场查勘。另一名查勘人员在停放好查勘车辆后，及时赶赴事故现场，参与现场查勘。

1. 到达现场后的自我介绍

到达现场后，查勘人员首先要通过车牌号确认事故现场，同时要确认客户身份，并向客户进行自我介绍。介绍的标准用语范例：“您好，请问是××先生/女士吗？我是××××保险公司的查勘员，我姓××，您的这次事故由我来处理。”以取得客户配合，消除客户急躁情绪，然后展开现场查勘工作。

2. 了解事故现场概况

在一名查勘人员向客户做自我介绍的同时，另一名查勘人员要确认现场是否存在以下情况：

（1）查看事故现场是否有人员受伤。对于有人员受伤的案件，查勘人员指导客户拨打 120 和 122 报警，并保护好现场、协助将伤员送往医院等（因抢救需要移动现场车辆或人员位置的，要做好标记）；如果属于群死群伤的大案件，则积极协助客户、交通管理部门妥善处理人员伤亡事宜。

（2）查看事故车辆是否处于危险状态。如果事故车辆仍处于危险状态，查勘人员应指导客户联系 122、119 或协助实施拖车、吊车、灭火等救援工作。

3. 拍摄现场照片

由于事故现场极易被破坏，故在了解事故现场概况的同时，查勘人员应及时拍摄现场照片。

4. 核实事故情况

核实事故情况就是要确认事故的真实性、确认标的车在事故中的责任、确认事故或损失是否属于保险责任范畴。在向客户做完自我介绍之后，查勘人员要立即开始核实事故情况。核实事故情况主要按以下流程进行：

（1）查勘碰撞痕迹。

查勘事故车辆的接触点、撞击部位和事故痕迹，查找事故附着物、现场散落物，检查事故车辆接触部位黏附的物体。采集这些物体的标本作为物证，以便分析事故附着物、散落物及事故痕迹是否符合，从而判断事故的真实性。对存在疑点或与报案不符的事项做重点调查，必要时对当事人或目击人做询问记录。

事故附着物和散落物是指黏附在事故车辆表面或散落在现场的物质(如油漆碎片、橡胶，人体的皮肉、毛发、血迹，纤维、木屑以及汽车零部件、玻璃碎片等)；事故痕迹是指肇事车辆、被撞车辆、伤亡人员、现场路面及其他物体表面形成的印迹（撞击痕迹、刮擦痕迹、碾压痕迹和制动痕迹等）。

对事故车辆与被碰撞物已经分离的情况，要用钢卷尺指明碰撞点拍摄，来反映碰撞物体之间的空间关系（如地上石头的高度与车辆底盘被碰撞点高度，墙体、栏杆上碰撞痕迹的长度、高度与车辆碰撞痕迹的长度、高度）。

（2）确认事故的真实性。

通过事故现场的仔细勘验，查勘人员要对事故的出险时间和地点做出判断，以确认事故是否真实。

（3）确认车辆行驶状态。

通过查勘车辆行驶后遗留的轮胎印迹，查勘现场环境和道路情况，可确认事故车辆的行驶路线。

（4）判定事故责任。

确定车辆行驶路线后，结合出险驾驶人或事故目击人员的叙述，查勘人员可根据《中华人民共和国道路交通安全法》和《中华人民共和国道路交通安全法实施条例》的相关规定，对双方的责任做出判定。并协助事故当事人协商确定责任，双方对责任认定有分歧的，需交由执法机关进行认定。

事故责任分为全责、主责、同责、次责和无责几种。如果标的车辆在事故中没有责任，可以直接开始缮制“现场查勘报告”，在报告中注明标的车“无责”，并告知客户向有责任一方索赔的程序后，即可结束查勘工作。

需要注意的是查勘人员判定的事故责任和执法机关判定的事故责任法律效力是不一样的，查勘人员判定的事故责任必须要事故双方或多方驾驶人同意并签名确认才能得到认可。所以当事故双方（或多方）驾驶人对查勘人员判定的事故责任有异议的时候，一定要要求执法机关来判定事故责任。

（5）出具“交通事故快速处理书”。

如果事故所在城市实施了交通事故快速处理、快速理赔机制，且委托单位授权查勘人员的，查勘人员要根据现场情况，在授权范围内向事故当事人出具“交通事故快速处理书”(如表 2-2-1 所示)。

需要注意的是，向事故当事人出具“交通事故快速处理书”，只是证明事故的真实性和确定事故责任，并不代表委托单位必须要承担相应的赔偿责任。

（6）查明事故发生的原因。

出险的真实原因是判断保险责任的关键，对事故的原因应深入进行调查，切忌主观判断。对于事故原因的认定应有足够的事实依据，通过必要的推理，得出科学的结论，应具体分析是客观因素，还是人为因素、车辆自身因素（如刹车失灵引起事故），或是受外界影响等，对于原因错综复杂的，应运用近因原则进行分析，确定导致损失的原因，最后得出结论。

表 2-2-1 机动车交通事故快速处理协议书

<table>
<tr><td>事故时间</td><td colspan="5">年 月 日 时 分</td><td>事故地点</td><td colspan="4"></td></tr>
<tr><td>代码</td><td>姓名</td><td colspan="2">驾驶证号或身份证号</td><td>车辆牌号</td><td>保险公司</td><td colspan="2">电话</td><td colspan="3">保险公司报案号</td></tr>
<tr><td>A</td><td></td><td colspan="2"></td><td></td><td></td><td colspan="2"></td><td colspan="3"></td></tr>
<tr><td>B</td><td></td><td colspan="2"></td><td></td><td></td><td colspan="2"></td><td colspan="3"></td></tr>
<tr><td>C</td><td></td><td colspan="2"></td><td></td><td></td><td colspan="2"></td><td colspan="3"></td></tr>
<tr><td rowspan="3">事故</td><td>1.追尾的□</td><td>2.逆行的□</td><td>3.倒车的□</td><td>4.溜车的□</td><td>5.开关车门的□</td><td colspan="2">6.违反交通信号的□</td><td colspan="3">7.未按规定让行的□</td></tr>
<tr><td colspan="3">8.依法应负全部责任的其他情形□</td><td colspan="7">情形描述:</td></tr>
<tr><td colspan="3">9.双方应负同等责任的□</td><td colspan="7">情形描述:</td></tr>
<tr><td>伤情及物损情况</td><td colspan="10"></td></tr>
<tr><td rowspan="2">当事人责任</td><td colspan="4">A 方负本起事故</td><td colspan="3">B 方负本起事故</td><td colspan="3">C 方负本起事故</td></tr>
<tr><td colspan="4">1.全部责任□
2.同等责任□
3.无责任□</td><td colspan="3">1.全部责任□
2.同等责任□
3.无责任□</td><td colspan="3">1.全部责任□
2.同等责任□
3.无责任□</td></tr>
<tr><td colspan="11">以上填写内容均为事实，如有不实，愿负法律责任。
A 签名: B 签名: C 签名:</td></tr>
<tr><td>赔偿情况</td><td colspan="10">自愿放弃保险索赔，自行解决协议如下:
A 签名: B 签名: C 签名:</td></tr>
</table>

（7）核实事故是否属于保险责任范围。

查明事故真实的原因后，应勘查事故现场中是否存在可疑之处，如被保险机动车驾驶人与第三者车驾驶员描述不一致或是报案信息与现场信息有重大误差，查勘人员应结合《保险法》和相关保险条款作出综合判断。

如果查明事故属于非保险责任范围，查勘人员可以直接开始缮制“现场查勘报告”，在报告中注明事故属于非保险责任范围，并向客户解释清楚后，即可结束查勘工作。

5. 核实标的车辆情况

如果车辆可以自行移动，确认事故的真实性、保险责任和事故责任后，查勘人员可同意（或要求）事故当事人将事故车辆移到不影响交通的地方，继续核实被保险机动车的情况。核实被保险机动车的情况要按以下的流程进行：

（1）核实事故车辆的车牌号、VIN 码或发动机号，特别注意 VIN 码是否与保险单相符。确认事故车辆是否为被保险机动车，并拍摄 VIN 码（如图 2-2-3 所示）；对于进口车、改装车和特种车要注明国产型号和原厂车型；若事故车辆信息与保险单记录不符合，应及时调查取证，现场向报案人或被保险人做询问记录，并请当事人签名确认。

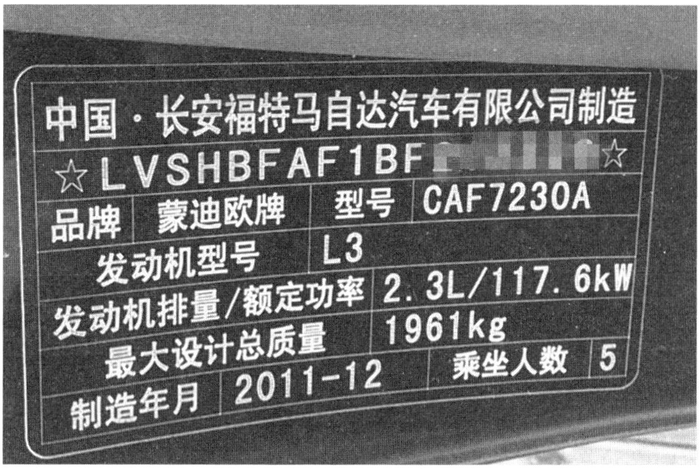

图 2-2-3 某被保险机动车 VIN 码

（2）核实车辆行驶证（如图 2-2-4 所示）上的信息，如发动机号、VIN 码和牌照号是否与承保信息相符，是否与车辆实际信息相符，重点查看行驶证副证上车辆检验合格的期限和检验合格章，并现场拍照留存。对于尚未领取正式牌照而出险的被保险机动车，必须拍摄临时牌照并注意临时牌照发放的时间及有效期。

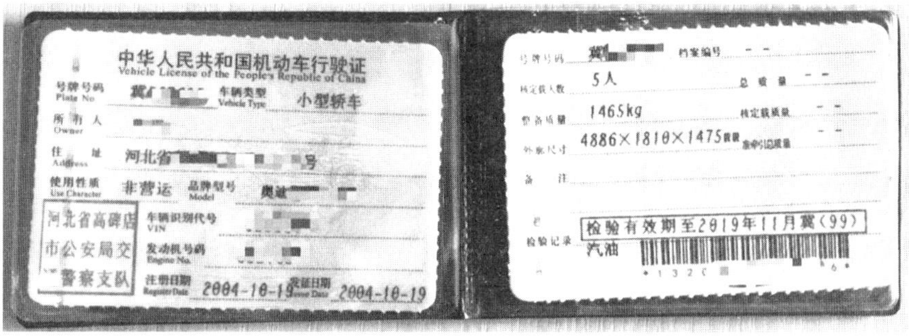

图 2-2-4 某被保险机动车行驶证

（3）核实事故车辆的使用性质，确认事故车辆的使用性质是否与保险单上载明的使用性质相符。对于货车，需查看是否为从事营运性质的运输作业的非营运货车；对于乘用车，需查看是否为非营运乘用车从事营运客运。如果不相符的应及时调查取证，现场向报案人或被保险人做询问记录，并请当事人签字确认，且在查勘记录中说明。

（4）核实装载情况。被保险机动车载运的货物是否符合核定的装载质量规定，可以通过对运单、送货单及车载货物的数量和单件的重量来确认。车辆装载异常或挂有营运牌的，注意索取运单、发货单等资料留存。

（5）查看被保险机动车是否有进行改装，受损的零部件中是否包括非原厂配置的改装零部件，如乘用车上的“大包围”饰件等；货运车上的驾驶室等。重点关注是否有改动车辆的外形或更改和加装部分零部件而导致车辆危险程度增加的情况存在，如增加货运车钢板弹簧的厚度或片数（行驶证副证可查）、加高货箱栏板高度、擅自加长货箱长度以及加大轮胎规格等情况。

（6）对于拖挂车辆或其他拖带物的，要落实主车、挂车或其他拖带物的保险情况，并拍摄挂车或其他拖带物的照片。

（7）核实事故车辆是否存在保险利益发生转移的情况，即核实被保险人是否将被保险机动车进行过转让、转卖和赠送等。如果存在上述情况，应及时调查取证，设法取得相关书面协议。

6. 核实驾驶人情况

（1）查验事故车辆驾驶人的驾驶证，要核实驾驶证是否属于驾驶人本人，同时要核查准驾车型、驾驶证是否有效等信息，并做好记录。

（2）记录出险驾驶人姓名、联系电话；核实出险驾驶人与被保险人的关系，以便了解出险驾驶人使用被保险机动车是否得到被保险人的允许。

（3）核实出险驾驶人是否存在酒后驾车的情形。如果发现出险驾驶人属于酒后驾车情形的，要及时调查取证，现场向出险驾驶人做好询问记录，请当事人签字确认，并在查勘记录中说明。

7. 核定事故损失

（1）核定事故车辆损失，剔除非本次事故或非保险责任内的损失。现场查勘时，查勘人员要确认事故车辆的损失部位；对非本次事故造成的损失（或非保险责任范围内的损失）要予以剔除，同时要做好客户的沟通解释工作，取得客户的理解和确认。

（2）确认第三方财产损失情况。对于造成其他财产损失的案件，查勘人员要现场确认第三方财产损失的型号和数量。对于货品及设施的损失应核实数量、规格、生产厂家，并按损失程度分别核实；对于车上货物还应确定运单、装箱单、发票，核对装载货物情况；对于房屋建筑、绿化带、农田庄稼等，要第一时间丈量损失面积，告知客户提供第三方财产损失清单，并对受损财产仔细拍照，对现场清点后要列出物损清单，并要求事故双方当事人在清单上签名确认。

（3）确认人员伤亡情况。对于有人员伤亡的事故，查勘人员要及时与事故当事人沟通，确认事故中人员伤亡的数量、伤势和伤员就医的医院。有条件的，要前往伤者所在医院，确认伤者伤势、姓名、年龄、身份、职业和家庭情况等。

8. 缮制查勘报告

根据现场查勘情况，完成现场查勘报告，车险理赔查勘报告见表 2-2-11。

9. 事故处理及索赔指引

完成“现场查勘报告”后，现场查勘工作就基本完成了。为了更好地体现保险公司的服务水平，查勘人员还必须指导客户进行事故处理或告知客户索赔的流程和注意事项。

（1）对于由执法机关处理的事故，查勘人员要主动询问客户是否熟悉事故处理流程，对于不熟悉事故处理流程的客户，查勘人员要告知客户事故处理流程，指导客户处理事故。

（2）对于标的车辆在事故中无责的，要告知客户向有责任的一方进行索赔，同时要提醒客户在修车前通知有责任一方的保险公司进行定损，根据定损金额要求有责任的一方支付维修费用。

（3）对于查勘人员处理的事故，查勘人员要告知客户（包括第三方）索赔流程和注意事项：包括双方修车前要通知保险公司进行定损；有物损的，还要告知客户物损核定的流程、核价查询电话、索赔所需资料等。

（4）对于委托单位要求推荐客户到指定修理厂维修的，要积极向客户（包括第三者车）推荐；委托单位没有要求推荐的，查勘人员不可推荐修理厂。如果客户坚持要查勘人员推荐，查勘人员可建议客户向其购车的公司咨询，以免因维修质量问题产生纠纷。

（5）发放相关索赔资料，并指导客户正确填写。

10. 告别客户离开现场

在告知客户事故处理程序和索赔流程后，查勘人员可以离开现场，赶赴处理下一个事故，但应注意如下问题：

（1）在离开现场前，查勘人员应向客户告别，告别的标准用语是“××先生/女士，您的事故现场我们处理完了，我们现在要赶赴处理下一个事故，如果你们对事故处理或索赔过程中有什么不清楚的地方，可以和我联系”。

（2）如果客户提出要搭顺风车，在不影响下一个工作的情况下（如暂时没有接到调度或顺路），可以送客户一程，或将客户送到交通方便、便于乘车的地方。

（3）在现场查勘结束后，查勘人员应将现场查勘情况反馈给公司客服中心或委托单位客服中心，对有疑点且在现场无法取证的疑难案件，更要把疑点向客服中心详细进行反馈。

（四）现场查勘结束后的工作

1. 填写工作日志

按要求填写当天的查勘工作日志，注明违约案件及现核案件情况，对当天的查勘情况进行统计。

2. 核定第三方财产损失

对于现场没有提供第三方财产损失清单的案件，查勘人员应主动与客户联系，要求客户提供损失清单，并根据现场查勘情况，核定第三方财产损失数量后，按要求交给相关核价人员核定价格。

3. 确认维修价格

对于现场核定完损失的案件，查勘人员在上传资料前应与客户或维修厂沟通，查看客户实际选择的维修厂，必要时对价格进行微调，确认客户或承修厂对现场核定的维修价格无异议。

4. 上传资料

现场查勘的所有资料需要上传理赔系统的，查勘人员必须在规定时间内上传至车险理赔系统。遇有疑难问题时，与搭档沟通达成一致意见后及时与核赔人员进行沟通，并将沟通意见上传车险理赔系统。

三、现场查勘相关技能

（一）查明出险时间的方法

（1）仔细核对公安部门的证明与当事人的陈述时间是否一致。

（2）详细了解车辆的启程时间、返回时间、行驶路线、伤者住院治疗时间。

（3）涉及装载货物出险的，了解委托运输单位的装卸货物时间。

（4）查明出险时间注意要点：

①查明出现时间是否发生在保险期限内。

②对接近保险期限起期的事故，要注意是否为先险后保的情况。

③对接近保险止期的事故，要注意是否为故意行为。

④比对出险时间和报案时间，看是否在合同约定的 48 小时之内。

⑤比对本次报案与上次报案时间是否接近（即是否为重复报案）。

（二）查明出险地点的方法

（1）询问当事人、见证人。

（2）查看交通事故处理记录。

（3）了解事故地点的道路、视距、视野、地形、地物的情形，判断事故是否在此处发生。

（4）比对车辆损坏部位形状和程度，判断与现场是否吻合。

（5）查勘车辆行走痕迹。

（6）查勘车辆散落的碎片是否齐全。

（7）查明出险地点的注意要点：

①查明事故现场是否变动。

②对擅自移动出险地点或谎报出险地点的，必须查明原因。

③判断车辆是否超出保单所列明的行驶区域。

④判断车辆是否在营业性修理场所、收费停车场出险。

（三）查明事故原因的方法

（1）多听、多问、多看、多想、多分析。

（2）索取证明，收集证据，全面分析。

（3）走访有关现场见证人或知情人，做出询问记录。

（4）查明事故原因的注意要点：

①是否为车辆故障原因。

②是否为车辆质量原因（分为整车质量、零部件质量、维修质量）。

③是否为驾驶员故障行为。

④是否为第三方原因。

（四）查明出险车辆的方法

（1）查明车型、牌照号码、发动机号、VIN 码或车架号码、行驶证、车身颜色，并与保险单核对是否相符。

（2）查明标的车辆损失情况，如损失部位、损失程度等。

（3）查明第三方车辆的基本情况。

（4）查明出险车辆的注意要点：

①查明车辆出险时的使用性质是否与保险单记载的一致。

②查明车辆使用的合法性，有无违规运输。

③查明车辆结构有无改装或加装。

④查明车辆是否按规定检验。

（五）查明驾驶员情况的方法

（1）询问事故经过。

（2）询问事故发生时采取的紧急措施。

（3）查看驾驶员受伤情况。

（4）查验驾驶证。

（5）查明驾驶员情况的主要要点：

①查验驾驶证真伪。

②查验驾驶证是否按期审验。

③查验驾驶证是否在一个积分周期内被扣满 12 分。

④查验准驾车型。

⑤是否是保单约定驾驶员。

⑥是否是被保险人允许驾驶员。

⑦驾驶员是否为酒后。

⑧驾驶员是否为冒名顶替。

（六）查明人员伤亡情况的方法

（1）查明本车驾驶员的姓名、伤情、救治医院。

（2）查明本车其他乘员的人数、姓名、伤情、救治医院。

（3）查明第三者人员的人数、姓名、伤情、救治医院。

（4）查明人员伤亡情况的注意要点：

①混淆车上人员与第三者。

②虚拟因车祸而受伤。

③既往（原有的慢性病）疾病。

（七）查明财产损失情况的方法

（1）查明标的车上承运货物、随车携带行李物品、随车携带的宠物。

（2）查明三者车上承运货物、随车携带行李物品、随车携带的宠物。

（3）查明路旁的花草树木、农田庄稼、路产路面等的损失。

（4）查明财产损失情况的注意要点：

①是否有故意造成车载物、三者物损毁。

②查明车上货物是否有被盗、被抢。

③查明车上货物虚构损失（虚无、藏匿、自然损耗、丢失、动物流产）。

④是否夸大损失程度。

⑤是否夸大实际价值。

（八）询问笔录的制作

询问笔录（见图 2-2-5）是采集案件证言的常用方法，实际工作中要根据不同的情况，采用不同的询问方法。现场制作询问笔录时，要注意一些技巧，应先从事故和人员的基本情况问起，询问的语气要平和，尽量不要一开始就直接针对可能存在疑点的问题进行提问，以免引起警觉或反感，导致客户不予配合。

机动车辆保险事故现场查勘询问笔录

询问地点：______________________________　　时间：
自　时　分　开始
至　时　分　结束

询问人姓名：______________________　单位：____________________

被询问人姓名：_________性别：________年龄：_____民族：__________

文化程度：__________　工作单位：_________职业：__________家庭住址：____________

兹将询问内容记录如下：依照《保险法》和机动车辆保险条款的规定，我们就您所报案件的真实性进行调查询问，希望您能理解和配合，回答情况要属实，因为任何虚假的证词都有可能导致保险人依照法律和保险条款的规定行使拒赔权或诉诸法律。

（问）

（答）

被询问人（签字、手印）：

被询问人身份证号：

注：询问内容未完成，可接附页。

共　页　第　页

图 2-2-5 某财产保险股份有限公司机动车辆保险事故现场查勘询问笔录

特别提醒

所有询问记录均需询问人、被询问人签名，并按指模。记录内容尽量不要修改，如果确实需要修改的，必须由被询问人在修改处加盖指模。

下面列举几种典型现场的询问提纲，以供参考。

1. 酒后驾车出险现场询问提纲

（1）请你陈述一下事故发生的详细经过，你认为是什么原因造成事故的？

（2）发生事故时你驾驶标的车辆在干什么？何时何地出发？到哪里去？

（3）发生事故前是否用餐了？在哪里用餐的？（用餐时间一定要用 24 小时制进行记录）

（4）几个人用餐？吃了什么饭菜？是否饮酒了？有哪几个人饮酒了？

（5）你认识被保险人×××吗？他住在哪里？他的妻子（丈夫）、女儿（儿子）叫什么名字？

（6）你与被保险人是什么关系？（如果是借车，要了解清楚借车的详细经过）

2. 标的车进修理厂修理期间出险现场询问提纲

（1）该车车主是谁？你与车主是什么关系？他住在哪里？他的妻子（丈夫）、女儿（儿子）叫什么名字？

（2）该车被保险人是谁？你与被保险人是什么关系？他住在哪里？他的妻子（丈夫）、女儿（儿子）叫什么名字？

（3）该车为何由你驾驶？车主允许你驾驶该车出厂吗？

（4）该车是什么原因送厂维修的？该车是何时进厂维修的？

（5）该次事故发生前，该车修理情况怎么样？当时的维修费用预算是多少？

3. 载货汽车改变车辆使用性质的出险现场询问提纲

（1）发生事故时，你驾车在执行什么任务？是谁派你执行该项任务的？

（2）汽车运载的是什么货物？货主是谁？

（3）这批货是何时何地装车的？目的地是哪里？

（4）你和货主是什么关系？

（5）运输这批货物可以收取多少运费？

（6）你是通过什么方式来收取运费的？

4. 载客汽车改变车辆使用性质的出险现场询问提纲

（1）你认识被保险人×××吗？你与他是什么关系？

（2）发生事故时，你驾车执行什么任务？是谁派你执行该项任务的？

（3）车上坐的都是什么人？共有几个人？

（4）车上乘客是何时何地上的车？目的地是哪里？

（5）车上乘客与你分别是什么关系？

（6）他们坐车需要交纳多少车费？已经交费了吗？

5. 未经检验合格的车辆出险现场询问提纲

（1）你驾驶这辆车多久了？

（2）车辆最近维修保养过吗？

（3）这辆车每年都是何时进行年检的？

（4）该车今年是否到车辆检测部门进行过例行检测？哪天去的？

（5）发生事故前，你感觉这辆车的车况如何？

6. 对客车超载驾驶员的询问提纲

（1）发生事故时，标的车在执行什么任务？

（2）该车是何时何地出发？到哪里去？

（3）是谁派你执行这次任务的？

（4）车上坐的都是什么人？（如果超员运输，要问清楚乘车人的姓名、身份、地址等）

（5）他们与你分别是什么关系？他们都是在哪里上的车？

（6）车上共有多少乘客？他们分别坐在哪个座位？请你在图上标示出来他们的座位。

（7）你认识被保险人×××吗？你与他是何种关系？

7. 对货车超载驾驶员的询问提纲

（1）发生事故时，标的车在执行什么任务？

（2）是谁派你去执行这次任务的？

（3）车上装载的是什么货物？货主是谁？

（4）车上装载的货物是用什么包装的？

（5）是谁装的货？装货时你在场吗？

（6）这辆车是何时、何地装货启运的？目的地是哪里？

（7）货物总共有多少件？每件多重？（便于计算总重）

（8）你驾驶的汽车，车上除所运货物外，还载运了几个人？（如果是货车运客，则要问清楚乘车人的姓名、身份、地址等；如果有人货混装现象，则要问明与货物一起的乘坐人员的数量、姓名等）

（9）请将该批货物的清单和运货凭证提供给我们（假如对方拒绝，则要强调这对理赔非常重要，必须提供），好吗？

（10）你认识被保险人×××吗？你与他是何种关系？

8. 顶替肇事司机承担责任的现场询问提纲

（1）事故发生时，你驾车执行什么任务？

（2）该车是一辆什么具体型号的车辆？

（3）该车车况如何？

（4）该车最近是否进行过维修？

（5）该车最近是否办理过年检？

（6）该车是何时购买的保险？都买了哪些险种？

（7）该车最近一次办理的保险索赔是何时？索赔了多少？

（8）该车车主是谁？被保险人是谁？你与车主是什么关系？你认识被保险人×××吗？你与他是何种关系？

（9）该车今天为何由你驾驶？你驾驶该车多长时间了？平时该车由谁驾驶？

（10）请你说一下发生事故的详细经过。（何时从何地到哪里？干何事？车上坐

了几个人？车上坐的都是什么人？他们分别坐在哪个位置？车速及车辆损失情况等）

（九）现场照片的拍摄

现场照片的拍摄贯穿着整个现场查勘的主要工作，现场查勘拍摄照片质量的好坏直接影响证据保留的有效性、核查的标准性和研究的客观性，因此查勘人员要十分清楚照片拍摄的要求和方法。现场照片的拍摄要按以下要求进行：

1. 拍摄原则

先拍摄原始状况，后拍摄变动状况；先拍远景，后拍近景，再拍局部；先拍摄现场路面痕迹，后拍摄车辆上的痕迹；先拍摄易破坏、易消失的，后拍摄不易破坏和消失的。照片必须清晰（车牌号码、VIN、发动机号码、车损部位能清楚识别）、完整（能全面反映事故情况、损失情况），必须带有日期。

2. 拍摄要求

相机必须设置日期，且显示的日期必须与拍摄日期一致，严禁以各种理由调整相机的系统日期。

3. 现场照片内容

现场方位、概览、中心、细目照相，现场环境、痕迹勘验、人员受伤照相，道路及交通设施、地形、地物照相，分离痕迹、表面痕迹、路面痕迹、衣着痕迹、遗留物和受损物规格编码照相，车辆检验（VIN 或发动机号）、两证检验照相。

4. 现场拍照顺序

第一步，斜 45° 拍摄事故现场远景概貌照片，对角方向前后各一张，要求能记录事故现场，能看清涉案事故车牌号及涉及的物损概貌。

第二步，近距离拍摄带车牌及损失部位照片，要求能够反映车辆全貌、物损全貌。

第三步，拍摄事故车损配件照片以及涉及的物损照片，要求能够反映出零件损失部位、物损部位。

5. 隐损件拍摄

涉及隐损的零件及容易扩大损失的零件（如前照灯、散热网、散热器等）需贴标签拍摄，标签上必须签署查勘人员的姓名和查勘时间。

（十）事故现场草图的绘制

事故现场草图是指查勘事故现场时，按一定的图形符号手工绘制的，对现场环境、事故形态、有关车辆、人员、物体、痕迹的位置及相互关系所做的图形记录。绘制时，首先锁定道路的某一坐标，标明事故车辆、车辆方位、道路和制动痕迹等情况，同时还需记录当时的气候条件及周围的显著标注物等。

对重大赔案的查勘应当绘制现场草图。由于事故现场草图应在出险现场当场绘制，且在现场边查勘、边绘制、边标注，绘制时间短，所以草图可以不工整，但必须内容完整，尺寸数字准确，物体位置、形状、尺寸和距离的大小基本成比例。

1. 草图的基本内容

草图的内容主要包括：

（1）能够表明事故现场的地点和方位，现场的地物、地貌和交通条件；

（2）表明各种交通元素以及事故有关的遗留痕迹和散落物的位置；

（3）表明各种事物的状态；

（4）根据痕迹表明事故过程、车辆及人体和牲畜的动态。

2. 绘图步骤

（1）根据出险现场情况，选用适当的草图比例进行图面构思；

（2）画轮廓及画道路边缘线和中心线，确定道路走向，在图的右上方绘制指北标志并标注道路中心线与指北线的夹角；

（3）根据图面绘制的道路，用同一近似比例绘制出险车辆图例，再以出险车辆为中心向外绘制各有关图例；

（4）标注尺寸；

（5）小处理，即根据需要绘制立体图、剖面图、局部放大图，加注文字说明；

（6）核对，即检查图中图例是否与现场相符，尺寸有无遗漏和差错；

（7）签名，经核对无误，绘图人、当事人或代表人签名。

3. 现场绘图的图线及图形符号

（1）常用图线见表 2-2-2。

表 2-2-2 常用图线

图线名称	图线形式及代号	图线量度	应用范围
粗实线	———— A	B	1.可见轮廓线； 2.图形图例线
细实线	———— B	约 0.3B	1.尺寸线及尺寸界线； 2.剖面线； 3.引出线； 4.说明示意线； 5.范围线、辅助线； 6.较小图例的图形线
波浪线	 C	约 0.3B	1.断裂处的边界线； 2.变形处的边界线
双折线	 D	约 0.3B	断裂处的边界线
虚线	---------- E	约 0.3B	1.不可见轮廓线； 2.延长线
点虚线	—·—·—·— F	约 0.3B	1.设立的测量基线； 2.对称中心线； 3.轨道线； 4.分界线

（2）机动车图形符号见表 2-2-3。

表 2-2-3 机动车图形符号

含　义	图形符号	备注	含　义	图形符号	备注
客车平面	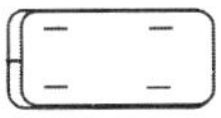	大、中、小微（除轿车越野外）	电车平面	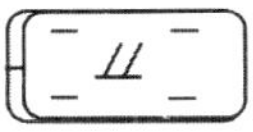	包括有轨电车、无轨电车
客车侧面	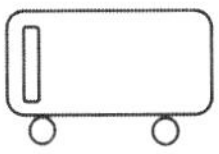	大、中、小微（除轿车越野外）	电车侧面		包括有轨电车、无轨电车
轿车平面	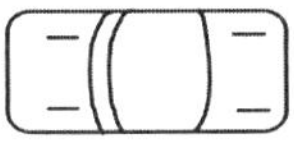	包括越野车	正三轮机动车平面	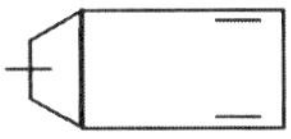	包括三轮汽车和三轮摩托车
轿车侧面	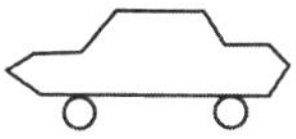	包括越野车	正三轮机动车侧面	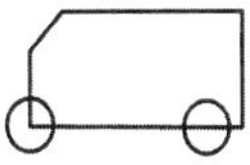	包括三轮汽车和三轮摩托车
货车平面	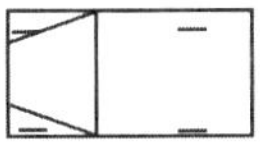	包括重型货车、中型货车、轻型货车、低速载货、专项作业车	侧三轮摩托车侧面	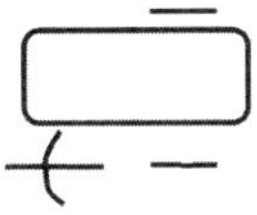	
货车侧面	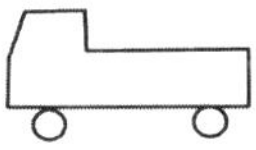	按车头外形选择（平头货车）	普通二轮摩托车	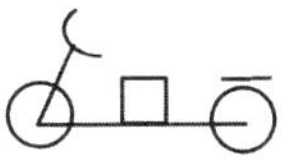	包括轻便摩托车

（3）非机动车图形符号见表 2-2-4。

表 2-2-4 非机动车图形符号

名　称	图形符号	名　称	图形符号
自行车		三轮车	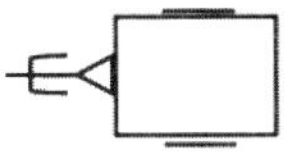
残疾人用车平面	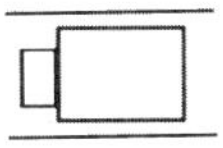	人力车	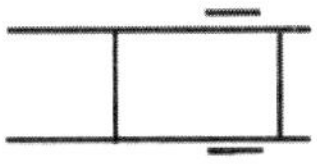
残疾人用车侧面	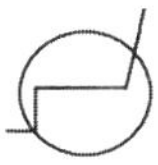	畜力车	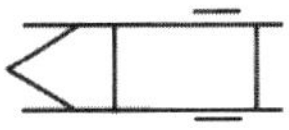

（4）人体及牲畜图形符号见表 2-2-5。

表 2-2-5 人体及牲畜图形符号

名　称	图形符号	名　称	图形符号
人体		牲畜	
伤体		伤畜	
尸体		死畜	

（5）道路结构、功能图形符号见表 2-2-6。

表 2-2-6 道路结构、功能图形符号

名　称	图形符号	说　明
道路		路面类型、路面情况用文字说明，文字内容按 GA17.4 GA17.5 的代码名称标注，道路线形按实绘制
上坡道		i 为坡度
下坡道	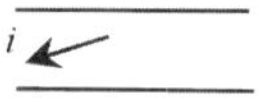	i 为坡度
人行道	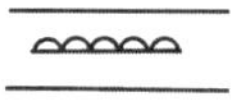	
道路平交口	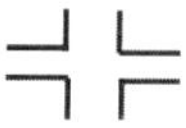	
道路与铁路平交口	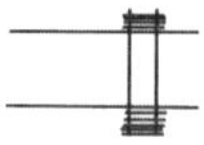	
施工路段	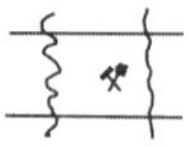	

（6）土地利用、植被和地物利用图形符号见表 2-2-7。

表 2-2-7 土地利用、植被和地物利用图形符号

名　称	图形符号	名　称	图形符号
树木侧面		电杆	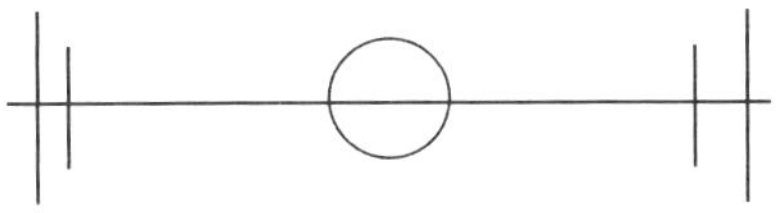
树木平面		路灯	
建筑物		里程碑	
围墙及大门		窨井	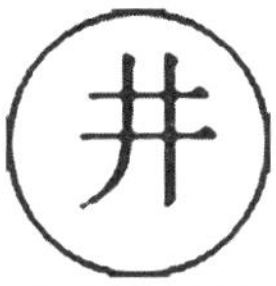
停车场	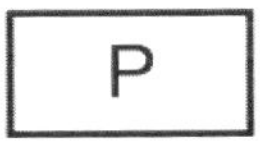	邮筒	
加油站	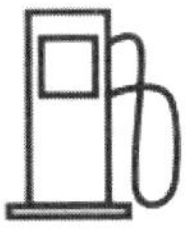	消防栓	
电话亭		碎石、沙土等堆积物	

（7）安全设施图形符号见表 2-2-8。

表 2-2-8 安全设施图形符号

含　义	图形符号	备注	含　义	图形符号
信号灯	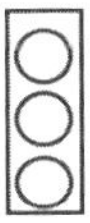	包括车道信号灯、方向指示信号灯、可水平或垂直放置	禁令标志	
人行道道灯		包括非机动车信号灯，灯色自上到下为红、绿	警告标志	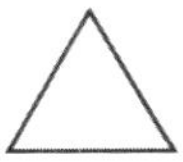

续表

含　义	图形符号	备注	含　义	图形符号
黄闪灯			指示标志	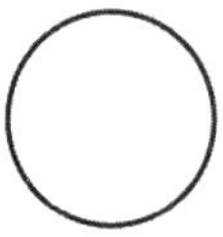
计时牌			道路标志	
隔离桩（墩、栏）			安全镜	
隔离带（花坛）	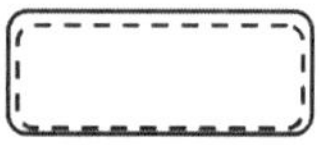		汽车停靠站	
安全岛	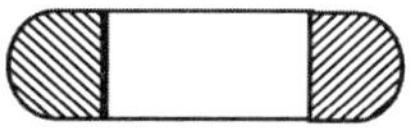		岗台（亭）	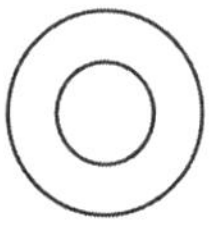

（8）动态痕迹图形符号见表 2-2-9。

表 2-2-9 动态痕迹图形符号

含义	图形符号	备注	含义	图形符号	备注
轮胎滚印			挫划印		
轮胎拖印		L 为拖印长，若是双胎则为：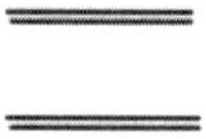	自行车压印		
轮胎压印			血迹		

续表

含义	图形符号	备注	含义	图形符号	备注
轮胎侧滑印			其他洒落物		画出范围图形，填写名称

（9）交通现象图形符号见表 2-2-10。

表 2-2-10 交通现象图形符号

名　称	图形符号	名　称	图形符号
接触点		非机动车行驶方向	
机动车行驶方向		人员运动方向	

以两车追尾事故为例，事故现场草图如图 2-2-6 所示。

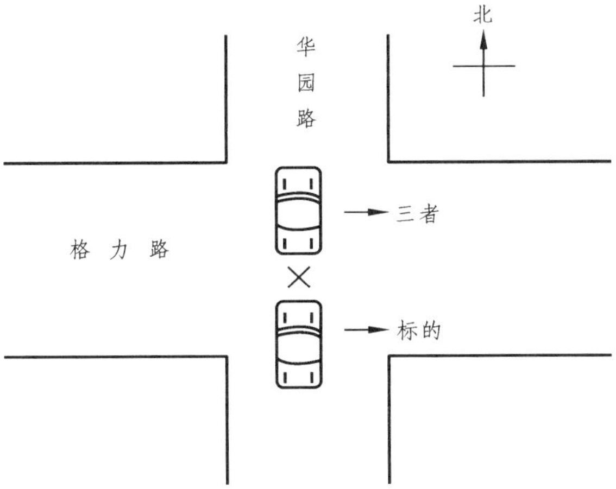

图 2-2-6 事故现场草图样例

（十一）查勘报告的撰写

委托单位对现场查勘报告有固定格式要求的，按固定格式填写；没有固定格式要求的，按下述要求缮制。固定格式的查勘报告对下述内容没有明确的，要在报告中补充明确。

1. 现场查勘报告的内容和要点

（1）应写明标的车的情况，包括车牌号码、车型、VIN、使用性质、是否审验合格、承保情况等。

（2）应写明标的车出险驾驶人的情况，包括驾驶证号码、准驾车型、是否审验合格、联系电话、与被保险人的关系。

（3）应写明出险的时间、地点、原因和经过。

（4）应写明查勘的人员、时间、地点和经过。

（5）事故中有第三者车辆受损的，应写明第三者车辆的相关情况，包括车牌号码、车型、VIN、承保情况等。

（6）应按险别分别记录损失项目和预计损失金额，损失的项目要齐全，预计的损失金额尽量趋于准确，特殊情况另作说明。对受损部位进行大体的描述，对损坏的零配件明细进行详细的记录。对事故中伤亡的人员，主要记录姓名、性别、年龄、所在医院和伤情等；对事故中受损的财产，要记录名称、类型、数量和质量等。

（7）应写明事故是否属实、事故损失是否属于保险责任范围、标的车在事故中所负的责任。

（8）绘制现场草图，现场草图应基本能够反映事故现场的道路、方位、车辆位置、肇事方行驶路线和外界因素等情况。

（9）缮制现场报告时，要求内容翔实、字迹清晰，并需查勘人员和相关当事人签字。

2. 现场查勘报告填写范例

现场查勘报告样例见表 2-2-11。

表 2-2-11 车险理赔现场查勘报告

<table>
<tr><td rowspan="6">标的车辆</td><td colspan="2">号牌号码：　是否与底单相符：</td><td colspan="2">车架号码（VIN）：　是否与底单相符：</td></tr>
<tr><td>厂牌型号：</td><td colspan="2">车辆类型：　是否与底单相符：</td><td>检验合格至：</td></tr>
<tr><td>初次登记年月：</td><td colspan="2">使用性质：　是否与底单相符：</td><td>漆色及种类：</td></tr>
<tr><td colspan="2">行驶证车主：　是否与底单相符：</td><td>行驶里程：</td><td>燃料种类：</td></tr>
<tr><td>方向形式：</td><td>变速器类型：</td><td>驱动形式：</td><td>损失程度：□无损失 □部分损失 □全部损失</td></tr>
<tr><td>是否改装：</td><td>是否具有合法的保险利益：</td><td colspan="2">是否违反装载规定：</td></tr>
<tr><td rowspan="3">驾驶员</td><td>姓名：</td><td>身份证号：</td><td>领证时间：</td><td>审验合格至：</td></tr>
<tr><td>准驾车型：</td><td>是否是被保险人允许的驾驶员：□是 □否</td><td colspan="2">是否是约定的驾驶员：□是 □否 □合同未约定 □不详</td></tr>
<tr><td>是否酒后：□是 □否 □未确定</td><td colspan="3">其他情况：</td></tr>
<tr><td colspan="2">查勘时间</td><td>（1）是否第一现场</td><td>（2）</td><td>（3）</td></tr>
<tr><td colspan="2">查勘地点</td><td>（1）</td><td>（2）</td><td>（3）</td></tr>
<tr><td colspan="2">出险时间：</td><td colspan="2">保险期限：</td><td>出险地点：</td></tr>
<tr><td colspan="5">出险原因：□碰撞 □倾覆 □火灾 □自燃 □外界物体倒塌、坠落 □自然灾害 □其他：________</td></tr>
</table>

续表

事故原因：□疏忽、措施不当　□机械事故　□违章装载　□其他：________
事故涉及险种：□车辆损失险　□第三者责任险　□附加险：________
专用车、特种车是否有有效操作证：□有　□无
营业性客车有无有效的资格证书：□有　□无
事故车辆的损失痕迹与事故现场的痕迹是否吻合：□是　□否
事故为：□单方事故　□双方事故　□多方事故
标的车上人员伤亡情况：□无　□有伤人、亡人
第三者人员伤亡情况：□无　□有伤人、亡人
第三者人员财产损失情况：□无　□有　□车辆损失　号牌号码：________ 车辆型号________　□非车辆损失：________
事故经过：
施救情况：
备注说明：
被保险人签字：　　　　查勘员签字：

四、对查勘人员的工作要求

（1）查勘员无条件服从调度派工，工作期间确保手机畅通。

（2）受理调度派工后 5 分钟内与客户联系确定查勘时间及地点，如不能应提前联系客户并解释，同时重新约定查勘时间，否则须立即通知总调度重新派工。

（3）市区查勘 30 分钟赶赴查勘地点，郊区 1 个小时赶赴查勘地点。

（4）索赔申请书要求被保险人本人或委托人亲笔签字，企业客户还要求加盖被保险人公章，涂改不得超过 3 次。

（5）使用数码相机拍照，事故照片要求带有拍照日期。

（6）对查勘现场已有的索赔单证进行拍照并尽量收集，同时分项上传。

（7）理赔系统照片上传应遵循从远到近、从外到里按顺序上传的原则。

（8）查勘报告要求被保险人或当事人签字确认。

（9）单证要求：索赔申请书、查勘报告、现场收集的其他必要索赔单证。

子任务三　立案

一、确定保险责任

经过整理分析已获取的查勘资料，包括查勘记录及附表，查勘照片、询问笔录以及驾驶证照片、行驶证照片等，结合保险车辆的查勘信息、承保信息和历史赔案信息，分别判断事故是否属于保险责任。

确定保险责任后，还需初步确定事故损失金额，并估算保险损失金额。不属于保险责任的，应对事故现场、车辆、涉及的第三者车辆、财产、人身伤亡情况认真地记录、取证、拍照等，以便作为拒赔材料存档，同时向被保险人递交拒赔通知书。

对在保险有效期内，且属于保险责任的理赔案件，理赔人员在现场查勘结束后的规定时间内，依据出险报案表和查勘记录中的有关内容以及初步确定的事故损失金额和保险损失金额，通过车险业务处理系统进行认真、准确、翔实的立案登记，最后，电脑自动生成立案编号。立案之后，管理部门可定期对理赔案件的处理、时限进行监控。对于不在保险有效期或明显不属于保险责任的理赔案件，应在索赔申请书和立案登记簿上签注“因××原因不予立案”的字样，并向报案人耐心解释。

简单案件应于查勘结束后 24 小时内立案；复杂案件最晚在接报案后 7 日内，进行立案或注销处理；对报案登记后超过对规定时间未立案的案件，管理部门必须给予处理。查勘所涉及的单证可以在立案时或之后收集。

二、立案工作要求

（1）确保所有案件在 7 日内及时立案；

（2）险种选择及录入要准确，估算金额尽量准确；

（3）确保未决案件数量及未决金额的数据真实。

三、立案流程

立案流程如图 2-2-7 所示。

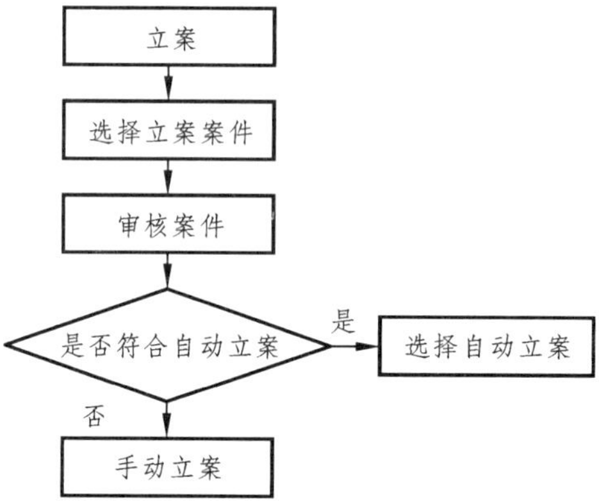

图 2-2-7 立案流程

（1）从理赔系统待立案平台中按照案件优先处理等级的要求选择待立案的案件；

（2）根据出险报案及查勘信息判断是否属于保险责任，对放弃索赔的案件在报案注销环节注销；

（3）判断事故责任及比例，在立案平台的事故责任比例选项下进行选择录入，并相应调整承担比例；

（4）根据承保信息及事故损失情况选择相应险种，根据估损金额结合承保情况计算赔偿金额并在立案平台分险种录入。

（5）在立案平台的费用项目下录入查勘费及其他相应费用（如施救费等）;

（6）交强险立案时需注意考虑医疗及死亡伤残分项计算，商业立案时需注意扣除交强险赔偿部分。

（7）事故责任、承保比例、估损金额完整后审核，最终立案金额无误后提交。

【情景分析】

作为查勘员的陈强在接到查勘任务后，应及时与客户取得联系，做好查勘准备工作，如没有在查勘中应该立即赶赴现场，开展现场查勘工作。

到达现场后，了解事故现场概况、拍摄现场照片、核实事故情况、核实标的车辆情况、核实驾驶人情况、核定事故损失、绘制现场草图、制作询问笔录及缮制查勘报告，同时协助客户进行事故处理并引导客户进行索赔申请等。

现场查勘工作结束后，需要填写工作日志、核定第三方财产损失、确认维修价格，最后需要在理赔系统中录入查勘信息，上传相关资料。

对于属于保险责任的，保险专员在理赔系统中完成立案，将案件提交至定损流程。为了完成情景中的任务，请参考任务工单四实施相应任务。

【学习小结】

本任务主要介绍了现场查勘和立案工作内容，主要内容如下：

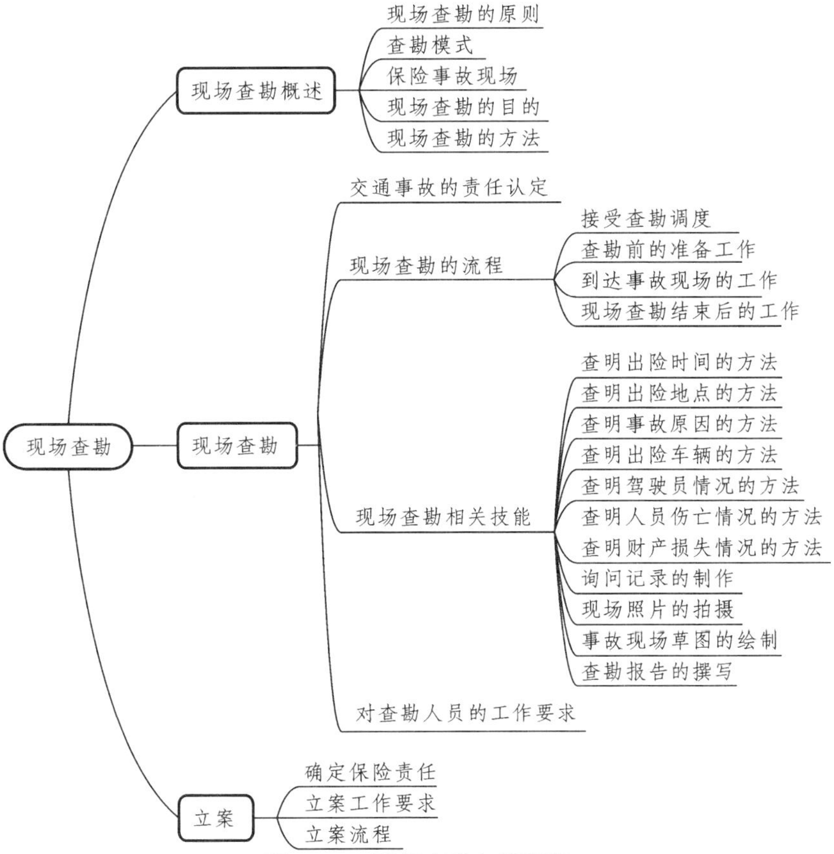

图 2-2-8　现场查勘知识框架

任务工单四 现场查勘

专业：________班级：__________学号：__________姓名：_________日期：___________

一、接受任务

2023年5月6日的早上，李先生着急上班，车速较快，与前面的长安福特福克斯距离较近，加上下雨视野不清，在前方福特车紧急制动时，李先生和其发生追尾事故，导致李先生的车前部受损，福特车后部受损。李先生拨打保险公司客服电话，已经完成报案，保险公司调度人员将案件派给查勘员陈强，陈强将如何展开现场查勘工作呢？

二、资讯

1.一艘船舶停靠卸货港正在卸货时突然遭遇雷击起火，火势蔓延，船员们奋力进行抢救，把从大火中抢救出来的货物堆放在码头上，不料被混入港区的小偷偷走。造成货物损失的原因中近因是（　　）。

A.雷击　　B.火灾　　C.货物堆放码头　　D.偷窃

2.保险事故现场按事故状态可分为___________、__________和___________。

3.（　　）是指一次造成轻伤1~2人，或者财产损失机动车事故不足1000元，非机动车事故不足200元的事故。

A.轻微事故　　B.重大事故　　C.特大事故　　D.死亡事故

4.下列说法不正确的是（　　）。

A.现场草图应该1：1的比例绘制

B.对重大赔案的查勘应当绘制现场草图

C.查勘员无条件服从调度派工，工作期间应确保手机畅通

D.现场拍摄的照片只要清晰即可，其他无要求

5.索赔申请书要求被保险人本人或委托人亲笔签字，企业客户还要求加盖被保险人公章，涂改不得超过（　　）次。

A.1　　B.2　　C.3　　D.4

6.拍摄现场照片时，应该斜（　　）拍摄事故现场远景概貌照片。

A.30度　　B.40度　　C.45度　　D.60度

7.查勘时，对行驶证的查验应注意（　　）。

A.行驶证自身的真伪

B.行驶证副页上检验合格章的真伪，即行驶证的有效期

C.行驶证车主与保险单登记的是否相同

8.现场查勘的方法包括（　　）。

A.沿着车辆行驶路线查勘法　　B.从中心向外查勘法

C.从外向中心查勘法　　D.分片分段查勘法

9.应重点核实驾驶人是否存在酒后驾车的情况的是（　　）。

A. 驾驶人委托他人处理事故，回避查勘员

B. 车内有较浓的酒精气味

C. 驾驶人或乘客报案时吐字不清晰，回答问题时反应较慢且不能准确回答简单问题

D. 发案时间是晚上八点以后

10.现场查勘的目的是（　　）

A.查明事故的真实性　　B. 确定标的车在事故中的责任

C. 确定事故的保险责任　　D. 确认事故的损失

11.查勘模式包括哪些？分别适合什么样的案件？

______

______

______

______

三、决策与计划

1. 请根据现场查勘工作流程及内容，制订工作计划。

流程	工作内容	操作要点	素养要求
工作流程 1			
工作流程 2			
工作流程 3			
工作流程 4			
计划审核	审核意见： 签字： 年　　月　　日		

2. 请根据工作计划，对小组成员进行任务分工。

查勘员：________客户：________组织者：________记录员：________

四、实施

1. 查勘前准备工作：

现场查勘前需要做哪些准备工作呢？

______

______

______

______

2. 联系客户：

请设计查勘员电话联系客户的话术，填写在下方，并分角色进行情景模拟。此环节需做到礼貌用语，安抚客户情绪，有效沟通。

____

____

____

____

____

3. 现场查勘：

（1）自我介绍：请设计查勘员达到事故现场后进行自我介绍以及与客户沟通的话术，填写在下方。此过程需做到热情服务，体现对客户的关怀。

____

____

____

____

____

____

（2）拍摄照片：请罗列查勘员在本次事故中应当拍摄的照片。

____

____

____

____

（3）事故询问：请根据本次事故情况，制作询问笔录，此过程需做到礼貌用语、耐心倾听。

机动车辆保险事故现场查勘询问笔录

询问地点：____________　　时间：

自　时　分　开始

至　时　分　结束

询问人：____________　记录人：____________

被询问人姓名：______性别：______年龄：______民族：______电话号码：______

工作单位：__________职业：______家庭住址：____________

兹将询问内容记录如下：依照《保险法》和机动车辆保险条款的规定，我们就您所报案件的真实性进行调查询问，希望您能理解和配合，回答情况要属实，因为任何虚假的证词都有可能导致保险人依照法律和保险条款的规定行使拒赔权，或诉诸法律。

问：____

____

答：

问：

答：

问：

答：

问：

答：

问：

答：

问：

答：

问：

答：

问：

答：

问：____

____

答：____

____

被询问人（签字、手印）：

被询问人身份证号：

年　　月　　日

（4）绘制草图：请根据现场情况，绘制本次事故的现场草图。此过程需做到细心、准确。

道路交通事故现场草图

报案号：　　　　　　　　　　　　　　标的车牌号：

出险时间		天气情况			
出险地点		道路性质			
绘图区：					
草图说明：					
查勘员		绘图员		当事人或代表人签字	

（5）分角色扮演，模拟查勘人员到现场查勘的工作过程。

4. 现场查勘结束后的工作：

（1）请根据现场查勘情况填写《机动车辆保险事故现场查勘记录》，此过程需做到准确、规范。

机动车辆保险事故现场查勘记录

保险单号码：			报案编号：	
出险时间： 年 月 日 时 分		出险地点：	是否第一现场：□是 □否	
赔案类别：□一般 □特殊 （□简易 □互碰 □救援 □其他） □双代（□委托外地查勘 □外地委托查勘）				
保险车辆	厂牌型号：	发动机号：	号牌底色：	
	号码号牌：	VIN：	初次登记日期： 年 月 日	
	驾驶人姓名：	驾驶证号码：	性别：□男 □女	
	初次领证日期： 年 月 日	准驾车型：□A1 □A2 □B1 □B2 □C1 □C2 □其他		联系方式：
第三者车辆	厂牌型号：	号码号牌：	交强险保单号：	起保日期：
	驾驶人姓名：	驾驶证号码：		性别：□男 □女
	初次领证日期： 年 月 日	准驾车型：□A1 □A2 □B1 □B2 □C1 □C2 □其他		联系方式：
事故信息	出险原因	□碰撞 □倾覆 □坠落 □火灾 □爆炸 □自燃 □外界物体倒塌 □外界物体坠落 □雷击 □暴风 □暴雨 □洪水 □雹灾 □车身划痕□其他：________		
	事故类型	□单方肇事□双方事故□对方事故□仅涉及财产损失□涉及人员伤亡		
	事故涉及的第三方车辆数：______辆		第三者伤亡人数：伤__人，亡__人	
	事故处理方式：□交警 □自行协商 □保险公司 □其他：__________		是否需要施救：□是 □否	
	预计事故责任划分：□全部□主要□同等□次要□无责			
查勘信息	被保险机动车出险时的使用性质			□家庭自用□营业□非营业
	被保险机动车驾驶人是否具有有效驾驶证			□是 □否
	被保险机动车驾驶人准驾车型与实际驾驶车辆是否相符			□是 □否
	被保险机动车驾驶人是否为酒后或醉酒驾车			□是 □否
	被保险机动车发生事故时的肇事人是否为保险合同约定的驾驶人员			□是 □否
	使用各种专用机械车、特种车的人员是否有国家有关部门核发的有效操作证			□是 □否
	驾驶营业性客车的驾驶人员是否有国家有关部门核发的有效资格证			□是 □否
	是否存在违反安全装载规定的情形			□是 □否
	是否存在其他条款规定的责任免除或增加免赔率的情形（如存在应进一步说明）			□是 □否
	查勘意见（事故经过、施救过程、查勘情况简单描述和初步责任判断）：			
	案件处理权限：□总□省□市	快速理赔：□是 □否	询问笔录___张，现场草图____张，事故照片____张	

续表

<table>
<tr><td rowspan="5">责任判断损失估计</td><td>涉及险种</td><td colspan="2">□交通事故责任强制保险 □商业车损险 □商业三者险 □车上人员责任险 □车身划痕险 □车上货物责任险 □其他：________</td></tr>
<tr><td>立案建议</td><td colspan="2">交强险：　□立案 □不立案（注销/拒赔）□待确定（原因：　　　）
商业保险：□立案 □不立案（注销/拒赔）□待确定（原因：　　　）</td></tr>
<tr><td rowspan="3">损失估损金额</td><td colspan="2">本车：□车损：____□车上人员伤亡：___□车上财产损失：_____
□其他：______________</td></tr>
<tr><td colspan="2">三者：□车损：____□人员伤亡：_____□车上财产损失：_______
□其他财产损失：______________</td></tr>
<tr><td>施救费：□本车：____□三者：___
□其他：______________</td><td>总计：</td></tr>
<tr><td colspan="2">查勘人员签字：</td><td colspan="2">被保险人（当事人）签字：</td></tr>
</table>

（2）在汽车保险理赔实训软件查勘平台录入相关信息，上传相关资料，此过程需细致、规范。

五、检查

请指导教师根据评价标准，对学生进行评价，并提出任务实施过程中出现的问题及改进建议。

序号	评价标准	分值	得分
1	能否完成查勘前的准备工作，并做到细致	5	
2	能否主动联系客户，并做到安抚客户情绪、礼貌用语、有效沟通	10	
3	能否正确拍摄查勘照片，并做到全面无缺	15	
	能否正确制作询问笔录，并做到耐心细致	15	
4	能否正确绘制现场草图，并做到细心、准确	15	
6	能否准确填写现场查勘记录表，并做到规范、细致	15	
7	能否正确操作汽车保险理赔软件进行信息录入与资料上传，并做到准确、细致、规范	15	
8	能否与小组成员团结合作、有效沟通	10	
总分		100	
问题及建议			

六、评价

请根据评价标准对自己在本次任务中的实际表现进行自评，并结合小组成员的表现进行组内互评。

序号	评价标准	分值	查勘员	客户	组织者	纪录员
1	能否明确工作任务，是否理解该任务在企业中的重要程度	5				
2	能否正确叙述查勘的内容及流程	10				
3	能否做好查勘前的准备工作	15				
4	能否查明事故原因、确认保险责任并按流程完成现场查勘工作	25				
5	能否正确操作保险理赔软件进行查勘信息的录入及资料的上传	20				
6	能否与客户、工作同事之间进行有效沟通	10				
7	能否与团队成员进行团队合作	10				
8	能否体现服务意识、实事求是等素养	5				
总分		100				

模块三

定损与核损

任务五　定损

【学习目标】

◆知识目标

（1）熟悉定损的方式及原则；
（2）掌握定损的常用方法和流程；
（3）掌握定损项目的修换标准。

◆技能目标

（1）能够确定事故车辆的损失项目及损失程度；
（2）能够确事故车辆的更换项目和维修项目；
（3）能够核定事故车辆的维修费用；
（4）能够按照定损流程完成定损工作。

◆素养目标

（1）树立热情服务客户的意识；
（2）养成耐心细致的工作态度；
（3）具有完成工作任务所需的团队协作及沟通能力；
（4）养成定损过程中秉公办事、诚实守信的态度。

【情景引入】

李先生的爱车与前面的福特车追尾后，立即拨打 122 向交警报了案，接着也拨打了保险公司客服电话完成了报案，交警和查勘员陈强先后到达现场，交警判定李先生负全责，福特车车主无责。陈强完成现场查勘工作后，案件调度给定损员小胡，小胡将如何开展定损工作呢？

【相关知识】

子任务一　定损概述

一、定损模式

（一）现场定损

对于仅涉及小额车损、财产及人员受伤的案件，经现场查勘，责任清晰，损失明确且符合公司相关规定的，可进行事故现场定损处理，实现查定一体化服务。

（二）集中定损

（1）对于符合当地简易快速处理条件的交通事故，可依据《道路交通事故处理程序规定》和当地交通管理规定引导当事人前往交通快速处理中心进行处理。

（2）对于当地保险行业或公司规定需要统一集中定损的案件，可依据相关规定引导客户前往集中拆检定损中心进行处理。

（3）对于当地维修企业相对集中的区域设立定损点，派驻定损人员，对受损车辆进行集中定损处理。

（三）上门定损

对于现场无法定损的车辆，且客户不愿意采取其他定损方式的，可根据客户意愿约定修理地点上门定损。

二、定损的工作要求

（1）定损员无条件服从调度派工，工作期间确保手机畅通。

（2）受理调度派工后 5 分钟内与客户联系确定定损时间及地点，如不能应提前联系客户并解释，同时重新约定定损时间，否则须立即通知总调度重新派工。

（3）市区 30 分钟赶赴定损地点，郊区 1 个小时赶赴定损地点。

（4）掌握定损主动权，坚持“实事求是，准确合理”原则。

（5）配件坚持以修复为主原则。

（6）事故照片要求带有拍照日期。

（7）理赔系统照片上传应遵循从远到近、从外到里、从整体到单个配件，按顺序上传的原则。

（8）损失确认书要求定损员、被保险人或当事人及修理厂三方签字确认。

（9）单证要求：损失确认书、现场收集的其他必要索赔单证。

三、定损方式

（一）协商定损

协商定损是由保险人、被保险人以及第三方协商确定保险事故造成的损失费用的过程。

（二）公估定损

公估定损是由专业的公估机构负责对保险事故造成的损失进行确定的过程。保险公司根据公估机构的检验报告进行赔款理算，这种引入由没有利益关系的第三方负责定损、核损工作的模式能更好地体现保险合同公平的特点，避免了合同双方的争议和纠纷。

（三）专家定损

对于个别技术性和专业性要求极高的案件，可聘请专家进行定损，以保证全面、客观、准确地确定保险事故造成的损失费用，维护合同双方的合法权益。

目前，在车险实务中通常采用协商定损、核损方式。

四、定损原则

（一）以修为主，以换为辅，能修不换，前提安全原则

能修理的零部件，尽量修复，不能随意更换；能局部修复的不能扩大到整体修理；凡可以单独更换的局部配件，不能更换总成件，属于特殊情况必须提前上报批准。

（二）拆解定损原则

对损失较大或不经拆解不能确定损失的，拆解后再出具全部损失核定报告；需拆解定损的，全程跟踪车辆拆检，并记录换件项目、待检项目和修理项目。

（三）重新核定损失原则

未经核赔，被保险人擅自修复的，保险人有权对损失重新核定，并且对被保险人造成的损失无法确定的部分，不承担赔偿责任。

被保险人未经保险人同意而自行将受损车辆送修，造成事故损失范围模糊的，保险人有权重新核定修理费用或拒绝赔偿。重新核定时，应对照现场查勘记录，逐项核对修理费用，剔除扩大修理的费用或其他不合理项目和费用。

（四）增补定损原则

原则上采取一次定损，如在修复中发现需增加修理的，在修复或更换前，通知保险人进行二次定损；增补定损项目时，应注意区分零部件损坏是在拆检过程中、保管过程中、施救过程中发生，还是保险事故发生时造成的；修理时造成的损失扩大部分，不予作增项处理。

（五）配件及工时定价原则

对于需要更换的零配件应通过询报价确定价格，且应符合市场情况，能让修理厂保质保量地完成维修任务，即确定更换的零配件的价格应做到“有价有市”。无现货而必须订货的，原则上按海运价报价，不能按空运价报价。

五、损失范围确认

（1）应区分本次事故损失和非本次事故损失。

区分本次事故损失和非本次事故损失的目的是避免重复估价，重复赔偿。一般根据事故部位的痕迹来进行判断。本次事故一般会有新脱落的漆皮痕迹和新的金属刮痕；而非本次事故一般会有油污和锈迹。

（2）应区分正常维护损失（机械损失）与事故损失。

保险人只承担保险责任所致事故的损失。常见正常维护损失有：刹车失灵、机械故障、轮胎自身爆裂、零件锈蚀、朽旧、老化、变形、发裂等，注意因上述原因已构成保险责任的，对事故损失部分负责，非事故损失部分不负责。

（3）应区分可保风险导致的事故损失和因产品质量或维修质量问题而引发的事故损失。

若因产品质量或维修质量引发车辆损毁，应由生产厂家、配件供应厂家、汽车销售公司或汽车修理厂负责赔偿。汽车质量是否合格，保险人不好确定，如果对汽车产品质量问题有怀疑，可委托机动车辆的司法鉴定部门进行鉴定。

（4）应区分过失行为引发的事故损失和故意行为引发的事故损失。

过失行为引发的事故损失属于保险责任，故意行为引发的事故损失属于责任免除。

（5）对没有投保新增设备损失险的车辆，应区分保险车辆标准配置和新增设备。

子任务二 定损流程及工作内容

★★★1+X 汽车运用与维修职业技能等级标准（汽车营销评估与金融保险服务技术模块）：电子定损软件

技能要求：

能够按照流程进行定损。

知识要求：

定损流程说明。

★★★全国职业院校技能大赛——汽车营销赛项（汽车保险查勘与理赔作业模块）考核内容：

（1）使用综合业务平台进行定损调度；

（2）查询客户信息并主动联系客户，约定时间进行车辆拆解定损工作；

（3）客户到达修理厂后，完成客户接待、车辆损失确认、车辆定损照片拍摄、定损系统录入工作。

被保险机动车出险后的定损工作包括车辆损失的确定、人员伤亡费用的确定、其他财产损失的确定、施救费用的确定和残值处理等内容，具体流程如图 3-1-1 所示。

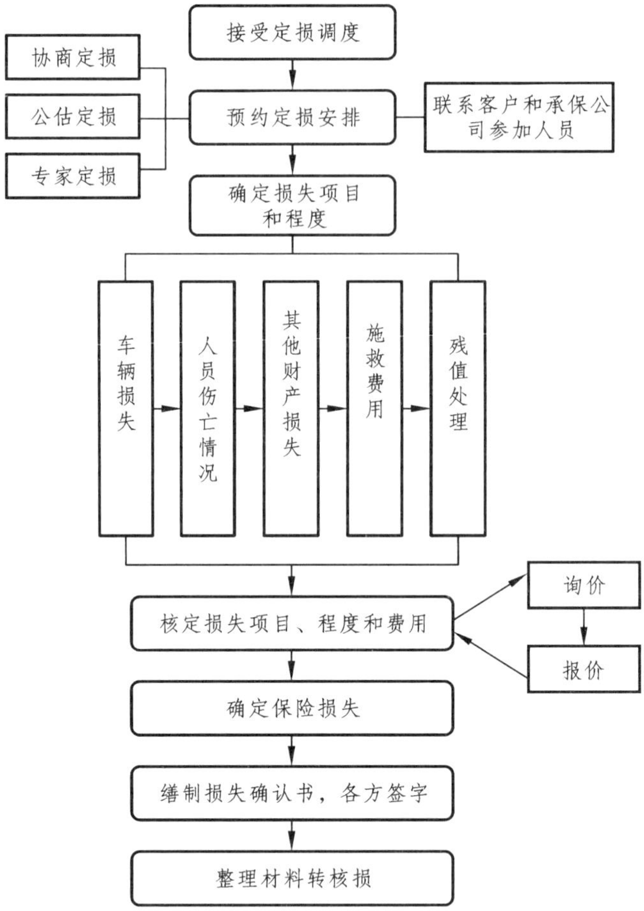

图 3-1-1 定损流程

一、接受定损调度

（1）接受客服中心定损调度时，定损人员如果是在非查勘定损过程中，不影响行车安全的前提下，记录事故发生地点、客户姓名、联系电话、车牌号码、车架号码及报案号，并了解该案简单事故经过、有无现场查勘、有无非事故造成损失、案件负责人是谁、是否是大客户等案件相关信息。及时与修理厂联系，告知客户或修理厂预计到达的时间。

（2）当定损人员正在处理现场案件时接到定损任务，如果现场案件能在短时间内处理完毕，并预计能够按时或稍晚些时候赶到修理厂，应及时与客户或修理厂有关人员电话联系并说明情况，告知预计到达的时间。

（3）定损人员接受定损调度时，正在其他修理厂定损过程中，如果该案件一次可以定损完毕的，应及时与修理厂有关人员联系，告知预计到达时间，若对方是营运车辆可优先安排，定损完毕后指导客户或修理厂按索赔程序索赔，再立即赶赴下一个修理厂进行定损。

（4）对于车损较大需二次或多次定损的，定损人员应拍全事故车辆损失照片，对外观件先行定损，并告知客户或修理厂有关人员相关后续事宜，然后赶赴下一个修理厂进行定损，定损工作处理完后应再安排时间返回该修理厂继续定损。

二、预约定损安排

接到定损调度后，在 5 分钟内与客户约定时间进行定损，有些情况下需通知当事人或标的车主到场，如：

（1）事故中对方负全责或主要责任的；

（2）损失严重，责任未分的；

（3）有较多隐损，需拆检定损的；

（4）对方对损失有争议的。

车辆定损

三、车辆损失的确定

（一）确定车辆损失的基本步骤

（1）根据现场查勘情况认真检查受损车辆并确定受损位置、损失项目、损失程度，随后进行登记（登记顺序：由前至后，由左至右，由外至内，内按总成分，适当灵活）。

（2）与客户协商确定维修方案，包括换件项目、换件数量、修复项目、检修项目。

（3）根据换件项目、修理项目的有关内容，按照保险公司的详细规定确定损失金额并打印“机动车辆保险车辆损失情况确认书”。

（4）对于损失金额较大，双方协商难以定损的或受损车辆技术要求高，定损人员由于不太熟悉该车型导致难以确定损失的，可聘请专家或委托公估机构定损。

（5）受损车辆原则上应一次定损。对大的车辆事故，一般需拆解定损。为此，保险公司均规定了一些自己的协议拆解点。定损完毕后，由被保险人自选修理厂或保险人推荐的协议修理厂修理。

（二）车辆损失费用组成

车辆损失费用由各维修项目所需更换的零配件费（包括管理费）、维修工时费和残值三部分组成。

1. 需更换的配件费

需要更换的配件费包括配件价格和配件管理费。

配件价格分为厂家指导价、市场零售价、生产厂价格。厂家指导价是指由汽车生产厂对其特约售后服务站规定的零配件销售价格（原厂件）；市场零售价是指当地大型配件交易市场销售的原装零配件价格；生产厂价格是指符合汽车厂家质量标准，合法生产和销售的装车件、配套件（OEM）价格（副厂件）。

配件管理费是指保险公司针对保险车辆公司保险责任事故时，保险人对维修企业因为现需更换的配件在采购中发生的采购、装卸、运输、保管和损耗等费用以及维修企业应得利润和出具发票应交的税金而给出的综合性补偿费用。

配件费计算公式为：配件费=配件进货价×（1+管理费比率）–残值，其中配件进货价按该配件的市场零售价计算。配件定价的原则为：配件报价以该配件的市场零售价为准；配件价格严格按照保险公司关于配件核价的相关规定进行；老旧车型更换配件以换型替代件或通过与被保险人协商按照拆车件价格定价，原车损坏时是副厂件按副厂件价格定价。配件管理费确定的原则为：根据修理厂技术类型、专修车型综合考虑进行确定。

2. 维修工时费

维修工时费的计算公式为：维修工时费=工时定额×工时单价+外加工费

工时单价是指维修事故车辆单位工作时间的维修成本费用、税金和利润之和，即单位小时的收费标准。工时单价确定原则为：工时单价以二类地区价格为基础，在二类地区营业的一类维修企业最高限价为 80 元/时，二类维修企业最高限价为 60 元/时，三类维修企业最高限价为 40 元/时；工时单价随地区等级变化而变化，一般相邻等级地区的工时单价可以浮动 10%左右。

工时定额是指实际维修作业项目核定的结算工时费。工时定额的确定原则为：大项目确定维修工时费时，应注意各种项目的兼容性，而不是简单地累加工时；所有维修工时费均包含辅助材料费（消化材料费、钣金焊接材料费）和管理费（利润、税金）；喷漆工时费应包含喷漆需要的原子灰、漆料、油料和辅助剂料等材料费，工时定额以实色油漆材料为基准工时费，原车辆使用为珍珠油漆，工时费可适当上浮；局部砂板喷漆范围以最小范围喷漆为原则（即以该部位最近的接缝、明显棱边为断缝收边）。

外加工费是指事故车辆维修过程中,本厂以外协作方式由专业加工企业进行加工、维修而发生的费用。简单地讲，就是实际发生在厂外加工的费用。外加工费的确定原则为：索赔时可直接提供加工费发票，本厂不得再收管理费；凡是已含在维修工时定额范围内的外加工费，不得另行列项，重复收费。

3. 残值

在通常情况下，更换下来的损坏配件仍有价值，即残值。根据换件的可利用价值及配件价格，对残值进行准确的定价：对轻微损伤配件按照原配件价格的 5%~30%作价；对于一般损伤配件按照配件价格的 3%~5%作价；对于严重损伤配件按照原配件的 2%~3%作价。所有残值归被保险人所有，保险人在维修费用中扣减；事故车辆更换的配件由保险人收回后不计入残值内。而残值处理方式需在定损单中列明，经被保险人签字确认。

四、人员伤亡费用的确定

机动车第三者责任保险以及相关附加险涉及的人员伤亡费用，理赔人员应按照道路交通事故处理法律、法规的有关规定以及保险合同的约定赔偿。赔偿项目包括医疗费、误工费、护理费、交通费、住宿费、住院伙食补助费、必要额度营养费、残疾赔偿金、残疾辅助器具费、被抚养人生活费、后续治疗费、伤葬费和精神损害抚慰金等。

（一）医疗费

医疗费是指交通事故中受伤人员的医疗费用，包括医疗机构门诊挂号费、门诊观察治疗费、住院费、救护车费和救护出诊费、聘请外院专家费、医疗机构护理费、必要的整容费、必要的器官移植费、未来的再次治疗费。

1. 医疗费的审核依据

医疗费的审核依据为：保险条款的约定、国务院卫生主管部门组织制定的《道路交通事故受伤人员临床诊疗指南》、国家基本医疗保险标准。

2. 医疗费审核的方法

医疗费根据医疗机构出具的医药费、住院费等收款凭证，结合病历和诊断证明等相关证据确定。没有有效发票的不予赔付，住院发票中如有伙食费、餐具费、陪伴费、护工费、其他物品费应在医疗费中剔除。住院期间未经医院同意自购的药费、国家规定的自费药品不予计算赔偿。

（二）误工费

误工费是指受害人本人因伤害治疗期间甚至恢复期间、定残日以前，不能劳动、上班工作和承包经营而减少的收入，以及死亡受害人的家属办理丧葬事宜而导致的合理误工损失。

1. 误工费范围

误工包括三种情形：一是受害人本人因受伤、治疗及治疗结束后，需一段时间进行康复休息而误工；二是受害人本人因达到伤残等级无法劳动至定残之日这段时间的误工；三是受害人死亡，其亲属因办理丧葬事宜而导致的误工。

2. 误工费的确定

受害人的误工时间和收入情况的确定：误工时间根据受害人接受治疗的医疗机构出具的证明确定。受害人因伤致残持续误工的，误工时间可以计算至定残日前一天；受害人无固定收入的，按照其最近 3 年的平均收入计算，受害人不能举证证明其最近 3 年的平均收入的，可参照受诉法院所在地相同或相近行业上一年度职工的平均工资计算。

（三）护理费

护理费是指伤者、残者或死者生前，在医院抢救治疗期间或康复过程中所必需的陪护人员误工费或工资，主要根据受害人的护理依赖程度或护理级别、需要的护理人数等确定金额。护理一般包括两种情况：一是住院治疗期间以及康复过程中因生活不能完全自理而需要相关人员陪护，二是残疾评定之后因生活不能自理而需要相关人员陪护。

1. 护理费的计算

护理人员有收入的，参照误工费的规定计算；护理人员没有收入或者雇佣护工的，参照当地护工从事同等级别护理的劳务报酬计算标准。

2. 护理人数

护理人员原则上为一人，但医疗机构或者鉴定机构有明确意见的，可以参照确定护理人员人数。

3. 护理期限

护理期限应计算至受害人恢复生活自理能力为止。受害人因残疾不能恢复生活自理能力的，可以根据其年龄、健康状况等因素确定合理的护理期限，但最长不超过 20 年。受害人定残后的护理，应根据其护理依赖程度并结合配制残疾辅助器具的情况确定护理级别。超过确定的护理期限，赔偿权利人向人民法院起诉请求继续给付护理费的，人民法院应予受理。赔偿权利人确需继续护理的，人民法院应当判令赔偿义务人继续给付相关费用 5~10 年。

（四）交通费

交通费是指受害人及其必要的陪护人员因就医或转院治疗以及受害人死亡后其亲属办理丧葬事宜时实际发生的交通费用。交通费包括：受害人去医院就医的交通费用；受害人转院就医的交通费用；护理人员（陪护人员）的交通费用；受害人死亡后其亲属办理丧葬事宜的交通费用。

交通费应以正式票据为凭，有关凭据应与就医地点、时间、人数、次数相符合。

（五）住宿费

住宿费是指受害人确有必要到外地治疗，因客观原因不能住院，受害人本人及其陪护人员实际发生的住宿费用。住宿费的合理部分保险人应予赔偿。住宿费凭住宿发票计算。

（六）住院伙食补助费

住院伙食补助费，是指对受害人住院治疗期间伙食费用的一定补助。如果受害人没有住院，就没有这项赔偿费用。受害人确有必要到外地治疗，因客观原因不能住院，其本人及其陪护人员实际发生的伙食费，其合理部分应予赔偿。住院伙食补助费可参照当地国家机关一般工作人员的出差伙食补助标准确定。

（七）必要的营养费

营养费是指受害人通过平时的食品摄入尚不能达到受损前身体康复的要求，而需要增加营养品作为对身体补充为支出的费用。营养费根据受害人伤残情况参照医疗机构的意见确定。

（八）残疾赔偿金

残疾赔偿金是指受害人因人身遭受损害致残而丧失全部或者部分劳动力的财产赔偿。计算方法如下：

残疾赔偿金=赔偿标准×赔偿年限×伤残等级赔偿指数×赔偿义务主体所负有责任程度

1. 赔偿标准

以受诉法院所在地上一年度城镇居民人均可支配收入或者农村居民人均纯收入为标准。赔偿权利人举证证明其住所地或经常居住地城镇居民人均可支配收入或者农村居民人均纯收入高于受诉法院所在地标准的，残疾赔偿金可按照其住所地或者经常居住地的相关标准计算。

2. 赔偿年限

自定残之日起按 20 年计算。但 60 周岁以上的，年龄每增加 1 岁减少 1 年；75 周岁以上的，按 5 年计算。超过确定的残疾赔偿金给付年限，赔偿权利人向人民法院起诉请求继续给予残疾赔偿金，人民法院应予受理。赔偿权利人确实没有劳动能力和生活来源的，人民法院应判令赔偿义务人给予相关费用 5~10 年。

3. 伤残等级赔偿指数

《人体损伤伤残程度分级》标准将人体损伤致残程度分为 10 个等级，从一级（人体致残率 100%）到十级（人体致残率 10%），每级致残率相差 10%。伤残等级与赔偿比例见表 3-1-1。

表 3-1-1 伤残等级与赔偿比例

伤残等级	一级	二级	三级	四级	五级	六级	七级	八级	九级	十级
赔偿比例/%	100	90	80	70	60	50	40	30	20	10

受害人因伤致残但实际收入没有减少，或者伤残等级较轻但造成职业妨害严重影响其劳动就业的，可对残疾赔偿金作相应调整。

小知识：《人体损伤致残程度分级》

2016 年 4 与 18 日，最高人民法院、最高人民检察院、公安部、国家安全部、司法部联合发布《人体损伤致残程度分级》，该标准于 2017 年 1 月 1 日起施行。司法鉴定机构和司法鉴定人进行人体损伤致残程度鉴定统一适用该标准。《人体损伤致残程度分级》的发布和实施对于规范人体损伤致残程度司法鉴定活动，保障司法公正，维护公民合法权益具有重要意义。

（九）残疾辅助器具费

残疾辅助器具费是指为补偿因伤致残的受害人遭受创伤的肢体器官功能、辅助其实现生活自理或者从事生产劳动而购买、配置的生活自助器具所支付的必要费用。

残疾辅助器具费按照普通适用器具的合理费用标准计算。有特殊要求的，可参照辅助器具配制机构的意见确定相应合理费用。辅助器具的更换周期和赔偿期限参照配制机构的意见确定。超过确定的辅助器具费给付年限，赔偿权利人向人民法院应判令赔偿义务人继续给付相关费用 5~10 年。

（十）被扶养人生活费

被扶养人生活费是指死者生前或残者丧失劳动能力前实际抚养的未成年子女或者没有其他生活来源的配偶、父母等亲属在物质和生活上提供扶助与供养的费用。

被扶养人生活费根据扶养人丧失劳动能力程度，按照受诉法院所在地上一年度城镇居民人均消费性支出和农村居民人均年生活费消费支出标准计算。被扶养人为未成年人的，计算至 18 周岁；被扶养人无劳动能力，又无其他生活来源的，计算 20 年。但 60 周岁以上的，年龄每增加一岁减少一年；75 周岁以上的，按 5 年计算。

被扶养人还有其他扶养人的，赔偿义务人只赔偿受害人依法应当负担的部分。被扶养人有数人的，年赔偿总额累计不超过上一年度城镇居民人均消费支出额或者农村居民人均年生活消费支出额。

赔偿权利人举证证明其住所地或经常居住地城镇均码人均可支配收入或者农村居民人均纯收入高于受诉法院所在地标准的，被扶养人生活费可按照其住所地或经常居住地的相关标准计算。

（十一）后续治疗费

后续治疗费是指对损伤经治疗后体征固定而遗留功能障碍需再次治疗的或伤情尚未恢复需二次治疗所需要的费用。后续治疗费可待实际发生后予以赔偿。但根据医疗证明或鉴定结论确定必然发生的费用，可与已经发生的医疗费一并赔偿。

（十二）死亡赔偿金

死亡赔偿金是指对于在交通事故中死亡人员的一次性补偿。死亡赔偿金根据受诉法院所在地上一年度城镇居民人均可支配收入或者农村居民人均纯收入标准，按 20 年计算。但 60 周岁以上的，年龄每增加 1 岁，减少 1 年；75 周岁以上的，按 5 年计算。

赔偿权利人举证证明其所住所地或者经常居住地城镇居民人均可支配收入或农村居民人均纯收入高于受诉法院所在地标准的，死亡赔偿金可以按照其住所地或者经常居住地的相关标准计算。

（十三）丧葬费

丧葬费是在交通事故中死亡人员的有关丧葬费用，包括整容、寄存尸体、火化、骨灰盒、搬运尸体等必要的费用。丧葬费按受诉法院所在地上一年度职工月平均工资标准，以 6 个月总额计算。

（十四）精神损害抚慰金

根据《最高人民法院关于确定民事侵权精神损害赔偿责任若干问题的解释》予以确定。

特别提醒

事故结案前，所有费用均由被保险人先行支付。对车上及第三者人员伤亡的有关情况要进行调查，重点调查被扶养人的情况及生活费、医疗费，伤残鉴定证明的真实性、合法性和合理性。

五、其他财产损失的确定

其他财产损失是指非车辆财产损失，包括第三者的财产损失和车上承运货物额定损失，从而构成第三者责任保险和车上货物责任保险的赔偿责任。

第三者财产损失包括第三者车辆所载货物、道路、道路安全设施、房屋建筑、电力和水利设施、道旁树木花卉及道旁农田庄稼等。车上承运货物既包括第三者车上货物，也包括被保险机动车的车上货物。

确定其他财产损失时，可以采取与被害人协商的方式，协商不成可以采取仲裁或诉讼。但是间接损失、第三者无理索要及处罚性质的赔偿不予赔偿。具体需要注意以下几方面：

（一）修复原则

第三者财产和车上货物的恢复以修复为主。无法修复和无修复价值的财产可以采取更换的办法，更换时应注明品名、数量、制造日期和主要功能。对于能更换零配件的，不更换部件；能更换部件的，不更换总成件。

（二）确定物损数量

交通事故中常见的财产损失有普通公路路产、高速公路路产、供电通信设施、城市与道路绿化等。相关财产的品名和数量可参照当地物价部门列明的常见品名和配套数量，受损财物的数量确定还必须注意其计算方法的科学性和合理性。

（三）损失金额的确定

（1）简单财产损失应会同被保险人一起根据财产价值和损失程度确定损失金额，必要时请生产厂家进行鉴定。

（2）对于受损财产中技术强、定损价格较高、难度较大的物品，如果较难掌握赔偿标准，可聘请技术监督部门或专业维修部门鉴定，严禁盲目定价。

（3）对于出险时市场已经不再生产销售的财产，可以按照客户原始购置发票数额为依据；客户不能提供发票的，可根据原产品的主要功能和特性，按照当前市场上同类型产品推定确定。

（4）市政及道路交通设施：如广告牌、电线杆、防护栏、隔离桩和绿化树等，在定损中按损坏物产的制作费用及当地市政、路政、交管部门的赔偿标准核定。但是应注意市政部门和道路维护部门对肇事者索要的赔偿往往是处罚性质及间接损失的赔偿。因此，在定损、核损中，理赔人员应区分第三者索赔中哪些是直接损失，哪些是间接损失，哪些是罚款。

（5）房屋建筑：了解房屋结构、材料和损失状况，然后确定维修方案，最后请当地建筑施工单位对损坏部分及维修方案进行预算招标，确定最低修复费用。

（6）家畜、牲畜：牲畜受伤以治疗为主，受伤后失去使用价值或死亡的，凭畜牧部门证明或协商折价赔偿。

（7）车上货物及其他货品：应该根据不同的物品分别定损，对一些精密仪器、家电、高档物品等应该核实具体的数量、规格及生产厂，向市场或生产厂了解物品价格；对于易变质、易腐烂的物品（如食品、水果等）在征得保险公司有关负责人同意后，应尽快现场变价处理；另外，对于车上货物还应取得运单、装箱单、发票，核对装载货物情况，防止虚报损失。

（8）根据车险条款，损失残值应该协商折价归被保险人，并由被保险人处理。

（9）定损金额以出险时保险财产的实际价值为限。

（四）维修方案的确定

根据损失项目、数量、维修项目和维修工时及工程造价确定维修方案，对于损失较大的事故或定损技术要求较高的事故，可委托专业人员确定维修方案。

六、施救费用的确定

（一）施救费的定义及确定原则

施救费是对出险车辆进行施救过程所产生的费用。施救费用必须是直接的、必要的、合理的，是按照国家有关规定为施救行为付出的费用。

1. 常见不合理施救

（1）对倾覆车辆吊装时未对车身合理保护，致车身漆层大面积损伤；

（2）对倾覆车辆在吊装过程中未合理固定，造成二次倾覆；

（3）在分解施救过程中拆卸不当，造成车辆零部件损坏或丢失；

（4）对拖移车辆未进行检查，造成拖移过程中车辆损坏扩大，如轮胎缺气或转向失灵，硬拖硬磨造成轮胎的损坏。

2. 在确定施救费时应注意把握的原则

（1）充分考虑施救难度和施救工作量，参照市场行情，确定施救费用，吊车费和拖车费可参照当地交通部门制定的标准进行确定；

（2）对于需要人工和专用设备进行施救的，可按照当地用工标准和专用设备使用费用，参照行业标准进行确定；

（3）同时施救保险车辆以外的财物的，严格区分保险车辆和保险车辆以外的财物各自发生的费用。如果无法准确区分的，可按照施救物重量比例分摊计算；

（4）充分考虑施救对象的实际价值，如果施救费用超过被施救物的实际价值，可放弃施救，在案件定损单中说明情况。

（二）施救费描述

施救费包括拖车费、吊车费、抢救打捞费。

（1）拖车费：为专管行业规定的事故拖车企业专用车辆对事故车辆产生拖运行为，从事故发生地点到附近指定维修企业或停车地点所产生的拖运费用。此拖运行为和费用应符合行政相关管理规定的标准，拖车费标准见表 3-1-2。

（2）吊车费：为对事故车辆进行吊装所产生的费用，其中包含吊车行驶费和吊装费。此费用的确定必须符合国家和行业的收费标准，吊车费标准见表 3-1-3。

（3）抢救打捞费：为对事故现场车辆进行抢救、施救所产生的费用，其中包含人工打捞、人工搬运、施工机械等费用。此费用的确定必须符合相关行业的规定标准。

表 3-1-2 拖车费用标准

<table>
<tr><th>路别</th><th>被拖车型</th><th>起步价格/元</th><th>单公里价格/元</th></tr>
<tr><td rowspan="3">市区公路</td><td>小型</td><td>300</td><td>15</td></tr>
<tr><td>中型</td><td>500</td><td>15</td></tr>
<tr><td>大型</td><td>800</td><td>15</td></tr>
<tr><td rowspan="3">一般公路</td><td>小型</td><td>500</td><td>15</td></tr>
<tr><td>中型</td><td>700</td><td>15</td></tr>
<tr><td>大型</td><td>1200</td><td>15</td></tr>
<tr><td rowspan="3">高速公路</td><td>小型</td><td>250</td><td>5</td></tr>
<tr><td>中型</td><td>400</td><td>15</td></tr>
<tr><td>大型</td><td>500</td><td>25</td></tr>
</table>

注：①市区公路：城市内部的道路；②一般公路：各个城市之间的道路，包括省级道路和国家级道路；③高速公路：高速公路。④小型车辆：小型客车；⑤中型车辆：中型客车或轻型货车等；⑥大型车辆：大型客车或中型以上的货车。

表 3-1-3 吊车费用标准

<table>
<tr><th>路别</th><th>出动车型</th><th>起步价格/元</th><th>备注</th></tr>
<tr><td rowspan="4">市区公路</td><td>16T</td><td>800</td><td rowspan="12">此费用包含100公里的行驶里程</td></tr>
<tr><td>20T</td><td>1200</td></tr>
<tr><td>25T</td><td>1500</td></tr>
<tr><td>50T</td><td>1800</td></tr>
<tr><td rowspan="4">-般公路</td><td>16T</td><td>800</td></tr>
<tr><td>20T</td><td>1200</td></tr>
<tr><td>25T</td><td>1500</td></tr>
<tr><td>50T</td><td>1800</td></tr>
<tr><td rowspan="4">高速公路</td><td>16T</td><td>1200</td></tr>
<tr><td>20T</td><td>1600</td></tr>
<tr><td>25T</td><td>1800</td></tr>
<tr><td>50T</td><td>2500</td></tr>
</table>

注：吊车费用标准中的 T 为吨。

标准使用说明：此施救费标准依据全国范围内平均收费标准制定，各分公司可根据所在城市物价水平，在此标准价格基础上，上下浮动 20%操作，最高限额为本标准的 120%。

七、损余物资的残值处理

当碰撞造成被评估汽车损失较大时，都必须对评估汽车的修复价值进行评定，当被评估汽车达到全损或推定全损时，则被评估汽车已无修复价值（若修复价值已达到或超过其实际价值，则被评估汽车为推定全损）

损余物资是指机动车保险项下的保险标的、第三者车辆或非车辆财产的全部或部分遭受损失，且保险公司已经按合同规定予以赔偿，赔偿后的损失物仍有一定价值的物资。车险的损余物资包括更换后仍具有一定价值的车辆部件、成套销售零配件的未使用部分、推定全损车辆的未损坏部分、被保险机动车上的车上货物及第三者的财产等。

残值处理是指保险公司根据保险合同履行了赔偿并取得对受损标的的所有权后，对尚存一部分经济价值的受损标的进行的处理。

按照保险合同规定，损余物资的处理需经双方协商，合理确定其剩余价值（即残值）。残值确定后，一般折归被保险人，并扣减损失金额。当折归被保险人并扣减损失金额的处理方式，与被保险人协商不成时，需将残值物品全部收回。

残值确定的具体流程：首先列出更换项目清单，然后将更换的旧件分类，接着确定各类旧件质量，最后根据旧件材料价格行情确定残值。

八、定损后事项

（1）定损人员在查勘定损完毕后，要对本次事故的真实性、碰撞痕迹以及是否有损失扩大等做出总结，并填写工作日志。

（2）应在要求的时限内将损失照片和定损单上传到理赔系统上，并转入核价审核平台；定损人员在理赔系统上输入定损单时，配件名称必须标准、规范，必要时须注明零件编码或指明安装位置及作用。定损人员在理赔系统上书写定损备注时，必须完整、规范、明了，且须在备注中签注定损人员的姓名及上传资料的日期。

（3）定损完毕后，修理厂要求增补项目或工时的，定损人员应要求承修厂出具书面增补报告。定损人员收到书面增补报告后，核实增补项目是否受损以及是否属于本次事故造成的损失，核定增补项目或工时后，报案件负责人审核，再补录到理赔系统中。

子任务三 定损照片拍摄

一、拍摄基本条件

拍摄应满足的基本条件为：

（1）拍摄工具：公司用相机或查勘手机；

（2）拍摄距离：近距离拍摄是指拍摄物与相机距离小于 1m，中距离是指拍摄物与相机距离 2~20m，远距离是指拍摄物与相机距离大于 30m。

（3）辅助光源：在夜间或光线不足的情况下，应该使用相机或外接辅助光源。单证及细节拍摄，调整至“微距”功能进行拍摄。

（4）相片分辨率：分辨率建议设置为 640×480。

（5）检查照片：对被拍摄照片必须当场进行检查，不清楚的照片必须重新拍摄。

（6）拍摄日期设定：所有照片必须有当时的日期、时间显示。每次拍摄前必须检查、设定照片日期。

（7）相片回看：照片拍摄完毕，应对照片的清晰度进行验证，保证照片质量，对单证的拍摄应特别关注。

二、照片拍摄顺序

照片拍摄总体顺序为：45° 全车照（前后）→车架号（VIN 码）→局部损失远景→局部损失近景→拆解前内部损失近景→拆解前贵重配件特写→拆解过程照→拆解后损坏件照片→损坏件损失部位特写→复检回收照→粘贴易碎贴损失照→验车照。

（一）45°全车照

全车照要求拍摄整车左前、右前、左后、右后 4 个角度，并且 45° 拍摄，能反映车形全貌，清晰显示车牌号码，可以看到损失部位。

（二）VIN 照

要求照片中车辆标牌、VIN 码、车辆配置表以及车载设备标牌等清晰可辨。

（三）局部损失远景及近景照

要求能清晰反映受损部位的外貌和受损程度；对于损失部位比较隐蔽或较为微小的，还应当针对该部位进行近距离局部拍摄，必要时可用手指或书写笔指示损失部位。

（四）拆解前内部损失近景照

要求能清晰反映拆解前内部损失情况，对于从外观无法反映的内部配件损失进行补充，确定损坏配件与保险事故的关系。

（五）拆解前贵重配件特写照

对贵重的配件进行特写拍照，固定是否损坏的证据，防止在拆解过程中由于人员主观原因导致配件损坏，如发电机、空调泵、ABS 泵和转向助力泵等。

（六）拆解过程照

拍摄层层剥落照片，第一时间记录存在隐性损失的零配件，防止在拆解过程中由于人员主观原因导致配件损坏。

（七）拆解后损坏件照及损坏件损失部位特写照

拆解完毕后，对于散落的损坏配件进行逐一拍摄，清晰反映出是何配件、受损部位、如何受损，根据换修标准，确定定损单项目；可在拆解前确定的损失，需在定损标的未拆解前进行拍照，反映出损失细节，拆解后确定损失的配件及高值配件，需逐一拍摄落地照。

（八）复检回收照

高值配件且体积较小，需回收。高值配件且体积较大，需通过复检的方式进行验证。

（九）粘贴易碎贴损失照

肉眼无法判断需进一步进行损失判定的配件需粘贴易碎贴，进行拍摄。

（十）验车照

损失较大、更换项目较多、单个配件金额在 3000 元以上、更换底盘配件等情况应在维修完毕后拍摄验车照片，再次核实损坏项目。

子任务四　定损项目的更换标准

一、配件更换原则

（1）受损配件必须具有以下三种情况之一方可更换：

①不可修复性；

②修复后影响使用功能，严重影响外观，影响安全性；

③修复价格超过更换配件价格的 90%。

（2）对于更换项目必须具有准确的更换依据，必要时提供依据性文件证明或诊断工艺过程性资料。

（3）对于不提供单件的总成件和隶属关系复杂的需要更换配件，必须提供维修站的文字说明及标准的配件关系图资料。

二、事故车辆损坏部件的更换标准

（一）车身及钣金件的修复、更换标准

1. 更换车身总成的标准

车身变形严重，无法采用修复工具校正到标准数据，或单独部件损失严重无法修复但只提供车身总成的车型，可更换车身；在底板变形严重时应区分承载式车身结构与非承载式车身结构，如果是承载式车身，应更换车身总成，而非承载式只需要更换底板大梁架；损坏车身的维修费用大于更换车身的费用。

对更换的车身要明确区别车身总成、车壳。凡是需要更换车身总成或车壳的，必须在定损前上报核损人员批示，经同意后方可更换。

更换车身参考如图 3-1-2~图 3-1-4 所示。

图 3-1-2 车身底板严重变形——更换车身壳体

图 3-1-3 整车车身严重变形——更换车身壳体

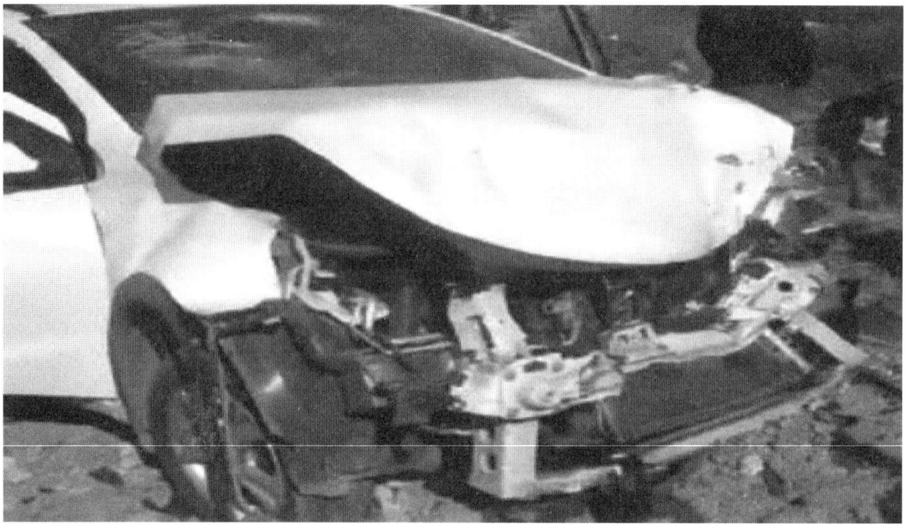

图 3-1-4 车身主框架未变形——不能更换车身壳体

2. 更换局部钣金件的标准

（1）损坏程度。

损坏程度分为重度、中度、轻度三个级别，可以分别考虑钣金工时费。重度损坏是指变形严重，有死褶，损伤面积在 50%以上，修复难度大。中度损坏是指钣金件凹凸面积较大，局部有褶但变形较小，完全可以修复。轻度损坏是指钣金件弹性变形或划伤、刮伤，有凹坑，损坏较轻，轻微磕碰不考虑钣金工时费，只计涂装费。

（2）钣金件的修复。

如果钣金件的损坏以弯曲变形（弹性变形）为主，就进行修复；如果钣金件的损坏以折曲变形（塑性变形）为主，就进行更换；如果钣金部件损坏严重不能修复，或修复后不能恢复原样并明显影响外观，或修复后无法按原标准装配，可予以更换。

①弯曲变形（弹性变形）的特点及修复。

特点：损伤部位与非损伤部位过渡平滑、连续，通过拉拔校正可使它恢复到事故前的形状，而不会留下永久性的变形。

修复方法：先对车身结构的整体变形和钣金件上的间接损伤进行拉拔、校正，然后对钣金件表面特别是直接损伤的撞击点进行整平作业。即使撞伤不是很严重，车身没有整体变形，也要先修理间接损伤部位，再修理直接损伤部位。对于间接损伤中的挤缩变形（隆起或卷曲变形），应先进行拉拔使之展开，然后在折曲部位进行整平作业，使弹性变形得以恢复后，再对直接损伤的撞击点进行整平处理。

②折曲变形（塑性变形）的特点及修复。

特点：变形程度剧烈，曲率半径很小，通常在很短的长度上弯曲 90° 以上；校正后，零件上仍有明显的裂纹和开裂，或者出现永久变形带，不经高温加热处理不能恢复到事故前的形状。

修复方法：如果损伤发生在配件的平面区域，则其修复要容易得多。当配件的棱角、边缘处发生了折曲变形时，多数情况下只能采取更换的方法，如车门玻璃框折曲。

如果损伤部位处于纵梁的端部附近，而且压扁区并未受到影响或变形的范围影响不大，通过拉拔即可校正的，则必须修复。如果压扁区已经出现折曲，并将碰撞力传递到后部，造成后部变形，则必须更换。

（3）部分常见钣金件修复与更换标准。

①翼子板：

对于损失程度为轻度、中度、重度的必须修复，重度以上考虑更换，如图 3-1-5 所示。

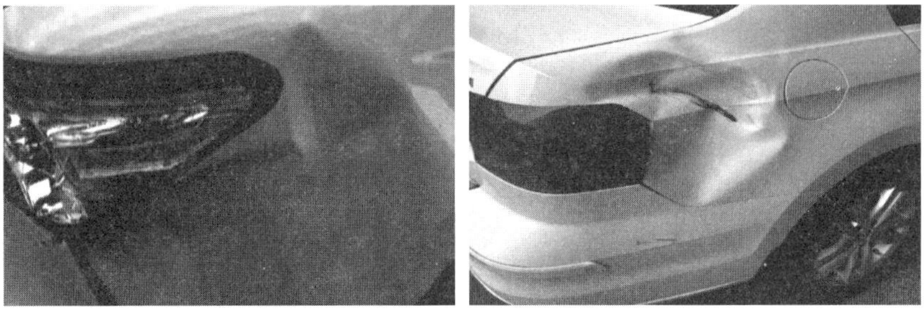

（a）翼子板轻度受损

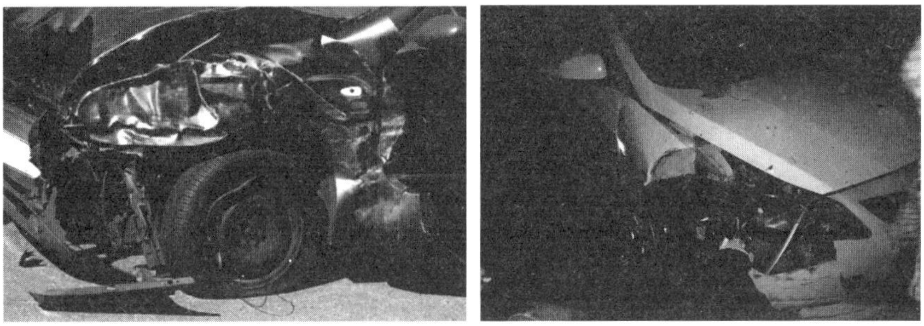

（b）翼子板重度受损

图 3-1-5 翼子板受损

②发动机罩：

对于损失程度为轻度、中度、重度的必须修复，重度以上考虑更换，如图 3-1-6 所示。

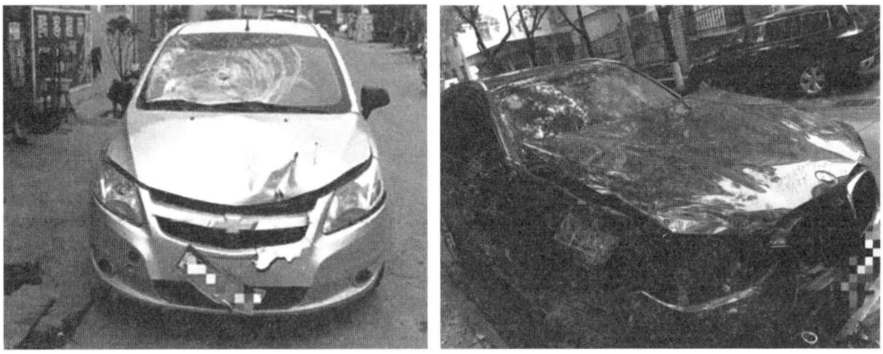

（a）发动机罩轻度变形

（b）发动机罩重度变形

图 3-1-6 发动机罩变形

③前框架：

对于损失程度为轻度、中度、重度的必须修复，重度以上考虑更换，如图 3-1-7 所示。

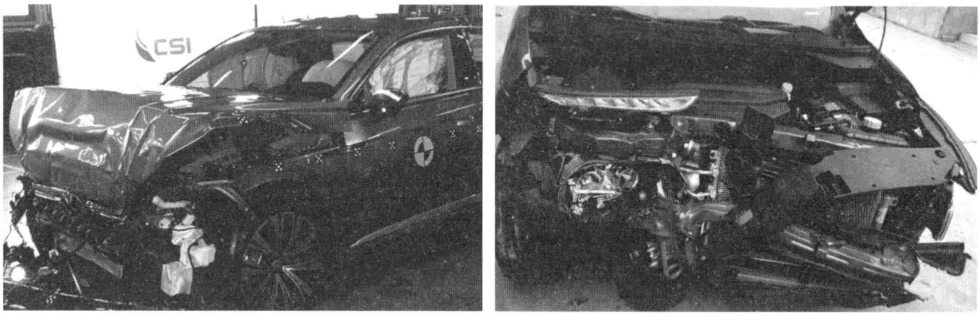

（a）前框架轻度受损　　　　（b）前框架重度受损

图 3-1-7 前框架受损

④保险杠：

前、后保险杠是易损部件，如图 3-1-8 所示。在定损时应注意，保险杠在受损程度不大时可以通过塑焊、加热整形等工艺进行修复。

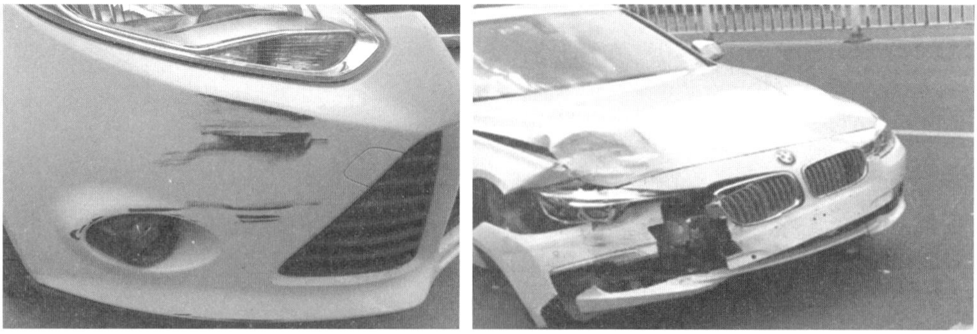

（a）保险杠轻度受损　　　　（b）保险杠重度受损

图 3-1-8 保险杠受损

⑤车门：

对于损失程度为轻度、中度、重度的必须修复，重度以上考虑更换，如图 3-1-9 所示。

（a）车门轻度受损

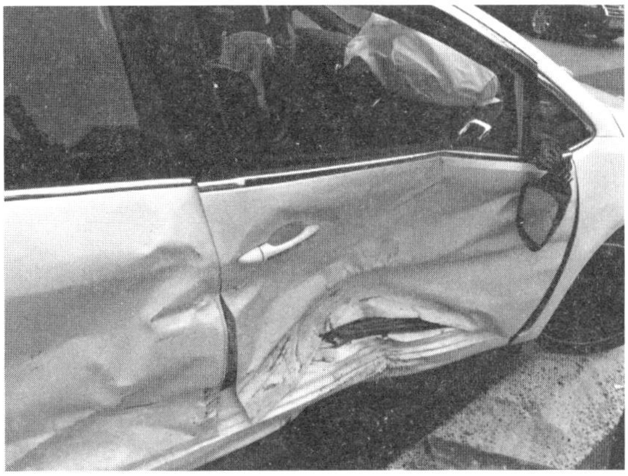

（b）车门重度受损

图 3-1-9 车门受损

⑥车梁：

如果更换车梁，则必须在定损前得到核损人员的批准，经过同意后方可更换，同时将批复文件附加在理赔系统的照片中。

（二）塑料件的修复、更换标准

塑料以其优越的性能广泛用于汽车领域，许多内饰件、外饰件、功能件均采用不同类型的塑料材料。

1. 塑料件的优势

加工简单、便于装配、成本低；降低了零件自重、减轻汽车重量、降低整车油耗；耐腐蚀、寿命长；集成化、节省空间；美观、舒适、造型多样化、手感好；部分材料可回收利用，节约资源。

2. 塑料件的维修与更换

目前，汽车上使用的塑料按理化性能分为热塑性塑料和热固性塑料两种。热塑性塑料件的损伤以修复为主，热固性塑料件的损伤以更换为主，但还要结合损伤程度、塑料特性、塑料件修复方法等具体情况具体分析。

（1）塑料件的损坏程度分为轻度、中度及重度损坏。轻度和中度损坏通常仅指表面损伤，鉴定损伤情况通常无须拆卸部件。例如，车身面板出现刮痕、裂缝、穿孔，但位于其后的结构件未损坏，此时可以维修塑料件。严重损坏时，大多数情况下不仅表面损坏，位于其后的变形部件（聚苯乙烯泡沫塑料、铝合金托架）也可能已损坏，确定整个损伤范围时需要拆卸相关部件。严重变形或变形部件损坏时建议不要进行维修，此时应该更换。

（2）塑料件的特性：热塑性塑料的突出特性体现在其温度关系上，这种材料可以黏结，因此，理论上热塑性塑料可以进行维修，但是实际上不允许对所有的热塑性塑料进行维修。例如，不允许维修由聚乙烯（PE）制成的塑料容器，但是由聚丙烯（PP）制成的保险杠蒙皮和门槛饰板或含有尼龙的复合材料，经过正确预处理后，能进行黏结和涂装。热塑性塑料件的损伤以修复为主。

热固性塑料是硬化塑料，温度变化时其自身变化很小。车身上的热固性塑料件很少维修，损坏后需要更换。

（3）塑料件的维修方法包括：成型、焊接和黏结。

热塑成型这种方法仅适用于热塑性塑料，适用于维修凹痕、裂缝，但穿孔或刮痕无法用这种方法进行维修。这种方法迅速、简单、干净且成本低廉，因此维修热塑性塑料件时经常被采用。

焊接塑料件问题较多，并非所有类型的塑料都能进行焊接，因此需要识别塑料种类。识别种类的方法有两种：一种是查看 ISO 识别码，此码常在注射时模压在塑料件上，常标在注模号或零件码前面，通常需要拆下零件才能看到；第二种是查阅车身修理手册。

黏结方法采用专用的塑料黏结剂，适用于所有塑料，因此无须识别塑料种类。该方法适用于修理穿孔、刮痕和裂缝。这种方法修复塑料强度较高，很受欢迎，且具有很好的涂装附着性。

小知识：工程塑料

按应用领域一般将塑料分为通用塑料和工程塑料。

通用塑料只可作为一般非结构性材料使用，其产量大、价格相对便宜、性能一般，如 PE（聚乙烯）、PP（聚丙烯）、PVC（聚氯乙烯）、PS（聚苯乙烯）、PMMA（聚甲基丙烯酸甲酯）、EVA（乙烯-乙酸乙烯共聚物）等。

工程塑料具有较高的力学性能。其耐高温、耐腐蚀，可以作为结构性材料，具有优异的综合性能（包括力学性能、电性能、耐热性能、耐化学性能等），并且可在较宽阔的温度范围内和较长的时间内良好地保持这种性能，能在承受机械应力和较为苛刻的化学、物理环境中长期使用。

公认的七大工程塑料为：ABS（丙烯腈-丁二烯-苯乙烯共聚物）、PC（聚碳酸酯）、POM（聚甲醛）、PA（聚酰胺）、PET（聚对苯二甲酸乙二醇酯）、PBT（聚对苯二甲酸丁二酯）、PPO（聚苯醚）等。工程塑料的产量相对较少，价格较贵。

（三）电器、灯光部件的修复、更换标准

1. 电机类

对发电机、起动机、刮水电动机等，如果未观察到表面受损，未发生碰撞，则不更换。

2. 灯具类

确定更换的灯具配件，必须达到损伤不可修复的程度。更换的依据为：灯罩表面损坏、灯壳破损。可以黏结的灯壳角，必须坚持修复。对外壳受损的灯具，需要注意是否提供单独的灯壳；更换前照灯总成时，必须注意其中总成件所包含的附件，不得重复列入。

（四）发动机部件的修复、更换标准

（1）更换发动机总成、缸体总成的，必须报核损人员批示，经同意后方可更换。

（2）对于无损坏的保养性配件，不得列入更换项目。

（3）对于损坏而不可以修复或修复后影响功能发挥的配件，应给予更换。

（4）对于确定损坏的电器元器件，必须是严重损坏且修复后影响功能的配件，才可以列为更换项目。对于无明显损坏的配件，必须提供专用仪器的测量证明材料。

（5）对于确定更换的部件，如起动机、发电机、输油泵等总成件，必须有专修企业的文字证明文件。对于未出现明显损坏的曲轴、凸轮轴等配件，确认更换时必须有专修企业的测量证明文件，并证明已经超过维修范围不可以修复。

（6）发动机托架的更换标准为：托架螺栓安装孔于车梁螺栓孔位置偏差大于5mm，并无法修复。

（五）传动系统部件的修复、更换标准

（1）如果确定更换变速器总成、主减速器总成，必须提前得到核损人员的批准。

（2）对于损坏而不可修复或修复后影响功能发挥的配件，应该列为配件更换项目。

（3）对于确定损坏的电气元器件，必须是严重损坏且修复后影响功能的配件，才可以列为更换项目。对于无明显损坏的配件，必须提供专用仪器的测量证明材料。

（4）壳体件严重损坏时，应只更换损坏的壳体部分。壳体出现轻微裂痕时，应修复。

（5）对于损坏的自动变速器，建议让 4S 店送到品牌指定的自动变速器专修企业进行维修。

（六）悬架部件的修复、更换标准

（1）悬架臂或悬架杆的更换标准为：车轮和悬架臂或悬架杆出现严重的变形；悬架臂或悬架杆未出现明显变形的，必须提供四轮定位仪器的测量结果，并出具超出调整范围的证明文件。

（2）减震器的更换标准为：其表面出现严重的损坏痕迹，或芯杆伸出，转动摆差大于 0.5mm。

（3）传动轴的更换标准为：必须出现严重的损坏或弯曲现象。

（七）座椅部件的修复、更换标准

（1）针对座椅变形的情况，必须坚持对座椅骨架进行修复。

（2）针对座椅损坏或表面损坏而需要更换总成的情况，必须提供品牌厂家无法提供单独配件的文字证明。

（3）针对座椅表面划伤的情况，必须坚持修复。

（八）内装饰件的修复、更换标准

（1）内装饰件若出现划伤情况，必须坚持修复。
（2）更换标准为：损坏严重而又无法修复、表面撕裂。

（九）安全性部件的修复、更换标准

（1）确定修复和更换安全性配件时，必须以保证恢复功能、可靠性为目的。
（2）确认更换的配件必须是表面损坏，由事故引起的电气性损坏故障。
（3）确定制动/安全系统电气元件时，对于出现故障后警告灯发亮的情况：
①应该从故障诊断仪中得到静态故障码，确认是否属于元器件故障；
②清除故障诊断仪故障码或切断电源 5 分钟，拆解检查所指故障元件后恢复；
③启动发动机并使汽车行驶，测试制动工况状态；
④然后用故障诊断仪进行功能诊断，若此次指示故障与上次指示故障一致，则确认元件的确发生故障，否则，不得列入损坏项目。

（4）对于未在事故中发生作用的安全性配件，如未作用的安全带、安全气囊、安全气帘、连接线等，不得列入更换项目。对于 ECU，必须使用诊断仪进行复位、消除故障、再运行、再诊断程序后确认修复还是更换。

子任务五 特殊案件的定损

一、水淹车的定损

（1）大面积的水灾发生，以当地气象部门正式公布的报告为准，当地新闻媒体予以正式刊登的，可以作为依据，不必另由气象部门出具气象证明。

（2）立即会同修理厂对水淹车进行处理，检查车损情况，注意发动机及变速箱有无进水，拔下火花塞或喷油嘴，摇动发动机，看有无进水的迹象，千万不可随便启动发动机，否则仍易扩大损失。

（3）确认水灾中车辆的直接损失，若只淹到驾驶室内而发动机、变速箱等未进水（中档车以下），那么车辆的损失包括：拆装座椅及内饰，进行清洗烘干。中档车以上，则尚需检查电器部分，如发动机电脑、变速箱电脑、ABS（防抱死制动系统）电脑等。若已淹到了发动机，则须用机油、变速箱油进行清洗，同时，需对该车的三滤进行更换，并对电子扇、启动马达、空调压缩机等电器设备进行保养作业。

（4）对扩大损失的车辆进行分单处理，直接损失部分现场核损，扩大部分先定损，再向相关负责人汇报，不要耽误修车。

二、火烧车的定损

（1）根据查勘和调查取证情况，判定事故责任，推定全损时根据市场调查的车辆价值推算着火车辆现在实际价值，按照投保情况和免赔率，预估事故损失进行处理。

（2）着火车辆发生部分损失时应立即进行定损核价，定损实际操作中特别注意：火烧车辆定损时一定要分析着火源、燃烧范围、热传导范围，对燃烧范围和热传导范围的金属薄壳件、塑胶件、密封件、电器、线路、油液类要进行重点检查，对因高温变形、变质的受损部件一定要予以更换。

【情景分析】

定损专员小胡接到定损调度后，应当及时与客户取得联系，判断是否需要当事人到现场，做好定损准备工作，到达定损现场后按照定损原则确定车辆损失、人员伤亡费用、其他财产损失、施救费用及损余物资的残值，同时拍摄定损照片，然后要对本次事故做出定损总结，填写工作日志。最后要在规定的时限内将损失照片和定损相关单证上传到理赔系统上，并转入核损平台。

为了完成情景中的任务，请参考任务工单五实施相应任务。

【学习小结】

本任务主要介绍了定损的工作内容，主要内容如下：

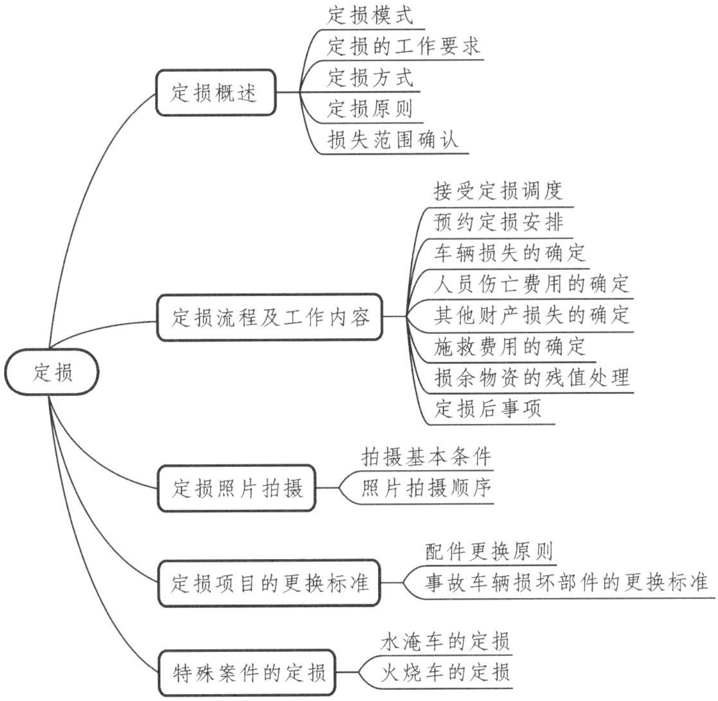

图 3-1-10　定损知识框架

任务工单五 车辆定损

专业：________班级：________学号：________姓名：________日期：________

一、接受任务

李先生的爱车与前面的福特车追尾后，立即拨打122向交警报了案，接着也拨打了保险公司客服电话完成了报案，交警和查勘员陈强先后到达现场，交警判定李先生负全责，福特车车主无责。陈强完成现场查勘工作后，案件调度给定损员小胡，小胡将如何开展定损工作呢？

二、资讯

1. 车辆定损时，应注意的问题有（　　）。

A.应注意区分本次事故造成的损失和非本次事故造成的损失

B.应注意区分事故损失与机械损失的界限

C.受损车辆解体后，如发现尚有因本次事故损失的部位没有定损的，经定损员核实后，可追加修理项目和费用

D.应区分可保风险导致的事故损失和因产品质量或维修质量问题而引发的事故损失

2. 关于定损，表述正确的是（　　）。

A.修理范围仅限于本次事故中所造成的车辆损失

B.能修理的尽量修复，不随意更换新件

C.能局部修复的不扩大到整体修理

D.能更换零部件的坚决不能更换总成件

3. 下面属于事故车辆定损流程的是（　　）。

A.接受定损调度　B.预约定损安排　C.到定损点定损　D.定损后系统录入

4. 下列情况需要保险公司负责赔偿的是（　　）。

A.机械损失　B.倾覆　C.制动失灵　D.零部件锈蚀

5. 交通事故中的财产损失一般情况下仅包括（　　）。

A.车辆、财产的直接损失　B.现场抢救人身伤亡善后处理的费用

C.停工、停业等所造成的财产间接损失　D.停车费、罚款

6. 在施救过程中，下列表述不正确的是（　　）。

A.对倾覆车辆吊装时未对车身合理保护，致车身漆层大面积损伤的，保险人不负责赔偿

B.对倾覆车辆在吊装过程中未合理固定，造成二次倾覆的，保险公司负责赔偿

C.在分解施救过程中拆卸不当，造成车辆零部件损坏或丢失的，保险公司不负责赔偿

D.对拖移车辆未进行检查，造成拖移过程中车辆损坏扩大的，保险公司不负责赔偿

7. 不属于维修费用的是（　　）。

A.工时费　B.材料费

C.外加工费　D.从事故现场到修理厂的拖车费

8. 钣金件中修换基本原则是：损坏以弯曲变形为主就进行修复，损坏以（　　）为主就进行更换。

A.断裂变形　B.弹性变形　C.折曲变形　D.凹凸变形

9. 下列情况中由保险公司负责赔偿的是（　　）。

A.制动失灵　B.碰撞　C.机械损失　D.零部件锈蚀

10. 下列说法不正确的是（　　）。

A.事故照片要求带有拍照日期

B.灯罩表面损坏、灯壳破损的，可以更换

C.针对座椅表面划伤的情况，必须坚持修复

D.折曲变形的损伤部位与非损伤部位过渡平滑、连续，并可通过拉拔校正恢复到事故前的形状

11. 定损的模式包括__________、__________、__________。

12. 配件更换的条件是什么？

____

____

____

____

____

三、决策与计划

1. 请根据定损流程及内容，制订车辆定损的工作计划。

流程	工作内容	操作要点	素养要求
工作流程 1			
工作流程 2			
工作流程 3			
工作流程 4			
工作流程 5			
工作流程 6			
计划审核	审核意见： 签字： 年 月 日		

2.请根据工作计划，对小组成员进行任务分工。

定损员：________客户：________组织者：________记录员：________

四、实施

1. 接受定损调度：

报案号为 SHBA202305060001 的事故车丰田凯美瑞轿车（渝 PTA969）已停放至高科汽车修理厂，请前往定损，报案人李明，联系电话 159********，保险单号 SHBD202305060001，车辆 VIN：LVGBG40K3AG552097。报案时间 2023 年 5 月 6 日 12 时 07 分。

以上是调度信息，请提取关键要素。

保险单号：________________报案号：_____________车辆号码号牌：__________

车辆 VIN：________________报案人姓名：__________报案人联系电话：__________

2.联系客户，预约定损：

请设计定损员联系客户，预约定损的话术，填写在下方，并分角色扮演，进行情景模拟，此过程需做到礼貌用语、热情服务。

____

____

____

____

____

____

____

____

3.拍摄照片：

请按照拍摄顺序写出定损人员在本次事故中应该拍摄的照片。

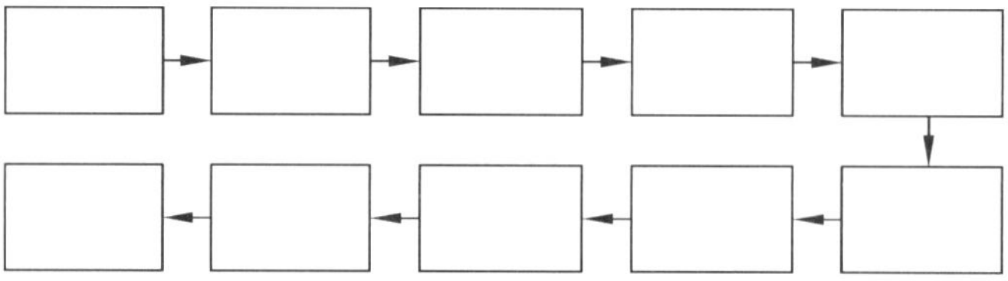

4.车辆定损：

根据修换标准，判断下面车辆受损部件的修换情况，并说明理由。此过程需做到实事求是，客观公正。

（1）左前翼子板：

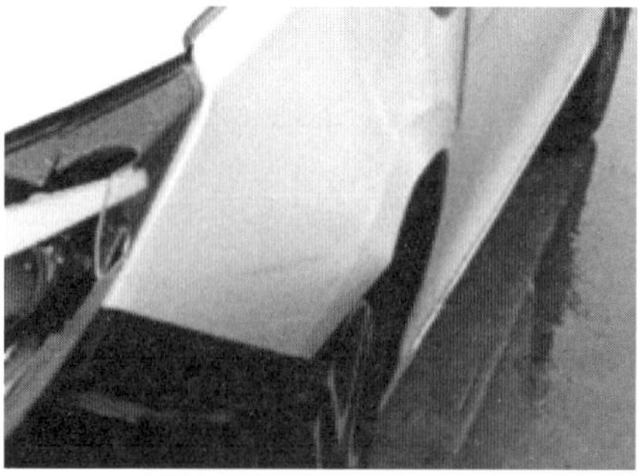

→

修换建议：__________

理由：____________________

____

____

____

____

（2）前保险杠：

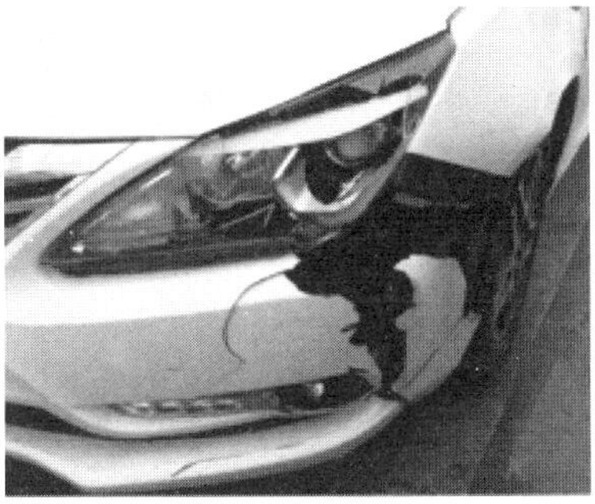

修换建议：__________

理由：____________________

（3）前照灯：

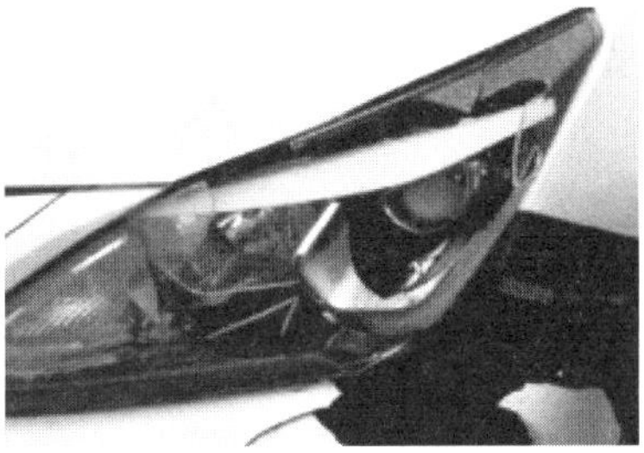

修换建议：__________

理由：____________________

5. 确定损失费用：

请根据定损情况，在汽车保险理赔实训软件系统中确定各损失项目费用，此过程需客观、公正。

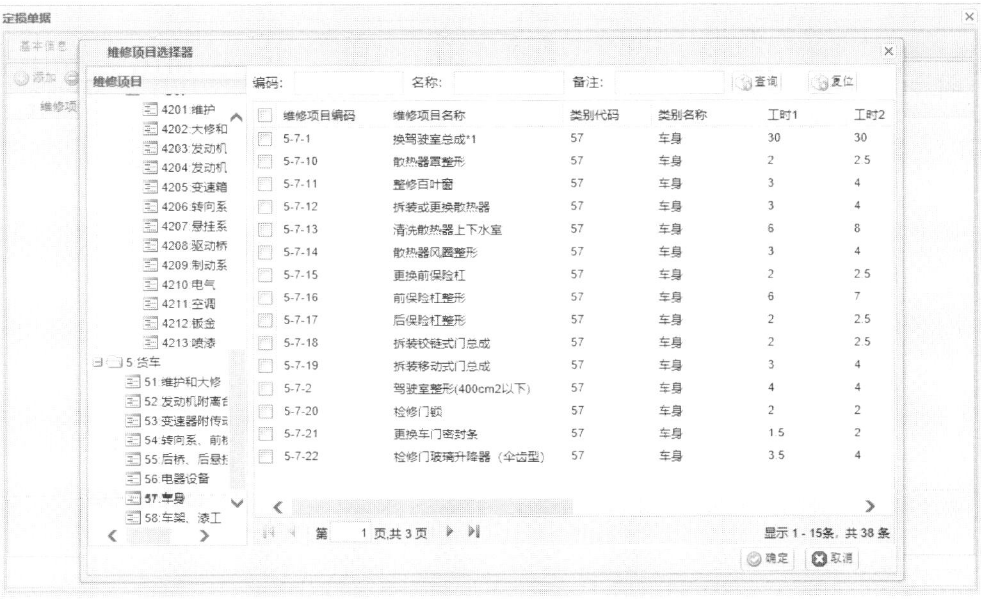

换件定损信息：

配件编码	配件名称	零件单价/元	数量	工时	工时费

维修项目定损信息：

维修项目编码	维修项目名称	工时	工时单价/元

人员伤亡定损信息：

费用项目	报损金额	剔除金额	定损赔偿金额	计算标准或公式
医疗、诊疗、住院费				
后续治疗费（含整容费）				
住院伙食补助费				
营养费				
护理费				
康复费				

财产损失定损信息：

费用项目	报损金额	剔除金额	定损赔偿金额	计算标准或公式
第三者车辆换件费用小计				
第三者车辆维修费用小计				
第三者车辆辅料费用小计				
第三者车辆施救费用小计				
第三者财产损失小计				
本车车上货物损失小计				
本车车上其他财产损失小计				
本车停驶天数				
公共设施损失小计				
代查勘费				
鉴定费				
诉讼费、仲裁费				
其他费用小计				

施救费用信息：

驾驶员姓名		联系电话		救助车辆颜色	
厂牌型号		车牌号码		救助类别	
救助公司		救助单位经办人		付费方式	
救助项目		救助地点		车辆送至地点	
托运路线		救助距离		救助车辆到达时间	
收费标准		救助费用		施救财产总价值	
备注					

6. 定损信息录入：

在汽车保险理赔实训软件定损平台录入相关信息，上传相关资料。

五、检查

请指导教师根据评价标准，对学生进行评价，并提出任务实施过程中出现的问题及改进建议。

序号	评价标准	分值	得分
1	能否准确提取定损调度关键信息	10	
2	能否主动联系客户，预约定损，并做到电话礼仪，热情服务	10	
3	能否正确拍摄定损照片，并做到全面无缺	20	
4	能否根据修换标准判断受损部件的修换情况，并做到实事求是、客观公正	20	
5	能否准确确定损失费用，并做到客观公正	20	
6	能否正确操作汽车保险理赔软件录入定损信息，并做到细致、规范	10	
7	能否与小组成员团结合作、有效沟通	10	
总分		100	
问题及建议			

六、评价

请根据评价标准对自己在本次任务中的实际表现进行自评，并结合小组成员的表现进行组内互评。

序号	评价标准	分值	定损员	客户	组织者	记录员
1	能否明确工作任务，是否理解该任务在企业中的重要程度	5				
2	能否正确叙述定损的内容及流程	10				
3	能否与客户有效沟通，预约定损安排	10				
4	能否正确拍摄定损照片	10				
5	能否判断零配件的修换情况，准确确定各项损失费用	25				
6	能否正确操作保险理赔软件进行定损信息的录入及资料的上传	15				
7	能否与客户、工作同事之间进行有效沟通	10				
8	能否与团队成员进行团队合作	10				
9	能否体现服务意识、公平公正、诚实守信等素养	5				
总分		100				

任务六　核价核损

【学习目标】

◆知识目标

（1）熟悉核损核价的工作要求；
（2）掌握核损核价的工作流程及内容。

◆技能目标

（1）能够叙述核损功能要求及职责范围；
（2）能够按照核损核价的工作流程完成核损核价工作。

◆素养目标

（1）养成审核过程中一丝不苟、科学严谨的工作态度；
（2）具有完成工作任务所需的团队协作及沟通能力；
（3）养成秉公办事的工作作风；
（4）具备核损核价过程中诚实的品格。

【情景引入】

定损员小胡根据定损工作流程及内容完成李先生的车辆定损后，在保险公司的理赔系统中完成信息提交，将案件流转至核损平台，核损部工作人员小张应该如何对案件进行核损呢？

【相关知识】

子任务一　核损

★★★全国职业院校技能大赛——汽车营销赛项（汽车保险查勘与理赔作业模块）考核内容：完成车辆定损后进行定损核损操作，核定维修项目与维修金额。

核损是继查勘定损后核损人员根据查勘人员现场查勘的情况、估损单和损失照片等，初步核实事故的真实性、发生过程，核定车辆和相关物损损毁情况，确定车辆更换部件、维修工时、相关物损赔偿费用、施救费用的过程。同时，核损肩负查勘的管理监督工作、复勘工作和旧件处理等，是车险理赔的风险控制核心环节。核损还可以进一步细分为核损（狭义）与核价：狭义的核损仅指核定损失的项目，核价是指核定每个损失的具体报价。

一、对核损的工作要求

（1）工作时间时刻保证在线状态；

（2）当地事故车辆工时费用定损标准的定期维护；

（3）坚持“实事求是，准确合理”原则；

（4）配件坚持以修复为主原则；

（5）有疑问的案件一定要复勘现场并进行调查；

（6）更换大额配件必须要求新旧对比拍照；

（7）更换发动机或变速箱总成、更换车壳或驾驶室、车辆推定全损必须扣除一定比例的残值；

（8）严禁核损平台挤压案件。

二、核损的职责范围

（1）运用车险理赔系统对定损人员或报价人员提交的案件进行同步核损，实现理赔管控高时效、管控手段前端化；

（2）检查查勘和定损人员是否按照查勘、定损规范完成现场查勘、定损，查勘定损资料是否上传完全；

（3）通过审核承保情况、报案情况、查勘情况、历史出险记录等信息，审核事故是否属于保险责任、案件是否存在虚假成分；

（4）审核定损结果的合理性和准确性。

（5）根据案情需要发起调查、稽查等风险控制请求。

三、核损流程

核损工作

核损基本流程如图 3-2-1 所示。

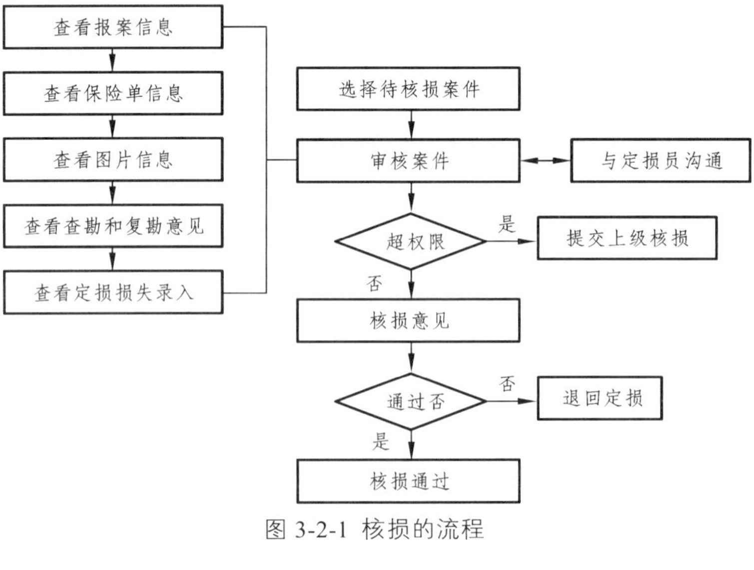

图 3-2-1 核损的流程

（一）选择待核损案件

核损人员从保险理赔系统中选择待核损案件。

（二）审核案件

1. 查看报案信息

（1）报案信息内容包括出险时间、报案时间、出险地点、出险经过、损失程度、报案人、报案地点和出险驾驶人。

（2）报案信息相对风险分析。

午饭或晚饭后 1 小时内可能存在酒后驾驶，半夜或非正常时间可能有故意行为。出险后马上报案，经过描述可信度较高；事故交警处理后报案，经过描述可信度较高；出现后第二日报案，经过描述可信度一般；出险后 48 小时后报案，经过描述可信度较低。繁华市区相对风险较小；车流量较大道路风险相对较小；偏僻及可疑地区风险相对高。修理厂人员报案，报案信息可能经过专业人员指点，车损有被扩大的可能；保险公司业务员报案，有被指点的可能，可能扩大赔偿。现场报案风险相对小；交警停车场报案可确认交警处理，风险相对较小；修理厂报案可能存在扩大损失。

2. 查看保险单信息

（1）车辆信息：车辆信息包括牌照号码、VIN 码、厂牌车型、使用性质和车辆初次登记时间。

（2）承保信息：保险价值与保险金额对比，看是否足够投保；车损绝对免赔额，三者绝对免赔额等；是否指定驾驶人驾驶；此次事故是否属于投保险种范围；出险次数超过 3 次，应认真分析出险经过及出险原因，是否有骗赔的可能。

3. 查看图片信息

（1）标的车辆行驶证：查看行驶证年检是否合格，基本信息是否与保险单一致，临时牌照是否在有效期内。

（2）出险驾驶人驾驶证：核对是否与报案驾驶人姓名相符，核实准驾车型与实际驾驶车辆是否相符，核实驾驶证有效期。注意：由于在核损环节可能只收集了部分单证（主要为两证），所在审核单证时以从简为准，详细的单证审核由后面的缮制及核赔环节审核。

（3）车辆验标及损失图片：查看 VIN 码、车牌号是否与保险单行驶证等相关信息吻合；查看整体损坏照片、撞击部位、碰撞痕迹、受损程度，分析出险经过是否与客户描述相符，判断事故的真实性；看损坏部位照片，判断是否与本次事故有关联；审核车损照片与更换项目及修理项目是否对应、是否符合标准。

4. 查看查勘和复勘意见

（1）查勘信息为查勘人员对出险经过的真实描述或补充，相对于出险通知书和报案信息内容来说，更可信。

（2）复勘信息是指复勘人员对复勘结果的反映，一般以复勘报告的形式体现。

5. 查看定损损失录入

查看配件更换项目是否与车损一致及配件价格是否符合当地价格标准，维修项目是否与车损一致及工时费用是否符合当地工时费用标准。

（三）超权限的案件

超权限的案件需选择提交上一级核损。

（四）录入核损意见及赔案相关意见

如果对于事故无疑问，同意定损价格则可以通过核损，在核损平台录入核损意见，核损结束；如果对案件有疑问或不同意，定损可退回查勘或发起调查处理。

四、核损分类

（一）保险责任的复核

综合承保、报案、查勘、历史出险记录等环节信息，判断事故是否属于保险责任，案件是否存在虚假成分。

（1）浏览保单承保险种，审核事故损失对应险种损失金额是否超过对应险种的保险金额。

（2）查看保险期限，对于临近保险起期或止期的保险事故应该提高警惕，要对查勘情况进行重点审核。

（3）核对被保险人与行驶证车主是否一致，不一致的是否经过过户，已经过户的是否变更被保险人。

（4）检查驾驶证、行驶证是否有效。

（5）检查事故照片是否符合拍摄规范（有无带车牌的整车照片、拍摄能不能反映事故发生的全貌等），照片日期是否可疑（照片日期在报案时间之前的可能是虚假案件）。

（6）通过事故照片、查勘技能分析事故成因，判断事故是否存在虚假成分。需要现场复勘的，可以联系查勘人员恢复现场进行复勘。

（7）对历史出险信息进行查阅，检查是否存在重复索赔的情况。

（二）车辆定损结果的复核

（1）审核定损人员上传的初（估）定损清单及事故照片的完整性。若上传资料不能及时、完整反映事故损失的各项内容或照片不能完整反映事故损失部位的事故全貌，则应通知定损人员补充相关资料。

（2）换件项目的复核。

①剔除应予修复项目（修复费用超过更换费用的除外）。

②剔除非本次事故造成的损失项目。

③剔除历史信息中已经定损更换但修理时未更换的重复索赔损失项目。

④剔除可更换零部件的总成件。

⑤剔除保险车辆标准配置外新增加设备的换件项目（加保新增加设备损失险的除外）。

⑥剔除保险责任免责部分的换件项目。

⑦剔除超过标准用量的油料、辅料、防冻液等。

（三）零配件价格的复核

（1）车辆零配件的复核应该以定损系统本地化价格为依据，并在一定范围内上下浮动。已经经过报价的，以报价金额为准。

（2）对于保单有特别约定的，按照约定处理。

（3）残值归保险人的，应对残值的作价进行复核。

（四）维修项目方式的复核

（1）严格区分事故损失和非事故损失的界限，剔除非本次事故的维修项目。

（2）正确掌握维修工艺流程，剔除不必要的维修项目和拆装项目。

（五）工时和单价的复核

（1）对照事故照片及修理件的数量和损坏程度，剔除超额工时部分。

（2）以当地的行业维修工时标准为最高上限，参照当地的工时市场单价，剔除超额单价部分。

子任务二 核价

一、对核价的工作要求

（1）工作时间时刻保证在线状态；

（2）配件总价一万元以内的案件要求一个工作日完成核价；

（3）核价时原则上要求提供配件编码；

（4）严禁核价平台积压案件。

二、核价流程

核价基本流程如图 3-2-2 所示。

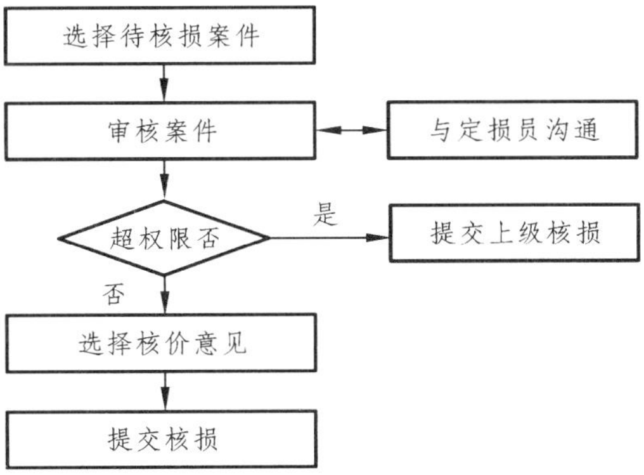

图 3-2-2 核价流程

（1）核价员从理赔系统待核价平台中按照案件优先处理等级的要求选择待核价的案件；

（2）首先根据信息审核是否为我公司承保标的；

（3）根据损失照片审核配件项目名称及价格的准确性，有异议的案件需和查勘定损沟通或者在核价意见里面录入相关信息，发还给查勘定损员，无异议的提交核损平台；

（4）核定配件价格时需根据上报的修理厂资质区别对待（特约维修站价格/市场报价）；

（5）无上报价的需在核价平台中逐个填入配件价格，发还给查勘定损岗；

（6）超权限的案件需选择向外询价。

【情景分析】

客户李明先生的案件流转至核损平台后，核损部人员小张应该在自己的职责范围内对李明先生的案件进行核损核价，主要包括保险责任的复核、车辆定损结果的复核、维修项目方式的复核及工时和单价的复核，然后在核损平台录入核损意见及赔案相关意见，结束核损工作，将案件流提交至理算平台。

为了完成情景中的任务，请参考任务工单六实施相应任务。

【学习小结】

本任务主要介绍了核价核损的工作内容，主要内容如下：

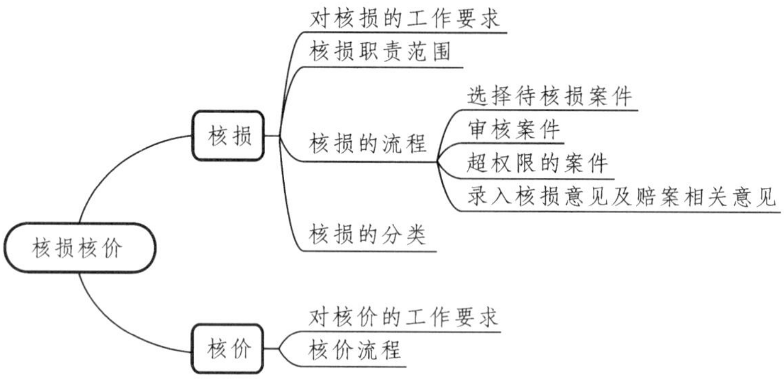

图 3-2-3　核价核损失知识框架

任务工单六 核价核损

专业：________班级：__________学号：_________姓名：________日期：__________

一、接受任务

定损员小胡根据定损工作流程及内容完成李先生的车辆定损后，在保险公司的理赔系统中完成信息提交，将案件流转至核损平台，核损部工作人员小张应该如何对案件进行核损呢？

二、资讯

1.对核损的工作要求有（　　）。

A.工作时间时刻保证在线状态

B.当地事故车辆工时费用定损标准需定期维护

C.有疑问的案件一定要复勘现场并进行调查

D.熟悉电脑的使用，能处理日常工作中的常见问题

E.坚持“实事求是，准确合理”原则

2. 核损的职责范围包括（　　）。

A.对定损人员或报价人员提交的案件进行同步核损，实现理赔管控高时效、管控手段前端化

B.检查查勘和定损人员是否按照查勘、定损规范完成现场查勘、定损，查勘定损资料是否上传完全

C.审核事故是否属于保险责任、案件是否存在虚假成分

D.审核定损结果的合理性和准确性

3. 查看保险单信息时应重点查看哪些信息？

____

____

____

____

4. 对核价有哪些工作要求？

____

____

____

____

5. 如何复核保险责任？

____

____

____

____

____

三、决策与计划

1.请根据核损工作流程及内容，制订工作计划。

流程	工作内容	操作要点	素养要求
工作流程 1			
工作流程 2			
工作流程 3			
工作流程 4			
工作流程 5			
工作流程 6			
计划审核	审核意见： 签字： 年　月　日		

2.请根据工作计划，对小组成员进行任务分工。

核损专员：__________客户：__________组织者：__________记录员：__________

四、实施

1.查看报案信息：

在保险理赔实训教学软件中查看报案号为 SHBA202305060001 的报案信息。

报案单据信息

报案日期	2023-05-06	报案时间	08：07：22	客户类别	
报案人姓名	李明	报案人联系方式	15909073098	报案人手机	15909073098
案件联系人	李明	联系人电话	15909073098	联系人手机	15909073098
出险时间	2023-05-06 08：07：40	出险地点	重庆市沙坪坝天马路	出险原因	追尾
驾驶员姓名	李明	驾驶证号	35X0008710578	初次领证日期	2010-11-15
准驾车型	C1：小型手动挡汽车	第一现场	否	处理部门	交警
承保公司	中国人民财产保险公司重庆分公司	报案方式	电话报案	案件类型	省内通赔案件

续表

承保公司	中国人民财产保险公司重庆分公司	报案方式	电话报案	案件类型	省内通赔案件
事情经过	2023 年 5 月 6 日上午 8：07，在沙坪坝区天马路，客户李明先生的丰田凯美瑞车（渝 PTA969）与前面一辆白色福特车（渝 PTB227）发生追尾事故				
保险出险信息	2023 年 5 月 6 日上午 8：07，在沙坪坝区天马路，客户李明先生的丰田凯美瑞车（车牌为渝 PTA969）与前面一辆白色福特车（渝 PTB227）发生追尾事故。丰田车前部受损，福特车尾部受损，客户李明头部有轻伤。交警已处理，丰田车全责，福特车无责				
涉及损失类别	本车车损，本车车上人员伤亡，第三者车辆损失				
车辆出险次数	4	赔款次数	3	赔款总计	12 633.33
备注					

出险时间		报案时间	
出险地点		报案人	
出险经过			
报案地点		出险驾驶人	
相对风险分析			

2. 查看保单信息：

根据保险单完善相应信息。

保险单据信息

保险单号	SHBD202305060001	被保险人	李明	被保险人身份证号码（组织机构代码）	500103198410229975
联系人	李明	联系电话	15909073098	车辆种类	客车
车牌号码	渝 PTA969	厂牌型号	丰田牌 GTM7250CSE	VIN 码	LVGBE40K3AG552097
初次登记日期	2022-12-02	保险期间		自 2022-12-02 至 2023-12-02	

驾驶员姓名	驾驶证号	领证日期	准驾车型	驾驶员属性
李明	35x0008710578	2010-11-15	C1：小型手动挡汽车	

险种名称	保险金额/责任限额（元）	保险费（元）
交强险	200 000	950
第三者责任险	500 000	1179
车上人员责任险（乘客）	40 000	88.4
车上人员责任险（司机）	10 000	33.9
机动车损失保险	215 800	3493

核实车辆信息：

号码号牌		VIN 码	
厂牌车型		使用性质	
车辆初次登记时间			

判定承保信息：

是否足额投保	□是 □否	指定驾驶人	
是否属于投保险种范围	□是 □否	是否有骗赔可能	□是 □否

3. 查看图片信息：

查看本次报案的图片，判定相应信息。

机动车行驶证：

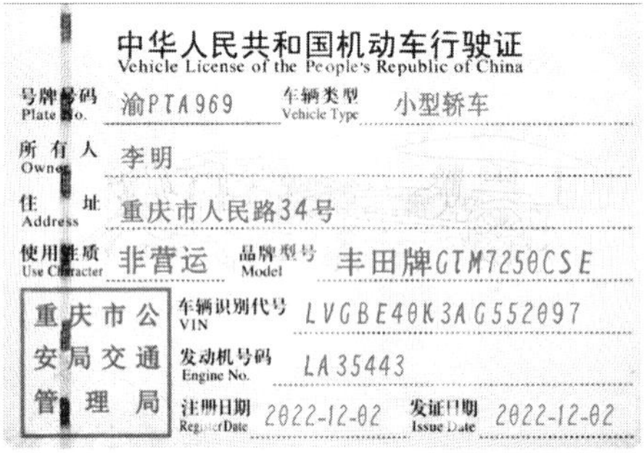
中华人民共和国机动车行驶证
Vehicle License of the People's Republic of China
号牌号码 Plate No. 渝PTA969　车辆类型 Vehicle Type 小型轿车
所有人 Owner 李明
住址 Address 重庆市人民路34号
使用性质 Use Character 非营运　品牌型号 Model 丰田牌GTM7250CSE
车辆识别代号 VIN LVGBE40K3AG552097
发动机号码 Engine No. LA35443
注册日期 Register Date 2022-12-02　发证日期 Issue Date 2022-12-02
重庆市公安局交通管理局

号牌号码 渝PTA969　档案编号 530300188888
核定载人数 5人　总质量 1499kg
整备质量 1435kg　核定载质量 —
外廓尺寸 4546×1710×1427mm　准牵引总质量 —
备注
检验有效期至 2028 年 12 月 渝R(01)
检验记录

行驶证年检是否合格	□是 □否
基本信息与保单是否一致	□是 □否

机动车驾驶证：

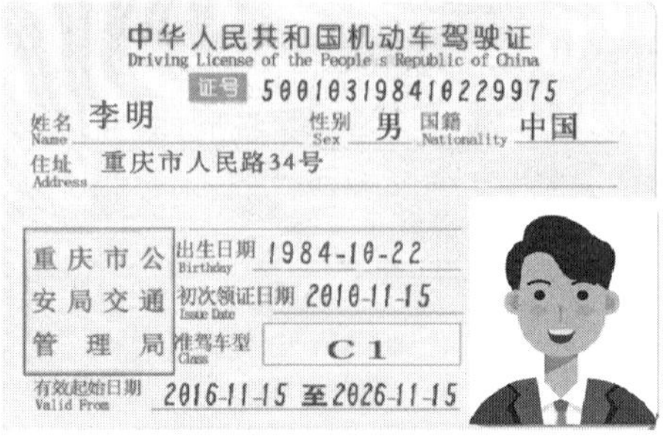
中华人民共和国机动车驾驶证
Driving License of the People's Republic of China
证号 500103198410229975
姓名 Name 李明　性别 Sex 男　国籍 Nationality 中国
住址 Address 重庆市人民路34号
出生日期 Birthday 1984-10-22
初次领证日期 Issue Date 2010-11-15
准驾车型 Class C1
有效起始日期 Valid From 2016-11-15 至 2026-11-15
重庆市公安局交通管理局

中华人民共和国机动车驾驶证副页
证号 500103198410229975
姓名 李明　档案编号 500901462014
记录 自2016年11月15日至有效起始日期有效。

损失照片：

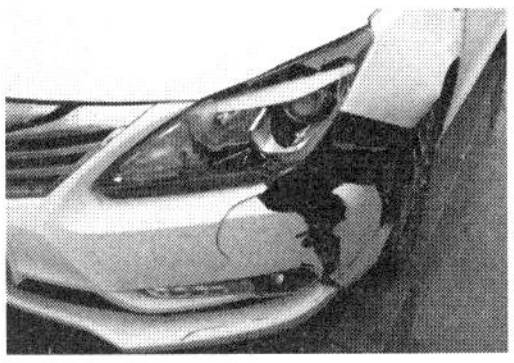 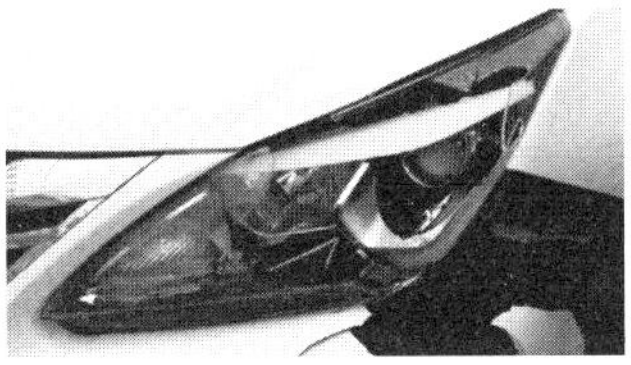 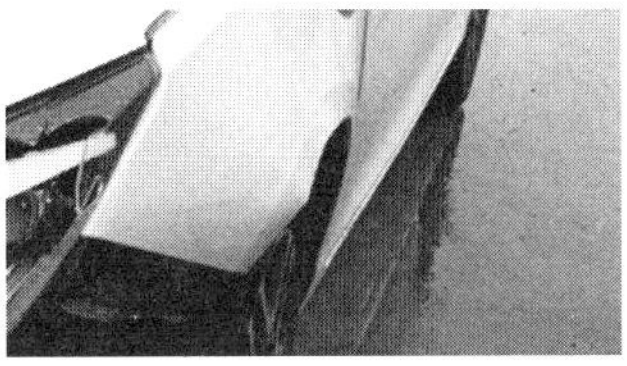

报案人姓名是否相符	□是 □否
准驾车型与实际驾驶车辆是否相符	□是 □否
驾驶证是否在有效期内	□是 □否
车辆信息与保险单信息是否吻合	□是 □否
碰撞痕迹是否与客户描述相符合	□是 □否
损坏部位与本次事故是否关联	□是 □否
车损照片与修换项目是否符合标准	□是 □否

4. 查看查勘意见：

在汽车保险理赔软件中对报案号为 SHBA202305060001 的案件的查勘结果进行检查，并填写关键信息。

查勘相关信息

<table>
<tr><td>处理部门</td><td>交警</td><td>案件类型</td><td>省内通赔案件</td><td>出险原因</td><td>追尾</td></tr>
<tr><td>事故类型</td><td colspan="5">双方事故</td></tr>
<tr><td>是否需要施救</td><td>否</td><td>核定施救金额</td><td>0</td><td>事故责任</td><td>全部</td></tr>
<tr><td>查看地点</td><td>重庆市沙坪坝天马路</td><td>车上人员伤亡情况</td><td>头部轻伤</td><td>第三方人员伤亡情况</td><td>无</td></tr>
<tr><td colspan="2">被保险机动车出险时使用性质</td><td>家庭自用</td><td colspan="2">被保险机动车驾驶人是否持有有效驾驶证</td><td>是</td></tr>
<tr><td colspan="2">被保险机动车驾驶人是否为酒后驾驶</td><td>否</td><td colspan="2">被保险机动车驾驶人准驾车型与实际驾驶车辆是否相符</td><td>是</td></tr>
<tr><td colspan="2">出险地点是否发生在合同约定的行驶区域外</td><td>否</td><td colspan="2">被保险机动车发生事故时的驾驶人员是否为合同约定的驾驶人</td><td>是</td></tr>
<tr><td colspan="5">是否存在其他条款规定的责任免除或增加免费率的情形</td><td>否</td></tr>
</table>

查勘说明	丰田车前部受损，福特车尾部受损，客户李明头部有轻伤。交警已处理，丰田车全责，福特车无责				
涉及险别	交通事故责任强制保险、商业车损险、商业三者险、车上人员责任险				
交强险责任类型	有责	商业保险立案建议	立案	交强险立案建议	立案
事故估计损失	有损失				
本车车损	4000.00	本车人员伤亡损失	200.00	本车财产损失	0.00
第三方车辆损失	2000.00	第三方人员伤亡损失	0.00	第三方车上财产损失	0.00
第三方其他财产损失	0.00	其他	0.00	总计	6200.00
备注					

第三方车辆信息

车牌号码	厂牌型号	车架号（VIN 码）	发动机号	驾驶员姓名	驾驶证号	准驾车型	性别	领证日期	其他说明
渝 PTB227				蒋伟	35x0006920776				

涉及险种	
查勘说明	

5. 查看定损损失录入：

使用保险理赔实训软件对报案号为 SHBA202305060001 的定损结果进行核损。

车辆定损信息

车型信息	厂商：广州丰田，车系：凯美瑞-CAMRY2.0L，车型：凯美瑞 200EGTM7200EB 精英版								
配件编码	配件名称	单位	4S 价	市场价	自定义价	数量	工时	工时费	小计
8115006390	前组合灯		0.00	1276.00	1276.00	1	4.00	0.00	1276.00
5202106080	前保险杠杠体		0.00	650.00	650.00	1	6.00	0.00	650.00
5211906943	前保险杠外皮		0.00	1296.00	1296.00	1	6.00	0.00	1296.00

维修项目信息

维修项目编码	维修项目名称	参考工时	参考工时单价	自定义工时	自定义工时价	小计
3-12-117-1	更换前保险杠	2.50	0.00	2.50	10.00	25.00
3-10-2-1	更换大灯（只）	0.50	0.00	0.50	10.00	5.00
4-12-12-1	前叶子板整形（$500cm^2$ 以下）×1	3.00	0.00	3.00	100.00	300.00

人员伤亡定损信息

定损单号：SHDS202305060001

姓名	李明	性别	男	年龄	39
从事行业	技术员	标准工资	15 000.00	月收入小计	20 000.00
就诊医院	重庆市第十一人民医院	住院号		主管医生	
科室电话		入院日期		护理人数	0
护理天数	0	护理人A月收入小计	0.00	护理人B月收入小计	0.00
伤亡等级	非残疾	住院天数	0	继续治疗天数	1

费用项目	报损金额	剔除金额	定损赔偿金额	计算标准公式
医药、诊疗、住院费	500.00	0.00	500.00	
后续治疗费（含整容费）	0.00	0.00	0.00	
住院伙食补助费	0.00	0.00	0.00	
营养费	0.00	0.00	0.00	
护理费	0.00	0.00	0.00	
康复费	0.00	0.00	0.00	
丧葬费	0.00	0.00	0.00	
死亡补偿费	0.00	0.00	0.00	
残疾赔偿金	0.00	0.00	0.00	
残疾辅助器具费	0.00	0.00	0.00	
交通费	0.00	0.00	0.00	
住宿费	0.00	0.00	0.00	
误工费	0.00	0.00	0.00	
被扶养人生活费小计	0.00	0.00	0.00	
其他费用	0.00	0.00	0.00	
合计	500.00	0.00	500.00	

险种类别	车上人员责任险
情况说明	头部轻伤

财产损失定损信息

费用项目	报损金额	剔除金额	定损赔偿金额	计算标准或公式
第三者车辆换件费用小计	1800.00	0.00	1800.00	
第三者车辆维修费用小计	300.00	0.00	300.00	
第三者车辆辅料费用小计	100.00	0.00	100.00	
第三者车辆施救费用小计	0.00	0.00	0.00	
第三者车辆残值小计	0.00	0.00	0.00	
第三者财产损失小计	0.00	0.00	0.00	
本车车上货物损失小计	0.00	0.00	0.00	
本车车上其他财产损失小计	0.00	0.00	0.00	
本车停驶天数	0.00	0.00	0.00	
公共设施损失小计	0.00	0.00	0.00	
代查勘费	0.00	0.00	0.00	
鉴定费	0.00	0.00	0.00	
诉讼、仲裁费	0.00	0.00	0.00	
其他费用小计	0.00	0.00	0.00	
合计	2200.00	0.00	2200.00	
其他费用说明				

核损结果：

6. 核损信息录入：

在汽车保险理赔实训软件核损平台录入相关信息。

五、检查

请指导教师根据评价标准，对学生进行评价，并提出任务实施过程中出现的问题及改进建议。

序号	评价标准	分值	得分
1	能否明确核损工作流程及内容	5	
2	能否根据报案信息分析风险	10	
3	能否查验保单核实车辆及承保信息	5	
4	能否审核行驶证、驾驶证照片判断其相符性及合格性	10	
5	能否审核车损照片及修换项目是否符合标准	20	
6	能否查看查勘信息，获取查勘意见	10	
7	能否检查定损信息对定损结果进行复核	20	
8	能否正确操作汽车保险理赔软件进行核损结果的录入	10	
9	整个核损过程中是否做到科学严谨、实事求是、客观公正	10	
总分		100	
问题及建议			

六、评价

请根据评价标准对自己在本次任务中的实际表现进行自评，并结合小组成员的表现进行组内互评。

序号	评价标准	分值	核损专员	客户	组织者	记录员
1	能否明确工作任务，是否理解该任务在企业中的重要程度	5				
2	能否正确叙述核损核价的内容及流程	10				
3	能否根据报案信息、保单信息分析风险	15				
4	能否审核车损照片及修换项目是否符合标准	25				
5	能否正确操作保险理赔软件进行核损核价信息的录入	20				
6	能否与客户、工作同事之间进行有效沟通	10				
7	能否与团队成员进行团队合作	10				
8	能否体现科学严谨、实事求是等素养	5				
总分		100				

模块四

车险索赔与理赔

任务七　赔案索赔

【学习目标】

◆知识目标

（1）熟悉被保险人的索赔权益；
（2）掌握车险索赔流程；
（3）掌握交强险及商业险的索赔事宜。

◆技能目标

（1）能够叙述被保险人索赔权益的具体内容；
（2）能够按照索赔流程协助客户完成车险索赔，打消客户对车险的疑虑，增强客户对车险的认同感。

◆素养目标

（1）养成理算及核赔过程中一丝不苟、科学严谨的工作态度；
（2）具有完成工作任务所需的团队协作及沟通能力；
（3）树立热情服务客户的意识；
（4）养成诚实守信的品格；
（5）具有遵守交通法规的法治意识。

【情景引入】

李先生的丰田车与福特车发生追尾碰撞事故后，立即拨打保险公司客服热线成功报案，经交警事故处理确定为李先生全责、福特车无责；经过查勘员现场查勘，确定保险责任；接着经过定损员的定损核价，确定了本次事故的车辆损失等费用。那么，李先生应该如何向保险公司索赔呢？需要交给保险公司哪些单证呢？

【相关知识】

子任务一 索赔概述

★★★全国职业院校技能大赛——汽车营销赛项（汽车保险查勘与理赔作业模块）考核内容：

（1）赔案完成定损核损后，主动致电客户，告知赔案状态与理赔所需证件。

（2）客户来到保险公司申请赔案理赔，完成客户接待、单证收集、理算缮制等相关工作。

一、被保险人的索赔权益

（一）有及时获得损害赔偿的权益

保险公司进行查勘后，应将审查结果及时通知被保险人。如果认为有关证明和资料不完整的，应通知被保险人及时补充；如果保险公司认定事故属于保险责任的，被保险人有权获得及时赔偿；如果事故不属于保险责任，保险公司应以书面形式通知拒赔。

（二）有及时获得相关费用赔偿的权益

在确定事故损失的过程中，被保险人不可避免会产生一些费用支出。

法理在线

《保险法》第六十四条规定：“保险人、被保险人为查明和确定保险事故的性质、原因和保险标的的损失程度所支付的必要的、合理的费用，由保险人承担。”

《保险法》第六十六条规定：“责任保险的被保险人因给第三者造成损害的保险事故而被提起仲裁或者诉讼的，被保险人支付的仲裁或者诉讼费用以及其他必要的、合理的费用，除合同另有约定外，由保险人承担。”

（三）有对保险公司赔偿提出异议的权益

被保险人如果认为保险公司的赔偿决定与自己的预期不相符时，有权对其提出异议，要求保险公司予以解释，必要时可以通过仲裁或诉讼来保护自己的合法权益。

（四）有获得保险公司代位追偿超过其支付赔款的多余部分的权益

保险公司代为追偿的金额以其向被保险人支付赔款的金额为限，如果保险公司代为追偿的金额大于其支付的赔款，则超过部分应还给被保险人，保险公司不能自留。

（五）有就自己的实际损失与保险公司赔偿的差额部分，向第三方继续请求赔偿的权益

如果被保险人因事故的损失大于保险公司的赔款，即使向保险公司转让了代位追偿权，也不影响被保险人就保险公司赔偿不足部分向第三方继续请求赔偿。

二、索赔流程

当保险事故生后，被保险人可以就自己的事故损失向保险人提出索赔请求，这是被保险人的权利，具体索赔流程如图 4-1-1 所示。

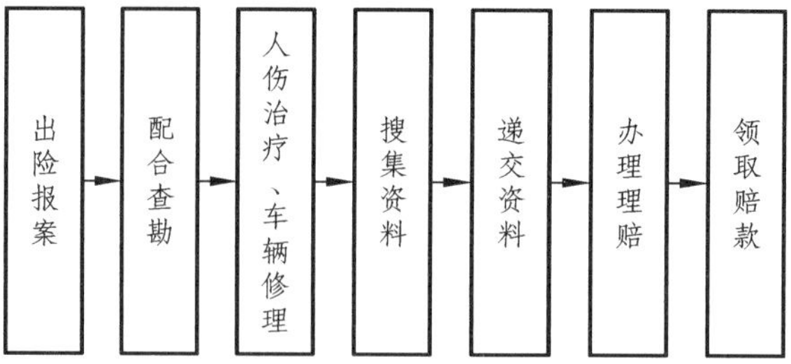

图 4-1-1 索赔流程

（一）出险报案

根据《保险法》第二十一条规定：“投保人、被保险人或者受益人知道保险事故发生后，当及时通知保险人。”因此，发生事故后，被保险人应当及时通知保险公司，否则造成无法确定或扩大损失部分，保险公司不予赔偿。

1. 报案期限

在事故发生后 48 小时内报案。一般发生事故后应直接电话告知保险公司报案。故意或因重大过失未及时通知，致使保险事故的性质、原因、损失程度等难以确定的，保险公司对无法确定的部分不承担赔偿责任。

2. 报案方式

报案方式有上门、电话、传真、网上和业务员转达等。其中电话报案快捷方便、使用最多。保险公司可接受报案的部门有理赔部门、客户中心等。

3. 报案内容

报案内容主要包括：被保险人姓名、保险单号、保险期限、保险险别，出险时间、地点、原因、车牌号码、厂牌车型，人员伤亡情况、伤者姓名、送医时间、医院名称，事故损失及施救情况、车辆停放地点，驾驶人、报案人姓名及与被保险人关系、联系电话。如果涉及第三者，还需说明第三方车辆的车型、牌照号码等信息。

4. 外地出险报案

在外地出险的，可向保险公司当地的分支机构报案，并在 48 小时内通知保险公司。在当地的公司查勘后，再回到投保所在地向承保公司申请索赔。

（二）配合查勘

发生保险事故后，被保险人应当提供事故发生的有关情况，积极协助保险人进行现场查勘，保证保险人及时、准确地查明事故原因，核定损失的程度和损失的大致金额。

（三）人伤治疗、车辆修理

在确定事故损失后，被保险人可以进行车辆的修理，修理前被保险人应当会同保险人检验，协商确定修理项目、方式和费用，否则，保险人有权重新核定。无法重新核定的，保险人有权拒绝赔偿。

（四）搜集资料

被保险人索赔时，应当向保险人提供与确认保险事故的性质、原因、损失程度等有关的证明材料。

（五）递交资料

被保险人索赔时，需要向保险人递交与保险事故有关的索赔资料，一般分为四类：标的证明、事故证明、损失证明及索赔申请书（见表 4-1-1）。保险人应当对索赔资料迅速审核，并将核定结果及时通知被保险人。

表 4-1-1 某保险公司的机动车辆保险索赔申请书

<table>
<tr><td colspan="3">被保险人：</td><td colspan="3">保险单号：</td></tr>
<tr><td colspan="2">厂牌型号：</td><td>号牌号码：</td><td colspan="2">牌照底色：</td><td>车辆类型：</td></tr>
<tr><td colspan="3">出险时间：</td><td colspan="3">出险原因：</td></tr>
<tr><td colspan="3">报案人：</td><td colspan="3">报案时间：</td></tr>
<tr><td colspan="3">报案方式：□95518 □传真 □上门 □其他</td><td colspan="3">是否第一现场报案：</td></tr>
<tr><td colspan="3">联系人：</td><td colspan="3">联系电话：</td></tr>
<tr><td colspan="3">出险地点：</td><td colspan="3">出险地邮政编码：</td></tr>
<tr><td rowspan="2">出险地分类</td><td colspan="2" rowspan="2">□高速公路□普通公路□城市道路
□乡村便道和机耕道□其他</td><td colspan="2">车辆已使用里程：</td><td>已使用年限：</td></tr>
<tr><td colspan="3">车辆初次登记日期：</td></tr>
<tr><td colspan="4">处理部门：□交警□其他事故处理部门□保险公司□自行处理</td><td colspan="2">排量/功率：</td></tr>
<tr><td rowspan="4">驾驶人员情况</td><td colspan="2">驾驶人性能：</td><td colspan="3">初次领证日期：　年　月　日</td></tr>
<tr><td colspan="5">驾驶证号码：</td></tr>
<tr><td colspan="2">准驾车型：□A□B□C□其他</td><td>性别：□男 □女</td><td colspan="2">年龄：</td></tr>
<tr><td>职业分类</td><td colspan="4">□职业驾驶人 □国家社会管理者 □企业管理人员 □私营企业主
□专业技术人员 □办事人员 □个体工商户 □商业服务业员工
□产业工人 □农村劳动者 □军人 □其他</td></tr>
<tr><td colspan="6">事故经过：（请你如实填写事故经过，报案时的任何虚报、欺诈行为，均可能成为保险人拒绝赔偿的依据）</td></tr>
<tr><td colspan="6">××财产保险股份有限公司____________：
本人的保险车辆发生的上述事故已结案，相关的索赔材料已整理齐全，现特向贵公司提出索赔申请。
本人声明：以上所填写的内容和向贵公司提交的索赔材料真实、可靠，没有任何虚报和隐瞒。
被保险人/报案人签章：
年　月　日</td></tr>
</table>

（六）办理理赔

保险人接受索赔后，应当迅速进行理赔处理。

（七）领取赔款

当保险人确定了保险金额后，应通知被保险人领取赔款。对于属于保险责任的，保险人应当与被保险人达成协议后十日内支付赔款；对于不属于保险责任的，保险人应当从做出核定之日起，三日内向被保险人发出拒绝赔偿通知书，并说明理由。

三、索赔时的注意事项

（1）不要未经保险公司许可就对受损车辆进行修复。

（2）被保险人不要对第三者自行承诺或支付赔偿金额。

（3）索赔时不要有隐瞒事实、伪造单证、制造假案等行为。

（4）被保险人不要在保险公司赔偿前放弃向第三者索赔的权利。

（5）被保险人索赔时遭拒绝的常见情况：

①车辆未按期检测；

②车辆无牌照；

③车辆在收费停车场或营业性修理厂出险；

④驾驶证未按期审核；

⑤酒后肇事，饮酒开车；

⑥车轮单独损坏（购买车轮单独损失险除外）；

⑦牵引没有保险的车撞车；

⑧利用保险车辆从事违法活动。

小知识：汽车保险直赔

汽车保险直赔通常是指车损后到保险公司指定的修理厂定损维修后，维修费用由保险公司直接与维修方结付，被保险人无须支付维修费用，只需交齐材料或即刻将车辆取走。如果车身有伤需要维修或出现轻微事故，车主可以找一家保险公司认可的能够进行保险直赔的修理厂或4S店进行维修，只需要带着保险单以及被保险人的身份证、驾驶证和行驶证到指定地点，甚至不用报案，免去了所有理赔流程，无须垫付钱款，方便快捷。

子任务二 交强险索赔

一、索赔申请

（1）被保险机动车发生交通事故的，应由被保险人向保险人申请赔偿保险金。根据被保险人的请求，保险人应当直接向该第三者（受害人）赔偿保险金。被保险人怠于请求的，第三者（受害人）有权就其应获赔偿部分直接向保险人请求赔偿保险金。

（2）保险人应增加专门单证，或在《索赔申请书》中设置项目，要求被保险人确认是否需要保险人直接向第三者（受害人）赔偿保险金。被保险人与第三者（受害人）协商一致后，由被保险人现场亲笔签字确认。

（3）发生受害人人身伤亡或财产损失，且符合下列条件之一的，保险人可以受理受害人的索赔：

①被保险人出具书面授权书；

②人民法院签发的判决书或执行书；

③被保险人死亡、失踪、逃逸、丧失索赔能力或书面放弃索赔权利；

④法律规定的其他情形。

（4）受害人索赔时应当向保险人提供以下材料：

①人民法院签发的判决书或执行书，或交警部门出具的交通事故责任认定书和调解书原件；

②受害人的有效身份证明；

③受害人人身伤残程度证明以及有关损失清单和费用单据；

④其他与确认保险事故的性质、原因、损失程度等有关的证明和资料。

二、单证收集

保险人应当在收到索赔申请时立即以索赔须知的方式，一次性书面告知被保险人需要向保险人提供的与赔偿相关的证明和资料。索赔须知必须通俗、易懂，并根据《交强险索赔单证规范》勾选与赔偿有关的证明和资料，某保险公司的索赔须知见表 4-1-2。各公司可以减少交强险索赔单证，不得以任何理由增加索赔单证的种类和要求。需要的单证包括：

（1）交强险的保险单；

（2）被保险人出具的索赔申请书；

（3）被保险人和受害人的有效身份证明、被保险机动车行驶证和驾驶人的驾驶证；

（4）公安机关交通管理部门出具的事故证明，或者人民法院等机构出具的有关法律文书及其他证明；

（5）被保险人根据有关法律法规规定选择自行协商方式处理交通事故的，应当提供依照《交通事故处理程序规定》规定的记录交通事故情况的协议书；

（6）受害人财产损失程度证明、人身伤残程度证明、相关医疗证明以及有关损失清单和费用单据；

（7）其他与确认保险事故的性质、原因、损失程度等有关的证明和资料。

表 4-1-2 某保险公司的机动车辆保险索赔须知

<table>
<tr><td>被保险人</td><td></td></tr>
<tr><td colspan="2">由于您投保的机动车辆发生了事故，请您在向我公司提交机动车辆保险索赔申请的同时，依照我公司的要求，提供以下有关单证。如果您遇到困难，请随时拨打××保险公司的服务专线电话××××，我公司将竭诚为您提供优质、高级的保险服务。
谢谢您的合作！</td></tr>
</table>

续表

机动车辆索赔材料手续明细如下：
1. □机动车辆索赔申请书
2. □机动车辆保险单正本　□保险车辆互碰卡
3.事故处理部门出具的：□交通事故责任认定书　□调解书　□简易事故处理书　□其他事故证明
4.法院、仲裁机构出具的：□裁定书　□裁决书　□调解书　□仲裁书
5.涉及车辆损失还需提供：□保险车辆损失情况确认书、修理项目清单和零部件更换项目清单　□车辆修理的正式发票　□修理材料清单　□结算清单
6.涉及财产损失的还需提供：□机动车辆保险财产损失确认书　□设备总体造价及损失程度证明　□设备恢复的工程预算　□财产损失清单　□购置、修复受损财产的有关费用单据
7.涉及人身伤、残、亡损失的还需提供：□县级以上医院诊断证明　□出院通知书□　需要护理人员证明　□医疗费报销凭证　□法院伤残鉴定书　□死亡证明　□被扶养人证明材料　□户籍派出所出具的受害人家庭情况证明　□户口　□丧失劳动能力证明　□交通费报销凭证　□住宿费报销凭证　□参加事故处理人员工资证明　□伤、残、亡人员误工证明及收入情况证明　□护理人员误工证明及收入情况证明
8.涉及车辆盗抢案件的还需提供：□机动车行驶证（原件）　□出险地县级以上公安刑侦部门出具的盗抢案件立案证明　□已登报声明的证明　□车辆购置附加费凭证和收据或车辆购置税完税证明和代征车辆购置税缴税收据或免税证明　□机动车登记证明　□车辆停驶手续证明　□机动车来历证明　□全套车钥匙
9.被保险人索赔时，还需提供以下证明原件，经保险公司验证后留存复印件： □保险车辆机动车行驶证　□肇事驾驶人员的机动车行驶证
10.被保险人索赔时，还需提供以下证件原件，经保险公司验证后留存复印件： □领取赔款授权书　□被保险人身份证明　□领取赔款人员身份证明
11.需要提供的其他索赔证明和单据： （1）　　　　（2） （3）　　　　（4）
敬请注意：为确保您能够获得更全面、合理的保障赔偿，我公司在理赔过程中，可能需要您进一步提供上述所列单证以外的其他证明材料。届时，我公司将及时通知您。感谢您对我们工作的理解与支持！

被保险人		保险公司	
领到索赔须知日期：　年　月　日		交付索赔日期：　年　月　日	
确认签字		经办人签字	
提交索赔材料日期：　年　月　日		收到索赔材料日期：　年　月　日	
确认签字		经办人签字	

子任务三 商业险索赔

一、资料收集方式

（一）现场收集方式

保险公司查勘定损人员、人伤跟踪人员等理赔人员在查勘定损或人伤跟踪与探视等接触客户过程中直接收集客户索赔资料。

（二）柜面收集方式

保险公司可在各理赔服务网点、各经营网点、各出单网点、社区门店、4S 店等场所，安排人员受理客户递交索赔资料。

（三）快递理赔方式

对于责任明确的小额简易案件，根据客户意愿向客户提供快递信封，客户索赔资料准备好后，拨打信封上的服务电话，保险公司安排人员上门收取索赔材料。

（四）新型渠道（微理赔）方式

客户通过微信、微博、公司官网、手机移动 App 等网络媒介提交电子索赔材料。

二、资料收集要求

保险公司资料收集人员应及时受理客户提交的索赔资料，并做好客户信息的收集。

（1）收集并初审客户提交的索赔资料，对经手赔案资料的真实性、有效性、完整性负责。

（2）对于责任明确、理赔单证齐全的，向客户提供资料收集齐全回执，并告知客户理赔时效。

（3）对于责任明确，但索赔单证资料不齐全的案件，应当及时一次性告知客户补充提供齐全完整的单证。

（4）负责客户索赔资料的催收工作。

（5）涉及代位求偿案件的索赔单证收集，按照《机动车辆损失险代位求偿操作实务》的工作要求，告知被保险人所需索赔单证，指导其本人或单位授权代理人当面填写完整《代位求偿案件索赔申请书》。

（6）理赔单证要严格按照《机动车保险理赔行业标准化单证（2013 参考版）》要求执行，只能简化，不能增加。

三、资料收集

根据案件不同，被保险人需要提供的资料也有所不同，主要分为以下几类：

（一）基本索赔资料

基本索赔资料是指常规的车险各类事故中的通用资料，见表 4-1-3。

表 4-1-3 基本索赔资料

序号	基本索赔资料	备注
1	机动车保险索赔申请书	通用
2	保险单正本复印件	通用
3	机动车行驶证正副本复印件	通用
4	机动车驾驶证正副本复印件	通用
5	营运证、特种车辆操作证	通用
6	交警责任认定书	经交警处理的交通事故
7	交警赔偿调解书（或第三方调解书）	经交警处理的交通事故
8	法院民事判决书（民事调解书）	经法院判决、调解的事故
9	仲裁委员会仲裁书	经仲裁的事故
10	当事人自行协商赔偿协议	当事人自行协商的交通事故
11	火灾证明	因火灾造成的损失
12	自然灾害证明	因自然灾害造成的损失

（二）涉及车辆损失的索赔资料

当发生事故导致车辆（包括标的车辆和第三者车辆）遭受损失，索赔时需要提供的资料，见表 4-1-4。

表 4-1-4 车辆损失索赔资料

序号	车辆损失索赔资料	备注
1	机动车保险事故损失项目确认书	通用
2	汽车修理发票	通用
3	机动车保险一次性定损自行修车协议	当采用一次定损确定损失时
4	修复车辆验收通知单	当所维修的车辆需要验收时
5	第三者财产损失证明及赔偿凭证	第三者的车辆发生损失的事故
6	事故车辆施救费赔偿凭证	事故车辆需要施救的事故

（三）涉及其他财产损失的索赔资料

当发生车辆以外的其他财物损失时，索赔需要提供的资料，见表 4-1-5。

表 4-1-5 财产损失索赔资料

序号	财产损失索赔资料	备注
1	第三者财产损失证明	需要赔偿第三者财产损失时
2	第三者财产赔偿证明	需要赔偿第三者财产损失时
3	货物运单及价格、数量凭证	索赔货物损失时
4	损失物资回收单	有损失的物资需要回收时
5	第三者财产施救赔偿凭证	第三者财产需要施救时

（四）涉及人员伤亡的索赔资料

当交通事故出现人员伤亡的情况时，索赔时需要提供的资料，见表 4-1-6。

表 4-1-6 人员伤亡索赔资料

序号	人员伤亡索赔资料	备注
1	医院诊断证明	人员在门诊治疗时
2	医疗费用凭证	通用
3	病例	通用
4	诊疗及药品清单	通用
5	伤亡人员单位误工证明	索赔误工费时（单位开具）
6	伤亡人员医院误工证明	索赔误工费时（医院开具）
7	护理证明	需要护理时
8	后续医疗证明	需要后续治疗时
9	住院伙食补助费凭证	索赔住院伙食补助费时
10	营养费凭证	索赔营养费时
11	交通费凭证	索赔交通费时
12	住宿费凭证	索赔住宿费时
13	交通事故伤残鉴定	发生伤残，需要鉴定的事故
14	残疾辅助器具证明	索赔残疾辅助器具费用时
15	死者户籍注销证明	发生死亡的事故
16	丧葬费凭证	索赔丧葬费时
17	被抚养人户籍关系证明	索赔抚养费时
18	被扶养人丧失劳动能力证明	索赔抚养费时

（五）涉及全车盗抢损失（全损赔付）的索赔资料

当发生全车盗抢时，索赔时需要提供的资料，见表 4-1-7。

表 4-1-7 全车盗抢损失索赔资料

序号	全车盗抢损失索赔资料	备注
1	被保险机动车盗抢案件立（破）案证明	通用
2	报警回执	通用
3	车辆报停或注销证明	通用
4	车辆来历证明或购车发票原件	通用
5	购置附加税凭证	通用
6	登载车辆被盗抢声明的报纸	通用
7	权益转让书	通用
8	机动车登记证原件	通用
9	被保险人身份证或营业执照复印件	通用

【情景分析】

客户李先生发生的交通事故经过前期保险公司理赔人员的查勘定损、核价核损确定了事故的实际损失，那么，李先生要获得保险公司的赔偿就需要向保险公司索赔，而作为保险公司的理赔人员应该告知客户索赔相关事项，协助客户进行索赔，比如协助客户填写索赔申请书，解决客户在索赔过程中的疑问，消除客户的疑虑，帮助客户收集索赔所需要的各种资料。

为了完成情景中的任务，请参考任务工单七实施相应任务。

【学习小结】

本任务主要介绍了赔案索赔的相关内容，主要内容如下：

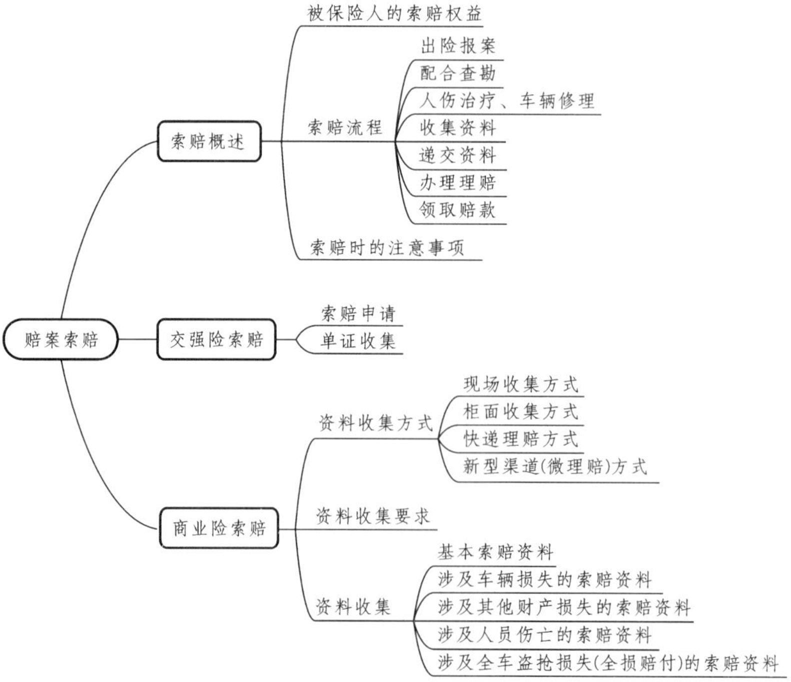

图 4-1-2 赔案索赔知识框架

任务工单七 赔案索赔

专业：__________班级：_________学号：__________姓名：_________日期：___________

一、接受任务

李先生的丰田车与福特车发生追尾碰撞事故后，立即拨打保险公司客服热线成功报案，经交警事故处理确定为李先生全责、福特车无责；经过查勘员现场查勘，确定为保险责任；接着经过定损员的定损核价，确定了本次事故的车辆损失等费用。那么，李先生应该如何向保险公司索赔呢？需要交给保险公司哪些单证呢？

二、资讯

1. 应在事故发生后___________小时内报案。

2. 关于损失补偿原则的理解，正确的是（　　）。

A.投保人投保后，反有损失的，保险人均应予以赔偿

B.既适用于财产保险，也适用于人身保险

C.当保险事故发生使被保险人遭受损失时，保险人在责任范围内对被保险人所遭受的实际损失进行赔偿

D.损失多少，赔多少

3. 被保险人的索赔权益有哪些？（　　）

A.及时获得相关费用赔偿的权益

B.及时获得损害赔偿的权益

C.对保险公司赔偿提出异议的权益

D.获得保险公司代位追偿超过其支付赔款的多余部分的权益

4. 以下是索赔步骤，根据所学知识，索赔流程的正确顺序是（　　）。

①提出索赔 ②领取赔款 ③报案 ④配合查勘

A.①②③④　　B.③④①②　　C.④③①②　　D.①②④③

5. 被保险人索赔时递交的索赔资料分为：__________、__________、_________及_________。

6. 涉及全车盗抢损失（全损赔付）索赔单证的是（　　）。

A.盗抢案件立案证明（报案回执）

B.车辆购置税完税证明和代征车辆购置税缴税收据

C.机动车登记证书

D.保险单正本

7. 对于属于保险责任的，保险人应当与被保险人达成协议后______内支付赔款；对于不属于保险责任的，保险人应当从做出核定之日起，________内向被保险人发出拒绝赔偿通知书，说明理由。

8. 被保险机动车发生交通事故的，应由（　　）向保险人申请赔偿保险金。

9. 交强险索赔需要的单证有哪些？

____

____

____

____

____

10. 在哪些情况下，保险人可以受理受害人的索赔？

____

____

____

____

____

____

三、决策与计划

1.根据索赔工作要求，制订工作计划。

流程	工作内容	操作要点	素养要求
工作流程 1			
工作流程 2			
计划审核	审核意见： 签字： 年　月　日		

2.请根据工作计划，对小组成员进行任务分工。

保险专员：__________客户：__________组织者：__________记录员：__________

四、实施

1.根据本次案件情况，请协助客户填写索赔申请书。

<table>
<tr><td colspan="3">被保险人：</td><td colspan="2">保险单号：</td></tr>
<tr><td colspan="2">厂牌型号：</td><td>号牌号码：</td><td>牌照底色：</td><td>车辆类型：</td></tr>
<tr><td colspan="3">出险时间：</td><td colspan="2">出险原因：</td></tr>
<tr><td colspan="3">报案人：</td><td colspan="2">报案时间：</td></tr>
<tr><td colspan="3">报案方式：□95518 □传真 □上门 □其他</td><td colspan="2">是否第一现场报案：</td></tr>
<tr><td colspan="3">联系人：</td><td colspan="2">联系电话：</td></tr>
<tr><td colspan="3">出险地点：</td><td colspan="2">出险地邮政编码：</td></tr>
<tr><td rowspan="2">出险地分类</td><td colspan="2" rowspan="2">□高速公路 □普通公路
□城市道路
□乡村便道和机耕道 □其他</td><td>车辆已使用里程：</td><td>已使用年限：</td></tr>
<tr><td colspan="2">车辆初次登记日期：</td></tr>
</table>

续表

<table>
<tr><td colspan="4">处理部门：□交警 □其他事故处理部门 □保险公司 □自行处理</td><td>排量/功率：</td></tr>
<tr><td rowspan="5">驾驶人员情况</td><td colspan="2">驾驶人性能：</td><td colspan="2">初次领证日期：　　年　　月　　日</td></tr>
<tr><td colspan="4">驾驶证号码：</td></tr>
<tr><td colspan="2">准驾车型：□A □B □C □其他</td><td>性别：□男 □女</td><td>年龄：</td></tr>
<tr><td>职业分类</td><td colspan="3">□职业驾驶人 □国家社会管理者 □企业管理人员 □私营企业主 □专业技术人员 □办事人员 □个体工商户 □商业服务业员工 □产业工人 □农村劳动者 □军人 □其他</td></tr>
<tr><td colspan="5">事故经过：（请你如实填写事故经过，报案时的任何虚报、欺诈行为，均可能成为保险人拒绝赔偿的依据）</td></tr>
<tr><td colspan="5">××财产保险股份有限公司__________________：
本人的保险车辆发生的上述事故已结案，相关的索赔材料已整理齐全，现特向贵公司提出索赔申请。
本人声明：以上所填写的内容和向贵公司提交的索赔材料真实、可靠，没有任何虚报和隐瞒。
被保险人/报案人签章：
年　　月　　日</td></tr>
</table>

2. 请根据本次案件涉及的险种，列出李先生需要向保险公司提供的单证。

李先生投保的保险险种如下：

险种名称	保险金额/责任限额（元）	保险费（元）
交强险	200 000	950
机动车损失保险	215 800	3493
第三者责任险	500 000	1179
车上人员责任险（司机）	10 000	33.9
车上人员责任险（乘客）	40 000	88.4

需要提供的单证包括：______________________________

____

____

五、检查

请指导教师根据评价标准，对学生进行评价，并提出任务实施过程中出现的问题及改进建议。

序号	评价标准	分值	得分
1	能否协助客户填写索赔申请书，并做到完整无误	10	
2	能否按照索赔流程进行索赔，并做到规范标准	20	
3	能否收集交强险索赔单证，并做到齐全	30	
4	能否收集商业险索赔单证，并做到齐全	20	
5	能否在协助客户索赔过程中体现服务意识、耐心细致	10	
6	能否与小组成员团结合作、有效沟通	10	
总分		100	
问题及建议			

六、评价

请根据评价标准对自己在本次任务中的实际表现进行自评，并结合小组成员的表现进行组内互评。

序号	评价标准	分值	保险专员	客户	组织者	记录员
1	能否明确工作任务，是否理解该任务在企业中的重要程度	5				
2	能否正确叙述索赔流程及注意事项	10				
3	能否协助客户正确填写索赔申请书	15				
4	能否正确解答客户提出的索赔疑问	20				
5	能否收集索赔所需单证	20				
6	能否与客户、工作同事之间进行有效沟通	10				
7	能否与团队成员进行团队合作	10				
8	能否体现服务意识、科学严谨态度等素养	10				
总分		100				

任务八　车险理赔

【学习目标】

◆知识目标

（1）熟悉赔款理算、赔付结案、追偿及审计工作流程；
（2）掌握交强险及商业险的赔款计算方法；
（3）掌握核赔工作流程及内容。

◆技能目标

（1）能够完成赔款理算工作；
（2）能够完成核赔及结案工作。

◆素养目标

（1）养成理算及核赔过程中一丝不苟、科学严谨的工作态度；
（2）具备诚实守信的品格；
（3）树立遵守交通法规的法治意识；
（4）树立交通出行安全意识；
（5）具有完成工作任务所需的团队协作及沟通能力。

【情景引入】

李先生的丰田车与福特车发生追尾碰撞事故后，立即拨打保险公司客服热线成功报案，经交警事故处理确定为李先生全责、福特车无责；经过查勘员现场查勘，确定为保险责任；接着经过定损员的定损核价，确定了本次事故的车辆损失等费用。李先生也向保险公司提供了所需单证，提出了索赔请求。案件流转至理算平台，作为理赔人员白刚应该如何计算本次事故的赔款呢？赔款理算完后，保险公司还需做什么事情呢？

【相关知识】

子任务一　赔款理算

当保险事故完成了报案受理、现场查勘、立案、定损及核损核价后就进入赔款理算环节。赔款理算是理赔人员根据被保险人提供的经审核无误的有关费用单证，根据保险条款、事故证明等确定保险责任及赔偿比例，计算汽车保险赔款、缮制赔款计算书的过程。

一、理算的流程

理算的流程如图 4-2-1 所示。

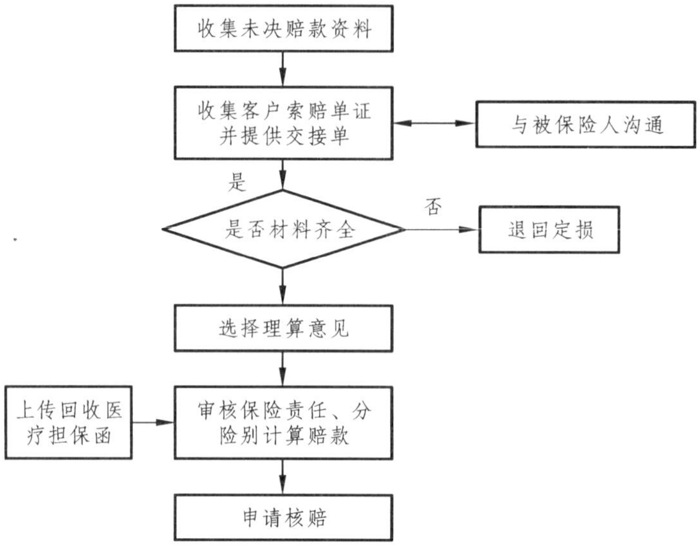

图 4-2-1 理算流程

（一）未决赔案的管理

理算岗人员督促查勘定损和医疗核赔员及时将未决赔案资料交齐，形成未决赔案卷宗，并按赔案号顺序统一管理，未立案案件按报案号顺序统一管理。

1. 按交强险赔案号顺序统一管理

所有涉及交强险的案件资料在完成核赔前为一个未决档案，便于案件核赔总体把控。未决档案内按交强险和商业险进行初步单证分割（必须要有交强险和商业险两份报案抄单），便于案件核赔总体把控，在结案后分割成两个已决档案再按归档号分交强险和商业险进行归档。

（1）不关联保单纯交强险案件（不涉及商业险）；

（2）不关联保单交强险案件（涉及商业险）；

（3）关联保单纯交强险案件（注销商业险）；

（4）关联保单交强险案件（涉及商业险）。

2. 按商业险赔案号顺序统一管理

所有只涉及商业险的案件资料在完成核赔前为一个未决档案，在结案后按商业险归档号进行归档。

（1）不关联保单纯商业险案件（不涉及交强险）；

（2）关联保单纯商业险案件（注销交强险）。

（二）收集未决赔案资料

赔案资料收集、审核出具收单回执。理算岗接收被保险人提交的索赔单证，经审核认为齐全、合格后，向被保险人详细说明事故赔偿标准和依据。接收材料人员须在材料交接单中勾选客户需提交和已提交的索赔单证，登记交单人姓名（电话号码），在交接单上留下理赔咨询电话，并请客户签字确认。

对于有关证明和资料不完整时，需要查勘定损员补充提交的退回定损处理。需要被保险人补充的材料，要求一次性向被保险人介绍清楚，在材料交接单上注明，在客户补充材料后再将单证补充录入信息系统。

（三）快速案件理算

（1）核对快速案件立案是否准确，立案时是否扣除对应的免赔率、免赔额，确认立案金额为最终赔付金。

（2）检查系统内已经导入的案件的快速案件单证是否齐全，快速案件处理单、行驶证、驾驶证、事故证明、损失票据（超损失限额案件）、损失照片、权益转让书是否齐全。

（3）在完成1、2步骤后，选择系统自动理算，提交快速核赔处理。

（4）发现1、2步骤有误时，选择手动理算，在理算环节更改立案误差错误，与案件前期处理人员和客户联系补充资料，更改与补充完毕后提交快速核赔处理。

（四）一般案件理算

（1）根据保险条款和有关规定，核对保费到账情况，确定是否属于保险责任范围，核定被保险人应承担的事故责任。

（2）对提交的索赔材料，根据公司各种案件单证标准进行认真审核与整理。资料齐全的，通过拍照或者扫描上传至理赔系统。

（3）按险别分别计算赔款金额，按先交强险后商业险的理算顺序分别理算。交强险案件理算时严格遵循交强险互碰规则，对于交强险赔偿（有责赔偿/无责赔偿）的部分和本车交强险代赔部分应该在系统内分项明确。人伤损失、财产损失分项录入。费用信息中录入查勘费、施救费、公估费。

商业险案件理算时需要扣除应该由本车交强险和对方交强险应承赔偿责任的部分。扣除交强险部分在强制保险免赔栏中做负值扣减，超出交强险部分在商业险内按被保险人应承担的事故责任比例进行赔款计算。人伤损失分项录入，正确选择险别，准确录入金额，在费用赔款信息中录入查勘费、施救费、公估费。

（4）检查单证齐全、计算金额正确，提交理算至一般核赔处理。

（五）退回定损

（1）对于定损后经核实确需追加的定损项目，由查勘定损人员提出要求，再由理算岗从理算环节将案件退回。

（2）查勘定损提供的现场信息不齐全以及核赔退回理算要求核实调查的案件，明确应该由定损环节补充的，可由理算岗从“理算环节”将案件退回，要求注明退回原因。

（3）客户原因未能提供补充资料的，补充资料只能在理算岗，不适用退回定损。

（六）特殊情况处理

（1）客户放弃索赔和拒赔的，案件到理算后，将不能再提起注销拒赔处理，在理算中选择无责，并按零金额处理；若还处于单证处理环节，在理赔系统申请注销拒赔处理，同时要求列明注销拒赔原因。

（2）交强险人伤抢救费用担保结束后应及时回收担保函，并在理算平台上传已回收的担保函，在理算时要求录入包含已经划转至医院账户的担保费用的总金额，并在系统中将担保函录入系统。

（3）盗抢案件、火烧车案件、水淹车案件、车辆倾覆案件、死亡案件等重特大复杂案件，要求制作赔案说明，包含承保情况、案件经过、查勘调查经过、经办人意见、理算过程，便于核赔人审核。

二、交强险赔款理算

交强险的赔款计算

（一）赔偿顺序

交强险是对第三者造成损失的赔偿，在事故发生过程中，将实行“交强险先行，商业三责险补充”的原则。也就是说，对于保险事故造成的损失，应先通过交强险进行赔偿处理，超过交强险责任限额的部分，再通过商业三责险进行赔偿处理。如果交强险和商业三责险不在同一家保险公司购买，应先向承保交强险的保险公司索赔，同时向承保商业三者险的保险公司报案。交强险出险后办理索赔手续所需的资料与商业三责险相同。对于交强险的赔偿顺序如下：

（1）事故造成受害人财产损失，同时涉及受害人的车辆损失、受害人车辆以外的财产损失、受害人车上财产损失时，优先赔偿受害人车辆损失以外的其他财产损失。

（2）死亡伤残、医疗费用赔偿金额超过交强险赔偿限额的，在限额内按以下顺序赔偿：

①死亡伤残赔偿顺序：残疾赔偿金、残疾辅助器具费（丧葬费、死亡补偿费）、护理费、误工费、交通费、住宿费（受害人亲属办理交通事故支出的合理交通、住宿、误工费用）、被扶养人生活费。

②医疗费用赔偿顺序：抢救费、医疗费、诊疗费、住院费、住院伙食补助费、后续治疗费、整容费、必要的营养费。

③精神损害抚慰金：对于被保险人依照法院判决或者调解承担的精神损害抚慰金，在其他赔偿项目足额赔偿后，在死亡伤残赔偿限额内赔偿。

（二）交强险理算基本计算公式

保险人在交强险各分项赔偿限额内，对受害人死亡伤残费用、医疗费用和财产损失分别进行计算：

总赔款=∑各分项损失赔款=死亡伤残费用赔款+医疗费用赔款+财产损失赔款

各分项损失赔款=各分项核定损失承担金额，即

死亡伤残费用赔款=死亡伤残费用核定承担金额

医疗费用赔款=医疗费用核定承担金额

财产损失赔款=财产损失核定承担金额

各分项核定损失承担金额超过交强险各分项赔偿限额的，各分项损失赔款等于交强险各分项赔偿限额。

（1）当保险事故涉及多个受害人时，基本计算公式当中的相应项目表示为：

各分项损失赔款=∑各受害人各分项核定损失承担金额，即

死亡伤残费用赔款=∑各受害人死亡伤残费用核定承担金额

医疗费用赔款=∑各受害人医疗费用核定承担金额

财产损失赔款=∑各受害人财产损失核定承担金额

各受害人各分项核定损失承担金额之和超过被保险机动车交强险相应分项赔偿限额的，各分项损失赔款等于交强险各分项赔偿限额。

各受害人各分项核定损失承担金额之和超过被保险机动车交强险相应赔偿限额的，各受害人在被保险机动车交强险分项赔偿限额内应得到的赔偿为：

被保险机动车交强险对某一受害人分项损失的赔偿金额=交强险分项赔偿限额×（事故中某一受害人的分项核定损失承担金额/∑各受害人分项核定损失承担金额）

（2）当保险事故涉及多辆肇事机动车时，各被保险机动车的保险人分别在各自的交强险各分项限额内，对受害人的分项损失计算赔偿。

各方机动车按其适用的交强险分项赔偿限额占总分项赔偿限额的比例，对受害人的各分项损失进行分摊。

某分项核定损失承担金额=该分项损失金额×（适用的交强险该分项赔偿限额/∑各致害人交强险该分项赔偿限额）

（3）受害人财产损失需要施救的，财产损失赔款与施救费累计不超过财产损失赔偿限额。

（4）主车和挂车在连接使用时发生交通事故，主车与挂车的交强险保险人分别在各自的责任限额内承担赔偿责任。

若交通管理部门未确定主车挂车应承担的赔偿责任，主车、挂车的保险人对各受害人的各分项损失平均分摊，并在对应的分项赔偿限额内计算赔偿。

主车与挂车由不同被保险人投保的，若在连接使用时发生交通事故案，按互为第三者的原理处理。

（5）被保险机动车投保多份交强险的，保险期间起期在前的保险合同承担赔偿责任，起期在后的保险合同不承担赔偿责任。

（6）对被保险人依照法院判决或者调解承担的精神损害抚慰金，原则上在其他赔偿项目足额赔偿后，在死亡伤残赔偿限额内赔偿。

（7）死亡伤残费用和医疗费用的核定标准，按照《最高人民法院关于审理人身损害赔偿案件适用法律若干问题的解释》规定的赔偿范围、项目和标准，以及交通事故人员创伤临床诊疗指南和交通事故发生地的基本医疗标准核定人身伤亡的赔偿金额。

（8）肇事机动车中的无责任车辆，不参与对其他无责车辆和车外财产损失的赔偿计算，仅参与对有责方车辆损失或车外人员伤亡损失的赔偿计算。

无责方车辆对有责方车辆损失应承担的赔偿金额，由有责方在本方交强险无责任财产损失赔偿限额项下代赔。

（9）肇事机动车中应投保而未投保交强险的车辆，视同投保机动车参与计算。

（10）对于相关部门最终未进行责任认定的事故，统一适用有责任限额计算。

（三）投保了交强险的两辆或多辆机动车互碰，不涉及车外财产损失和人员伤亡

1. 两车互碰，两车均有责任

双方机动车交强险均在交强险财产损失赔偿限额内，按实际损失承担对方机动车害赔偿责任。

> 案例 4-2-1：A、B 两车互碰，各负同等责任（各负 50%）。A 车损失 4500 元，B 车损失 3800 元，则两车交强险赔付结果如何？
>
> A 车保险公司在交强险项下赔偿 B 车损失 2000 元，B 车保险公司在交强险项下赔偿 A 车损失 2000 元。
>
> 对于 A 车剩余的 2500 元及即 B 车剩余的 1800 元，如其未投保商业险则自行承担；如已投商业险，则根据责任比例，在商业车险项下赔偿。即若 A 车投保了机动车损失保险，B 车投保了商业三者险，则在 B 车的商业三者险项下赔偿 1250 元，在 A 车的机动车损失保险项下赔偿 1250 元。

2. 两车互碰，一方全责，一方无责

无责方机动车交强险在无责任财产损失赔偿限额内承担全责方机动车的损害赔偿责任，全责方机动车交强险在有责任财产损失赔偿限额内承担无责方机动车的损害赔偿责任。无责方车辆对全责方车辆损失应承担的赔偿金额由全责方在本方交强险无责任财产损失赔偿限额项下代赔。

理赔实务中，在一方全责另一方无责的情况下，无责方交强险应当赔付的金额由全责方保险公司代赔，在理赔用语中称为“无责代赔”，全责方需提供无责方的交强险的保单号，否则就不代赔。

> 案例 4-2-2：A、B 两车互碰，造成双方车损，A 车全责（损失 2000 元），B 车无责（损失 1800 元），若 B 车适用的交强险无责任赔偿限额为 100 元，则两车交强险赔付结果如何？
>
> A 车交强险赔付 B 车 1800 元。B 车交强险赔付 A 车 100 元。B 车对 A 车损失应承担的 100 元赔偿金额由 A 车保险公司在本方交强险无责任财产损失赔偿限额项下代赔。

3. 多方车辆互碰，一方全责，多方无责

所有无责方视为一个整体，在各自交强险无责任财产损失赔偿限额内对全责方车辆损失按平均分摊的方式承担损害赔偿责任；全责方对各无责方在交强险财产损失赔偿限额内承担赔偿责任，无责方之间不互相赔偿。无责方车辆对全责方车辆损失应承

担的赔偿金额，由全责方在本方交强险相应无责任财产损失赔偿限额内代赔。

案例 4-2-3：A、B、C 三车互碰造成三方车损，A 车全责（损失 900 元），B 车无责（损失 800 元），C 车无责（损失 1000 元）。设 B、C 车适用的交强险无责任赔偿限额为 100 元，则赔付结果为如何？

A 车交强险赔付 B 车 800 元，赔付 C 车 1000 元。B 车、C 车交强险分别赔付 A 车 100 元，共赔付 200 元。由 A 车保险公司在本方交强险两个无责任财产损失赔偿限额内代赔。

4. 多方车辆互碰，多方有责，一方或多方无责

所有无责方视为一个整体，在各自交强险无责任财产损失赔偿限额内对有责方车辆损失按平均分摊的方式承担损害赔偿责任；有责方对各方在交强险财产损失赔偿限额内承担赔偿责任，无责方之间不互相赔偿。无责方车辆对有责方车辆损失应承担的赔偿金额，由有责方在本方交强险相应无责任财产损失赔偿限额内代赔。

案例 4-2-4：A、B、C、D 四车互碰造成各方车损，A 车主责（损失 1200 元），B 车次责（损失 800 元），C 车无责（损失 600 元）、D 车无责（损失 400 元）。设 C、D 两车适用的交强险无责任赔偿限额为 100 元，则赔付结果如何？

C 车、D 车交强险共应赔付 200 元，对 A 车、B 车各赔付（100+100）/2=100 元，由 A 车、B 车保险公司在本方交强险无责任财产损失赔偿限额内代赔。

A 车交强险赔偿金额=B 车损核定承担金额+C 车损核定承担金额+D 车损核定承担金额=（800−100）+600/2+400/2=1200 元

B 车交强险赔偿金额=A 车损核定承担金额+C 车核定承担金额+D 车损核定承担金额=（1200−100）+600/2+400/2=1600 元

（四）均投保了交强险的两辆或多辆机动车互碰，涉及车外财产损失

有责方在其适用的交强险财产损失赔偿限额内对各方车辆损失和车外财产损失承担相应的损害赔偿责任。

所有无责方视为一个整体，在各自交强险无责任财产损失赔偿限额内对有责方损失按平均分摊的方式承担损害赔偿责任。无责方之间不互相赔偿，无责方也不对车外财产损失进行赔偿。无责方对有责方车辆损失应承担的赔偿金额，由各有责方在本方交强险无责任财产损失赔偿限额内代赔。

案例 4-2-5：A、B、C 三车互碰造成三方车损，A 车主责（损失 800 元），B 车无责（损失 600 元），C 车次责（损失 400 元），车外财产损失 300 元。则 A 车、B 车、C 车的交强险赔付计算结果如何？

（1）先计算出无责方对有责方的赔款：

B 车交强险应赔付 A 车、C 车各 100/2=50 元，由 A 车、C 车在各自交强险无责任财产损失赔偿限额内代赔。

（2）有责方对车外财产、各方车损进行分摊：

A 车交强险赔款=（600+300）/2+（400-50）=800 元

C 车交强险赔款=（600+300）/2+（800-50）=1200 元

（3）计算有责方交强险和代赔款之和：

A 车交强险赔款+代赔款=800+50=850 元

B 车交强险赔款+代赔款=1200+50=1250 元

（五）均投保了交强险的两辆或多辆机动车发生事故，造成人员伤亡

（1）肇事机动车均有责且适用相同责任限额的，各机动车按平均分摊的方式在各自交强险分项赔偿限额内计算赔偿。

例 4-2-6：A、B 两机动车发生交通事故，两车均有事故责任，A、B 车损分别为 1500 元、4000 元，B 车车上人员医疗费用 8000 元，死亡伤残费用 50000 元，另造成路产损失 800 元。则 A 车交强险初次赔付计算结果如何？

A 车交强险初次赔付计算结果为：

B 车车上人员死亡伤残费用核定承担金额=50 000 元

B 车车上人员医疗费用核定承担金额=8000 元

财产损失核定承担金额=800/2+4000=4400 元（超过财产损失赔偿限额，按照限额赔偿，赔偿金额为 2000 元）

A 车交强险赔偿金额=50 000+8000+2000=60 000 元，其中

A 车交强险对 B 车损的赔款=2000×[4000/（400+4000）]≈1818.18 元

A 车交强险对路产损失的赔款=2000×[（400/（400+4000）]≈181.82 元

（2）肇事机动车中有部分适用无责任赔偿限额的，按各机动车交强险赔偿限额占总赔偿限额的比例，在各自交强险分项赔偿限额内计算赔偿。

案例 4-2-7：A、B、C 三车发生交通事故，造成第三方人员甲受伤，A、B 两车各负 50%的事故责任，C 车和受害人甲无事故责任，受害人支出医疗费用 6000 元。设适用的交强险医疗费用赔偿限额为 18000 元，交强险无责任医疗费用赔偿限额为 1800 元，则 A、B、C 三车对受害人甲应承担的赔偿金额分别为多少？

A 车交强险医疗费用赔款≈6000×[18 000/（18 000+18 000+1800）]元≈2857.14 元

B 车交强险医疗费用赔款≈6000×[18 000/（18 000+18 000+1800）]元≈2857.14 元

B 车交强险医疗费用赔款≈6000×[1800/（18 000+18 000+1800）]元≈285.71 元

（3）支付、垫付抢救费金额参照以上方式计算。

（六）预付赔款

被保险机动车发生涉及受害人受伤的交通事故，因抢救受害人需要保险人支付抢救费用的，在接到公安机关交通管理部门的书面通知和医疗机构出具的抢救费用（已发生）清单后，对于符合规定的抢救费用，在医疗费用赔偿限额内支付。被保险人在交通事故中无责任的，保险人在无责任医疗赔偿限额内支付。

（七）垫付赔款

凡符合交强险中垫付条件的，致害人向医疗机构支付受害人人伤伤亡的抢救费用不足的，在街道公安机关交通管理部门的书面通知和医疗机构出具的抢救费用清单后，对不足的部分，在医疗费用赔偿限额内垫付。被保险人在交通事故中无责任的，在无责任医疗费用赔偿限额内垫付。

三、商业险赔款理算

（一）车辆损失险的赔款计算

1. 全部损失

赔款=保险金额–被保险人已从第三方获得的赔偿金额–绝对免赔额

2. 部分损失

被保险机动车发生部分损失，保险人按实际修复费用在保险金额内计算赔偿：

赔款=实际修复费用–被保险人已从第三方获得的赔偿金额–绝对免赔额

（二）第三者责任险赔款计算

（1）当（依合同约定核定的第三者损失金额–机动车交通事故责任强制保险的分项赔偿限额）×事故责任比例等于或高于每次事故责任限额时：

赔款=每次事故责任限额

（2）当（依合同约定核定的第三者损失金额–机动车交通事故责任强制保险的分项赔偿限额）×事故责任比例低于每次事故责任限额时：

赔款=（依合同约定核定的第三者损失金额–机动车交通事故责任强制保险的分项赔偿限额）×事故责任比例

（三）车上人员责任险赔款计算

（1）对每座的受害人，当（依合同约定核定的每座车上人员人身伤亡损失金额–应由机动车交通事故责任强制保险赔偿的金额）×事故责任比例高于或等于每次事故每座责任限额时：

赔款=每次事故每座责任限额

（2）对每座的受害人，当（依合同约定核定的每座车上人员人身伤亡损失金额–应由机动车交通事故责任强制保险赔偿的金额）×事故责任比例低于每次事故每座责任限额时：

赔款=（依合同约定核定的每座车上人员人身伤亡损失金额–应由机动车交通事故责任强制保险赔偿的金额）×事故责任比例

（四）车轮单独损失险赔款计算

赔款=实际修复费用–被保险人已从第三方获得的赔偿金额

（五）新增加设备损失险赔款计算

赔款=实际修复费用–被保险人已从第三方获得的赔偿金额

（六）车身划痕损失险赔款计算

赔款=实际修复费用–被保险人已从第三方获得的赔偿金额

四、缮制赔款计算书

计算完赔款后，要缮制赔款计算书。赔款计算书中应该分险别、项目计算并列明计算公式。赔款计算书应尽量用计算机出单，应做到项目齐全、计算准确。手工缮制的，应保证字迹工整、清晰，不得涂改。

业务负责人审核无误后，在赔款计算书上签署意见和日期，然后递交核赔人员。

五、理算工作要求

（1）资料齐全金额在 1 万以下的案件应现场缮制，立即上报核赔。

（2）盗抢案件、1 万元以上车损不涉及人伤住院的案件要求在 1 个工作日内完成。

（3）涉及人伤住院的案件要求在 2 个工作日完成。

（4）疑难案件视具体情况而定。

（5）严禁积压赔案。

子任务二 核赔

★★★全国职业院校技能大赛——汽车营销赛项（汽车保险查勘与理赔作业模块）考核内容：工作期间在系统平台上完成相关信息录入等规范化操作，理算完毕后提交核赔，完成核赔、结案等流程系统录入工作。

核赔是指负责理赔质量的人员在授权范围内按照保险条款及公司内部的有关规章制度对赔案进行审核的工作。核赔不是简单地完成对单证的审核，而是对整个赔案处理过程所进行的控制，是保险公司控制业务风险的最后关口。

通过对报案、查勘定损、核损、复勘及缮制等信息的综合审核给出赔付意见，如果确认赔案符合要求则核赔同意，案件审核结束转入支付环节；如赔案不符合要求则需退回相应环节处理。

车险理赔软件操作

一、核赔模式

（一）自动核赔

对于案情简单、责任明确的同质性较高的小额简易案件可以自动核赔。

（二）人工核赔

应根据赔案性质、金额的不同，设置不同的赔案审核流程和分级审核权限，实现资源的合理化配置。在能够有效防范和控制内、外部风险的前提下，审核流程应尽可能简化。

二、核赔目的

（1）在授权范围内，按法律、条款、实务和有关制度要求审核赔案，确保赔付的准确性。

（2）必要时可参与重大赔案的查勘、定损、人伤调解方案制定等前期理赔工作，参与疑难案件调查工作。

（3）对于因保险赔付而产生的争议和纠纷，应主动向被保险人解释说明条款内容和理赔依据。

（4）归纳、反馈赔案审核中发现承保、理赔过程中存在的问题，提出实务完善和条款修改建议。

（5）监督理赔各环节、各项制度落实，参与理赔政策、实务标准、业务流程的制定和完善。

三、核赔流程

核赔流程如 4-2-2 图所示。

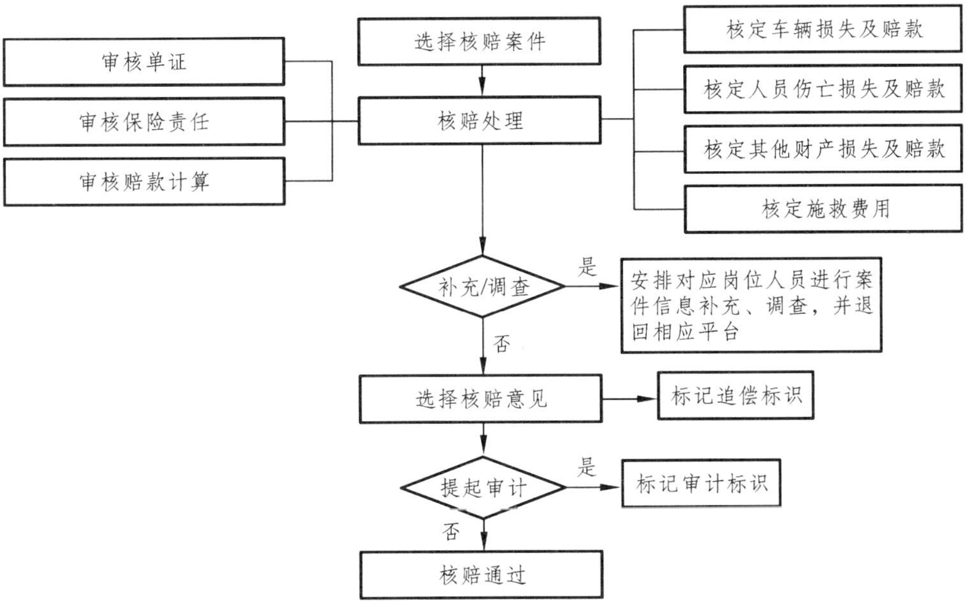

图 4-2-2 核赔流程

（一）选择待核赔案件

核赔岗登录理赔系统，选择待核赔案件。

（二）核赔处理

根据理赔系统中的案件信息，必要时查阅理赔卷宗的资料，对赔案进行认真审核。核赔主要审核内容如下：

1. 审核单证

审核被保险人提供的单证、证明及相关材料是否齐全、有效，审核经办人员是否规范填写单证、必备的单证是否齐全等，此外还要审核相关签章是否齐全。

2. 核定保险责任

核定保险责任时，要重点核定以下内容：被保险人与索赔人是否相符，出险原因是否为保险责任，出险日期是否在保险期限内，出现车辆的厂牌型号、牌照号码、发动机号、车架号与保险单证是否相符，保险责任是否与保险险种相符，事故责任划分是否准确合理。

3. 核定车辆损失及赔款

核定内容包括：车辆损失项目、损失程度是否准确合理，更换零件时是否按照规定进行询报价；换件部分理赔款金额是否与报价金额相符，残值的确定是否合理等。

4. 核定人身伤亡损失与赔款

核赔人员根据现场查勘记录、调查证明和被保险人提供的事故责任认定书、事故调解书、伤残证明等材料，按照相关规定审核人身伤亡损失及赔款是否合理；核定伤亡人员数、伤残程度是否与调查情况和证明相符，人身伤亡费用是否合理，被扶养人口、年龄是否属实，生活费用计算是否合理。

5. 核定其他财产损失

核定其他财产损失，应根据照片和被保险人提供的有关货物、财产原始发票等有关单证，核定财产损失、损余物资残值等是否合理。

6. 核定施救费用

根据案情和对施救费用的有关规定，核定施救费用的有效单据和金额。

7. 审核赔付计算

审核的内容包括：赔款计算是否正确，免赔率使用是否正确，残值是否扣除等。

（三）核赔信息反馈

以下情况应反馈承保部门：

（1）在保险合同有效期内，被保险机动车因改装、加装、使用性质改变等导致危险程度增加，而被保险人未及时通知保险公司并办理批改手续。

（2）投保人未如实告知机动车的种类、厂牌型号、识别代码、号码号牌、使用性质和机动车所有人或者管理人的姓名（名称）、性别、年龄、住所、身份证或者驾驶证号码（组织机构代码）、续保前该机动发生事故的情况以原银保监会规定的其他重要事项，对保险费计算有影响。

（3）出险信息、投保告知信息与交强险信息库信息不对称的情况。

（四）核赔案件退回

对于无异议的案件，核赔人员核赔同意，案件进入赔付结案环节；对于有异议的案件，核赔平台退回理算处理，理算平台逐级退回到定损、查勘平台补充信息。核赔人员应当通知相关岗位人员尽快补充工作，同时将案件进度通知被保险人。

当核赔退回的案件得到完全处理后，发送核赔审核，核赔确认处理无误后才可核赔通过。核赔退回时应将问题说明清楚，以便问题处理人理会；相关问题责任人对于核赔退回案件应及时处理，问题处理完后应及时回复，回复时应针对核赔退回的问题做处理说明。

（五）案件标识

对于追偿案件，应在核赔说明中注明追偿原因，并勾选“需追偿”案件类型，将赔案转至相关追偿部门或岗位。

建议审计的案件，可输入相关意见，点击审计记录案件，系统将此案件录入审计对象。

对于核赔环节异常、违反考核规定的情况，核赔平台需要勾选考核情况反馈，便于考核平台提取原始数据。

四、核赔工作要求

核赔工作要求：

（1）资料齐全金额在 1 万以下的案件应立即核赔；

（2）盗抢案件、1 万元以上车损不涉及人伤住院的案件要求在 1 个工作日内完成核赔；

（3）涉及人伤住院的案件要求在 2 个工作日完成核赔；

（4）超权限案件要求在 2 个工作日内上报；

（5）疑难案件视具体情况而定；

（6）严禁积压赔案；

（7）案件的核赔工作原则上应由中级核赔人担任。

子任务三 赔付结案

一、赔付结案流程

结案归档流程如 4-2-3 图所示。

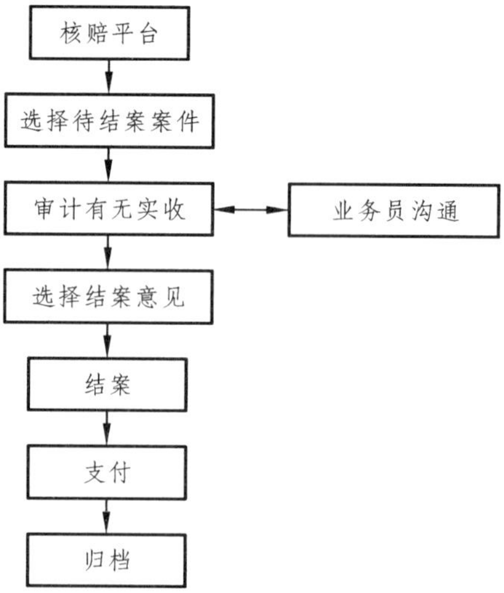

图 4-2-3 结案归档流程

(一)案件结案

(1)结案岗审核赔案资料，如符合结案条件的(即保费及时到账)，进行结案处理。

(2)对于确有正常理由(如代理人未及时支付保费、公司内部原因保费未及时交公司财务等)造成保费未及时到账的，应与客户解释，并联系相应欠费单位或个人，保费支付后，再进行结案操作，赔款转账支付客户。

(3)对于非正常理由(如保险人、业务员、代理单位恶意欠费，车辆转让等情况)保费未到账的案件必须等保费到账后结案。

(4)分期付款购车保证保险业务应该核实是否逾期欠款，如有逾期应不同意结案，与核赔人沟通。

(二)应收保费沟通

发生保费未实收情况应该通知核赔人，并通知相关业务员或代理单位补交保费。

(三)打印单证

1. 正常结案

结案完成后，在车险理赔单证打印中，打印赔款收据(三联：客户联、财务联、存档联)、赔款计算书(三联：客户联、财务联、存档联)。

2. 交强险抢救费用垫/支付

交强险人伤抢救费用核赔通过后，在车险理赔单证打印中，打印赔款收据(三联：客户联、财务联、存档联)、赔款计算书(三联：客户联、财务联、存档联)。

(四)通知赔款

完成结案、单证打印完毕后，通过短信或电话通知客户领取赔款，并要求领款人携带相关身份证件原件和相关权益转让书手续领取赔款。

（1）被保险人本人办理，需本人身份证原件及复印件、索赔须知勾选的全部单证，单位客户赔款收据需要单位签章。

（2）被保险人委托他人办理，除上述资料外，还需被保险人亲笔签署（单位客户为签章）的授权委托书、受委托人身份证原件及复印件，并必须有被保险人真实的电话联系方式。

（3）客户选择到保险公司合作单位维修，按维修直赔服务流程处理，由保险公司直接转账支付至合作单位。要求有被保险人身份证原件照片；被保险人亲笔签署、查勘人员签字确认的授权委托书；合作厂家的维修工单；合作厂家的银行户名、账号，并必须有被保险人真实的电话联系方式。

（4）大额赔款及特殊风险案件必须被保险人本人来领取赔款。

（五）赔款支付

（1）保险公司应严格按照《保险法》和行业《机动车辆保险理赔服务时效行业示范标准（2014 版）》的时效要求支付赔款。

（2）保险公司应严格管控代领保险赔款风险，严格管控资金支付风险，严格遵守中国人民银行关于反洗钱的相关规定。

（3）对于交强险，有关赔付情况应按规定及时上传至机动车事故责任交强险信息平台。未建立机动车交通事故责任交强险信息平台的，保险人支付赔款后，应在保险单证本上加盖“×年×月×日出险，负××（全部、主要、同等、次要）责任，××（有无）造成死亡”条形章。

（4）如果交强险和商业第三者责任险在不同的保险公司投保，损失金额超过交强险责任限额时，由交强险承保公司留存已赔偿部分发票或费用凭据原件，将需要商业保险赔付的项目原始发票或发票复印件加盖保险人赔款专用章，交被保险人办理商业险索赔事宜。

（5）对于车损险代位求偿案件，保险公司应按照《机动车辆损失险代位求偿操作实务》和《机动车辆损失险代位求偿保险公司间追偿与结算机制》规定，做好赔款支付和行业间代位求偿结算。

（6）支付方式主要有：

①个人现金支付：领款人赔款收据签字，权益转让手续齐全，相关身份证证件齐全。

②个人网银支付：被保险人银行账户，权益转让手续齐全，相关身份证证件齐全。

③单位现金（支票）支付：领款人赔款收据签字，单位签章，权益转让手续齐全。

④单位网银支付：被保险人银行账户明确，单位签章，权益转让手续齐全。

（六）归档管理

被保险人领取赔款后，结案岗须将已结案的理赔卷宗须一单一卷整理、装订、登记、保管，并按赔案号顺序归档，将原有交强险和商业险合一的档案，按已决案件归档相关规定分割单证，按交强险和商业险分开归档并妥善保管。做到单证齐全，编排有序，目录清楚，装订整齐。

必备单证包括：

（1）保险单抄件。

（2）报案记录、被保险人书面索赔申请书。

（3）查勘报告、现场照片及损失项目照片、损失情况确认书、医疗费用原始票据及费用清单、赔款计算书（以上原始票据由查勘定损公司留存）。

（4）行驶证及驾驶证复印件，被保险人和受害人的身份证明复印件（如果是直接支付给受害人）。

（5）公安机关交通管理部门或法院等机构出具的合法事故证明、有关法律文件及其他证明，当事人自行协商处理的协议书。

（6）其他能够确认保险事故性质原因、损失程度的有关证明、协议及文字记录。

（7）赔款收据、领取赔款授权书。

被保险人、公司内部非理赔系统用户查阅赔案时，可指定柜面人员操作，理赔系统操作人员不得将本人用户名、密码告知外部人员。外部人员需要查阅赔案时，须出示介绍信或其他公函并说明查阅资料内容、查阅目的，经主管领导同意后，方可查阅。所有赔案资料未经许可，不得随意打印交外部单位人员。内部人员借阅已归档案件时需要做好案件登记和交接工作。

具体归档要求详见《车险理赔档案管理规定》。

（七）结案回访问题反馈

每月将电话中心的客户回访结果整理反馈至首席核赔人。

二、结案归档工作要求

（1）资料齐全金额在 1 万以下的案件应立即结案，保证在 2 日内理赔，其他案件应在 5 个工作日内结案；

（2）盗抢案件、1 万元以上车损不涉及人伤住院的案件与客户约定赔款时间；

（3）赔款及时，通知客户支付手续完整，结案归档整洁规范。

子任务四 追偿

一、追偿流程

追偿的流程如图 4-2-4 所示。

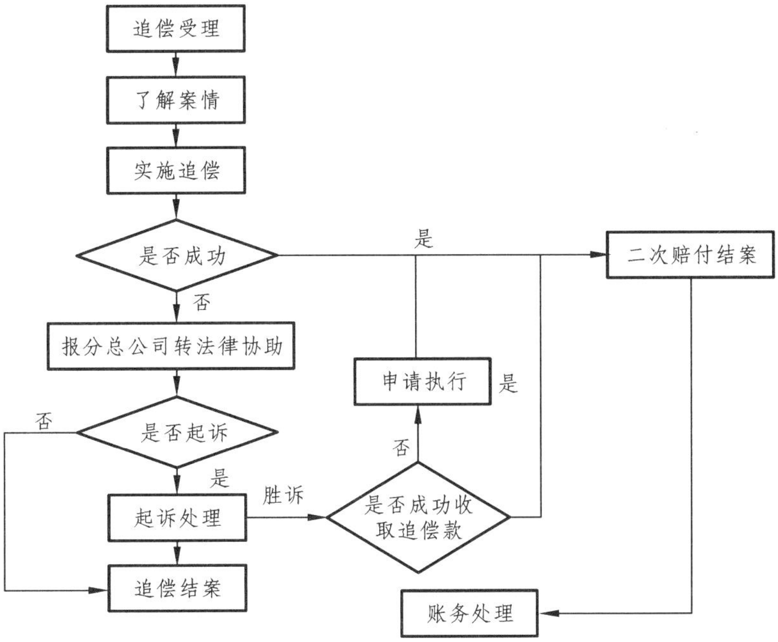

图 4-2-4 追偿流程

（一）代位追偿

满足代位追偿条件的案件按《车险理赔案件追偿管理办法》执行。

（1）接受权益转让：认定保险责任范围，确认追偿对象，取得权益转让书。由核赔勾选追偿，发起追偿。

（2）追偿准备：追偿资料齐全，做好调查取证，如公安机关的事故认定书、保险公司的现场查勘报告、定损协议等；做好与被保险人的协调，要求被保险人履行协助义务，以减轻保险人的取证难度，尽量通过双方的积极合作使损失降到最低程度。

（3）进行前期协商追偿工作，与被追偿人进行协商，争取取得协商一致意见。

（4）进入法律程序，实施法律追偿程序。

（二）交强险垫付追偿

对于可以追偿的案件，保险公司垫付后，由追偿人员向致害人或投保人追偿。由核赔勾选追偿，发起追偿。

如救助基金主管部门与保险公司联合追偿的，联合追偿前应与救助基金主管部门就追偿所得款项的分配方式达成一致意见，原则上追偿款项和相关费用均应按垫付比例分配。

对于异地委托通赔案件的追偿工作，各机构应按本机构案件追偿处理规定完成，追偿款由本机构财务拨转。

（1）从车险理赔系统追偿平台取得追偿清单。

（2）按清单上的保单号在车险理赔系统查找有无未决赔案；如有，则从赔案中扣减。如不足扣减的，联系被保险人（致害人）。

（3）联系被保险人（致害人），告知公司的垫付情况，并要求前来还款。如前来公司还款，将垫付转回金额转为赔款。

（4）如被保险人（致害人）同意还款并交纳的，从车险理赔系统操作负赔案冲减赔款，追偿金额转财务。

（5）被保险人（致害人）不前来公司还款，公司追偿岗人员前往所在地催收追偿款。

（6）经追偿人员多次催收无效，被保险人（致害人）不愿意还款的案件，转法务岗，走法律程序。

（7）法院判决或执行后，被保险人缴纳追偿款，扣除诉讼费、律师费、执行费等费用后，再从车险理赔系统操作负赔案冲减赔款，追偿金额转财务。

（三）欺诈案件追偿

对于车险欺诈案的追偿，应在取得充分、确切的有关证据的前提下，采取要求偿还或法律诉讼的方式进行，由追偿岗在平台中增加追偿任务。

（1）案件调查：认定保险责任范围，确认追偿对象，从疑难案件调查岗取得相关调查材料。

（2）追偿准备：追偿资料齐全，做好调查取证，如公安机关的事故认定书、保险公司的现场查勘报告、定损协议等相关鉴定证据。

（3）进行前期协商追偿工作，与被追偿人进行协商，争取取得协商一致意见。

（4）进入法律程序，实施法律追偿程序。

（5）追偿结案，从车险理赔系统操作负赔案冲减赔款，追偿金额转财务。

二、追偿的工作要求

（1）追偿案件实施率 100%。

（2）严格执行案件追偿流程，做好追偿案件的登记、管理、落实。

（3）做好相关内部岗位（案件调查岗、诉讼岗）和外部合作单位的协调工作，准确掌握追偿案件动向。

（4）追偿成功案件，追偿款项款在 3 个工作日内履行财务冲减手续。

子任务五　审计

一、审计流程

审计工作流程如图 4-2-5 所示。

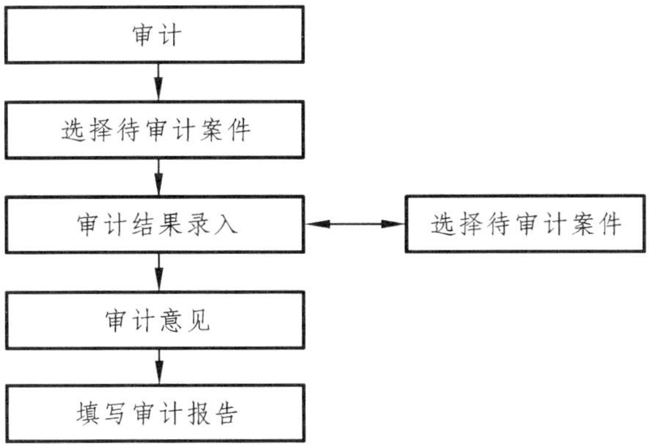

图 4-2-5 审计流程

（一）审计案件

（1）审计人员选择待审计案件；
（2）分析审计提示原因是否正确。

（二）审计原因

（1）超时效案件；
（2）系统设置特别风险案件（特殊被保险人、多次出险、特定修理厂、特定出险时间、短期承保出险）；
（3）理赔环节操作异常案件（如重大案件通过理赔环节瞬时通过）；
（4）核赔人一键确认审计建议的案件；
（5）退回案件。

（三）录入结果

录入审计结果，分析原因，生成审计报告。

二、审计的工作要求

（1）及时审计案件，提出切实可行的改进意见。
（2）应审计案件的审计率≥50%。
（3）准时提交审计分析报告。
（4）重大投诉举报案件审计工作处理及时、公正。

【情景分析】

客户李先生的案件，经过报案受理，交警事故处理，查勘员现场查勘，定损员定损核损，最后确定本次事故的实际损失。那么就需要保险公司的理算工作人员进行赔款的理算，根据前期理赔岗的查勘定损结果，结合保险条款的规定分别计算交强险的赔款和商业险的赔款。然后，由核赔岗对赔案进行核赔，主要包括审核单证、核定保险责任、核定车辆损失及赔款、核定人身伤亡损失与赔款、核定其他财产损失、核定施救费用及审核赔付计算，同时在理赔系统中对于需要追偿和审计的案件，需要标识追偿和审计的标记。接着，业务人员根据核赔的审批金额，填发领取赔款通知书，通知被保险人领取赔款、财会部门支付赔款。被保险人领取赔款后，保险人要进行理赔案卷的整理，对赔案进行归档管理，同时，保险公司理赔人员在公司理赔系统中完成结案操作。如果案件涉及追偿审计的，需要完成追偿和审计工作。

为了完成情景中的任务，请参考任务工单八实施相应任务。

【学习小结】

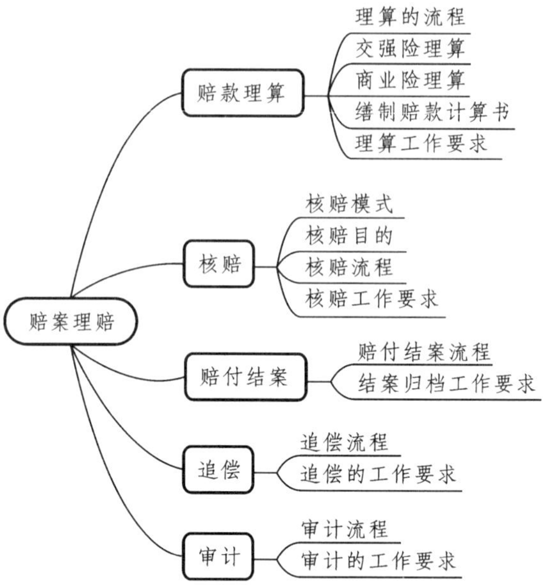

图 4-2-6　赔案理赔知识框架

任务工单八 赔案理赔

专业：__________班级：____________学号：__________姓名：_________日期：________

一、接受任务

李先生的丰田车与福特车发生追尾碰撞事故后，立即拨打保险公司客服热线成功报案，经交警事故处理确定为李先生全责、福特车无责；经过查勘员现场查勘，确定为保险责任；接着经过定损员的定损核价，确定了本次事故的车辆损失等费用。李先生也向保险公司提供了所需单证，提出了索赔请求。案件流转至理算平台，作为理赔人员白刚应该如何计算本次事故的赔款呢？赔款理算完后，保险公司还需做什么事情呢？

二、资讯

1. （　　）是指保险公司专业理赔人员对保险赔案进行审核，确认赔案是否应该赔、应该怎样赔或应该怎样拒赔的业务行为。

A.核损　　B.核价　　C.核赔　　D.核保

2. 保险公司处理客户索赔时，常见处理结果有三种，不为常见处理结果的一种是（　　）。

A.拒绝赔付　　B.全部赔付　　C.视情赔付　　D.部分赔付

3. 赔款支付的方式有（　　）。

A.个人现金支付　　B.个人网银支付　　C.单位现金（支票）支付　　D.单位网银支付

4. 抢救费用支付必须同时满足的条件是（　　）。

A.接到交警部门签署的书面支付通知书

B.属于交强险保险责任范围内

C.受害人被抢救，且抢救费用已经发生。医院提供了病历/诊断证明、抢救费用明细清单。

D.抢救所用药品、检查费用等必须与本次事故有关，并符合国务院卫生主管部门组织制定的有关临床诊疗指南和国家基本医疗保险标准

5. 保险车辆发生保险事故后，以下哪些费用保险人不予负责？（　　）。

A.停车费　　B.保管费　　C.罚款　　D.施救费

6. 以下属于车损险负责赔偿的损失和费用的是（　　）。

A.保险车辆的自然磨损、锈蚀、电气机械故障

B.倒车镜单独损坏、车灯单独损坏

C.车身漆面单独划伤、车轮单独损坏

D.保险车辆因遭水淹或因涉水行驶使发动机损坏

7. 在保险期间，下列哪个原因造成保险车辆损失，保险人依照保险合同约定可以不赔偿被保险人（　　）。

A.地震　　B.外界物体的坠落　　C.暴风、龙卷风　　D.战争

8. 某汽车实际价值是40万元，投保时保险金额为50万元，后汽车发生全损，则保险公司应赔偿（　　）。

A.40万元　　B.50万元　　C.10万元　　D.90万元

9. A、B两车互碰，各负同等责任（各负50%）。A车损失3500元，B车损失4800元，则A车交强险应赔付B车（　　）。

A.1000元　　B.2000元　　C.2400元　　D.100元

10. A 车肇事造成两行人甲、乙受伤，甲医疗费用 10 000 元，乙医疗费用 20 000 元，则 A 车交强险对甲赔付（　　）。

A.6000 元　　B.10 000 元　　C.2000 元　　D.18 000

11. 核赔的目的是什么？

____

____

____

____

三、决策与计划

1. 根据保险理赔工作流程，制订工作计划。

流程	工作内容	操作要点	素养要求
工作流程 1			
工作流程 2			
工作流程 3			
工作流程 4			
工作流程 5			
计划审核	审核意见： 签字： 年　月　日		

2. 请根据工作计划，对小组成员进行任务分工。

保险专员：__________客户：__________组织者：__________记录员：__________

四、实施

1. 查看定损信息：

在汽车保险理赔实训教学软件中查看报案号为“SHBA202305060001”的定损结果。

（1）车辆定损信息：

车辆定损表

车型信息	厂商：广州丰田，车系：凯美瑞-CAMRY2.0L，车型：凯美瑞 200E GTM 7200EB 精英版								
配件编码	配件名称	单位	4S 价	市场价	自定义价	数量	工时	工时费	小计
8115006390	前组合灯		0.00	1276.00	1276.00	1	4.00	0.00	1276.00
5202106080	前保险杠杠体		0.00	650.00	650.00	1	6.00	0.00	650.00
5211906943	前保险杠外皮		0.00	1296.00	1296.00	1	6.00	0.00	1296.00

（2）维修信息：

维修项目信息表

维修项目编码	维修项目名称	参考工时	参考工时单价	自定义工时	自定义工时价	小计
3-12-117-1	更换前保险杠	2.50	0.00	2.50	10.00	25.00
3-10-2-1	更换大灯（只）	0.50	0.00	0.50	10.00	5.00
4-12-12-1	前叶子板整形（$500cm^2$ 以下）×1	3.00	0.00	3.00	100.00	300.00

（3）人员伤亡信息：

人员伤亡定损表

定损单号：SHDS202305060001

姓名	李明	性别	男	年龄	39
从事行业	技术员	标准工资	15 000.00	月收入小计	20 000.00
就诊医院	重庆市第十一人民医院	住院号		主管医生	
科室电话		入院期		护理人数	0
护理天数	0	护理人 A 月收入小计	0.00	护理人 B 月收入小计	0.00
伤亡等级	非残疾	住院天数	0	继续治疗天数	1

续表

费用项目	报损金额	剔除金额	定损赔偿金额	计算标准公式
医药、诊疗、住院费	500.00	0.00	500.00	
后续治疗费（含整容费）	0.00	0,00	0.00	
住院伙食补助费	0.00	0.00	0.00	
营养费	0.00	0.00	0.00	
护理费	0.00	0.00	0.00	
康复费	0.00	0.00	0.00	
丧葬费	0.00	0.00	0.00	
死亡补偿费	0.00	0.00	0.00	
残疾赔偿金	0.00	0.00	0.00	
残疾辅助器具费	0.00	0.00	0.00	
交通费	0.00	0.00	0.00	
住宿费	0.00	0.00	0.00	
误工费	0.00	0.00	0.00	
被扶养人生活费小计	0.00	0.00	0.00	
其他费用	0.00	0.00	0.00	
合计	500.00	0.00	500.00	
险种类别	车上人员责任险			
情况说明	头部轻伤			

（4）财产损失定损信息：

财产损失定损表

费用项目	报损金额	剔除金额	定损赔偿金额	计算标准或公式
第三者车辆换件费用小计	1800.00	0.00	1800.00	
第三者车辆维修费用小计	300.00	0.00	300.00	
第三者车辆辅料费用小计	100.00	0.00	100.00	
第三者车辆施救费用小计	0.00	0.00	0.00	
第三者车辆残值小计	0.00	0.00	0.00	
第三者财产损失小计	0.00	0.00	0.00	
本车车上货物损失小计	0.00	0.00	0.00	

续表

费用项目	报损金额	剔除金额	定损赔偿金额	计算标准或公式
本车车上其他财产损失小计	0.00	0.00	0.00	
本车停驶天数	0.00	0.00	0.00	
公共设施损失小计	0.00	0.00	0.00	
代查勘费	0.00	0.00	0.00	
鉴定费	0.00	0.00	0.00	
诉讼、仲裁费	0.00	0.00	0.00	
其他费用小计	0.00	0.00	0.00	
合计	2200.00	0.00	2200.00	
其他费用说明				

2. 请根据交强险理算规则，对交强险进行赔款理算。

交强险理算公式为：______________________________

____

交强险赔款理算步骤及结果：______________________________

____

____

3. 请根据各商业险的理算规则，对涉及的商业险进行赔款理算。

承保险种	保险金额/责任限额（元）	理算公式
车辆损失保险		
第三者责任保险		
车上人员责任险（司机）		

车辆损失险赔款理算步骤及结果：______________________________

____

第三者责任保险理算步骤及结果：______________________________

____

车上人员责任险（司机）理算步骤及结果：______________________________

____

4. 理算信息录入。

在汽车保险理赔实训教学软件中，完成理算工作。

5. 核赔及结案。

（1）核赔工作主要审核的内容是：______________________________

____

____

（2）在汽车保险理赔实训教学软件中，完成核赔及结案工作。

五、检查

请指导教师根据评价标准，对学生进行评价，并提出任务实施过程中出现的问题及改进建议。

序号	评价标准	分值	得分
1	能否根据实际定损情况选择正确理算公式，并做到科学严谨	10	
2	能否准确计算交强险赔款金额，并做到科学严谨	15	
3	能否准确计算各商业险赔款金额，并做到科学严谨	15	
4	能否操作汽车保险理赔软件，录入理算信息，并做到严谨细致	10	
5	能否按照保险理赔流程进行实际操作，并做到标准规范	20	
6	能否操作汽车理赔软件结合客户提供的单证准确进行核赔及结案管理，并做到耐心细致	20	
7	能否与团队成员团结合作，有效沟通	10	
总分		100	
问题及建议			

六、评价

请根据评价标准对自己在本次任务中的实际表现进行自评，并结合小组成员的表现进行组内互评。

序号	评价标准	分值	保险专员	客户	组织者	记录员
1	能否明确工作任务，是否理解该任务在企业中的重要程度	5				
2	能否正确叙述理赔流程	10				
3	能否正确进行各险种的赔款理算	25				
4	能否正确审核赔案，完成核赔工作	20				
5	能否正确操作保险理赔软件进行理算、核赔及结案管理	15				

续表

序号	评价标准	分值	保险专员	客户	组织者	记录员
6	能否与客户、工作同事之间进行有效沟通	10				
7	能否与团队成员进行团队合作	10				
8	能否体现科学严谨、法治意识、耐心细致等素养	5				
总分		100				

参考文献

[1] 汽车时代网. 全球每年交通事故死亡人数及趋势[EB/OL].（2023-06-20）. https://info.autotimes.com.cn/info/101841.html.

[2] 湖北日报. 全球每 24 秒就有人因交通事故丧命 加拿大专家在汉支招："瞬时管理"降低事故风险[EB/OL].（2023-06-15）. https://news.hubeidaily.net/pc/c_1552724.html.

[3] 刘雪松. 交通事故的数量及严重程度影响因素分析[D]. 广西：广西师范大学，2023.

[4] 张思杨，庞念念，郭晓辉. 汽车保险与理赔（理实一体化教程）[M]. 长春：吉林大学出版社，2015.

[5] 周燕. 汽车保险与理赔实务[M]. 2 版. 北京：机械工业出版社，2019.

[6] 王俊喜，郑瑞娜. 汽车保险与理赔[M]. 北京：机械工业出版社，2019.

[7] 赵长利，李景芝. 汽车保险与理赔[M]. 北京：机械工业出版社，2020.

附录一：中国保险行业协会新能源汽车商业保险示范条款（试行）

总则

第一条 本保险条款分为主险、附加险。

主险包括新能源汽车损失保险、新能源汽车第三者责任保险、新能源汽车车上人员责任保险共三个独立的险种，投保人可以选择投保全部险种，也可以选择投保其中部分险种。保险人依照本保险合同的约定，按照承保险种分别承担保险责任。

附加险不能独立投保。附加险条款与主险条款相抵触的，以附加险条款为准，附加险条款未尽之处，以主险条款为准。

第二条 本保险合同中的被保险新能源汽车是指在中华人民共和国境内（不含港、澳、台地区）行驶，采用新型动力系统，完全或主要依靠新型能源驱动，上道路行驶的供人员乘用或者用于运送物品以及进行专项作业的轮式车辆、履带式车辆和其他运载工具，但不包括摩托车、拖拉机、特种车。

第三条 本保险合同中的第三者是指因被保险新能源汽车发生意外事故遭受人身伤亡或者财产损失的人，但不包括被保险新能源汽车本车车上人员、被保险人。

第四条 本保险合同中的车上人员是指发生意外事故的瞬间，在被保险新能源汽车车体内或车体上的人员，包括正在上下车的人员。

第五条 本保险合同中的各方权利和义务，由保险人、投保人遵循公平原则协商确定。保险人、投保人自愿订立本保险合同。

除本保险合同另有约定外，投保人应在保险合同成立时一次交清保险费。保险费未交清前，本保险合同不生效。

第一章 新能源汽车损失保险

保险责任

第六条 保险期间内，被保险人或被保险新能源汽车驾驶人（以下简称“驾驶人”）在使用被保险新能源汽车过程中，因自然灾害、意外事故（含起火燃烧）造成被保险新能源汽车下列设备的直接损失，且不属于免除保险人责任的范围，保险人依照本保险合同的约定负责赔偿。

（一）车身；

（二）电池及储能系统、电机及驱动系统、其他控制系统；

（三）其他所有出厂时的设备。

使用包括行驶、停放、充电及作业。

第七条 保险期间内，被保险新能源汽车被盗窃、抢劫、抢夺，经出险地县级以上公安刑侦部门立案证明，满 60 天未查明下落的全车损失，以及因被盗窃、抢劫、抢夺受到损坏造成的直接损失，且不属于免除保险人责任的范围，保险人依照本保险合同的约定负责赔偿。

第八条 发生保险事故时，被保险人或驾驶人为防止或者减少被保险新能源汽车的损失所支付的必要的、合理的施救费用，由保险人承担；施救费用数额在被保险新能源汽车损失赔偿金额以外另行计算，最高不超过保险金额。

责任免除

第九条 在上述保险责任范围内，下列情况下，不论任何原因造成被保险新能源汽车的任何损失和费用，保险人均不负责赔偿：

（一）事故发生后，被保险人或驾驶人故意破坏、伪造现场，毁灭证据；

（二）驾驶人有下列情形之一者：

1. 交通肇事逃逸；

2. 饮酒、吸食或注射毒品、服用国家管制的精神药品或者麻醉药品；

3. 无驾驶证，驾驶证被依法扣留、暂扣、吊销、注销期间；

4. 驾驶与驾驶证载明的准驾车型不相符合的新能源汽车。

（三）被保险新能源汽车有下列情形之一者：

1. 发生保险事故时被保险新能源汽车行驶证、号牌被注销；

2. 被扣留、收缴、没收期间；

3. 竞赛、测试期间，在营业性场所维修、保养、改装期间；

4. 被保险人或驾驶人故意或重大过失，导致被保险新能源汽车被利用从事犯罪行为。

第十条 下列原因导致的被保险新能源汽车的损失和费用，保险人不负责赔偿：

（一）战争、军事冲突、恐怖活动、暴乱、污染（含放射性污染）、核反应、核辐射；

（二）违反安全装载规定；

（三）被保险新能源汽车被转让、改装、加装或改变使用性质等，导致被保险新能源汽车危险程度显著增加，且未及时通知保险人，因危险程度显著增加而发生保险事故的；

（四）投保人、被保险人或驾驶人故意制造保险事故。

第十一条 下列损失和费用，保险人不负责赔偿：

（一）因市场价格变动造成的贬值、修理后因价值降低引起的减值损失；

（二）自然磨损、电池衰减、朽蚀、腐蚀、故障、本身质量缺陷；

（三）投保人、被保险人或驾驶人知道保险事故发生后，故意或者因重大过失未及时通知，致使保险事故的性质、原因、损失程度等难以确定的，保险人对无法确定的部分，不承担赔偿责任，但保险人通过其他途径已经知道或者应当及时知道保险事故发生的除外；

（四）因被保险人违反本条款第十五条约定，导致无法确定的损失；

（五）车轮单独损失，无明显碰撞痕迹的车身划痕，以及新增加设备的损失；

（六）非全车盗抢、仅车上零部件或附属设备被盗窃；

（七）充电期间因外部电网故障导致被保险新能源汽车的损失。

免赔额

第十二条 对于投保人与保险人在投保时协商确定绝对免赔额的，保险人在依据本保险合同约定计算赔款的基础上，增加每次事故绝对免赔额。

保险金额

第十三条 保险金额按投保时被保险新能源汽车的实际价值确定。

投保时被保险新能源汽车的实际价值由投保人与保险人根据投保时的新车购置价减去折旧金额后的价格协商确定或其他市场公允价值协商确定。

折旧金额可根据本保险合同列明的参考折旧系数表确定。

赔偿处理

第十四条 发生保险事故后,保险人依据本条款约定在保险责任范围内承担赔偿责任。赔偿方式由保险人与被保险人协商确定。

第十五条 因保险事故损坏的被保险新能源汽车,修理前被保险人应当会同保险人检验，协商确定维修机构、修理项目、方式和费用。无法协商确定的，双方委托共同认可的有资质的第三方进行评估。

第十六条 被保险新能源汽车遭受损失后的残余部分由保险人、被保险人协商处理。如折归被保险人的，由双方协商确定其价值并在赔款中扣除。

第十七条 因第三方对被保险新能源汽车的损害而造成保险事故,被保险人向第三方索赔的，保险人应积极协助；被保险人也可以直接向本保险人索赔，保险人在保险金额内先行赔付被保险人，并在赔偿金额内代位行使被保险人对第三方请求赔偿的权利。

被保险人已经从第三方取得损害赔偿的，保险人进行赔偿时，相应扣减被保险人从第三方已取得的赔偿金额。

保险人未赔偿之前，被保险人放弃对第三方请求赔偿的权利的，保险人不承担赔偿责任。

被保险人故意或者因重大过失致使保险人不能行使代位请求赔偿的权利的，保险人可以扣减或者要求返还相应的赔款。

保险人向被保险人先行赔付的，保险人向第三方行使代位请求赔偿的权利时，被保险人应当向保险人提供必要的文件和所知道的有关情况。

第十八条 被保险新能源汽车损失赔款按以下方法计算：

（一）全部损失

赔款=保险金额-被保险人已从第三方获得的赔偿金额-绝对免赔额

（二）部分损失

被保险新能源汽车发生部分损失,保险人按实际修复费用在保险金额内计算赔偿：

赔款=实际修复费用-被保险人已从第三方获得的赔偿金额-绝对免赔额

（三）施救费

施救的财产中，含有本保险合同之外的财产，应按本保险合同保险财产的实际价值占总施救财产的实际价值比例分摊施救费用。

第十九条 被保险新能源汽车发生本保险事故，导致全部损失，或一次赔款金额与免赔金额之和（不含施救费）达到保险金额，保险人按本保险合同约定支付赔款后，本保险责任终止，保险人不退还新能源汽车损失保险及其附加险的保险费。

第二章 新能源汽车第三者责任保险

保险责任

第二十条 保险期间内，被保险人或其允许的驾驶人在使用被保险新能源汽车过程中发生意外事故（含起火燃烧），致使第三者遭受人身伤亡或财产直接损毁，依法应当对第三者承担的损害赔偿责任，且不属于免除保险人责任的范围，保险人依照本保险合同的约定，对于超过机动车交通事故责任强制保险各分项赔偿限额的部分负责赔偿。

使用包括行驶、停放、充电及作业。

第二十一条 保险人依据被保险新能源汽车一方在事故中所负的事故责任比例，承担相应的赔偿责任。

被保险人或被保险新能源汽车一方根据有关法律法规选择自行协商或由公安机关交通管理部门处理事故，但未确定事故责任比例的，按照下列规定确定事故责任比例：

被保险新能源汽车一方负主要事故责任的，事故责任比例为70%；

被保险新能源汽车一方负同等事故责任的，事故责任比例为50%；

被保险新能源汽车一方负次要事故责任的，事故责任比例为30%。

涉及司法或仲裁程序的，以法院或仲裁机构最终生效的法律文书为准。

责任免除

第二十二条 在上述保险责任范围内，下列情况下，不论任何原因造成的人身伤亡、财产损失和费用，保险人均不负责赔偿：

（一）事故发生后，被保险人或驾驶人故意破坏、伪造现场，毁灭证据；

（二）驾驶人有下列情形之一者：

1. 交通肇事逃逸；

2. 饮酒、吸食或注射毒品、服用国家管制的精神药品或者麻醉药品；

3. 无驾驶证，驾驶证被依法扣留、暂扣、吊销、注销期间；

4. 驾驶与驾驶证载明的准驾车型不相符合的新能源汽车；

5. 非被保险人允许的驾驶人。

（三）被保险新能源汽车有下列情形之一者：

1. 发生保险事故时被保险新能源汽车行驶证、号牌被注销的；

2. 被扣留、收缴、没收期间；

3. 竞赛、测试期间，在营业性场所维修、保养、改装期间；

4. 全车被盗窃、抢劫、抢夺、下落不明期间。

第二十三条 下列原因导致的人身伤亡、财产损失和费用，保险人不负责赔偿：

（一）战争、军事冲突、恐怖活动、暴乱、污染（含放射性污染）、核反应、核辐射；

（二）第三者、被保险人或驾驶人故意制造保险事故、犯罪行为，第三者与被保险人或其他致害人恶意串通的行为；

（三）被保险新能源汽车被转让、改装、加装或改变使用性质等，导致被保险新能源汽车危险程度显著增加，且未及时通知保险人，因危险程度显著增加而发生保险事故的。

第二十四条 下列人身伤亡、财产损失和费用，保险人不负责赔偿：

（一）被保险新能源汽车发生意外事故，致使任何单位或个人停业、停驶、停电、停水、停气、停产、通讯或网络中断、电压变化、数据丢失造成的损失以及其他各种间接损失；

（二）第三者财产因市场价格变动造成的贬值，修理后因价值降低引起的减值损失；

（三）被保险人及其家庭成员、驾驶人及其家庭成员所有、承租、使用、管理、运输或代管的财产的损失，以及本车上财产的损失；

（四）被保险人、驾驶人、本车车上人员的人身伤亡；

（五）停车费、保管费、扣车费、罚款、罚金或惩罚性赔款；

（六）超出《道路交通事故受伤人员临床诊疗指南》和国家基本医疗保险同类医疗费用标准的费用部分；

（七）律师费，未经保险人事先书面同意的诉讼费、仲裁费；

（八）投保人、被保险人或驾驶人知道保险事故发生后，故意或者因重大过失未及时通知，致使保险事故的性质、原因、损失程度等难以确定的，保险人对无法确定的部分，不承担赔偿责任，但保险人通过其他途径已经知道或者应当及时知道保险事故发生的除外；

（九）因被保险人违反本条款第二十八条约定，导致无法确定的损失；

（十）精神损害抚慰金；

（十一）应当由机动车交通事故责任强制保险赔偿的损失和费用；

保险事故发生时，被保险新能源汽车未投保机动车交通事故责任强制保险或机动车交通事故责任强制保险合同已经失效的，对于机动车交通事故责任强制保险责任限额以内的损失和费用，保险人不负责赔偿。

责任限额

第二十五条 每次事故的责任限额，由投保人和保险人在签订本保险合同时协商确定。

第二十六条 主车和挂车连接使用时视为一体，发生保险事故时，由主车保险人和挂车保险人按照保险单上载明的第三者责任保险责任限额的比例，在各自的责任限额内承担赔偿责任。

赔偿处理

第二十七条 保险人对被保险人或其允许的驾驶人给第三者造成的损害，可以直接向该第三者赔偿。

被保险人或其允许的驾驶人给第三者造成损害，对第三者应负的赔偿责任确定的，根据被保险人的请求，保险人应当直接向该第三者赔偿。被保险人怠于请求的，第三者就其应获赔偿部分直接向保险人请求赔偿的，保险人可以直接向该第三者赔偿。

被保险人或其允许的驾驶人给第三者造成损害，未向该第三者赔偿的，保险人不得向被保险人赔偿。

第二十八条 发生保险事故后，保险人依据本条款约定在保险责任范围内承担赔偿责任。赔偿方式由保险人与被保险人协商确定。

因保险事故损坏的第三者财产，修理前被保险人应当会同保险人检验，协商确定维修机构、修理项目、方式和费用。无法协商确定的，双方委托共同认可的有资质的第三方进行评估。

第二十九条 赔款计算

（一）当（依合同约定核定的第三者损失金额–机动车交通事故责任强制保险的分项赔偿限额）×事故责任比例等于或高于每次事故责任限额时：

赔款=每次事故责任限额

（二）当（依合同约定核定的第三者损失金额–机动车交通事故责任强制保险的分项赔偿限额）×事故责任比例低于每次事故责任限额时：

赔款=（依合同约定核定的第三者损失金额–机动车交通事故责任强制保险的分项赔偿限额）×事故责任比例

第三十条 保险人按照《道路交通事故受伤人员临床诊疗指南》和国家基本医疗保险的同类医疗费用标准核定医疗费用的赔偿金额。

未经保险人书面同意，被保险人自行承诺或支付的赔偿金额，保险人有权重新核定。不属于保险人赔偿范围或超出保险人应赔偿金额的，保险人不承担赔偿责任。

第三章 新能源汽车车上人员责任保险

保险责任

第三十一条 保险期间内，被保险人或其允许的驾驶人在使用被保险新能源汽车过程中发生意外事故（含起火燃烧），致使车上人员遭受人身伤亡，且不属于免除保险人责任的范围，依法应当对车上人员承担的损害赔偿责任，保险人依照本保险合同的约定负责赔偿。

使用包括行驶、停放、充电及作业。

第三十二条 保险人依据被保险新能源汽车一方在事故中所负的事故责任比例，承担相应的赔偿责任。

被保险人或被保险新能源汽车一方根据有关法律法规选择自行协商或由公安机关交通管理部门处理事故，但未确定事故责任比例的，按照下列规定确定事故责任比例：

被保险新能源汽车一方负主要事故责任的，事故责任比例为70%；

被保险新能源汽车一方负同等事故责任的，事故责任比例为50%；

被保险新能源汽车一方负次要事故责任的，事故责任比例为30%。

涉及司法或仲裁程序的，以法院或仲裁机构最终生效的法律文书为准。

责任免除

第三十三条 在上述保险责任范围内，下列情况下，不论任何原因造成的人身伤亡，保险人均不负责赔偿：

（一）事故发生后，被保险人或驾驶人故意破坏、伪造现场，毁灭证据；

（二）驾驶人有下列情形之一者：

1. 交通肇事逃逸；

2. 饮酒、吸食或注射毒品、服用国家管制的精神药品或者麻醉药品；

3. 无驾驶证，驾驶证被依法扣留、暂扣、吊销、注销期间；

4. 驾驶与驾驶证载明的准驾车型不相符合的新能源汽车；

5. 非被保险人允许的驾驶人。

（三）被保险新能源汽车有下列情形之一者：

1. 发生保险事故时被保险新能源汽车行驶证、号牌被注销的；

2. 被扣留、收缴、没收期间；

3. 竞赛、测试期间，在营业性场所维修、保养、改装期间；

4. 全车被盗窃、抢劫、抢夺、下落不明期间。

第三十四 条下列原因导致的人身伤亡，保险人不负责赔偿：

（一）战争、军事冲突、恐怖活动、暴乱、污染（含放射性污染）、核反应、核辐射；

（二）被保险新能源汽车被转让、改装、加装或改变使用性质等，导致被保险新能源汽车危险程度显著增加，且未及时通知保险人，因危险程度显著增加而发生保险事故的；

（三）投保人、被保险人或驾驶人故意制造保险事故。

第三十五条 下列人身伤亡、损失和费用，保险人不负责赔偿：

（一）被保险人及驾驶人以外的其他车上人员的故意行为造成的自身伤亡；

（二）车上人员因疾病、分娩、自残、斗殴、自杀、犯罪行为造成的自身伤亡；

（三）罚款、罚金或惩罚性赔款；

（四）超出《道路交通事故受伤人员临床诊疗指南》和国家基本医疗保险同类医疗费用标准的费用部分；

（五）律师费，未经保险人事先书面同意的诉讼费、仲裁费；

（六）投保人、被保险人或驾驶人知道保险事故发生后，故意或者因重大过失未及时通知，致使保险事故的性质、原因、损失程度等难以确定的，保险人对无法确定的部分，不承担赔偿责任，但保险人通过其他途径已经知道或者应当及时知道保险事故发生的除外；

（七）精神损害抚慰金；

（八）应当由机动车交通事故责任强制保险赔付的损失和费用。

责任限额

第三十六条 驾驶人每次事故责任限额和乘客每次事故每人责任限额由投保人和保险人在投保时协商确定。投保乘客座位数按照被保险新能源汽车的核定载客数（驾驶人座位除外）确定。

赔偿处理

第三十七条 赔款计算

（一）对每座的受害人，当（依合同约定核定的每座车上人员人身伤亡损失金额–应由机动车交通事故责任强制保险赔偿的金额）×事故责任比例高于或等于每次事故每座责任限额时：

赔款=每次事故每座责任限额

（二）对每座的受害人，当（依合同约定核定的每座车上人员人身伤亡损失金额–应由机动车交通事故责任强制保险赔偿的金额）×事故责任比例低于每次事故每座责任限额时：

赔款=（依合同约定核定的每座车上人员人身伤亡损失金额–应由机动车交通事故责任强制保险赔偿的金额）×事故责任比例

第三十八条 保险人按照《道路交通事故受伤人员临床诊疗指南》和国家基本医疗保险的同类医疗费用标准核定医疗费用的赔偿金额。

未经保险人书面同意，被保险人自行承诺或支付的赔偿金额，保险人有权重新核定。不属于保险人赔偿范围或超出保险人应赔偿金额的，保险人不承担赔偿责任。

第四章 通用条款

保险期间

第三十九条 除另有约定外，保险期间为一年，以保险单载明的起讫时间为准。

其他事项

第四十条 发生保险事故时，被保险人或驾驶人应当及时采取合理的、必要的施救和保护措施，防止或者减少损失，并在保险事故发生后 48 小时内通知保险人。

被保险新能源汽车全车被盗抢的，被保险人知道保险事故发生后，应在 24 小时内向出险当地公安刑侦部门报案，并通知保险人。

被保险人索赔时，应当向保险人提供与确认保险事故的性质、原因、损失程度等有关的证明和资料。

被保险人应当提供保险单、损失清单、有关费用单据、被保险新能源汽车行驶证和发生事故时驾驶人的驾驶证。

属于道路交通事故的，被保险人应当提供公安机关交通管理部门或法院等机构出具的事故证明、有关的法律文书（判决书、调解书、裁定书、裁决书等）及其他证明。被保险人或其允许的驾驶人根据有关法律法规规定选择自行协商方式处理交通事故的，被保险人应当提供依照《道路交通事故处理程序规定》签订记录交通事故情况的协议书。

被保险新能源汽车被盗抢的，被保险人索赔时，须提供保险单、损失清单、有关费用单据、《机动车登记证书》、机动车来历凭证以及出险当地县级以上公安刑侦部门出具的盗抢立案证明。

第四十一条 保险人按照本保险合同的约定，认为被保险人索赔提供的有关证明和资料不完整的，应当及时一次性通知被保险人补充提供。

第四十二条 保险人收到被保险人的赔偿请求后，应当及时作出核定；情形复杂的，应当在 30 日内作出核定。保险人应当将核定结果通知被保险人；对属于保险责任的，在与被保险人达成赔偿协议后 10 日内，履行赔偿义务。保险合同对赔偿期限另有约定的，保险人应当按照约定履行赔偿义务。

保险人未及时履行前款约定义务的，除支付赔款外，应当赔偿被保险人因此受到的损失。

第四十三条 保险人依照本条款第四十二条的约定作出核定后，对不属于保险责任的，应当自作出核定之日起 3 日内向被保险人发出拒绝赔偿通知书，并说明理由。

第四十四条 保险人自收到赔偿请求和有关证明、资料之日起 60 日内，对其赔偿数额不能确定的，应当根据已有证明和资料可以确定的数额先予支付；保险人最终确定赔偿数额后，应当支付相应的差额。

第四十五条 保险人受理报案、现场查勘、核定损失、参与诉讼、进行抗辩、要求被保险人提供证明和资料、向被保险人提供专业建议等行为，均不构成保险人对赔偿责任的承诺。

第四十六条 在保险期间内，被保险新能源汽车转让他人的，受让人承继被保险人的权利和义务。被保险人或者受让人应当及时通知保险人，并及时办理保险合同变更手续。

因被保险新能源汽车转让导致被保险新能源汽车危险程度发生显著变化的，保险人自收到前款约定的通知之日起 30 日内，可以相应调整保险费或者解除本保险合同。

第四十七条 保险责任开始前，投保人要求解除本保险合同的，应当向保险人支付应交保险费金额 3%的退保手续费，保险人应当退还保险费。

保险责任开始后，投保人要求解除本保险合同的，自通知保险人之日起，本保险合同解除。保险人按日收取自保险责任开始之日起至合同解除之日止期间的保险费，并退还剩余部分保险费。

第四十八条 因履行本保险合同发生的争议，由当事人协商解决，协商不成的，由当事人从下列两种合同争议解决方式中选择一种，并在本保险合同中载明：

（一）提交保险单载明的仲裁委员会仲裁；

（二）依法向人民法院起诉。

本保险合同适用中华人民共和国法律（不含港、澳、台地区法律）。

附加险

附加险条款的法律效力优于主险条款。附加险条款未尽事宜，以主险条款为准。除附加险条款另有约定外，主险中的责任免除、双方义务同样适用于附加险。主险保险责任终止的，其相应的附加险保险责任同时终止。

1. 附加外部电网故障损失险。
2. 附加自用充电桩损失保险。
3. 附加自用充电桩责任保险。
4. 附加绝对免赔率特约条款。
5. 附加车轮单独损失险。
6. 附加新增加设备损失险。
7. 附加车身划痕损失险。
8. 附加修理期间费用补偿险。
9. 附加车上货物责任险。
10. 附加精神损害抚慰金责任险。
11. 附加法定节假日限额翻倍险。
12. 附加医保外医疗费用责任险。
13. 附加新能源汽车增值服务特约条款。

附加外部电网故障损失险

投保了新能源汽车损失保险的新能源汽车，可投保本附加险。

（一）保险期间内，投保了本附加险的被保险新能源汽车在充电期间，因外部电网故障，导致被保险新能源汽车的直接损失，且不属于免除保险人责任的范围，保险人依照本保险合同的约定负责赔偿。

（二）发生保险事故时，被保险人为防止或者减少被保险新能源汽车的损失所支付的必要的、合理的施救费用，由保险人承担；施救费用数额在被保险新能源汽车损失赔偿金额以外另行计算，最高不超过主险保险金额。

附加自用充电桩损失保险

投保了新能源汽车损失保险的新能源汽车，可投保本附加险。

第一条 保险责任

保险期间内，保险单载明地址的，被保险人的符合充电设备技术条件、安装标准的自用充电桩，因自然灾害、意外事故、被盗窃或遭他人损坏导致的充电桩自身损失，保险人在保险单载明的本附加险的保险金额内，按照实际损失计算赔偿。

第二条 责任免除

投保人、被保险人或驾驶人故意制造保险事故。

第三条 保险金额

保险金额为 2000 元、5000 元、10 000 元或 20 000 元，由投保人和保险人在投保时协商确定。

第四条 赔偿处理

（一）发生保险事故后，保险人依据本条款约定在保险责任范围内承担赔偿责任，赔偿方式由保险人与被保险人协商确定。

赔款=实际修复费用−被保险人已从第三方获得的赔偿金额

（二）在保险期间内，累计赔款金额达到保险金额，本附加险保险责任终止。

附加自用充电桩责任保险

投保了新能源汽车第三者责任保险的新能源汽车，可投保本附加险。

第一条 保险责任

保险期间内，保险单载明地址的，被保险人的符合充电设备技术条件、安装标准的自用充电桩造成第三者人身伤亡或财产损失，依法应由被保险人承担的损害赔偿责任，保险人负责赔偿。

第二条 责任免除

因被保险人的故意行为导致。

第三条 责任限额

责任限额由投保人和保险人在投保时协商确定。

附加绝对免赔率特约条款

绝对免赔率为 5%、10%、15%、20%，由投保人和保险人在投保时协商确定，具体以保险单载明为准。

被保险新能源汽车发生主险约定的保险事故，保险人按照主险的约定计算赔款后，扣减本特约条款约定的免赔。即：

主险实际赔款=按主险约定计算的赔款×（1-绝对免赔率）

附加车轮单独损失险

投保了新能源汽车损失保险的新能源汽车，可投保本附加险。

第一条 保险责任

保险期间内，被保险人或被保险新能源汽车驾驶人在使用被保险新能源汽车过程中，因自然灾害、意外事故，导致被保险新能源汽车未发生其他部位的损失，仅有车轮（含轮胎、轮毂、轮毂罩）单独的直接损失，且不属于免除保险人责任的范围，保险人依照本附加险合同的约定负责赔偿。

第二条 责任免除

（一）车轮（含轮胎、轮毂、轮毂罩）的自然磨损、朽蚀、腐蚀、故障、本身质量缺陷；

（二）未发生全车盗抢，仅车轮单独丢失。

第三条 保险金额

保险金额由投保人和保险人在投保时协商确定。

第四条 赔偿处理

（一）发生保险事故后，保险人依据本条款约定在保险责任范围内承担赔偿责任。赔偿方式由保险人与被保险人协商确定；

（二）赔款=实际修复费用-被保险人已从第三方获得的赔偿金额；

（三）在保险期间内，累计赔款金额达到保险金额，本附加险保险责任终止。

附加新增加设备损失险

投保了新能源汽车损失保险的新能源汽车，可投保本附加险。

第一条 保险责任

保险期间内，投保了本附加险的被保险新能源汽车因发生新能源汽车损失保险责任范围内的事故，造成车上新增加设备的直接损毁，保险人在保险单载明的本附加险的保险金额内，按照实际损失计算赔偿。

第二条 保险金额

保险金额根据新增加设备投保时的实际价值确定。新增加设备的实际价值是指新增加设备的购置价减去折旧金额后的金额。

第三条 赔偿处理

发生保险事故后，保险人依据本条款约定在保险责任范围内承担赔偿责任。赔偿方式由保险人与被保险人协商确定。

赔款=实际修复费用-被保险人已从第三方获得的赔偿金额

附加车身划痕损失险

投保了新能源汽车损失保险的新能源汽车，可投保本附加险。

第一条 保险责任

保险期间内，被保险新能源汽车在被保险人或被保险新能源汽车驾驶人使用过程中，发生无明显碰撞痕迹的车身划痕损失，保险人按照保险合同约定负责赔偿。

第二条 责任免除

（一）被保险人及其家庭成员、驾驶人及其家庭成员的故意行为造成的损失；

（二）因投保人、被保险人与他人的民事、经济纠纷导致的任何损失；

（三）车身表面自然老化、损坏，腐蚀造成的任何损失。

第三条 保险金额

保险金额为2000元、5000元、10 000元或20 000元，由投保人和保险人在投保时协商确定。

第四条 赔偿处理

（一）发生保险事故后，保险人依据本条款约定在保险责任范围内承担赔偿责任，赔偿方式由保险人与被保险人协商确定。

赔款=实际修复费用–被保险人已从第三方获得的赔偿金额

（二）在保险期间内，累计赔款金额达到保险金额，本附加险保险责任终止。

附加修理期间费用补偿险

投保了新能源汽车损失保险的新能源汽车，可投保本附加险。

第一条 保险责任

保险期间内，投保了本条款的新能源汽车在使用过程中，发生新能源汽车损失保险责任范围内的事故，造成车身损毁，致使被保险新能源汽车停驶，保险人按保险合同约定，在保险金额内向被保险人补偿修理期间费用，作为代步车费用或弥补停驶损失。

第二条 责任免除

下列情况下，保险人不承担修理期间费用补偿：

（一）因新能源汽车损失保险责任范围以外的事故而致被保险新能源汽车的损毁或修理；

（二）非在保险人认可的修理厂修理时，因车辆修理质量不合要求造成返修；

（三）被保险人或驾驶人拖延车辆送修期间。

第三条 保险金额

本附加险保险金额=补偿天数×日补偿金额。补偿天数及日补偿金额由投保人与保险人协商确定并在保险合同中载明，保险期间内约定的补偿天数最高不超过90天。

第四条 赔偿处理

全车损失，按保险单载明的保险金额计算赔偿；部分损失，在保险金额内按约定的日补偿金额乘以从送修之日起至修复之日止的实际天数计算赔偿，实际天数超过双方约定修理天数的，以双方约定的修理天数为准。

保险期间内，累计赔款金额达到保险单载明的保险金额，本附加险保险责任终止。

附加车上货物责任险

投保了新能源汽车第三者责任保险的营业货车，可投保本附加险。

第一条 保险责任

保险期间内，发生意外事故致使被保险新能源汽车所载货物遭受直接损毁，依法应由被保险人承担的损害赔偿责任，保险人负责赔偿。

第二条 责任免除

（一）偷盗、哄抢、自然损耗、本身缺陷、短少、死亡、腐烂、变质、串味、生锈，动物走失、飞失、货物自身起火燃烧或爆炸造成的货物损失；

（二）违法、违章载运造成的损失；

（三）因包装、紧固不善，装载、遮盖不当导致的任何损失；

（四）车上人员携带的私人物品的损失；

（五）保险事故导致的货物减值、运输延迟、营业损失及其他各种间接损失；

（六）法律、行政法规禁止运输的货物的损失。

第三条 责任限额

责任限额由投保人和保险人在投保时协商确定。

第四条 赔偿处理

（一）被保险人索赔时，应提供运单、起运地货物价格证明等相关单据。保险人在责任限额内按起运地价格计算赔偿；

（二）发生保险事故后，保险人依据本条款约定在保险责任范围内承担赔偿责任，赔偿方式由保险人与被保险人协商确定。

附加精神损害抚慰金责任险

投保了新能源汽车第三者责任保险或新能源汽车车上人员责任保险的新能源汽车，可投保本附加险。

在投保人仅投保新能源汽车第三者责任保险的基础上附加本附加险时，保险人只负责赔偿第三者的精神损害抚慰金；在投保人仅投保新能源汽车车上人员责任保险的基础上附加本附加险时，保险人只负责赔偿车上人员的精神损害抚慰金。

第一条 保险责任

保险期间内，被保险人或其允许的驾驶人在使用被保险新能源汽车的过程中，发生投保的主险约定的保险责任内的事故，造成第三者或车上人员的人身伤亡，受害人据此提出精神损害赔偿请求，保险人依据法院判决及保险合同约定，对应由被保险人或被保险新能源汽车驾驶人支付的精神损害抚慰金，在扣除机动车交通事故责任强制保险应当支付的赔款后，在本保险赔偿限额内负责赔偿。

第二条 责任免除

（一）根据被保险人与他人的合同协议，应由他人承担的精神损害抚慰金；

（二）未发生交通事故，仅因第三者或本车人员的惊恐而引起的损害；

（三）怀孕妇女的流产发生在交通事故发生之日起 30 天以外的。

第三条 赔偿限额

本保险每次事故赔偿限额由保险人和投保人在投保时协商确定。

第四条 赔偿处理

本附加险赔偿金额依据生效法律文书或当事人达成且经保险人认可的赔付协议，在保险单所载明的赔偿限额内计算赔偿。

附加法定节假日限额翻倍险

投保了新能源汽车第三者责任保险的家庭自用汽车，可投保本附加险。

保险期间内，被保险人或其允许的驾驶人在法定节假日期间使用被保险新能源汽车发生新能源汽车第三者责任保险范围内的事故，并经公安部门或保险人查勘确认的，被保险新能源汽车第三者责任保险所适用的责任限额在保险单载明的基础上增加一倍。

附加医保外医疗费用责任险

投保了新能源汽车第三者责任保险或新能源汽车车上人员责任保险的新能源汽车，可投保本附加险。

第一条 保险责任

保险期间内，被保险人或其允许的驾驶人在使用被保险新能源汽车的过程中，发生主险保险事故，对于被保险人依照中华人民共和国法律（不含港、澳、台地区法律）应对第三者或车上人员承担的医疗费用，保险人对超出《道路交通事故受伤人员临床诊疗指南》和国家基本医疗保险同类医疗费用标准的部分负责赔偿。

第二条 责任免除

下列损失、费用，保险人不负责赔偿：

（一）在相同保障的其他保险项下可获得赔偿的部分；

（二）所诊治伤情与主险保险事故无关联的医疗、医药费用；

（三）特需医疗类费用。

第三条 赔偿限额

赔偿限额由投保人和保险人在投保时协商确定，并在保险单中载明。

第四条 赔偿处理

被保险人索赔时，应提供由具备医疗机构执业许可的医院或药品经营许可的药店出具的、足以证明各项费用赔偿金额的相关单据。保险人根据被保险人实际承担的责任，在保险单载明的责任限额内计算赔偿。

附加新能源汽车增值服务特约条款

第一条 投保了新能源汽车保险后，可投保本特约条款。

第二条 本特约条款包括道路救援服务特约条款、车辆安全检测特约条款、代为驾驶服务特约条款、代为送检服务特约条款共四个独立的特约条款，投保人可以选择投保全部特约条款，也可以选择投保其中部分特约条款。保险人依照保险合同的约定，按照承保特约条款分别提供增值服务。

第一章 道路救援服务特约条款

第三条 服务范围

保险期间内，被保险新能源汽车在使用过程中发生故障而丧失行驶能力时，保险人或其受托人根据被保险人请求，向被保险人提供如下道路救援服务。

（一）单程 50 公里以内拖车；

（二）送油、送水、送防冻液、搭电；

（三）轮胎充气、更换轮胎；

（四）车辆脱离困境所需的拖拽、吊车。

第四条 责任免除

（一）根据所在地法律法规、行政管理部门的规定，无法开展相关服务项目的情形；

（二）更换轮胎等服务过程中产生的油料、防冻液、配件、辅料等材料费用；

（三）被保险人或驾驶人的故意行为。

第五条 责任限额

保险期间内，保险人提供2次免费服务，超出2次的，由投保人和保险人在签订保险合同时协商确定，分为5次、10次、15次、20次四档。

第二章 车辆安全检测特约条款

第六条 服务范围

保险期间内，为保障车辆安全运行，保险人或其受托人根据被保险人请求，为被保险新能源汽车提供车辆安全检测服务，车辆安全检测项目包括：

（一）发动机检测（包括机油、空滤、燃油、冷却等）；

（二）变速器检测；

（三）转向系统检测（含车轮定位测试、轮胎动平衡测试）；

（四）底盘检测；

（五）轮胎检测；

（六）汽车玻璃检测；

（七）汽车电子系统检测、电控电器系统检测；

（八）车内环境检测；

（九）车辆综合安全检测。

第七条 责任免除

（一）检测中发现的问题部件的更换、维修费用；

（二）洗车、打蜡等常规保养费用；

（三）车辆运输费用。

第八条 责任限额

保险期间内，本特约条款的检测项目及服务次数上限由投保人和保险人在签订保险合同时协商确定。

第三章 代为驾驶服务特约条款

第九条 服务范围

保险期间内，保险人或其受托人根据被保险人请求，在被保险人或其允许的驾驶人因饮酒、服用药物等原因无法驾驶或存在重大安全驾驶隐患时提供单程30公里以内的短途代驾服务。

第十条 责任免除

根据所在地法律法规、行政管理部门的要求，无法开展相关服务项目的情形。

第十一条 责任限额

保险期间内，本特约条款的服务次数上限由投保人和保险人在签订保险合同时协商确定。

第四章 代为送检服务特约条款

第十二条 服务范围

保险期间内，按照《中华人民共和国道路交通安全法实施条例》，被保险新能源汽车需由机动车安全技术检验机构实施安全技术检验时，根据被保险人请求，由保险人或其受托人代替车辆所有人进行车辆送检。

第十三条 责任免除

（一）根据所在地法律法规、行政管理部门的要求，无法开展相关服务项目的情形；

（二）车辆检验费用及罚款；

（三）维修费用。

释义

【新能源汽车】指采用新型动力系统，完全或者主要依靠新型能源驱动的汽车，包括插电式混合动力（含增程式）汽车、纯电动汽车和燃料电池汽车等。

【使用被保险新能源汽车过程】指被保险新能源汽车作为一种工具被使用的整个过程，包括行驶、停放、充电及作业，但不包括在营业场所被维修养护期间、被营业单位拖带或被吊装等施救期间。

【自然灾害】指对人类以及人类赖以生存的环境造成破坏性影响的自然现象，包括雷击、暴风、暴雨、洪水、龙卷风、冰雹、台风、热带风暴、地陷、崖崩、滑坡、泥石流、雪崩、冰陷、暴雪、冰凌、沙尘暴、地震及其次生灾害等。

【意外事故】指被保险人不可预料、无法控制的突发性事件，但不包括战争、军事冲突、恐怖活动、暴乱、污染（含放射性污染）、核反应、核辐射等。

【交通肇事逃逸】是指发生道路交通事故后，当事人为逃避法律责任，驾驶或者遗弃车辆逃离道路交通事故现场以及潜逃藏匿的行为。

【车轮单独损失】指未发生被保险新能源汽车其他部位的损失，因自然灾害、意外事故，仅发生轮胎、轮毂、轮毂罩的分别单独损失，或上述三者之中任意二者的共同损失，或三者的共同损失。

【车身划痕】仅发生在被保险新能源汽车车身表面油漆的损坏，且无明显碰撞痕迹。

【新增加设备】指被保险新能源汽车出厂时原有设备以外的，另外加装的设备和设施。

【新车购置价】指本保险合同签订地购置与被保险新能源汽车同类型新车的价格，无同类型新车市场销售价格的，由投保人与保险人协商确定。

【全部损失】指被保险新能源汽车发生事故后灭失，或者受到严重损坏完全失去原有形体、效用，或者不能再归被保险人所拥有的，为实际全损；或被保险新能源汽车发生事故后，认为实际全损已经不可避免，或者为避免发生实际全损所需支付的费用超过实际价值的，为推定全损。

【家庭成员】指配偶、父母、子女和其他共同生活的近亲属。

【市场公允价值】指熟悉市场情况的买卖双方在公平交易的条件下和自愿的情况下所确定的价格，或无关联的双方在公平交易的条件下一项资产可以被买卖或者一项负债可以被清偿的成交价格。

【参考折旧系数表】

表 5-1-1　参考折旧系数表

车辆种类	月折旧系数			
	家庭自用	非营业	营业	
			出租	其他
9 座以下客车	见表 5-1-2	见表 5-1-2	1.10%	0.90%
10 座以上客车	0.90%	0.90%	1.10%	0.90%
微型载货汽车	/	0.90%	1.10%	1.10%
带拖挂的载货汽车	/	0.90%	1.10%	1.10%
低速货车和三轮汽车	/	1.10%	1.40%	1.40%
其他车辆	/	0.90%	1.10%	0.90%

表 5-1-2　9 座以下客车家庭自用和非营业纯电动新能源汽车折旧系数

新车购置价格区间/万元	纯电动汽车折旧系数/每月
0~10	0.82%
10~20	0.77%
20~30	0.72%
30 以上	0.68%

表 5-1-3　9 座以下客车家庭自用和非营业插电式混合动力与燃料电池新能源汽车折旧系数

新车购置价格区间	插电式混合动力与燃料电池汽车折旧系数/每月
所有价格区间	0.63%

折旧按月计算，不足一个月的部分，不计折旧。最高折旧金额不超过投保时被保险新能源汽车新车购置价的 80%。

折旧金额=新车购置价 × 被保险新能源汽车已使用月数 × 月折旧系数

凡涉及新车购置价区间分段的陈述都按照“含起点不含终点”的原则来解释。

【饮酒】指驾驶人饮用含有酒精的饮料，驾驶新能源汽车时血液中的酒精含量大于等于 20mg/100mL 的。

【法定节假日】法定节假日包括：中华人民共和国国务院规定的元旦、春节、清明节、劳动节、端午节、中秋节和国庆节放假调休日期，及星期六、星期日，具体以国务院公布的文件为准。

法定节假日不包括：①因国务院安排调休形成的工作日；②国务院规定的一次性全国假日；③地方性假日。

【污染（含放射性污染）】指被保险新能源汽车正常使用过程中或发生事故时，由于油料、尾气、货物或其他污染物的泄漏、飞溅、排放、散落等造成的被保险新能源汽车和第三方财产的污损、状况恶化或人身伤亡。

【特需医疗类费用】指医院的特需医疗部门/中心/病房，包括但不限于特需医疗部、外宾医疗部、VIP 部、国际医疗中心、联合医院、联合病房、干部病房、A 级病房、家庭病房、套房等不属于社会基本医疗保险范畴的高等级病房产生的费用，以及名医门诊、指定专家团队门诊、特需门诊、国际门诊等产生的费用。

【外部电网故障】外部电网无法提供正常服务或降低服务质量的状态。

【电池衰减】动力电池不能满足特定的容量、能量或功率性能标准。

附录二：图形化车险理赔估损模拟教学系统介绍

图形化车险理赔估损模拟教学系统真实模拟汽车保险理赔过程，可真正实现产教融合，“双创”教学。让学生学以致用，充分理解汽车保险理赔流程，熟悉保险理赔实际工作岗位的工作内容，能锻炼学生实际办理保险理赔的业务能力，让其掌握汽车保险基础知识和保险理赔案例知识，掌握对汽车进行保险理赔和续保的方法及具体操作程序。

本系统的功能主要包括保险理赔实训、辅助课程教学、学生考核评价，并且包含丰富的教学资源库（理论知识库、案例库和场景库）为教学提供帮助，简化规范教学过程，实现完全无纸化教学，其主页界面如图 5-2-1 所示。

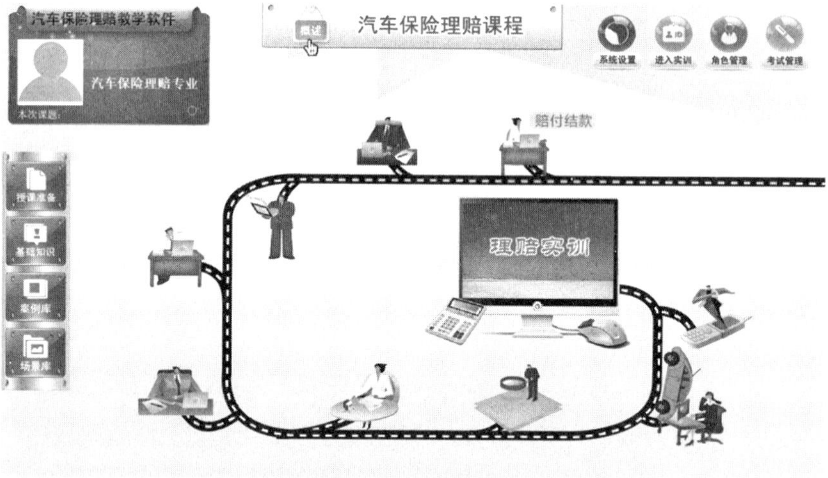

图 5-2-1 系统主页面

一、保险理赔实训平台

本系统的实训过程按照实际保险理赔的工作流程安排，包括报案→调度→查勘→立案→定损→核损→理算→核赔→结案，实训界面如图 5-2-2 所示。

图 5-2-2 实训界面

1. 报案管理

报案管理主要用于接报案人员受理报案人报案后在理赔系统中录入报案信息的过程，包括新建案件和案件查询 2 个功能。

2. 调度管理

调度管理主要用于调度人员在理赔系统中调度查勘人员和定损人员，并对调度进行管理，包括调度、调度改派、追加调度和调度查询 4 个功能。

3. 查勘管理

查勘管理主要用于查勘人员在接到调度任务后查看调度信息，在完成现场查勘工作后在理赔系统中填写查勘信息、上传收集的各种单证，并对查勘信息进行管理，包括查勘处理、查勘修改和查勘查询 3 个功能。

4. 立案管理

立案管理主要用于对查勘后的案件进行审核，根据具体的案件情况确定是否立案，并对立案进行管理，包括新建立案、立案查询及注销拒赔 3 个功能。

5. 定损管理

定损管理主要用于对经过定损调度后的案件进行定损操作，并对定损进行管理，包括新建定损、定损修改和定损查询 3 个功能。

6. 核损管理

核损管理主要用于对经过定损后的定损信息进行核查，查看定损是否合理合适，并对不合适的地方提出意见，包括核损处理和核损查询 2 个功能。

7. 赔款理算

赔款理算主要用于对结束核损后定损操作的案件，根据相应的理算公式计算出各涉案险种此次案件应赔款的金额，并对理算进行管理，包括新建理算、理算更新和理算查询 3 个功能。

8. 核赔管理

核赔管理主要用于对理算后的案件进行审核并对不正确的地方提出修改意见，包括核赔处理和核赔查询 2 个功能。

9. 结案管理

结案管理主要用于对经过全部理赔流程的案件进行结案的操作，以保证此次赔案的信息不再被修改，包括结案处理和结案查询 2 个功能。

10. 保单管理

保单管理主要用于对保单进行操作，包括新建保单、保单修改和保单查询 3 个功能。

11. 系统管理

系统管理主要用于对理赔实训平台的综合管理，包括综合查询、权限管理和系统设置 3 个功能。

二、辅助教学平台

辅助教学平台包括授课准备、基础知识、案例库、场景库和考试管理。

1. 授课准备

教师可以新建课程内容，从理论知识库、案例库、场景库、试题库中选择相应内容即可完成课程内容的建立，并将学习任务分配给学生。当学生完成任务后，可在此平台查看学生的完成情况，并对学生进行评分。

2. 基础知识

基础知识是提供汽车保险理赔课程的所有理论知识，包括投保与承保、报案、查勘、立案、定损、核损、理算、核赔、结案归档及追偿审计等内容。

3. 案例库

案例库提供保险理赔过程中的常见案例，包括投保承保过程的案例、理赔过程中的案例，教师可以根据不同教学内容选择相应案例，形成实训任务。

4. 场景库

场景库提供保险理赔实际工作中的各种场景，以图形和动画视频的形式模拟真实的场景，教师可以根据不同教学内容选择相应场景供学生角色模拟，让学生体验真实的工作情景。

5. 考试管理

考试管理主要用于教师对学生进行考核评价，包括模块管理、题库管理、考试计划、分数统计和错误统计 5 个功能。

三、系统综合功能

1. 管理员功能

管理员可以添加、修改和删除本系统使用的授课教师，并且可以修改管理员密码。

2. 教师功能

教师能全面进行系统的设置，可以编辑本教师账户信息以及本课程信息；能添加、删除和修改班级；能以 Excel 文件批量导入学生名单，对学生进行添加、删除和修改；能编辑授课内容，对资源库进行管理；能进行考试管理；能进行角色管理（包括组织架构、角色定义、角色权限、角色分配）；能进行实训操作。

3. 学生功能

学生能够对个人信息进行修改；能学习教师建立的课程内容，完成教师发布的学习任务；能进行考试，查询分数；能进行实训操作。